Dieter Hildebrandt

LESSING

Biographie einer Emanzipation

Hanser Verlag

ISBN 3-446-12846-8
Alle Rechte vorbehalten
© 1979 Carl Hanser Verlag München Wien
Umschlag: Klaus Detjen
Herstellung: May & Co, Darmstadt
Printed in Germany

Bei den Göttern – bei Gott! du bist
Ein außerordentlicher Mann! das bist du, Spartacus!

Spartacus:
Da seht, wie weit ihr seid, ihr Römer! daß
Ihr einen schlichten, simpeln Menschen müßt
Für einen außerordentlichen Mann erkennen.
Ich bin sehr stolz; und dennoch überzeugt,
daß ich kein beßrer Mensch bin, als wie sie die Natur
Zu Hunderten – täglich stündlich aus den Händen wirft.

Lessing, Spartacus-Fragment

Für Nika

Kamera I und II

Kamera I

Dem Mann ist alles geglückt. Zeitlebens war er der Erste. Immer hatte er Anspruch auf das stolzeste Lebensgefühl, alles aus eigener Kraft zu haben, und diese Kraft spürte er und ließ er andere spüren. Schon als Kind bestand er darauf, »mit einem großen, großen Haufen Bücher« porträtiert zu werden, oder gar nicht. Er hatte das Glück, eine der besten Schulen im damaligen Deutschland zu besuchen, dort durch Scharfsinn, Fleiß und Unerschrockenheit hervorzuragen (»ein guter Knabe, aber etwas moquant«), und er hatte die Insistenz, seinen vorzeitigen Abgang durchzusetzen, um früh ans Studieren zu kommen. Aber als er dann in Leipzig war, dachte er nicht mehr an die Theologie, kaum an die Universität: Er hatte das Zeit-Gespür fürs Theater, und sein erstes Stück, »Der junge Gelehrte«, wurde auch gleich gespielt; da war er gerade achtzehn. Als er etwas später nach Berlin ging, brauchte er zwei Jahre, bis ein damals berühmter Mann über ihn schrieb: »Ein neuer Criticus (ist) aufgestanden...« Und als er schon, mit nunmehr fünfundzwanzig Jahren, »dieser berühmte Schriftsteller« genannt wurde, zog er sich sechs Wochen lang in ein Gartenhaus nach Potsdam zurück und probierte wieder das Theater aus: Er brachte seinen Freunden in Berlin das erste deutsche »bürgerliche Trauerspiel« fertiggeschrieben mit, die »Miss Sara Sampson«. Es war seine Entschiedenheit, die die Deutschen auf Shakespeare und das englische Theater brachte (»ein Genie kann nur von einem Genie entzündet werden«), und die Sätze, mit denen er das, im 17. Literaturbrief, tat, sind bis heute ein Musterbeispiel dafür, wie man deutsch mit Leuten redet. Und als er dem literarischen Leben ganz entsagt zu haben schien und der Sekretär eines preußischen Generals geworden war, da griff er erst recht ins volle Menschenleben und in den größten, den heitersten Nachruhm: Die wahrhaft bleibende Eroberung des siebenjährigen Krieges ist seine »Minna von Barnhelm«. Und wie anders stünde Friedrich da, wenn er nicht den Krieg, sondern Lessing gewonnen hätte! Bald darauf ist er in Hamburg dabei, als man dort ein Deutsches Nationaltheater gründet; er begleitet die Aufführungen mit kritischen Notizen und schreibt, binnen eines Jahres, so etwas wie das erste Buch Moses der deutschen Theaterkritik. Und er lernt, mit vierzig Jahren, die Frau seines Lebens kennen, ihm ähnlich an Lebensklarheit, Verstand und Tatkraft. Er wird Leiter der damals renommiertesten (nicht mehr der größten) Bibliothek der Welt und macht dort Entdeckungen, deren Folgen Deutschland wie ein schweres, aber reinigendes Gewitter überziehen: die Schutzschrift des Reimarus, »das Hauptwerk der deutschen Aufklärung« (Blumenberg), gerät durch ihn, wenn auch in Auszügen, unter das Publikum. Sein Mut sucht seinesgleichen: Unter den Augen seines Herzogs schreibt er ein Stück gegen Fürstenwillkür und höfische Intrige, die »Emilia Galotti«. Als er Wolfenbüttel nach Jahren der Vergrabenheit in der Bibliothek einmal verläßt und Wien besucht, wird er seines gewaltig gewachsenen Ruhmes inne: Die Theater in der Kaiserstadt setzen seine Stücke an, das Publikum schreit sich nach ihm die Kehle aus, die Fürsten reißen sich um seine Tisch-Gesellschaft, und Maria Theresia erbittet seinen Rat. Zu den Ruhmestiteln, die ihm die Nachwelt gibt, gehört, daß er als »erster in Deutschland die Forderung einer nationalen Literatur aufgestellt habe«, und inzwischen gilt er gar als »der Entdecker der strukturalistischen Idee der Sprache im Sinne einer planvollen Literaturtheorie«. – Er krönt sein Lebenswerk mit dem Versöhnungsdrama »Nathan der Weise«, und sein Versmaß wird zum Versmaß der Klassiker. Einer von ihnen, Friedrich Schiller, dichtet über den glücklichen ersten der deutschen Literatur:

> *»Vormals im Leben ehrten wir dich wie einen der Götter;*
> *nun du tot bist, so herrscht über die Geister dein Geist.«*

9

Kamera II

Dem Mann ist alles fehlgeschlagen. Nie hatte er Geld, selbst dann nicht, wenn er welches hatte; denn gleich saß ihm die Verwandtschaft auf der Tasche, oder ein Bettler lief ihm über den Weg. »Was hätte aus dem werden können!«, klagte später ein Leipziger Kommilitone. Die Leipziger Schauspieler, die sein Stück aufgeführt hatten, fliehen nach Wien und lassen ihn als Bürgen auf ihren Schulden sitzen. Als er sich vor den Gläubigern nach Berlin retten will, bricht er auf halbem Weg, in Wittenberg, krank zusammen. Als er endlich nach Berlin kommt, kann er sich vor lauter Abgerissenheit nicht unter die Leute wagen. Als er in Berlin Aussicht hat, mit dem sensationellsten Schriftsteller des Jahrhunderts, mit Voltaire, näher bekanntzuwerden, verscherzt er sich das durch peinliches Ungeschick; verscherzt sich damit zugleich die Chance, je in die Nähe oder gar in die Gunst Friedrichs zu kommen. Der König vereitelt auch seine erste große Reise: Der Leipziger Kaufmann Winkler, dem Lessing als Reisebegleiter dienen will, kehrt 1756 bei der Nachricht vom Ausbruch des Krieges eilig und besitzängstlich aus Amsterdam nach Leipzig zurück. Der Prozeß, den er um sein vereinbartes Ausfallhonorar führen muß, dauert so lang wie der Krieg: sieben Jahre. Nachgerade wird der Mann für seine Freunde zum Sozialfall: »Es jammert mich recht, daß ein Mann, wie Lessing ist, noch um seine Versorgung soll bekümmert sein, und daß auch das Wenige, was er verlangt, für ihn unmöglich wird.« Die Stelle eines Bibliothekars bekommt er 1757 so wenig wie knapp zehn Jahre später, als man ihn dreimal dem König empfiehlt. Seinen besten Freund, Ewald von Kleist, verliert er, als dieser, weniger um zu kämpfen als um zu sterben, in den Krieg zieht. Die Berliner Freunde verliert er, als sie beginnen, ihn zu Tode zu langweilen. Einer von ihnen hat sogar versucht, seine (längst fällige) Wahl in die Berliner Akademie zu hintertreiben. Aber als er nach Breslau, ins Gouvernementssekretariat, geflohen ist, packt ihn das Entsetzen: »Ach, bester Freund, ihr Lessing ist verloren!« Nicht einmal Geld bringt er aus den fünf Jahren Breslau heim, und die große Bibliothek, die er sich in dieser Zeit erworben hat, muß er wenige Jahre später, um wenigstens seine gröbsten Schulden bezahlen zu können, wieder versteigern lassen. Alles mißlingt, und in Hamburg ist nicht nur der Traum vom Nationaltheater rasch und ärgerlich wieder vorbei, auch der Versuch eines Druckereiunternehmens scheitert kläglich und macht ihn ärmer als je. Noch sein langgehegter Lebenswunsch, eine Reise nach Italien, wird, weil er sich verspätet und im verfehltesten Augenblick erfüllt, zur Folter: Als er und seine Verlobte, Eva König, nach dreijähriger Trennung von Wien aus gemeinsam nach Norden reisen, als er die geliebte Frau endlich heimführen will, kommt ein herzoglicher Befehl: Jetzt muß er nach Süden; aber just jetzt ist Italien das Land, für das er keine Sinne, keine Augen, keine Nerven hat. Und als er endlich diese Frau doch noch geheiratet hat, als er sein Glück nicht nur gewagt, sondern auch ein gutes Jahr gekostet hat, stirbt sie im Wochenbett, wenige Tage nach dem Kind. Der Satz aber, den er im Angesicht der Sterbenden an den Freund Eschenburg schreibt, gilt nicht für die Todesszene allein im Lessing-Haus; dieser Satz könnte, wenn der Mann ein willigeres Verhältnis zum Klagen gehabt hätte, als Leitsatz und Leidsatz über seinem ganzen Leben stehen: »Ich wollte es auch einmal so gut haben, wie andere Menschen; aber es ist mir schlecht bekommen.«

Goethe, merkwürdigerweise, weiß von diesem Hiob-Lessing, wenn er Nicolai zurechtweist:

»Nenne Lessing nur nicht, der Gute hat vieles gelitten
Und in des Märtyrers Kranz warst du ein schrecklicher Dorn.«

Panorama

Kurz vor den Toren Sanssouci's
Bin ich noch mal zusammengekracht;
Ich weiß, ich komme ins Paradies:
Aber die Wege dahin hat der Teufel gemacht.

Voltaire

Der eine wirft sich unter einen Baum an einer Landstraße bei Paris und weint und weint; der zweite fährt auf einem Boot über den sonnigen Zürichsee und versetzt sich und eine ganze Gesellschaft junger Leute in einen Rausch; der dritte erlebt auf der Terrasse von Sanssouci einen Empfang wie für einen der Götter – europäisches Tableau um 1750.

Szenen wie in der Oper, Momentaufnahmen, wie sie theatralischer nicht zu denken sind, Augenblicke voll von jener Fortdauer, wie sie nur das ganz und gar Außerordentliche hat, das Ereignis, das nicht allein zum seligen Moment wird, sondern halluzinatorisch sich weiterträumt in den Köpfen der Nachwelt: Der weinende Mann unter dem Chausseebaum, der andere auf dem sonnenflimmernden See, und der dritte im neuen Glanz eines attischen Preußen. Und alle diese Szenen ganz sublim: Der da weint hat keinen Kummer, der da hinreißt, ist nicht schön, und der da majestätisch ins Potsdamer Paradies geleitet wird, ist kein Staatsmann. Das Sensationelle: Alle drei sind Schriftsteller. Es weint Rousseau, es glänzt Klopstock, und die Ehre gibt sich niemand anders als Voltaire. Wir sind mitten im 18. Jahrhundert, mitten unter dem azurenen Himmel der Aufklärung, es ist hellster Tag im Abendland.

Und Friede ist in Europa. Der jetzige ist der von Aachen, nachdem der Dresdner aus dem Jahre 1745 nicht lange vorgehalten hatte; das europäische Gleichgewicht scheint fürs erste stabilisiert. Vor allem die drei jungen Leute geben zunächst einmal Ruhe: Maria Theresia und Friedrich II. sind beide zehn Jahre in der aktiven Politik, die Zarin Elisabeth neun; Maria und Friedrich haben den ersten Schlagabtausch hinter sich, die rabiaten Versuche zu erkunden, wie weit man, im genauen Wortsinn, gehen kann (zum Beispiel nach Schlesien hinein), wie weit man düpieren muß und wie weit man schockieren soll. Die Versuche waren so, daß man sie doch eine Weile lieber läßt: vor allem dieser merkwürdige Preußenkönig hat Krieg geführt, als wollte er die Soldaten seines Vaters überall haben, nur nicht im eigenen Land. Vorerst hat aber jeder, was ihm am meisten Spaß macht: die Österreicherin den Kaisertitel für ihren lieben Mann, der nun Franz I. ist, und Friedrich den Anspruch auf seine Eroberungen in Schlesien und Glatz. Nun kann er sich um die Künste kümmern, läßt sich von Knobelsdorff das schönste Junggesellenheim Europas bauen, einen Bungalow über einem künstlichen Weinberg; der Name Sanssouci macht den Bau vollends zum Wunschtraum; jetzt lädt Friedrich Leute ein.

Es ist Friede in Europa. Selbst Voltaire ist überwältigt von dem Empfang, von der Verwandlung, die aus dem preußischen Sparta eine attische Residenz gemacht hat. Er, der so lange gezögert hat, der Werbung des Königs nachzugeben, er, dem es vor dem Klima graust (»Haben Sie die Güte«, schrieb er einmal in einem Brief, »und erobern Sie doch einmal ein paar Provinzen weiter südlich...«), der Weltmann Voltaire ist außer Fasson; so sehr fand sich seine Eigenliebe noch nie karessiert: »Ich komme in Potsdam an, die großen blauen Augen des Königs, sein freundliches Lächeln, seine Sirenenstimme, seine fünf Schlachten« – nämlich die von Mollwitz (1741), von Szaslau (1742), von Hohenfriedberg, Soor und Kesselsdorf (1745) – »sein ausgesprochenes Vergnügen an der Zurückgezogenheit und an der Arbeit, an Versen und Prosa, dazu Freundlichkeiten, die einem den Kopf verdrehen, seine fabelhafte Unterhaltungsgabe, keine Spur von Majestät im persönlichen Umgang, eine Aufmerksamkeit, die schon von Seiten eines Privatmannes entzücken müßte – das alles macht mich ganz benommen. Und Potsdam: nicht wiederzuerkennen, durch die Künste verschönt, durch den Ruhm geadelt. 150 000 siegreiche Soldaten, keine Prokuratoren, Oper und Schauspiel, Philosophie und Poesie, Grenadiere und Musen, Kriegstrompeten und Geigen, platonische Gastmahle und Geselligkeit und Freiheit. Wer sollte es glauben?«

Dieser Empfang ist deshalb, auch objektiv gesehen, so glanzvoll, weil er ein Triumph ist für beide Männer, weil er einen (trügerischen) Moment lang nicht nur die Verbrüderung von Geist und Macht zeitigt, sondern mehr noch das Ineinander und Miteinander beider Phänomene in Gestalt zweier Männer: des wortmächtigen Aufklärers Voltaire und des aufgeklärten Machthabers Friedrich; der eine zur europäischen Instanz geworden durch sein Werk, der andere durch die Lektüre eben dieses Werks zum gewitztesten König Europas herangewachsen – welch eine Entente, welch eine Aussicht für Berlin!

Es ist Friede in Europa, und es herrscht, was mehr ist, eben das Gefühl dieses Friedens, ja überhaupt ein deutliches Europa-Gefühl, und Voltaire hat es exemplarisch ausgesprochen: »Das christliche Europa wird eine Art einer unermeßlichen Republik, wo das Gleichgewicht der Macht weit besser eingeführt ist, als es in Griechenland war.« Und mit seinem pragmatischen Pathos hat Voltaire dieses Neue, dieses kosmopolitische Bewußtsein formuliert als eine Art von Global-Bürgschaft und -Bürgerschaft: »Alles geht uns an, alles ist für uns gemacht; das Geld, womit wir unsern Tisch, unsere Hausgeräte, unsere Nothwendigkeiten, unsere neuen Ergötzungen bestellen, alles das erinnert uns täglich, daß Amerika und das große Indien, und folglich alle Theile der Welt, ohngefähr seit drittehalb Jahrhunderten durch den Fleiß unserer Väter vereiniget sind. Wir können keinen Schritt thun, welcher uns nicht an die Veränderung gedenken helfe, welche die Welt seitdem erlitten hat. Hier sind hundert Städte, welche dem Pabste gehorchten, und nunmehr frey sind; dort hat man auf eine Zeit lang die Freyheiten des ganzen deutschen Reichs festgesetzt. Hier entsteht die schönste der Republiken in einem Boden, welchen das Meer täglich zu verschlingen drohet; dort hat England die wahre Freyheit mit dem Königreiche verknüpft; Schweden ahmte ihm nach, und Dännemark hat Schweden nicht nachgeahmt... Ich mag in Deutschland, Frankreich oder Spanien reisen, überall finde ich Spuren des langen Streits, welcher zwischen dem Hause Österreich und dem Hause Bourbon gewesen ist, zwischen zwey Häusern, welche durch so viel Tractaten mit einander verbunden sind, deren jeder verderbliche Kriege verursacht hat. Es ist keine einzige Privatperson in Europa, auf welche alle diese Veränderungen keinen Einfluß gehabt hätten.«

Es ist Friede in Europa; der ist nicht tief, aber zu genießen. Die da Krieg führen, schon seit zehn Jahren, sind die Leipziger Kunstrichter gegen die Schweizerischen, die Regelrechten gegen die Wortwüstlinge; aber schon vor etlichen Jahren hatte dieser Streit etwas Altbackenes: »Der critische Streit der Herren Schweizer mit einigen von den Herren Leipzigern dauret noch immerfort; und es sind bisher von beyden Seiten einige Schriften ans Licht getreten, die wenig zu Beförderung der Critik und der schönen Wissenschaft beytragen, wohl aber die Ehre und den guten Namen gewißer Personen angreifen.« Die da Krieg führen, sind die Berner Patrizier gegen die besten, die kritischsten Geister aus der eigenen Bürgerschaft, gegen »Regimekritiker«, die sich der Korruption und der Vetternwirtschaft erwehren wollen. Die da Krieg führen, sind die orthodoxen Lutheraner gegen die Pietisten und gegen die Neologen; sind die orthodoxen Lutheraner und die Pietisten und die Neologen gegen die Freigeister; sind die Lutheraner gegen die Calvinisten; sind Calvinisten und Lutheraner gegen die Katholiken. Die da Krieg führen, sind die Frau Neuberin und der Herr Gottsched um die rechte Art, Theater zu spielen – kurz, es herrscht ein lebhafter Streit der Geister, ein Dauergeplänkel vor allem auch der Kleingeister.

Die Polemik ist das rasch funktionierende Medium, durch das man in Verbindung bleibt; der Ärger ist das Ferment der Aktualität, die Intrige spinnt Fäden, die wie Telefonleitungen funktionieren.

Es ist Friede in Europa, und wer wollte es dem weinenden Mann ansehen, daß er einer von denen ist, die diesen Frieden gründlicher stören und zerstören werden als alle lebenden Herrscher? Schwer zu sagen, was das überhaupt für ein Mann ist, der da weint, schwerer noch: wer er ist. Denn erst das Brainstorming, die Tränen-Ekstase macht aus ihm den notorischen Jean Jacques Rousseau, den Schriftsteller, Gesellschaftskritiker, den Idylliker der Revolution, den Ideologen der Natur. Bis dahin aber: nicht einmal eine anständig verkrachte Existenz. Am ehesten noch Musiklehrer; bei den Gesangstunden in Paris kommt man in die Nähe schöner Damen; das Herz ist beschäftigt, und die Sinnlichkeit läuft nicht leer. Das Notenkopieren ist schon langweiliger, da muß man sich gelegentlich Neues einfallen lassen: Wie wäre es zum Beispiel, wenn man statt der Noten Zahlen schriebe und die Melodien künftig eins, zwei, drei aufnotierte? Für eine Überraschung ist dieser Rousseau, der sich gern als Naturburschen hinstellt, immer gut, und gelegentlich hat er sogar Anfälle von Organisationstalent: in kurzer Zeit bereinigt er die Schlamperei des französischen Botschafters in Venedig, bei dem er eine Zeitlang Sekretär spielt, bis es, wie auch anders, zum Krach kommt. Und dann darf er, wieder in Paris, sogar als musikalischer Dramaturg sein Glück versuchen, als Bearbeiter einer Gemeinschaftsarbeit von Voltaire und Rameau. Er kann Worte machen, versteht auch was von Musik, beherrscht, nach Voltaires vollmundigem Lob, »zwei Talente, die bisher immer getrennt gewesen sind«.

Er ist übrigens, als er die Kutsche anhalten läßt, nicht auf einer Landpartie, er macht eine Freundschaftsvisite in einem Luxusgefängnis, im Schloß von Vincennes, wo der berühmte Diderot, unter dem Verdacht des Atheismus, unter Arrest steht, aber mit der Möglichkeit, zu arbeiten und eben auch Besuch zu empfangen. Jean Jacques Rousseau hat diese Schicksalsstunde immer wieder beschrieben, geradezu zwanghaft kam er darauf zurück, und immer opernhafter ging sie vor sich: »Da fiel mir die Frage der Akademie zu Dijon in die Augen, die den Anlaß zu meiner ersten Schrift gab. Wenn jemals etwas einer plötzlichen Inspiration glich, so war es die Bewegung, die dadurch in mir entstand. Mit einem Schlage fühlte ich meinen Geist durch tausend Lichter geblendet, zahllose lebensvolle Ideen strömten auf mich ein, mit einer Kraft und Fülle, die mich in unaussprechliche Verwirrung brachte. Mein Kopf ist berauscht, als sei ich betrunken. Heftiges Herzklopfen droht mich zu ersticken; ich kann nicht mehr atmen und werfe mich unter einen der Bäume an der Landstraße. Eine halbe Stunde bringe ich dort in einer solchen Aufregung zu, daß ich beim Aufstehen meine Weste von Tränen benetzt finde. Oh, mein Herr, hätte ich damals den vierten Teil dessen niederschreiben können, was ich unter jenem Baume empfand, mit welcher Klarheit hätte ich dann die Widersprüche der gesellschaftlichen Ordnung darlegen können, mit welcher Gradlinigkeit hätte ich bewiesen, daß der Mensch von Natur aus gut ist und daß die Menschen allein durch unsere Einrichtungen böse werden. Das Wenige, was ich von der Fülle der großen Wahrheiten festhalten konnte, die mich in jener Viertelstunde unter dem Baum erleuchteten, findet sich in abgeschwächter Form zerstreut in meinen Hauptschriften. Auf diese Weise bin ich, ohne daran zu denken, fast wider meinen Willen, zum Schriftsteller geworden...«

Was Rousseau aber dennoch aus dem Rausch heimbringt und zu Papier, reicht aus, ihn mit einem Schlag zu einer europäischen Berühmtheit zu machen, mit eben dem Schlage, den er der Zivilisationslust seiner Zeit versetzt, ihrer Wissenschaftsgläubigkeit und Kulturhysterie, und von dem bis heute das Schlagwort sich erhalten hat:

»Retour à la nature!«

Und man versteht die Preisrichter der Akademie von Dijon, die 1750, bei der Lektüre des ungewöhnlichen Manuskriptes, alle Routine vergaßen und sich hinreißen ließen von diesem Elan, von dieser Kriegserklärung an Stadtleben und Luxus, an Mondänität und Tugendwahn.

»Immer befiehlt die Höflichkeit; stets regiert uns die Wohlanständigkeit; ohn Unterlaß folget man den Gebräuchen und niemals seinen eigenen Empfindungen. Kein Mensch weiß mehr, mit wem er zu thun hat. Welche Begleitung von Lastern hat diese Ungewißheit bey sich! Verdacht, Argwohn, Furcht, Kaltsinnigkeit, Zurückhaltung, Haß, Verrätherey: und alle verstecken sich unter der Larve der Höflichkeit… Man rühmt nicht mehr… seine eigenen Verdienste, man verkleinert die Fremden. Man beschimpft seinen Feind nicht gröblich, sondern verleumdet ihn mit Kunst. Der Nationalhaß erlöscht, aber mit der Liebe des Vaterlandes. An die Stelle der verachteten Unwissenheit ist eine gefährliche Zweifelsucht gekommen.« Rousseaus Schrift wird eine der aufregendsten Äußerungen des 18. Jahrhunderts, weil sie vor lauter Ambivalenz gleichsam explodiert. Weil sie konservativ ist und revolutionär zugleich, aktivistisch mit dem Ideal der Idylle, intellektuell in ihrer Intellektfeindlichkeit, und weil sie sich in der Verachtung der Redekunst in die herrlichste Rhetorik hineinsteigert, in eine wahre Bergpredigt der Aufklärung: »Der schöne Kopf erhält Belohnungen, und der ehrliche Mann bleibt im Dunkeln. Es giebt hundert Preise für schöne Reden, keinen einzigen für schöne Handlungen.« – Wer könnte nicht mit diesem Satz heute noch in aller Welt vor aller Welt Furore machen?

Aber nichts gleicht dem 10. Juli 1750, nichts der großen Bootsfahrt auf dem Zürichsee. Das vorrevolutionäre 18. Jahrhundert spiegelt sich in diesem einen Tag, die euphorischen Stimmungen der Zeit kommen überein zu reinster Gegenwart, die Stimme der Aufklärung wird zum Gesang der Geister über den Wassern. Eine Kahnpartie als Rokokofest, und der Illumination dient kein geringeres Feuerwerk als der Götterfunken Freude: Man sieht es vor sich und traut doch seinen Augen kaum: Sind das noch Leute, oder schon kleine Heilige, sind das noch Menschen aus Fleisch und Blut oder Puppen, die statt Mamma die Worte Freundschaft, Glück und Herzensseligkeit sagen? Sind die denn noch bei Troste?

»Der gesegnete Tag erschien, an welchem sich morgens um fünf Uhr die neun Freunde, und, von ihnen geführt, ebenso viele Freundinnen versammelten. Alle beseelt vom gleichen Triebe, diesen Tag durch das reizendste Vergnügen merkwürdig zu machen. Klopstock würdigte meine zärtliche Doris an seiner Hand zu führen. Ihre redenden blauen Augen zeugen von dem edelsten Gemüte...« Der da berichtet, übrigens in einem Brief nach Berlin, an Ewald von Kleist, den wir später näher kennenlernen werden, – er kennt fast nur die Jauchzer des Superlativs; nichts geht ihm über das, was er an diesem Tage erlebt: er spricht von »der edelsten Freundschaft«, »dem lebhaftesten Witz«, erwähnt »das liebenswürdigste Kind«, gedenkt »des zärtlichsten Ehegatten, der kein menschliches Unglück ohne Tränen sehen kann«, gedenkt auch einer der »würdigsten Schülerinnen«, und natürlich ist auch »der redlichste und tiefsinnigste Mensch, der die feinsten Regeln der Kritik in seinem empfindenden Herzen trägt«, mit von der Partie.

»Das glückliche Schiff, dergleichen Zürich noch keines gesehen, rückte allgemach weiter. Wiesen, Weinberge, gelbe Kornfelder, aus denen fröhliche Schnitter jauchzten, Landhäuser von Bauern und Städtern flohen hinter uns, um andern Platz zu machen« – nein, ein blinder Passagier ist es nicht, der diesen Tag beschreibt und die Landschaft; eher könnte man sagen, daß ihm die Augen übergehen: »Oh, könnte ich Ihnen, mein Kleist, diese Aussicht zeigen! zunächst vor uns die Wasserfläche mit dem Wechsel ihrer Farben und Schattierungen, dann die fruchtbaren Hügel, hinter welchen des Albis schwarzer Rücken hervorragt, und das mit

Dörfern und zerstreuten Häusern reich besetzte Ufer!« Nur Klopstock, der junge Dichter aus Deutschland, dem doch die ganze Unternehmung gilt, der doch bitte auf die Schönheit der schweizerischen Landschaft zu achten hätte, hat anderes im Sinn: »Nie sah ich jemanden die Menschen aufmerksamer betrachten; er ging von einem zum andern, mehr die Mienen zu beobachten, als sich zu unterreden... Klopstock belauschte auf den Gesichtern unserer Mädchen den Eindruck, den die Musik machte; er schien darnach bestimmen zu wollen, welche die Zärtlichste wäre...«

Und dann wird Klopstock, der angefangen hat, aus dem »Messias« zu rezitieren, mit einer Verehrung berannt und überfallen, deren Nachklang noch deutlich durch den Bericht hallt: Denn der Erinnerungsblick geht »auf Klopstock, den erhabenen Menschen, die Ehre unseres Geschlechts«, und wie der Gott, den er besingt, wird er nun selbst gesehen: »Über seine Fröhlichkeit herrscht freie Vernunft wie über seinen Ernst; feiner Witz begleitet seine Reden alle, deren Seele Gefälligkeit und Freude ist. Wenn uns seine ehrwürdigen Gedichte in eine zärtliche Wehmut versetzten, so erheiterte uns bald wieder sein aufgeweckter Geist und führte die vorige Freude zurück.«

Man denke doch auch an den praktischen Enthusiasmus: Da sind neun junge Schweizer, die neun junge Frauen zusammentrommeln, zum Teil ihre eigenen, zum Teil aber auch Mädchen und Mütter aus ihrem Bekanntenkreis, die ein Boot chartern, Bootsleute dazu, die eine Route entwerfen und entlang dieser Route die Rekreationen vereinbaren, ein Frühstück gleich morgens in einem Landhaus, das bequem am Ufer liegt, ein üppiges Mittagessen mit reichlich Wein, und dann noch einmal eine Nachmittagstafel auf einer kleinen Halbinsel, die vorher auch einen Spaziergang nahegelegt hat: also nicht nur Seelenbegeisterung, Sprache des Herzens, sondern dazu ein gutes Stück Organisation aus Verehrung für den jungen Poeten aus Deutschland, der mit den ersten Gesängen seines »Messias« einen neuen Ton angeschlagen hatte, einen Ton äußerster Entzückung und Berückung, einen Ton, der hinriß und mitriß, und der jetzt, nach einer Probe aus dem großen Gedicht, eine Liebesgeschichte in Versen zum besten gibt, die Romanze von »Lazarus und Cidli«, die ihre Wirkung besonders bei den Damen tut: »Unsere Schönen fanden sich in einer ganz neuen Welt. Solche Gedanken hatte ihnen noch keiner ihrer Verehrer eingeflößt: sie belohnten unsern göttlichen Dichter dafür mit Blicken voll Liebe.« Aber als dann einer von den Zuhörern mit der pharisäerhaften Meinung herausrückt, »nirgends hätte er noch die platonische Liebe so prächtig geschildert gesehen«, fährt Klopstock dazwischen, nein, nein, hier habe er ganz eigentlich die zärtliche, die wirkliche Liebe im Auge gehabt; Lazarus liebe seine Cidli ganz und gar. »Wir stimmten ihm aus vollem Herzen bei, und Plato war nicht unser Mann.«

Aber zu spotten ist nicht über diese Gesellschaft, die ja aus Enthusiasmus beisammen ist und Enthusiasmus neu hervorzubringen sucht, die ja mit Fleiß die eigene Jugend feiert und die Freundschaft kultiviert, die sich die Welt als die beste aller möglichen eben nicht nur vorstellen, sondern auch herstellen will, die dem guten Willen die gute Tat folgen läßt, die den schönen Reden die schönen Handlungen sogar voransetzt, die die Sinnlichkeit der Verse mit der Sinnlichkeit der Frauen belohnt. Ein Ausflug mit Modellcharakter: sie sitzen alle, geradezu angestrengt glücklich, im selben Boot. Und der Dichter beschwört später die Aura des Tages:

> »Göttin Freude! du selbst! dich, wir empfanden dich!
> Ja, du warest es selbst, Schwester der Menschlichkeit,
> Deiner Unschuld Gespielin,
> Die sich über uns ganz ergoß.«

Und doch ist auch etwas anderes mit von der Partie: Angst, ja selbst Grauen. Denn zum Glücksgefühl des Tages gehört »noch nie gefühlte Wehmut«, und die hochgestimmten Sätze wollen sich gleichsam überreden, die Melancholie zu vergessen. Die ist aber nicht wegzudrängen, und sie ist nicht nur

Stimmungssache, nicht nur das individuelle Gegenstück zur gemeinschaftlichen und geselligen Euphorie, sondern die Schattenseite der Ausfahrt, die Kehrseite der Aufklärung selbst. Wie, wenn eben doch nicht alles in Ordnung wäre? »Es erfolgte ein Stillschweigen. Ernsthafte Gespräche vom menschlichen Elend unterbrachen es. Klopstock wies uns den besten Trost in der vorgelesenen Stelle selbst, da der Vater der unglücklichen Unschuldigen uns des Messias wegen fast seliger pries als sein ungefallenes Geschlecht. Ich fühlte die Stärke dieses Trostes nicht und hielt es immer für ein größeres Glück, keines Messias zu bedürfen, als durch einen Messias wieder aufgerichtet werden zu müssen. Man bestrafte mich für meine Kurzsichtigkeit, und ich schämte mich in der Tat, da ich mich... überzeugen lassen mußte, daß ich durch meine übereilten Klagen die schöne Ordnung der Weltkette getadelt hätte. Ich gab indessen nach...« und am Ende nennt er die Unternehmung wieder »die glücklichste Schiffahrt« und hat nur den Wunsch: »Ach, daß wir so der Ewigkeit zufahren könnten!«

Drei Szenen, drei Situationen, drei Rauschzustände, drei Ekstasen des höchsten Bewußtseins. Dreieinigkeit von Geistesgegenwart. Und nicht nur so sind sie verbunden. Auch die Motive Freundschaft, Glückseligkeit, Menschlichkeit, Naturliebe verknüpfen sie. Und ganz konkrete Bezüge ketten sie aneinander. So wendet sich Rousseau in seinem »Discours« an einer Stelle ausdrücklich an Voltaire und apostrophiert ihn vorsichtig-respektvoll: »Sage uns, berühmter Arouet, wieviel männliche und starke Schönheiten hast du unsrer falschen Zärtlichkeit aufopfern müssen!« Und man könnte die Frage geradezu als Reisemitgift für die Fahrt nach Potsdam verstehen. Aber deutlicher noch denkt Klopstock, der Rhapsode, dorthin und an die beiden Geister: Er geht einige Zeit mit dem Gedanken um, seinem »Messias« diese Widmung zu geben: »Aux deux grands amis. Fréderic, roi de Prusse, et Arouet de Voltaire, auteur de la Henriade.«

Aber schon stehen Sätze auch als Gegensätze da: Voltaires »Alles geht uns an, alles ist für uns gemacht« streitet mit Rousseaus Klage:»Kein Mensch weiß mehr, mit wem er es zu tun hat«.

Zwei Grundpositionen des 18.Jahrhunderts: auf der einen Seite die Lust auf die Welt, der Spaß an ihrer Opulenz, die Neugier auf die erweiterte und sich immer noch erweiternde Verantwortlichkeit. Und auf der andern: die Zivilisationsskepsis, der Menschenekel, die trübe Erfahrung, daß der größere Erdkreis nicht auch schon den größeren Horizont bedeutet, daß Weiterungen nicht schon gleich Besserungen sind, und daß der Mensch zu zerfallen droht:»Wir haben Naturforscher, Erdmesser, Chymisten, Sternseher, Dichter, Tonkünstler, Maler; nur Bürger haben wir nicht.« Auch so klagt Rousseau.

Wie aber kommt Lessing ins Bild? Wo ist sein Platz vor diesem Panorama, was hat er mit solcher Szenerie zu tun, was mit diesen Widersprüchen? Zunächst einmal dies, daß es, auf Deutsch, seine Sätze sind. Von ihm stammt, für das deutsche Publikum, der Wortlaut, er hat sie übersetzt. Der junge Lessing, Anfang zwanzig, hat die Deutschen mit ihnen bekanntgemacht:

»Alles geht uns an, alles ist für uns gemacht.«
»Kein Mensch weiß mehr, mit wem er es zu tun hat.«

Und Lessing hat den Hintersinn, den Aberwitz beider Sätze begriffen: das Wagnis, ich zu sagen. Er hat sich, um jene Zeit, mit einer unerhörten Vehemenz auf dieses Wagnis eingelassen. Er schreibt, wenig später, die folgenden Verse in ein Wittenberger Stammbuch:

Ich

Die Ehre hat mich nie gesucht;
Sie hätte mich auch nie gefunden.
Wählt man, in zugezählten Stunden,
Ein prächtig Feierkleid zur Flucht?

Auch Schätze hab ich nie begehrt.
Was hilft es, sie auf kurzen Wegen
Für Diebe mehr als sich zu hegen,
Wo man das wenigste verzehrt?

Wie lange währts, so bin ich hin,
Und einer Nachwelt untern Füßen?
Was braucht sie, wen sie tritt zu wissen?
Weiß ich nur wer ich bin.

Ich zu sich selbst zu sagen, war im 18. Jahrhundert keine
Sensation, eher schon ein Gesellschaftsspiel. Das Ichgefühl
war das eigentliche Geschenk der Aufklärung, und alle
Empfindungen der Freundschaft, der Glückseligkeit gingen
davon aus.

Aber das Ich des achtzehnten Jahrhunderts war keine Iden-
tität, die Individualität war keineswegs mit sich im reinen:
Es gab das Ich, das sich auflehnte gegen die Priester.
Es gab das Ich, das sich auflehnte gegen Gott.
Es gab das Ich, das sich auflehnte gegen den Aberglauben.
Es gab das Ich, das sich auflehnte gegen die Fürsten.
Es gab das Ich, das sich auflehnte gegen die Konvention.
Es gab das Ich, das sich auflehnte gegen Gott und die Welt.
Es gab das Ich, das sich auflehnte gegen die soziale Unge-
rechtigkeit.

Es gab das Ich, das sich auflehnte im Kampf für die andern.
Alle diese Ichs sagten Ich. Aber sie meinten nicht dasselbe. Es
meinte nicht einmal jeder sich selbst.

Descartes ist das reinste Beispiel. Sein »Cogito ergo sum«
ist ja nicht ein Satz, mit dem man in die Ewigkeit springt,
sondern das ziemlich knappe Happy-end einer übermensch-
lich anstrengenden Versuchsreihe: die Erscheinungen dieser
Welt anzuzweifeln bis hin zu der Instanz, die da vom lebens-
rettenden Zweifel geplagt ist: Ich zweifle, nur daran spüre
ich, daß ich bin. Indem der Mensch sich zum Objekt seines
eigenen Zweifels macht, wird er sein eigenes Subjekt. Aber

was hat er davon? Ist er damit schon sein Souverän? Oder bleibt er bloß übrig?

Das politische Ich: Indem der einzelne sich seiner Individualität bewußt wurde, indem er die bestehende Ordnung nicht mehr als gottgewollt hinnehmen mußte, indem er sich seiner politischen Urteilskraft bediente, indem er hinter den »Geist der Gesetze« (Montesquieu) kam, empfand er sich mehr und mehr als sein eigener Herr. Der einzelne verlangte nach einer politischen Stimme, das Selbstbewußtsein des Bürgers wuchs im Maße seiner sich ausweitenden Unternehmungen. Die Manufakturen waren kleine Fürstentümer, die Handelsgesellschaften wie friedliche Feldzüge; sie bedeuteten, wenn's gut ging, nicht nur Gewinn, sondern auch Einflußreichtum, und daß man sich eines Tages die Herren Höflinge, wenn nicht sogar die Fürsten selbst, kaufen würde, so oder so, war nicht so sehr ein revolutionärer Gedanke als eine Frage der Liquidität.

Das recherchierende Ich: Indem der Mensch, forschend, analysierend, katalogisierend, die Natur mehr und mehr sich zu eigen machte, ihre Geheimnisse dechiffrierte, ihre Vorgänge zu verfolgen und dann meist auch vorauszubedenken verstand, ihre Vielfalt zu gliedern und einzusortieren wußte, indem also die Welt ihm wie eine neue Sonne »aufging«, erlebte das Ich die Ekstase der Erkenntnis, den Triumph der Nachschöpfung. Auch das hatte ja Klopstock gemeint mit seinem Gesang: »Schön ist, Mutter Natur, deiner Empfindung Pracht / Schöner ein froh Gesicht, das den großen Gedanken deiner Schöpfung / Noch einmal denkt.« Das betraf nicht nur die Bootsfahrt, das war die Stimmung der Zeit.

Das sich selbst begegnende Ich: Aus Ich-Gefühl und Selbstbewußtsein, aus Eigenwille und Introspektion entsteht die ganz neue Neugier des Menschen auf sich selbst. Nicht mehr in die Ferne schweifen, zu den Sternen greifen, sondern der Mensch ist sich selbst der Nächste.

»Törichte Sterbliche, was über euch ist, ist nicht für euch! Kehret den Blick in euch selbst! In euch sind die unerforschten Tiefen, worinnen ihr euch mit Nutzen verlieren könnt. Hier untersucht die geheimsten Winkel... Hier begreift und beherrschet das einzige, was ihr begreifen und beherrschen sollt; euch selbst.« – Das ist schon Lessing, der da spricht.

Und was er ausspricht, war das eigentliche Dilemma; es ist es noch immer. Das Ich stand sich selbst gegenüber, und es verstand sich nicht von selbst. Als das Ich, um die Mitte des 18. Jahrhunderts, die erste wirkliche Konfrontation mit sich selbst hat, da geschieht keine Epiphanie, sondern Entsetzen. Das Ich wird vom Schwindel vor dem eigenen Abgrund erfaßt, von der Angst vor dem Seelen-Labyrinth.

Und der junge Lessing spricht auch schon von dem »Labyrinth der Selbsterkenntnis« und sagt: »Man schließe einen Blick in sich selbst; man setze alles was man weiß, als wüßte man es nicht, bei Seite; auf einmal ist man in einer undurchdringlichen Nacht.« Sogar Voltaire ist pathetisch geworden bei dem Gedanken an die Unergründlichkeit des Menschen: »Die Ewigkeit müßte man haben, um seine Seele kennenzulernen. – Ein Augenblick genügt, ihn zu töten.«

Die Stammbuchpointe ist nicht leicht zu nehmen.

»Weiß ich nur wer ich bin.«

Weiß er es schon?

ICH SAGEN
oder:
Kostümfeste des Selbstbewußtseins

Leben lernen

Ich bin; aber ich habe mich nicht;
also werden wir erst.

Ernst Bloch

Zwei Tage vor seinem zwanzigsten Geburtstag, am 20. Januar 1749, schreibt Lessing von Berlin aus an seine Mutter in Kamenz einen Brief, der berühmt werden wird, weil er nicht nur zu den Meisterwerken deutscher Prosa, sondern auch zu den Meisterstücken deutscher Emanzipation gehört. Dieser Brief beschreibt nicht die Geburt, aber das ›Zur-Welt-Kommen‹ eines jungen Menschen, und die Beschreibung ist von einer so federnden Dezidiertheit, von einer so respektvollen Härte, daß sie auch heute noch zu lesen und zu beherzigen ist als ein Katechismus des Mündigwerdens.

Lessing ist ein knappes Vierteljahr vorher in Berlin angekommen, im November 1748. Er wohnt bei seinem (eigentlich nicht verwandten) Schwippvetter Christlob Mylius, der seit kurzem festangestellter Redakteur an der »Berlinischen Privilegirten Zeitung« – der späteren »Voßischen« – ist. Das Quartier, in dem beide eng zusammenrücken müssen, liegt in der zentralen Spandauer Straße – noch hat Berlin trotz seiner etwa achtzigtausend Einwohner keine Hausnummern; später einmal wird es die Nr. 68 sein und das berühmteste Berliner Literaturhaus; Lessing, Ramler, Nicolai haben hier gearbeitet und ihm Reputation verschafft; und für die aufstrebende Familie Mendelssohn wird es der Stammsitz werden.

Der junge Gotthold Ephraim Lessing ist auf gut Glück, auf gut Unglück, nach Berlin gereist; keineswegs mit der Aussicht, auch an der Zeitung unterzukommen. Immerhin macht Mylius ihn mit dem Verleger, Johann Andreas Rüdiger, bekannt. Und der beschäftigt den Stellungslosen – mit der Ordnung seiner Bibliothek. Lessing bekommt dafür freie Verpflegung, und er bekommt einen freien Kopf. Denn Lessing unter Büchern – das ist immer auch Columbus auf dem Seeweg nach Indien, das ist ein hellwacher Abenteurer auf Entdeckungsfahrt. Und in dieser Situation, die große neue Stadt um sich, eine ungewisse Zukunft vor sich, zwei Lebensjahrzehnte hinter sich, schreibt Lessing jenen langen großen Brief:

»Erlauben Sie mir«, so nimmt er die Mutter bei der Hand und führt sie durch alle seine bisherige Erfahrung, »daß ich nur mit wenig Zügen, ihnen meinen gantzen Lebenslauff auf Universitäten abmahlen darff, ich bin gewiß versichert, Sie werden alsdann mein jeziges Verfahren gütiger beurtheilen. Ich komme jung von Schulen, in der gewißen Überzeugung, daß mein ganzes Glück in den Büchern bestehe. Ich komme nach Leipzig, an einen Ort, wo man die ganze Welt in kleinen sehen kan. Ich lebte die ersten Monate so eingezogen, als ich in Meißen nicht gelebt hatte. Stets bey den Büchern, nur mit mir selbst beschäfftigt, dachte ich eben so selten an die übrigen Menschen, als vielleicht an Gott. Dieses Eingeständnis kömmt mir etwas sauer an, und mein einziger Trost dabey ist, daß mich nichts schlimmers als der Fleiß so närrisch machte. Doch es dauerte nicht lange, so gingen mir die Augen auf: Soll ich sagen, zu meinem Glücke, oder zu meinem Unglücke? Die künfftige Zeit wird es entscheiden. Ich lernte einsehen, die Bücher würden mich wohl gelehrt, aber nimmermehr zu einen Menschen machen. Ich wagte mich von meiner Stube unter meines gleichen. Guter Gott! was vor eine Ungleichheit wurde ich zwischen mir und andern gewahrt. Eine bäuersche Schüchternheit, ein verwilderter und ungebauter Körper, eine gäntzliche Unwißenheit in Sitten und Umgange, verhaßte Minen, aus welchen jedermann seine Verachtung zu lesen glaubte, das waren die guten Eigenschafften, die mir, bey meiner eignen Beurtheilung, übrig blieben. Ich empfand eine Schahm, die ich niemal empfunden hatte. Und die Würkung derselben war der feste Entschluß, mich hierinne zu beßern, es koste was es wolle. Sie wißen selbst, wie ich es anfing. Ich lernte tanzen, fechten, voltigiren. Ich will in diesem Briefe meine Fehler aufrichtig bekennen, ich kann also auch das gute von mir sagen. Ich kam in diesen Übungen so weit, daß mich diejenigen selbst, die mir in Voraus alle Geschicklichkeit darinnen absprechen wollten, einigermaßen bewunderten. Dieser gute Anfang ermunterte mich hefftig. Mein Körper war ein wenig geschickter geworden, und ich suchte Gesellschaft, um nun auch leben zu lernen.«

»Um nun auch leben zu lernen«, dieser Vorsatz des Siebzehnjährigen bleibt auch dann ein bewundernswertes Stück Welterdreistung, wenn es der Zwanzigjährige ist, der sie ihm nachformuliert. Gewiß, die Vervollkommnung, die Perfektibilität, die Erziehungslust am eigenen Leib gehört zu den Mustern der Zeit; aber daß ein halbes Kind mit Entschiedenheit alle familiären Erwartungen beiseite setzt, alle Disziplinen hintanstellt, um ins Zentrum jeder Erfahrung zu gelangen, um das zu erreichen, was die meisten Menschen ihr Leben lang nicht schaffen, nämlich den Luxus eines eigenen Lebensgefühls, – das ist nichts anderes als ein Akt von Genie.

»Um nun auch leben zu lernen«: Selbst wenn das mehr auf Äußerlichkeiten zielt, wenn es nicht viel mehr meint als Umgangsformen, als die erste Bekanntschaft mit Eleganz und Urbanität, als die Leichtigkeit im Verkehr mit anderen Leuten, so hat doch Franz Mehring allen Anlaß für sein enthusiastisches Urteil: »... seitdem es für Hutten eine Lust war, in dem Deutschland des sechzehnten Jahrhunderts zu leben, hatte kein Deutscher wieder einen so einfachen Entschluß mit so instinktiver Klarheit... gefaßt wie Lessing.«

Leben lernen! Aber dazu war er ja gar nicht in Leipzig, dazu hatte der Rat der Stadt Kamenz, weiß Gott, nicht das Geld bewilligt: Man wollte Predigernachwuchs haben, und das Stipendium war ganz entschieden für die Ausbildung eines Geistlichen gedacht. Aber nicht nur, daß Lessing nicht Theologie studierte, »es währte nicht lange, so lief Lessing aus einem (Kolleg) ins andere. Kein Lehrer that ihm Genüge: alle schienen ihm seicht, und gaben seinem Leichtsinn oft Gelegenheit zum Spotte; den einzigen Ernesti ausgenommen, den er dann und wann über die römischen Alterthümer, über die griechischen Klassiker, und über die Universalgeschichte, doch sparsam genug hörte. Oft schwatzte er seinen Freund Weiße noch vor Ernesti's Thüre weg, und auf die Promenade...« So berichtet der Bruder.

Leben lernen: nicht so sehr auf der Universität, kaum in der Universitätsstadt, sondern in *der* deutschen Stadt, die am ehesten alle Merkmale einer Metropole hatte: Handelsplatz und Messetreffpunkt, die Bücherhauptstadt und das Publikationszentrum, eine Stadt von nahezu republikanischem Übermut inmitten des Königreiches Sachsen, Mittelpunkt eines Reiches, das es nicht gab außer in der Mondänität seines Mittelpunktes: gewitzte sächsische Sinnlichkeit mit deutlicher Entsprechung von französischer Lebensart, ein Klein-Paris. Es gab mehr als einen blassen Schimmer von Aufklärung, und kein geringerer als der berühmte Professor der Beredsamkeit, Johann Christoph Gottsched, hatte die neue Bibel der skeptischen Vernunft, das Wörterbuch des Pierre Bayle, ins Deutsche übersetzt, zwei riesige Bände, herrlich gedruckt, gewaltig in Leder gebunden, für die Leser ein Kompendium des skeptischen Verstandes.

Leipzig, sagt der Baedeker, war um die Mitte des 18. Jahrhunderts die »gebildetste Stadt«, und es war auch eine Stadt, die kaufmännisch florierte. Elf Seiden- und Samtmanufakturen hatten sich um 1750 hier etabliert, sieben Gold- und Silberspinnereien, über hundert Gewerbebetriebe waren am Werk, und die Zahl der Zünfte betrug 69, hier auf dem »Marktplatz Europas«. Die Handelsverbindungen reichten in fast alle Orte Mitteleuropas, auch bis nach Osteuropa hinein, und neuerdings kam auch der Handel mit Übersee auf, vergrößerte das Risiko, ließ aber auch den Gewinn hochschnellen. Die neuen Messe-Höfe, auch »Durchhäuser« genannt, boten während der Messen, also dreimal im Jahr, die größer gewordene Welt als reichhaltiger und vielfältiger gewordene Ware, sie waren nicht nur Kaufgelegenheiten, sondern auch ein Panoptikum der neuen Möglichkeiten. Leider müssen wir uns, da Lessing zeitlebens kein Auge für Architektur gehabt hat, die Beschreibung bei Goethe ausborgen; der spricht von den ungeheuer scheinenden Gebäuden, »die, nach zwei Straßen ihr Gesicht wendend, in grossen himmelhoch umbauten Hofräumen eine bürgerliche Welt umfassend, grossen Burgen, ja Halbstädten ähnlich sind«.

Der Eindruck, den Lessings Leipzig-Ekstase auf schlichtere Gemüter gemacht hat, ist in dem Bericht eines damaligen Zimmergenossen erhalten, Johann Friedrich Fischer, der es später immerhin zum Rektor der Leipziger Thomasschule gebracht hat: Fischer erinnert sich »an ein Exempel aus meiner Jugend, das mir noch heute durch die Seele geht... Wie ich von Coburg hierher auf die Universität kam, da zog ich mit Einem zusammen, der schon ein Jahr da war: guter Leute Kind – ein Predigersohn aus der Lausitz. Wir wohnten in der Burgstraße; drüben, in der alten Baderei. Was hatte Gott dem Menschen für Gaben gegeben! was konnte der für Griechisch und Latein! Wir brauchten den Ernesti – der damals berühmt war, scilicet! – den brauchten wir Beide nicht. Zum Vergnügen fingen wir gleich damit an, den Thucydidem zu lesen. Was hätte aus dem werden können! Aber er hatte auch so einen Hang! Er hatte schon vorher viel Deutsch gelesen; nun gewöhnte er sich auch deutsch zu schreiben und machte deutsche Verse. Nun gings immer weiter und war kein Halten's mehr. Er war mein bester Freund; er war mein einziger auf der ganzen Universität: aber ich zog von ihm, ich konnt's nicht mit ansehn. Er fing sogar an, Komödien zu schreiben. Und nun – nun wurd' er nach und nach... ach, ich mag's

nicht sagen! Frag' Er nur Leute, die's verstehen; der Kerl hieß
– Lessing! –«

Ein verständnisvollerer, ein gleichgesinnter Umgang in
Leipzig ist Christian Felix Weiße, der, um Lehrer zu werden,
in die Stadt gekommen ist, an der Universität Philologie und
Theologie belegen will, aber, wie Lessing, in den Wirbel der
Stadt, in den Sog des Theaters gezogen wird. Und von Lessing, wie wir gehört haben, auf die Promenade. Weiße berichtet selbst – von sich als »er« sprechend – über die Leipziger Zeit mit Lessing: »Mit diesem hatte er sich so innig vereinigt, daß sie keinen Tag ohne einander hinbrachten... Jener
theilte ihm alle seine Ideen mit, lehrte ihn die beste und neuste
Litteratur kennen, machte ihn mit der englischen Sprache bekannt, und kritisirte mit ihm alles, was sie lasen und hörten,
wodurch sie beyderseits ihre Urtheile berichtigten. Es waren
glückliche Stunden, welche sie miteinander verlebten, an
welche Weiße nie ohne frohe Empfindungen zurückgedacht
hat. – Das höchste Vergnügen für beyde war in Leipzig das
damalige Theater unter der Neuberin. Sie aßen lieber trock-
nes Brot – denn auch Leßing hatte nicht viel zu verthun – ehe
sie es einmal versäumt hätten. Da sie dessen ungeachtet den
Aufwand nur sehr schwer bestreiten konnten; so sannen sie
aus Mittel, sich ein Freybillet zu verschaffen. Sie übersetzten
also gemeinschaftlich verschiedene französische Stücke, z. B.
den *Hannibal* des *Marivaux* in gereimten Alexandriners, den
Spieler des *Regnard* u. a. und erreichten dadurch ihre Absicht.«

Theater in Leipzig – das war zu jener Zeit ein Divertissement
nicht nur abseits der Universität, sondern auch gegen sie; es
machte unter der Leitung der Karoline Neuber Front gegen
den berühmtesten Professor der Universität, Johann Christoph Gottsched. 1741 war es zum Bruch gekommen zwischen dem Gelehrten und der Prinzipalin, zwischen dem
Papst der deutschen Beredsamkeit und der nicht auf den
Mund gefallenen ›Volksschauspielerin‹. Gottsched, jahrelang
mit der Neuberin im Bunde, hatte seine Gunst um jene Zeit

demonstrativ der Schönemannschen Theater-Truppe zugewandt, und die Neuberin, an die Gottschedische Protektion gewöhnt und von ihr abhängig, reagierte mit der Heftigkeit einer eifersüchtigen Frau. Sie kämpfte um die Existenz ihrer Truppe, und das hieß von nun an gegen Gottsched. Der Zwist gedieh bis zum Kampf auf offener Szene, ja bis zur Saalschlacht.

Die findet am 18. September 1741 statt – Gottsched ist kurz vorher zum Rektor der Universität gewählt worden –, mit Hilfe eines höhnischen, auf Gottsched gemünzten Vorspiels »Der allerkostbarste Schatz«, das eine Aufführung seines »Sterbenden Cato« einleiten soll. Ein »Tadler« werde dort zu sehen sein, verkleidet »als die Nacht, in einem Sternenkleide mit Fledermausflügeln… und eine Sonne von Flittergolde um den Kopf«, und mit einem Tadler kann, so weiß ganz Leipzig, niemand als der Herausgeber der Wochenzeitschrift »Die vernünftigen Tadlerinnen«, eben der Professor Gottsched, gemeint sein. Anhänger beider Parteien haben das Parkett besetzt; und ein Mann namens Corvin tut sich als Anführer der Gottschedianer hervor; ein Neuberin-Anhänger, Johann Christoph Rost, hat den Tumult beschrieben:

Allein umsonst, Corvin nahm keine Warnung an,
Er lärmte fort, weils ihm noch dreye nachgethan,
Und that sein tapfers Amt, zu dem er sich verschworen.
Doch dem Studenten gieng hier die Geduld verloren;
Und, da der größte Theil auf seiner Seite war,
Riß er die Neuberin beherzt aus der Gefahr.
Er drang mit andern durch biß zu dem tollen Hauffen;
Im Geiste war Corvin zwar schon davon gelauffen;
Jedoch, aus Angst und Eil ließ er den Cörper da,
Drum kam Gedräng und Stoß ihm unvermuthet nah.
Er stämmte sich und rief: ›Mein Herr, was soll dieß heissen?
Will man die Kleider gar uns von dem Leibe reissen…
Hier galt kein Widerstand, noch weniger ein Wort,
Man drängte den Corvin nebst seinem Häufgen fort;

Und ließ nicht eher nach, biß diese sechs Barbaren,
Die sich zu tief gewagt, mit Schimpf verjaget waren.
Durch den Scharmützel ward die Ruhe hergestellt,
Die Schönen, welchen stets der Muth am ersten fällt,
Belachten nun den Kampf der zwey erhitzten Heere,
Der Kunst, der Neuberin, und der Vernunft, zur Ehre...

Aber diesen Theaterkrawall bekommt Lessing noch nicht
mit. Zu dieser Zeit kann er von Leipzig allenfalls träumen. Im
Jahre 1741 kommt er erst einmal aufs Internat.

Mit dem Latein am Anfang

Ich sah fliegende Käfige; es waren Adler darin.

Stanislaw Jerzy Lec

Fünf Jahre verbringt Lessing auf der Fürstenschule St. Afra in Meißen; am 21. Juni 1741 legt er, zwölfeinhalb Jahre alt, die Aufnahmeprüfung ab: Es ist die Übersetzung eines deutsch diktierten Aufsatzes ins Lateinische; weitere Examina in Griechisch, Religion und Mathematik schließen sich an; der Schüler wird dann auf die sechs Haupttugenden verpflichtet, die den Himmel und die Hygiene höchst praktisch verknüpfen: Gottesfurcht, Gehorsam, Meidung schlechter Gesellschaft, Fleiß, Reinlichkeit, sowie Dankbarkeit gegen Gott, Landesherrn und Schule. Lessing überspringt gleich den untersten Schulabschnitt (die zwölfte Dekurie) und tritt in die zweite Dekurie der Quarta ein. Den Abschied von Meißen nimmt er, ebenfalls vorzeitig, am 30. Juni 1746 mit einer lateinischen Rede über die Mathematik der Barbaren.

Diese fünf Jahre Meißen sind eine strenge, karge und beengte Zeit. Ein Leben zwischen Kloster, Knast und Kaserne. Lessing teilt mit zwei Mitschülern ein Arbeitszimmer und eine Schlafkoje. Ferien gibt es nicht; heimreisen darf man nur alle zwei Jahre für vierzehn Tage. Die Tagesordnung ist strikt und monoton. Im Sommer wird um halb fünf morgens geweckt, im Winter eine Stunde später; die Schüler waschen sich am Brunnen im Hof (wie gründlich das bei strengem Frost geschieht, kann man sich vorstellen), Kleider und Schuhe werden unter der Aufsicht eines älteren Schülers gesäubert. Die Morgenandacht wird zur tagesfrühen Sprachübung: Die Gebete werden außer auf Deutsch auch auf Latein und Griechisch gesprochen. Dann erst ein Frühstück. Fünf Unterrichts- und Arbeitsstunden am Vormittag; Mittagessen mit der Garnierung von drei Bibelkapiteln. Nun eine Stunde zur freien Verfügung, ehe es wieder zu fünf Stunden Unterricht in die Klasse geht. Abendessen, Abendandacht, Abendgebet: So genau ist der Tag eingeteilt, daß sogar noch eine weitere freie Stunde verbleibt. Um halb zehn Uhr abends ist Schluß; ab ins Bett. Verboten sind Würfel- und Kartenspiele, und natürlich ist auch Rauchen nicht erlaubt.

Und dennoch: welch eine Chance! Diese fünf Jahre, die wie Sklaverei aussehen, während sie nicht vorbeizugehen scheinen, sind in Wahrheit ein Göttergeschenk. Was nach geistlosem Drill aussieht, wird zum Denktraining, was totes Wissen zu sein scheint, erwacht zu kritischer Lebendigkeit, und das mit Versen und Fakten vollgestopfte Gedächtnis weitet sich allmählich zum Bewußtsein von Historie und Kultur.

Es gibt wenig Dokumente über Lessings Zeit auf dem berühmten Internat; so gut wie nichts, was über seinen inneren Werdegang, was über seine Gedanken, ja was über die frühen Schreibversuche, die hier einsetzen, Auskunft erteilt. Was es gibt – es lebe die Schulordnung! – sind Zeugnisse und Aktenvermerke; sie sind lateinisch und lakonisch, aber zwischen den Zeilen sagen sie doch eine Menge über die Verfertigung eines eigenwilligen Kopfes, über heranwachsende und sich behauptende (wohl auch tarnende) Selbständigkeit, über die List der Gescheitheit unter rigiden Bedingungen. Vielleicht ist der deutlichste Beleg jene Bemerkung, die Lessings Bruder Theophilus zu hören bekam, als er gleichfalls Stipendiat in Meißen und nach der Begrüßung auf sein Zimmer geschickt wurde: »Nun geh in Gottes Namen: sey fleißig, aber nicht so naseweis wie dein Bruder.«

Daß dieser Gotthold Ephraim Lessing »ein guter Knabe, aber etwas moquant« sei, hatte schon bald der Inspektor Bose gemerkt, und solches »gut, *aber*« und »fleißig, *aber*« bleibt fast für die gesamte Schulzeit bestimmend, wird jedoch besonders drastisch in den Schulzeugnissen des ersten Jahres ausgesprochen: »Der Ermahnung, sein schmuckes Äußeres nicht durch vorlautes und freches Wesen zu beflecken, scheint er Gehör geschenkt zu haben«, heißt es erleichtert im ersten Herbstzeugnis, doch bald darauf folgt von oberster Stelle der Auftrag an die Schule, Lessing zu ermahnen, »daß er der angenommenen Leichtsinnigkeit sich enthalten soll«.

Ostern 1742 hat man noch Kummer: »Er ist nicht unbedeutend begabt, bedarf aber strenger Leitung, um ordentlich und fleißig seine Schuldigkeit zu tun.« Derselbe Einwand, anders formuliert, im Herbst des Jahres: »Er zeigt große Geistesgaben und beträgt sich ruhig; ist aber nicht frei von Anzeichen der Nachlässigkeit.« Dies liest sich so, als sei die erste Aufsässigkeit einer gewissen Passivität gewichen, als habe die Wehr der Wurstigkeit eingesetzt; dafür spricht auch die Bemerkung über sein Schreibebuch, das er im Februar 1743 zur Beurteilung vorlegen muß und das gerade »noch ziemlich befunden« wird.

Und dann offenbar, mit dem Jahr 1743, so etwas wie ein neuer Elan, jetzt weiß einer, wie der Hase läuft, und kann den Igel spielen: »Seinen geistigen Fähigkeiten entspricht gewissenhafter Fleiß, dem Fleiß der erwünschte Fortschritt.« So im Osterzeugnis; und so im Herbst: »In Wissenschaften macht dieser aufgeweckte und fleißige Kopf offenbar Fortschritte, in sittlicher Beziehung benimmt er sich zu verschlossen, als daß man ihn von jeder Verstellung frei bezeichnen könnte.« Aber 1744 schon glänzt er »durch Geistesschärfe und ausgezeichnetes Gedächtnis, auch strebt er nach sittlich würdigem Betragen«, und »seine hervorragenden Geistesgaben machte er durch häufige Arbeiten, auch geometrische, und durch Verbesserung seiner Sitten lobenswerter«. Zu Michaelis 1745 hat er sich vollends kenntlich gemacht: »Es gibt keine Art von Wissenschaft, die der lebhafte Geist dieses Schülers nicht aufgriffe, so daß er bisweilen gezügelt werden muß, sich nicht über Gebühr zu zersplittern.« Und wo schon vom Zügel gesprochen wird, kann auch das Pferd nicht fehlen; vom

Rektor Grabener wird die Äußerung überliefert: »Es ist ein Pferd, das doppeltes Futter haben muß. Die Lektiones, die andern zu schwer werden, sind ihm kinderleicht. Wir können ihn fast nicht mehr gebrauchen.«

Wie gut ist das Futter, was gibt es für Lektionen? Im wesentlichen sieht die Fächer-Verteilung während der fünf Meißener Jahre so aus: Es gab fünf Stunden Religion, gegenüber fünfzehn Stunden Latein (in den Sommermonaten); man las, was man auch heute an unsern Gymnasien zu lesen sich bemüht: Cicero, Ovid, Cornelius Nepos, und man übte reichlich Syntax und Grammatik. Griechischen Unterricht trieb man an vier Wochenstunden, und die Hauptlektüre war – so fügte sich Sprache und Religion in eins – das Neue Testament. Je zwei Stunden wöchentlich waren den Fächern Mathematik, Arithmetik, Geschichte und Geographie gewidmet, und auch Französisch gab es zweimal in der Woche. Diese Stundenverteilung änderte sich kaum im Übergang von den unteren zu den oberen Jahrgängen, nur daß die Autoren schwieriger wurden – in Latein kamen jetzt Livius, Horaz und Virgil an die Reihe, und unter den Übungen wurden Rhetorik und Logik stärker gepflegt –, und das Griechische war nun nicht mehr auf die Bibel beschränkt, sondern mußte sich an Autoren wie Plutarch und Sophokles bewähren. Neu waren drei Wochenstunden Hebräisch, und mit den älteren Schülern wurde nun auch Philosophie – als Logik und als Sittenlehre – getrieben. Am gründlichsten aber war der Unterricht in Latein; es sollte für Lessing bei seinen ersten Polemiken die stärkste Waffe werden.

Aber Gotthold Ephraim lernt nicht Lateinisch dichten; er bildet sich, und das heißt weitgehend selbst, inmitten dieser kategorischen Lateinschule zum deutschen Schriftsteller noch nicht aus, aber vor, er fängt an, sich als deutschen Stilisten zu bemerken, er lernt, es mit der Muttersprache gegen den Kanzleistil zu halten. Das zu tun, war zwar nicht so aufsässig wie ein Verstoß gegen das Rauchverbot, aber es hatte etwas Abenteuerliches, Außenseiterisches.

Lessings individuelle Entdeckungslust im Terrain dieser brachliegenden Wortwelt fand, so hat es schon Danzel dargestellt und die neuere Forschung wiederum herausgearbeitet, einen besonderen Förderer an der Meißener Schule – und zwar den Mathematiklehrer. Er hieß Johann Albert Klimm und war an der humanistisch ausgerichteten Schule nicht nur vom Fach her das fünfte Rad am Wagen, sondern auch dem Wesen nach ein Mann mit einem Kopf für sich, von den Kollegen nicht eben besonders geschätzt. Er war seit Lessings Geburtsjahr – 1729 – an der Schule tätig und hatte ursprünglich wohl auf eine andere, glanzvollere Karriere gehofft; Klimm hatte 1717 den Kepler-Nachlaß mit herausgegeben, hatte ausländische astronomische Werke übersetzt und physikalische Experimente angestellt; einen »Lehrer der Deutschen« in der Physik nannte ihn später Abraham Gotthelf Kästner. Klimm war nicht nur für Mathematik, Geographie und Astronomie zuständig, sondern lehrte in der Oberstufe auch Logik und Rhetorik. Und selbst die Mathematik war ja in der ersten Hälfte des 18. Jahrhunderts alles andere als bloße Rechenkunst; sie wurde geradezu eine Art von Gottesbeweis; denn je mehr von der Welt man sich ausrechnen konnte, um so mathematischer wurde die Vorstellung vom Schöpfer. Selbst der Skeptiker Voltaire, und zwar der späte des Philosophischen Wörterbuchs, schreibt unter dem Stichwort »Atheismus«: »Entweder sind die Sterne selbst große Mathematiker, oder der ewige Mathematiker hat die Sterne eingesetzt. Aber wo ist dieser ewige Mathematiker? Ist er an einem Ort oder überall...? Hat er aus eigener Substanz alle Dinge gefügt? Ich weiß es nicht. Was ich weiß ist, daß man ihn anbeten und gerecht sein muß.«

Aber wir bleiben parterre, wir sind bei Klimm. Dessen Außenseiterposition brachte ihn den Schülern näher, und es scheint, als sei er mit der Beaufsichtigung der Privatstudien der Schüler beauftragt gewesen, für die in den täglichen zwei Freistunden Zeit blieb, und sicher auch darüber hinaus. Schon zehn Jahre, bevor Lessing an die Schule kam, war in einer Beschwerde über Klimm vermerkt worden, daß er sich mit den Schülern zu sehr in Diskussionen einlasse und vor allem ganze Nächte darüber hinbringe. »Einer seiner letzten Schüler«, berichtet wiederum Danzel, »ein Bürgermeister Chladenius zu Großenhayn, erzählt in einer Handschrift, die er dem Afraneum übergeben, er habe mit andern Günstlingen oft bis 12 Uhr in seiner Inspectionsstube gesessen. Das wird auch Lessing gestattet gewesen sein, und hier hat er denn zuerst freiere und geistigere Ansichten über Wissen und Wissenschaften aussprechen hören…« Klimm lieh auch offenbar Bücher und Zeitschriften, die er bezog, gegen ein Entgelt an die Schüler aus, und die Vorstellung kann nicht unerlaubt sein, daß seine inoffiziellen Colloquien die Schüler, und eben vor allem Lessing, mit dem bekanntmachten, was ihnen der Lehrplan der Schule vorenthielt: mit den literarischen und philosophischen Strömungen der Zeit; daß Klimm ihm zuerst eine Ahnung davon verschaffte, daß es neben der Historie und den Büchern auch eine Gegenwart gab.

Der erste Lessing-Brief, der überliefert ist, stammt aus dieser Meißener Zeit, und er zeugt schon von ziemlich keckem Übermut. Lessing schreibt ihn am 30. Dezember 1743, also mit vierzehn Jahren, an seine um ein Jahr ältere Schwester Dorothea Salome:

»Geliebte Schwester!
Ich habe zwar an Dich geschrieben, allein Du hast nicht geantwortet. Ich muß also dencken, entweder Du kanst nicht schreiben, oder Du willst nicht schreiben. Und fast wollte ich das erste behaupten. Jedoch ich will auch das andere glauben; Du wilst nicht schreiben. Beydes ist straffbahr. Ich kann zwar nicht einsehn wie dieses beysammen stehn kan; ein vernünfftiger Mensch zu sein; vernünfftig reden zu können; und gleichwohl nicht wißen, wie man einen Brief aufsetzen soll. Schreibe wie Du redest, so schreibst Du schön. Jedoch; hätte

auch das Gegentheil statt, man könte vernünfftig reden, dennoch aber nicht vernünfftig schreiben; so wäre es für Dich eine noch größere Schande, daß Du nicht einmahl so viel gelernet. Du bist zwar Deinen Lehr Meister sehr zeitig aus der Schule gelauffen, und schon in Deinen 12 Jahre hiltest Du es vor eine Schande etwas mehres zu lernen; allein wer weiß welches die groste Schande ist? in seinen 12 Jahren noch etwas zu lernen als in sein 18ten oder 19ten noch keinen Brieff schreiben können. Schreibe ja! und benimm mir diese falsche Meynung von Dir. Im vorbeygehen muß ich doch auch an das neue Jahre gedencken. Fast jeder wünschet zu dieser Zeit gutes. Was werde ich Dir aber wünschen? Ich muß wohl was besonders haben. Ich wünsche Dir, daß Dir Dein ganzer Mammon gestohlen würde. Vielleich würde es Dir mehr nuzen, als wenn jemand zum neuen Jahre Deinen Geld Beutel mit einigen 100 Stück Ducaten vermehrte.

Lebe wohl! Ich bin Dein treuer Bruder

G. E. Leßing.«

»Schreibe wie Du redest, so schreibst Du schön«. Dieser Satz, den der vierzehnjährige Lessing sagt, ist nahezu Sprichwort geworden, populäre Äußerung, beinah Volksmund, Lessing-Besitz auch derer, die nicht wissen, daß sie da Lessing besitzen. Die Kantigkeit, die Frische, die Lust an der Ungeziertheit sind typische Merkmale: mit einem Satz, mit diesem einen Satz steht da ein deutscher Dichter. Schreibe wie Du redest, so schreibst Du schön: daran erkennen wir unsern Lessing, auch wenn die neuere Philologie dahinter eine Menge Eingetrichtertes aufgespürt hat.

Zwar hat auch Goethe Ähnliches gesagt; zwar wendet sich auch Goethe an seine Schwester, als er, ähnlich jung, vorschlägt: »Aber lasse dir vom Vater nicht helfen. Das ist nichts. Ich will sehen wie du schreibst. Jetzo werde ich den Anfang machen. Merke diß: schreibe nur, wie du reden würdest, und so wirst du einen guten Brief schreiben.« Doch ist es ein Wunder, daß nicht dieser Satz, nicht die jung-goethesche Ausführlichkeit, sondern die Lessingsche Prägnanz Furore gemacht hat: »Schreibe wie Du redest, so schreibst Du schön«?

Einmal, es ist im letzten Winter, den Lessing in St. Afra erlebt, 45 auf 46, bricht die Gegenwart in die klösterliche Studierstube, die große Welt in die Abgeschirmtheit des Internats ein: Es ist der erste Eindruck, den Lessing vom Krieg, von Politik, von Preußen, wohl auch von diesem Friedrich bekommt. Und dieses eine Mal läßt er uns Einblick nehmen in die Schule, aber eben in eine Ausnahmesituation. Dem Vater schreibt er am 1. Februar 1746: »Sie betauern mit Recht das arme Meisen, welche jezo mehr einer Toden Grube als der vorigen Stadt ähnlich siehet. Alles ist voller Gestanck und Unflath, und wer nicht herrein kommen muß, bleibt gerne so weit von ihr entfernt, als er nur kan. Es liegen in denen meisten Häusern noch 30 bis 40 Verwundete, zu denen sich niemand sehre nahen darff, weil alle welche nur etwas gefährlich getroffen sind, das hizige Fieber haben. Es ist eine weise Vorsicht Gottes, daß diese fatalen Umstände die Stadt gleich in Winter getroffen, weil, wenn es Sommer wäre, gewiß in ihr die völlige Pest schon graßiren würde. Und wer weiß was noch geschiehet. Jedoch wir wollen zu Gott das beste hoffen. Es sieht aber wohl in der ganzen Stadt, in Betrachtung seiner vorigen Umstände, kein Ort erbärmlicher aus als unsere Schule. Sonst lebte alles in ihr jezo scheint sie wie ausgestorben. Sonst war es was rares, wenn man nur einen gesunden Soldaten in ihr sahe, jezo sieht man ein Hauffen verwundete hier, von welchen wir nicht wenig Ungemacht empfinden müßten. Das Coenacul ist zu einer Fleisch Banck gemacht worden, und wir sind gezwungen, in den kleinern Auditorio zu speisen. Die Schüler, welche verreiset, haben wegen der Gefahr in Kranckheiten zu verfallen, eben so wenig Lust zurück zu kehren, als der Schul Verwalter die drey eingezognen Tisch wieder herzustellen. Was mich anbelanget, so ist es mir um so viel verdrüßlicher, hier zu seyn, da Sie so gar entschloßen zu seyn scheinen mich auch den Sommer über, in welchen es vermutlich zehnmal ärger seyn wird, hier zu laßen. Ich glaube wohl, die Ursache, welche Sie dazu bewogen, könnte leicht gehoben werden. Doch ich mag von einer Sache, um die ich schon so offte gebeten, und die Sie doch kurzum nicht wollen, kein Wort mehr verlieren.«

Lessing hatte also dem Vater schon länger in den Ohren gelegen, die Schule vorzeitig verlassen zu dürfen; dabei ist es so wenig die Entscheidung des Vaters allein wie das ganze Stipendium Sache des Vaters war. Und der Pastor Lessing ist so uneinsichtig nicht, wie der Sohn vermutet, kann es wohl auch kaum sein gegenüber seinem geradezu schneidenden Drängeln; und ist es um so weniger, als auch er kein Interesse an einem weiteren (normalerweise fälligen) Jahr in Meißen hat: Denn er hat schon beim Rat der Stadt Kamenz ein Stipendium erwirkt, das dem begabten Sohn vom Herbst 1746 an ein Theologiestudium in Leipzig ermöglichen soll; das aber verfiele, wenn es nicht rechtzeitig in Anspruch genommen werden könnte. So richtet denn der Pastor am 28. April an den sächsischen Kurfürsten »mein allerunterthänigstes Bitten... mir und meinem besagten ältesten Sohn die hohe Gnade widerfahren zu laßen, daß ihm an dem gewöhnlichen Sexennio ein Jahr erlaßen werde...« Und obwohl dieses Gesuch abgelehnt wird, rafft sich der Vater einen Monat später noch einmal zu einer Bittschrift auf, erwähnt die fünf kleineren Söhne, die ihm nicht erlaubten, seinem Ältesten das Studium selbst zu finanzieren, weist noch einmal auf das städtische Benefiz hin, »welches mir die Kosten mercklich erleichtert, gäntzlich aber aus den Händen gehet, wenn mein Sohn um besagte Zeit nicht actu studens in Academia ist«, also wirklich zu studieren angefangen hat. Und diesmal wird die Bitte des Vaters, der Wunsch des Sohnes, erfüllt: erster Freispruch für Lessing.

Eine Äußerung über Lessing aus der Meißener Zeit bleibt noch nachzutragen; eine Beurteilung aus dem Osterzeugnis 1746, knapp vor der Entlassung. »Er ist«, heißt es da, »von

keineswegs rauher, obwohl ziemlich feuriger Gemütsart«.
Beinah ein Abschiedswort, und gewiß ein Stück erstaunli-
cher Charakterisierung. Feurig: das ist das erste ganz
treffende Wort über Lessing. Feurig: das meint zuerst wohl
und vor allem das hitzige Temperament, das Lessing später
selbst »meine liebe Irascibilität« nennt. Feurig: das sagt auch,
daß da ein junger Mensch auf sein Leben, seine Zukunft, vielleicht schon auf den Ruhm, brennt. Feurig: das bezeichnet das
Talent zur Begeisterung, zur Entflammbarkeit. Feurig: das
widerlegt viele Vokabeln des geläufigen späteren Lessing-
Bildes, widerlegt die Vorstellung vom abgeklärten, kühl kal-
kulierenden, rational beherrschten Mann, dem Klassiker aus
grauem Marmor. Feurig: das beschreibt sowohl die Helligkeit wie das Verzehrende des Lessingschen Lebens, das Ein-
heizende, aber nicht Wärmende seiner Wirkung, das Lichter-
lohe wie das Versengende seiner Sätze.

Der Sprung auf die Bühne

Es kommt im Leben viel darauf an, daß wir
aufpassen, wenn unser Stichwort kommt.
Sören Kierkegaard

Leipzig: Nicht nur den Umgang mit der Stadt, nicht nur den
Umgang mit den Schauspielern und den dramaturgischen
Mitteln des Theaters lernte Lessing in Leipzig, sondern auch
den Umgang mit sich selbst, einen ebenso eigenwilligen wie
selbstironischen Umgang. Nicht allein, daß er die Bücher für
eine Weile verabscheut, er feiert diesen Abschied ebenso vir-
tuos wie durchtrieben wie genußvoll. Er gerät außer sich,
aber er bleibt sich treu. Er holt sich vom hohen Podest seiner
frühreifen Gelehrtheit herunter und stellt sich – auf die Bühne. »Der junge Gelehrte«, sein erstes Stück, ist ein Adieu an
die Schulweisheit, aber es ist auch ein Stück intelligentester
Koketterie mit den eigenen Möglichkeiten und Fertigkeiten.
Er hatte das Stück schon in Meißen entworfen; Lessing selbst
berichtet: »Von diesen ersten Versuchen schreibt sich, zum
Teil, der junge Gelehrte her, den ich, als ich nach Leipzig
kam, ernstlicher auszuarbeiten mir die Mühe gab. Diese
Mühe ward mir durch das dasige Theater, welches in sehr
blühenden Umständen war, ungemein versüßt. Auch ungemein erleichtert, muß ich sagen, weil ich von demselben
hundert wichtige Kleinigkeiten lernte, die ein dramatischer
Dichter lernen muß, und aus der bloßen Lesung seiner Muster nimmermehr lernen kann.
  Ich glaubte etwas zu Stande gebracht zu haben, und zeigte
meine Arbeit einem Gelehrten, dessen Unterricht ich in

wichtigen Dingen zu genießen das Glück hatte. Wird man sich nicht wundern, als den Kunstrichter eines Lustspiels einen tiefsinnigen Weltweisen und Meßkünstler genennt zu finden? Vielleicht, wenn es ein andrer, als der Hr. Professor Kästner wäre. Er würdigte mich einer Beurteilung, die mein Stück zu einem Meisterstücke würde gemacht haben, wenn ich die Kräfte gehabt hätte, ihr durchgängig zu folgen.«

Nun war der Herr Professor Kästner zu ganz etwas anderem da, als dem jungen Lessing Stücke durchzusehen. Wenn der schon nicht Theologie studierte, so sollte er wenigstens seine übrigen Studien einigermaßen ökonomisch fortführen, und Abraham Gotthelf Kästner war als Mathematiker und Philosoph gleichermaßen geschätzt, eine Kapazität und ein Temperament zugleich, ein Mann, dessen Aphorismen und Epigramme, ehe Lichtenberg ihn zwanzig Jahre später ausstach, das Prägnanteste und Witzigste waren in deutscher Sprache. So fragte Kästner zum Beispiel: »Was heißt jetzt: In der Gelehrsamkeit mit seiner Zeit fortgehen?« Und er gab die skeptische Antwort:

»In der Mathematik immer mehr wissen,
In der Theologie immer weniger glauben,
In der Philosophie immer neue Sprachen reden.«
Kästner hatte Lessing, schon bald nach der Immatrikulation, ein Zeugnis ausgestellt, das geradezu eine Verheißung genannt werden kann: »Über den Fleiß und die Fortschritte des Herrn Gotthold Ephraim Lessing, der unter dem Rektor Magnificus Kapp in das Register eingetragen worden, vermag ich um so sicherer alles Beste zu bezeugen, da er bei den Disputationen über philosophische Gegenstände mit Freunden, unter meiner Leitung, sich als jemand erwiesen hat, der richtig zu denken und seine Gedanken klar und elegant zu entwickeln gelernt hat, so daß ich von seinen Studien nur das Trefflichste erwarten kann.«

Abraham Gotthelf Kästner ist, als Lessing zu ihm kommt, kein gesetzter Professor; er ist ein brillanter, vielseitig gebildeter junger Mann von 27 Jahren, knapp zehn Jahre älter als sein Student. Am 27. September 1719 in Leipzig geboren, wird er schon früh vom Vater, der Jurist ist und Professor in Leipzig, auf eine Universitätslaufbahn vorbereitet, und was Kästner von diesem Unterricht schreibt, klingt nach einem sehr modernen pädagogischen Konzept: »Auch wurde ich nie zu einem auswendig lernen ohne Verstand angehalten, sondern allezeit geleitet, nach dem jedesmaligen Maß meiner Einsichten mit Begriffen und Überlegung zu lernen.« Mit zehn Jahren saß er schon in den Vorlesungen seines Vaters, mit elf nahm er an juristischen Seminaren teil, studierte daneben Mathematik (hatte jedoch nach eigenem Bekenntnis Schwierigkeiten mit dem Einmaleins, weil es ihn langweilte), las die lateinischen Klassiker, las Shakespeare und Dante, hörte Staatsrecht, und hatte lebhaftes Interesse an der Astronomie, die zum Firmament der Aufklärung gehörte. Er schaffte alles spielend, und wenn er auch bekennt: »Philosophie und Mathematik zogen mich fast gänzlich von der Rechtsgelehrsamkeit ab«, so wurde er doch schon mit vierzehn (!) Jahren Notar, mit achtzehn Magister, mit zwanzig Dozent für Mathematik, Logik und Naturrecht, und in dem Jahr, da Lessing nach Leipzig kommt, wird er außerordentlicher Professor der Mathematik. Und außerdem war er Schriftsteller, Übersetzer, Epigrammatiker und Kritiker, weltläufig und weltfremd zugleich, und ein Verehrer hat später von ihm gesagt: »Ich glaube fast, daß er in dem Sternenhimmel sich besser zurecht zu finden weiß, als in seinem eigenen Hause.«

Einen besseren Dramaturgen als Kästner hätte Lessing kaum finden können. Er selbst erzählt weiter, wie es zur Aufführung kam: »Mit so vielen Verbesserungen unterdessen, als ich nur immer hatte anbringen können, kam mein junger Gelehrter in die Hände der Frau Neuberin. Auch ihr Urteil verlangte ich; aber anstatt des Urteils erwies sie mir die Ehre, die sie sonst einem angehenden Komödienschreiber nicht leicht zu erweisen pflegte; sie ließ ihn aufführen. Wenn nach dem Gelächter der Zuschauer und ihrem Händeklatschen die Güte eines Lustspiels abzumessen ist, so hatte ich hinlängliche Ursache, das meinige für keines von den schlechtesten zu halten. Wann es aber ungewiß ist, ob diese Zeichen des Beifalls mehr für den Schauspieler, oder für den Verfasser gehören; wenn es wahr ist, daß der Pöbel ohne Geschmack am lautesten lacht, daß er da oft lacht, wo Kenner weinen möchten: so will ich gerne nichts aus dem Erfolge schließen, aus welchem sich nichts schließen läßt.

Dieses aber glaube ich, daß mein Glück sich auf dem Theater würde erhalten haben, wenn es nicht mit in den Ruin der Frau Neuberin wäre verwickelt worden. Es verschwand mit ihr aus Leipzig, und folglich aus dem Orte, wo es sich, ohne Widerrede, in Deutschland am besten ausnehmen kann. «

Man hat in diesen Sätzen nicht nur den genauen Bericht des Durchbruchs, den der Achtzehnjährige in Leipzig erlebte, man spürt auch deutlich die Sympathie, ja den anteilnehmenden Stolz des älteren, des fünfundzwanzigjährigen Lessing, der sich an diesen jugendlichen Geniestreich erinnert. Dies erklärt sich leicht aus dem überraschenden Erfolg: Zum erstenmal gab es für ihn ein Publikum, gab es öffentliche Anerkennung. Aber diesem äußeren Vorgang entsprach auch ein innerer; der Aufführung auf der Bühne ging eine befreiende Selbstdarstellung voraus. Lessing sah ja nicht nur sein Stück gespielt, sondern auch seine Figur; er hörte nicht nur seine Dialoge, er hörte auch seine eigenen Widersprüche.

Noch ist es ein Stück mit allen Klischees der Zeit, der damaligen Theaterpraxis. Die Personen gehören zum Figuren-Fundus, die Situationen stellen sich ein wie vom Uhrwerk eines Glockenspiels herbeigeführt, die Verwicklungen haben etwas Forciertes, wie wenn das Uhrwerk halbbeschädigt weiterruckte, und die Gestik ist von so handgreiflicher Routine, daß selbst die Lustspielfiguren das Stereotype daran gelegentlich entdecken und kommentieren; etwa, wenn der

Diener Anton dem Vater des Damis beschreibt, wie der Sohn sich im Zustand angeblicher Zerstreutheit verhält: »Wie stellte er sich dabei an? Lassen Sie sehen: stand er etwa da, als wenn er vor den Kopf geschlagen wäre? sahe er etwa steif auf die Erde? legte er etwa die Hand an die Stirne? griff er etwa nach einem Buche, als wenn er darin lesen wollte? ließ er Sie etwa ungestört fortreden?« worauf ihm Chrysander zustimmt: »Getroffen! du malst ihn, als ob du ihn gesehen hättest.«

Und dennoch hat diese Geschichte vom zwanzigjährigen Büchernarren Damis und seinem schwärmerischen Gegenspieler Valer, der durch eine eigensinnige Geld-Gier des alten Chrysander plötzlich um die ihm längst versprochene Juliane bangen muß, dennoch hat dieses Charakter- oder besser Spleen-Duell zweier junger Männer passagenweise einen kräftigen Witz, eine mehr als karikaturistische Tagesfrische. Die rührt zum Teil von der Aktualität, die Lessing ungeniert herbeizitiert. Berlin wird dabei so sehr Stichwort des Stücks, daß man meinen könne, es sei der Mittelpunkt der Welt, von dort komme die Erfüllung aller Wünsche. Stichelei oder Sehnsucht des jungen Lessing?

Auch Valer kommt aus Berlin. Er ist ebenso jung wie Damis, aber er ist weiter als der. Wiewohl er nicht viel mehr Figur macht als die eines leidenschaftlichen, rasch entmutigten, dazu begüterten Liebhabers, wiewohl er kaum ein Charakter zu nennen ist, formuliert er charaktervolle Sätze: Gegen die starre, statische Gelehrtheit setzt er ein dynamisches Bildungsprogramm; hier spricht Lessing seinen Klartext: »Ihr Körper kann ihren Jahren nach noch nicht ausgewachsen haben, und Sie glauben, daß Ihre Seele gleichwohl schon zu ihrer möglichen Vollkommenheit gelanget sey? Ich würde den für meinen Feind halten, welcher mir den Vorzug, täglich zu mehrerm Verstande zu kommen, streitig machen wollte.« Auch Valer stand, wie er bekennt, einmal »in dem wunderbaren Wahne, es ließe gelehrt, so zerstreut als möglich, und auf nichts als auf sein Buch aufmerksam zu thun«, aber in den

Augen des Damis steht er so da: »Er hat sich das Vorurteil in den Kopf setzen lassen, daß man sich vollends durch die Kenntnis der Welt geschickt machen müsse, dem Staate nützliche Dienste zu leisten...«

Das Stichwort des Stückes aber ist die in sich selbst versinkende Gelehrsamkeit, die Bildungsprotzerei, das Bücher-Dandytum. Es ist, als bereitete Lessing schon hier, mit den Mitteln der Übertreibung und Überkandidelung, jene Apologie in Richtung Kamenz vor, die er dann zwei Jahre später in Berlin auf die Post geben wird. Schon spricht Lisette aus, was Lessing dann ähnlich formulieren wird: »Über den Büchern können Sie doch unmöglich die ganze Zeit liegen. Die Bücher, die toten Gesellschafter! Nein, ich lobe mir das Lebendige...«

Und Anton, der Diener, traut sich nicht nur zu, noch ein ganzer (gelehrter) Kerl zu werden, »wenn ich noch ein Loch von achtzig Jahren in die Welt lebe«, er ist es, der gegen das starre Wissen die lebendige Gewitztheit setzt, gegen das Begriffsstutzertum die Kunst der Folgerung. Eben der Satz, mit dem der junge Gelehrte seinen Diener zurechtweisen will, dieses »Lerne distinguieren!« wird ihm selbst zur Lektion; denn nicht auf das Statische der Unterscheidung kommt es an, sondern auf die Spannung des Unterscheidens. Peter Horst Neumann hat in seiner Studie »Der Preis der Mündigkeit« auf diesen Dialog zwischen Herrn und Diener hingewiesen, »hinter dessen ausgetüftelten Repliken sich Einsicht, Witz und Lessingscher Ernst verbergen.«

Anton: Sie werden doch Ihren Vater, bedenken Sie doch, Ihren Vater, nicht zu einem Erznarren machen?

Damis: Lerne distinguieren! Ich schimpfe meinen Vater nicht, in so fern er mein Vater ist, sondern in so fern ich ihn, als einen betrachten kann, der den Schein der Gelehrsamkeit unverdienter Weise an sich reißen will... In dieser Absicht ist er ein Narr, er mag mein Vater sein, oder nicht.

Anton: Schade! ewig Schade! daß ich das in so fern und in Absicht nicht als ein Junge gewußt habe. Mein Vater hätte mir gewiß nicht so viel Prügel umsonst geben sollen. Er hätte sie alle richtig wiederbekommen; nicht in so fern als mein Vater, sondern in so fern als einer, der mich zuerst geschlagen hätte. Es lebe die Gelehrsamkeit! – –

...

Damis: ... Nur muß man sich wohl in acht nehmen, daß man, wenn man ihn schlägt, nicht den Vater, sondern den Aggressor zu schlagen sich einbildet; denn sonst – –

Anton: Aggressor? Was ist das für ein Ding?

Damis: So heißt der, welcher ausschlägt – –

Anton: Ha, ha! nun versteh' ich's. Zum Exempel; Ihnen mein Herr stieße wieder einmal eine kleine gelehrte Raserei zu, die sich meinem Buckel durch eine Tracht Schläge empfindlich machte; so wären Sie – wie heißt es? – – der Aggressor; und ich, ich würde berechtigt sein, mich über den Aggressor zu erbarmen, und ihm – –

Damis: Kerl, du bist toll! – –

Anton: Sorgen Sie nicht; ich wollte meine Gedanken schon so zu richten wissen, daß der Herr unterdessen bei Seite geschafft würde – –

Damis: Nun wahrhaftig; das wäre ein merkwürdiges Exempel, in was für verderbliche Irrtümer man verfallen kann, wenn man nicht weiß, aus welcher Disziplin diese oder jene Wahrheit zu entscheiden ist. Die Prügel, die ein Bedienter von seinem Herrn bekömmt, gehören nicht in das Recht der Natur, sondern in das bürgerliche Recht. Wenn sich ein Bedienter vermietet, so vermietet er auch seinen Buckel mit. Diesen Grundsatz merke dir.

Aber je toller es dieser Damis treibt, je verrückter er spielt, je törichter er sich mitspielen läßt, je frenetischer er nach der Ehe mit der ungeliebten Juliane verlangt, weil eben ein schlimmes Weib zum Bild des wahren Gelehrten gehöre, je alberner er auf seine Umgebung reagiert, – desto deutlicher tritt zutage, daß Lessing ihn sich nicht durchaus vom Leibe hält. In den Überspanntheiten des jungen Damis ist die Gespanntheit des jungen Lessing enthalten, in dessen hysterischer Warterei eine Spur vom Erwartungszustand Lessings, und der falsche Ruhmrausch des jungen Gelehrten ist gespeist mit der präziseren Zukunftsversessenheit des Achtzehnjährigen aus Kamenz. Zwar würde er nie sagen, daß Milton gegen ihn krieche und daß Haller gegen ihn ein Schwätzer sei (obwohl solche Übermütigkeiten auch nur komödienhalber zu erfinden nicht ohne Komplicenschaft abgeht), aber ist es nicht so, daß er sich die Situation herbeiwünscht (und sie bald auch, in Berlin, vor sich sieht), in der Damis sich zu befinden behauptet: »Die meisten von den Büchern, die Sie hier auf dem Tische sehen, warten teils auf meine Noten, teils auf meine Übersetzung, teils auf meine Widerlegung, teils auf meine Vertheidigung, teils auch auf mein bloßes Urteil.« Und die Antithesen des Damis machen Lessing, das hört man heraus, zumindest rhetorisch so viel Spaß wie jenem: »Ist sie albern? ich bin desto klüger; ist sie zänkisch? ich bin desto gelassener; ist sie eitel? ich bin desto philosophischer gesinnt; verthut sie? sie wird aufhören, wenn sie nichts mehr hat... ein jedes mache sich ewig, womit es kann; das Weib durch Kinder, der Mann durch Bücher.«

Ein anderes dieser Jugendstücke, »Der Misogyn«, »verfertiget im Jahre 1748«, folgt ebenfalls den Komödienmustern der Zeit und gibt ein offenbar landläufiges Vorurteil einer Lächerlichkeit preis, von der es aber selbst betroffen wird, weil es das Vorurteil erst so kraß verkörpern hilft. Die Weiberfeindschaft des Titelhelden geht bis in seinen Namen: Wumshäter heißt Woman-hater, und die Unsinnigkeit seiner

Voreingenommenheit wird auf offener Bühne, leibhaftig, vorgeführt: Hilaria, die Verlobte seines Sohnes, findet in der Hosenrolle des Lelio sein Entzücken; als Mädchen dagegen versucht er sie, im genauen Wortsinn, kleinzumachen. Als er einsehen muß, daß es sich um ein und denselben Menschen handelt, dankt sein Haß ab, ingrimmig, zugunsten gemischter Gefühle und der Prophezeiung: Die Zeit, wenn auch nicht die der Komödie, werde für ihn arbeiten.

Man muß kaum zwischen den Zeilen lesen, um in diesem Stück einen Dialog Lessings mit seinem Vater zu entdecken, der passagenweise mit den Vater-Sohn-Auseinandersetzungen im Stück übereinstimmt. Man braucht nur »die Weiber« durch »die Komödie« zu ersetzen, den Frauenhaß als Theaterfeindlichkeit zu verstehen, und manche Szene ist denkbar als ein Teil des (aus dieser frühen Zeit nicht erhaltenen) Briefwechsels. Wenn Lessing sich, als fast Fünfzigjähriger, der Ermahnung seines Vaters erinnert, der, zeitlebens mit Jähzorn kämpfend, ihm gepredigt hat: »Gotthold! Ich bitte dich, nimm ein Exempel an mir: sei auf deiner Hut. Denn ich fürchte, ich fürchte – und ich möchte mich doch wenigstens gern in dir gebessert haben«, so hören wir solche Vorhaltung auch schon aus dem Munde Wumshäters, der seinem Sohn sagt: »Wie gern wollte ich thöricht gewesen sein, wenn du es nur dadurch weniger sein könntest.« und den Wunsch wegseufzt: »... und gleichwohl willst du nicht durch meinen Schaden klug werden.«

Und auch der folgende Dialog liest sich nicht nur als die Neugier eines Komödienvaters, auch hier scheint der Kamenzer Pastor ein Wörtchen mitzureden:

»Höre, hältst du mich für einen treuen Vater?«

»Es sollte mir leid sein, wenn Ihnen hiervon nicht mein Gehorsam...«

»Du hast Recht, dich auf deinen Gehorsam zu berufen. Allein, hat es dich auch jemals gereut, wenn du mir gehorsam gewesen bist?«

»Bis jetzt noch nie...«

Privatissimum

Die Sache mit dem Stollen! War das denn nicht schon Pharisäertum genug? Ein gehorsamer Sohn wollte Lessing ja gern sein, aber dann sollten die Eltern auch für das Fundament seines Gehorsams sorgen, und das hieß Respekt und bedeutete Glaubwürdigkeit. Dieser Stollen war ihm bis heute im Hals stecken geblieben, dieser sächsische Butterstritzel, den die Mutter gebacken und den sie ihm zum Weihnachtsfest 1747 nach Leipzig geschickt hatte; natürlich wieder durch einen dieser hellhörigen herumhorchenden Zubringer – den Stollen nach Leipzig und die schlimmen Nachrichten zurück –, und dann war nichts mehr in Butter. Denn der Sohn, anstatt allein, die Mutter im Herzen, den Vater im Sinn, den Stollen im Magen, das Geschenk zu genießen, wie es sich für einen angehenden Theologen verstehen mußte, übte Nächstenliebe im Kreise seiner Schauspielerfreunde, und Wein soll es auch dazu gegeben haben! Und in Kamenz führten sie sich bei dieser Vorstellung auf, wie wenn er eine Hostie geschändet hätte, und dem frommen Vater fiel nichts Drastischeres ein, als kurzerhand seine eigene Frau sterben zu lassen: »Setze Dich, nach Empfang dieses, sogleich auf die Post und komme zu uns, Deine Mutter ist todtkrank und verlangt Dich vor ihrem Ende noch zu sprechen. « Dieser Wortlaut wird von dem Biographen-Bruder Karl verbürgt, der aus der ganzen Sache sogleich eine herrliche Rührszene macht: wie Lessing, erschreckt, sofort die Heimreise antritt; wie ein starker Frost hereinbricht; wie die Mutter unruhig wird, als sie merkt, daß in der Tat Winter ist und man sich den Tod, den sie nur vorgaukelt, in einer eisigen Kutsche wahrhaftig holen könnte; wie die Zärtlichkeit der Mutter erwacht und der Wunsch, »daß er diesesmal nicht gehorchen möge: denn nun fällt ihr sein gutes, weiches Herz, sein Gehorsam und die Unbesorgtheit für sich selbst ein«, und Karl erlaubt ihr endlich den klaren Gedanken, »daß es doch besser gewesen sei, er wäre mit Freigeistern und Komödianten weiter umgegangen, als auf dem Postwagen erfroren.« Aber Lessing ist, als er dann kommt, nur halb erfroren und taut sogar bald wieder auf: »Mit noch immer bekümmertem Herzen kann die Mutter den Gedanken nicht bei sich behalten: Warum bist du auch in der Kälte gekommen? Liebste Mutter, Sie wollten es ja, antwortet er ganz harmlos, und klappert dabei an Händen und Füßen, es ahnte mir gleich, daß Sie nicht krank wären, und ich freue mich herzlich darüber.« Wer dem Bruder Karl diesen Lessing, so einen herzensguten, seelensanften Muttersohn abnimmt, braucht dieses Buch nicht weiterzulesen. Denn gewiß ist: Er wird in Kamenz nie mehr warm.

Viel deutlicher als der begütigende Bruder sprach da schon der Leipziger Freund Heinrich August Ossenfelder, als er »An Herrn Lessingen in Camenz« den gereimten Appell schickte, sich doch wieder in Leipzig blicken zu lassen:
»Wie freudig lebten wir, da uns dein Vater störte!
Wie traurig wurd ich drauf, da ich dein Scheiden hörte!
Ach! Daß dein Vater doch die böse Nachricht schrieb!
Wir waren so vergnügt! Du warest mir so lieb!«
Und Ossenfelder hält mit seinem Spott nicht hinter dem Berge:
»Hält dich die Vaterstadt? Vielleicht, weil da geschieht,
Was man im Lustspiel oft, doch nur in Fabeln, sieht.
Vielleicht beschäfftigt sich dein Fleiß mit neuen Bildern,
Gesehner Thoren Fehl lebendig abzuschildern.
Gut, sammle wacker ein, so, kömmst du an dein Ziel.
Bring sie in Charakter zum Lust- und Trauerspiel.
Nur mache, daß dein Fuß bald wieder zu uns kehret...«

Und mit einem Überschwang, der unsinnig wäre, wenn ihn Lessings Genie nicht eingelöst hätte, ruft Ossenfelder dem Heimgezwungenen zu:
»O Freund! wenn uns das Glück doch gleiche Gunst erwieß,
Daß einstens unser Spiel Vernunft und Adel prieß!

Doch wird auch deine Kunst dergleichen Lohn empfan-
gen:
Wird doch die meinige nie gleichen Theil erlangen.
Indessen schreckt michs nicht. Wirst du ein Molier,
Wenn ich nur hoffen dürft und einst dein Baron wär!«

Dieser erzwungene Aufenthalt in der Vaterstadt, im Elternhaus, muß für den jungen Lessing eine Tortur gewesen sein,
eine Tortur aus Zerknirschung und Selbstbehauptung, aus
Unterwerfung und Stolz, aus Zweifel und Zielstrebigkeit.
Auch davon ist die Rede in dem Klartext jenes Briefes, der
das Fundament dieses Kapitels ist: »Ich blieb ein ganzes Vierteljahr in Camenz, wo ich weder müßig noch fleißig war.
Gleich von Anfange hätte ich meiner Unentschließlichkeit,
welches Studium ich wohl erwehlen wollte, erwehnen sollen. Man hatte derselben nun über Jahr und Tag nachgesehen.
Und sie werden sich zu erinnern belieben, gegen was ich
mich auf Ihr dringendes Anhalten erklärte. Ich wollte Medi-
cinam studiren. Wie übel Sie aber damit zu frieden waren,
will ich nicht wiederholen. Blos Ihnen zu Gefallen zu leben
erklärte ich mich noch überdieses, daß ich mich nicht wenig
auf Schulsachen legen wollte, und daß es mir gleich seyn
würde, ob ich einmal durch dieses oder jenes fortkäme.
Meine Schulden waren bezahlt, und ich hätte nichts weniger
vermuthet, als wieder darein zu verfallen. Doch meine weit-
läufftige Bekanntschaft, die Lebens Art die meine Bekannte
an mir gewohnt waren, ließen mich an eben dieser Klippe
nochmals scheitern.«

Die Lorenzin und die Lisetten

> Eifersucht? Tränen? Lisette! Wenn ich eine Frau
> für glücklich hielt, so bist du es gewesen.
>
> *Christa Wolf*

Leben lernen – das heißt ja auch lieben, und nicht nur das
Theater und seine Figuren, nicht nur sich selbst und den eige-
nen Ehrgeiz, sondern auch diese und jene. Gereimt hat Les-
sing um diese Leipziger Zeit, als wäre er ein ausgemachter
Frauen- oder zumindest Mädchenheld, eine Mischung aus
Casanova und Weiberfeind, Papagallo und Seelenkenner zu-
gleich, Zyniker und Genüßling in einem. 1747 erscheint im
siebenten Stück der »Ermunterungen zum Vergnügen des
Gemüths« dieses kleine Gedicht, das mit der erstaunlichen
Vokabel »Augenlust« aufwartet:

> Wenn ich, Augenlust zu finden,
> Unter schatticht kühlen Linden
> Schielend auf und nieder gehe,
> Und ein häßlich Mädchen sehe,
> Wünsch ich plötzlich blind zu sein.

> Wenn ich, Augenlust zu finden,
> Unter schatticht kühlen Linden
> Schielend auf und nieder gehe,
> Und ein schönes Mädchen sehe,
> Möcht ich lauter Auge sein.

Nur Auge? Das Voyeuristische des Flaneurs, die Promenaden-Leichtigkeit dieser Begegnungen gehört zur Dramaturgie solcher Gedichte; und die Antithetik von schön und häßlich ist ebenfalls Ritual:

Die Schöne von hinten

Sieh Freund! sieh da! was geht doch immer
Dort für ein reizend Frauenzimmer?
Der neuen Tracht Vollkommenheit,
Der engen Schritte Nettigkeit,
Die bei der kleinsten Hindrung stocken,
Der weiße Hals voll schwarzer Locken,
Der wohlgewachsne schlanke Leib,
Verrät ein junges art'ges Weib.

Komm Freund! komm, laß uns schneller gehen,
Damit wir sie von vorne sehen.
Es muß, triegt nicht der hintre Schein,
Die Venus oder Phyllis sein.
Komm, eile doch! – O welches Glücke!
Jetzt sieht sie ungefähr zurücke.
Was wars, das mich entzückt gemacht?
Ein altes Weib in junger Tracht.

Und noch ein weiteres Beispiel aus diesen Leipziger Tagen; auch hier wieder hervorstechend die gespielte Souveränität, die Katalogisierung der Sinnlichkeit, die allzu detaillierte Kennerschaft; der lange Anlauf, den der Dichter nimmt, um endlich den Kuß zu bekommen, den er wünscht, desavouiert am Ende beides, Anlauf und Kuß.

Die Küsse

Ein Küßchen, das ein Kind mir schenket,
Das mit den Küssen nur noch spielt,
Und bei dem Küssen noch nichts denket,
Das ist ein Kuß, den man nicht fühlt.

Ein Kuß, den mir ein Freund verehret,
Das ist ein Gruß, der eigentlich
Zum wahren Küssen nicht gehöret:
Aus kalter Mode küßt er mich.

Ein Kuß, den mir mein Vater gibet,
Ein wohlgemeinter Segenskuß,
Wenn er sein Söhnchen lobt und liebet,
Ist etwas, das ich ehren muß.

Ein Kuß von meiner Schwester Liebe
Steht mir als Kuß nur so weit an,
Als ich dabei mit heißerm Triebe
An andre Mädchen denken kann.

Ein Kuß, den Lesbia mir reichet,
Den kein Verräter sehen muß,
Und der dem Kuß der Tauben gleichet:
Ja, so ein Kuß, das ist ein Kuß.

Die Distanz zwischen Kunstfertigkeit und Lebenswirklichkeit gehört geradezu zum Stolz des Poeten. Die Durchtriebenheit von Versen zählt nur in dem Maße, wie sie ganz und gar Erfindung ist. Lessing hat wenige Jahre später, in den »Rettungen des Horaz«, eine kleine Poetik der Ausschweifung nachgeliefert. »Je größer überhaupt der Dichter ist, je weiter wird das, was er von sich selbst mit einfließen läßt, von der strengen Wahrheit entfernt sein. Nur ein elender Gelegenheitsdichter gibt in seinen Versen die eigentlichen Umstände an, die ein Zusammenschreiber nötig hat, seinen Charakter einmal daraus zu entwerfen. Der wahre Dichter weiß, daß er alles nach seiner Art verschönern muß, und also auch sich selbst, welches er oft so fein zu tun weiß, daß blöde Augen eine Bekenntnis seiner Fehler sehen, wo der Kenner einen Zug seines schmeichelhaften Pinsels wahrnimmt... Man soll den Rousseau (gemeint ist Jean Baptist Rousseau) einsmals

gefragt haben, wie es möglich ist, daß er eben sowohl die un-
züchtigsten Sinnschriften, als die göttlichsten Psalme machen
könne? Rousseau soll geantwortet haben: er verfertige jene
eben sowohl ohne Ruchlosigkeit, als diese ohne Andacht.
Seine Antwort ist vielleicht zu aufrichtig gewesen, obwohl
dem Genie eines Dichters vollkommen gemäß.«

Und der emsigste junge Schriftsteller, der ehrgeizigste Autor, den die Stadt Leipzig bis dahin gesehen hat, gefällt sich
gemäß solchem klassischen Muster in Gegen-Gesängen. Mit
wahrem Fleiß bedichtet er – die Faulheit: Mylius, der das
Stück in seinem »Naturforscher« abdruckt, macht die Mas-
kerade mit und schickt folgenden Passus voraus: »Als ich
meinem poetischen Gehilfen an einen Beitrage erinnerte,
schickte er mir dieses Lied. Als ich ihn hierauf fragte, wie er
denn sein Leben bei der Faulheit so hinbringen wollte, daß
ihm die Zeit nicht lang würde? so erhielt ich folgendes zur
Antwort:

> ›Faulheit, jetzo will ich dir,
> Auch ein kleines Loblied bringen. –
> O – – wie – – sau – – er – – wird es mir, – –
> Dich – – nach Würden – – zu besingen!
> Doch, ich will mein Bestes tun,
> Nach der Arbeit ist gut ruhn.
>
> Höchstes Gut! wer dich nur hat,
> Dessen ungestörtes Leben – –
> Ach! – – ich – – gähn' – ich – – werde matt – –
> Nun – – so – – magst du – – mirs vergeben,
> Daß ich dich nicht singen kann;
> Du verhinderst mich ja dran.‹«

Nur eins unter den Gedichten dieser frühen Leipziger Zeit
hat offenbar direkten biographischen Bezug, ein kleiner
Hymnus »An die J. L***«:

Natürlichs Ebenbild der Liebe!
Nimm hier dein künstlich Ebenbild;
Das, wenn man dich auch drüber schriebe,
Doch seines Meisters Schwäche schilt.
Dem Maler laß es nicht entgelten,
Wenn dir dieß Bild zu wenig gleicht:
Nur auf das Urbild must du schelten,
Wenn dich sein Pinsel nicht erreicht.
Dich, ähnlichste von allen Bildern,
Hat die Natur hervor gebracht:
Jedoch wie kann ein Künstler schildern,
Was die Natur vollkommen macht?

Aber das Gedicht, das im Dezember 1747 im »Naturforscher« abgedruckt wurde, hat weder Namen noch Chiffre
des Verfassers, und daß es von Lessing stammt, ist bis heute
nicht zweifelsfrei erwiesen. Dagegen war die Chiffre »J.
L***« dem theaterbegeisterten Leipzig kein Rätsel: Gemeint
war die »Jungfer Lorenzin«, die Schauspielerin Christiane
Friederike Lorenz, ein Mädchen von offenbar beträchtlicher
Ansehnlichkeit und ungewöhnlicher Ausstrahlung. Während die Mutter – gleichfalls Mimin – »toller Weiber Sinn«
auf der Bühne verkörperte, war die Jungfer in Fragen der
Anmut zuständig:
        »Wo ihre Tochter singet,
  Des Lustspiels Reiz vermehrt und tanzt und
                künstlich springet...«
rühmte Ossenfelder seinem Lessing das junge Talent. Der
bedurfte solcher Nachhilfe wohl kaum: Die war sein Fall, die
erste Liebe, die übers Schwärmen und Andichten hinausging,
die einzige Romanze überhaupt, die vom frühen Lessing
halbwegs bekannt geworden und von den Biographen überliefert worden ist; und sicher hat er ihr nicht ohne Lust die
Doppelrolle des Lelio im »Misogyn« auf einen Leib geschrieben, den er auch kannte. Oder? Er selbst scheint das ab-
zustreiten, wenn er viele Jahre später seiner Verlobten Eva

König nach Wien schreibt: »Daß Sie die Bekanntschaft von Madam Huberinn gemacht, ist mir sehr angenehm. Ich weiß nicht, ob ich Ihnen schon einmal erzählet, daß ich sie als Mademoisell Lorenzinn gekannt; ich weiß auch nicht, ob sie selbst sich dessen noch erinnert. Wenigstens sind es nahe an fünf und zwanzig Jahr, daß ich sie zuletzt gesehen, und in einer solchen Zeit kann man, glaube ich, noch vertrautere Bekanntschaften vergessen, als die unsrige gewesen. Sie kann gar wohl noch eine ganz gute Frau seyn; aber sie muß auch dabey eine sehr eifersüchtige Actrice seyn, die keine neben sich aufkommen lassen will. Wenn ihre Verdienste ihr dazu einiges Recht geben, so mag es noch hingehen aber man sagt, daß auch diese nicht so besonders seyn sollen...«

Divertimento I

Kleine Liebe zu Lisette. Wir dürfen uns, wenn wir sie lieben wollen, nicht zuviel von Lisette versprechen, nicht einmal das, daß wir mit solcher Liebeserklärung Lessings Sympathie hätten oder gar seiner Sympathie selbst auf die Schliche kämen. Die Philologen vor allem haben uns gewarnt: Von der sollte man die Finger lassen: Das ist ein Mädchen für alles, die ist auf allen deutschen Theatern zwischen 1700 und 1780 zu finden, die treibt sich in allen einschlägigen Komödien herum, tanzt auf allen doch noch stattfindenden Hochzeiten zwar nicht als Braut, aber als Briefträgerin; Lisette ist bloß ein anderer Name für Kammerkätzchen, Zofe, Magd, Hausmädchen, ein stereotypes Mannequin zur gewitzten Garnierung der Bühne. Aber Liebe kann etwas, was Philologie nicht kann, oder doch nur selten tut: Sie kann ihr Objekt verändern, sie kann es mit neuen Augen betrachten, und siehe: Auf einmal steht da eine andere Figur, ein schöneres Mädchen, beinah ein neuer Mensch. Lessings Lisette ist im Begriff, ein solcher neuer Mensch zu sein, und was sie noch daran hindert, ist eben dies, daß sie's nur ›im Begriff‹ ist. Lessings Lisette sind Lessings Lisetten: Der Name kommt in allen frühen Komödien vor, in allen Stücken also zwischen 1745 und 1750. Es gibt eine Lisette im »Jungen Gelehrten«, es gibt eine Lisette in den »Juden«, Lisette heißt die Zofe im »Misogyn«, Lisette die Dienerin im »Freigeist«, Lisette kommt in der »Alten Jungfer« vor, und ohne Lisette geht es auch in der Komödie »Damon, oder die wahre Freundschaft« nicht ab. Nur »Der Schatz« muß eine Lisette entbehren; da haben die Namen, nach der Vorlage des Plautus, italienischen Klang; aber Lessing geht, was Lisette betrifft, nicht fremd: Nicht nur der Name fehlt, es fehlt die ganze Figur. Und wenn die Lisetten in den einzelnen Stücken auch nicht individuelles Profil haben, so hat die Lessingsche Lisette, aus allen Komödien zusammengesehen, durchaus das Zeug zu einer bemerkenswerten Person. Das schönste an ihr ist der Mund; denn auf den ist sie nicht gefallen; der blüht auf unter Lessings Sprachküssen.

Jahre später, in dem Fragment »Die glückliche Erbin«, denkt Lessing über das traurige dramaturgische Schicksal der Komödien-Lisetten nach und verschafft der Figur den ironischen Abstand, sich selbst zu sehen. Zunächst ist es Pasquin, der sich Gedanken macht über sich und sein Komödienschicksal: »Aber so viel muß ich sagen: die Pasquins sind, so lange die Welt steht, ehrlich brave Leute gewesen. Selbst die Poeten wissen davon zu erzählen. Man schlage die Komödien nach! Was für ansehnliche Rollen lassen sie uns nicht darin spielen! Wir sind allzeit treu, verschlagen, hurtig, und die allerergebensten Liebhaber der Lisetten... Dahingegen haben die Lisetten bei ihnen ein weit geringeres Lob. Jung zwar und hübsch lassen sie diese Tierchen immer sein«... worauf Lisette sich wehrt: »Diese Tierchen, Herr Schlingel?« und Pasquin fortfährt: »Nicht so wütend, Jungfer: sonst muß ich sagen diese Tiere! – Störe Sie mich nicht! – Jung und hübsch, sag ich, malen die Dichter die Lisetten zwar alle; auch dabei verschmitzt, schnippisch und plauderhaft. Aber daß sie auch allezeit buhlerisch, unbeständig und treulos sind, das – das hat den Teufel gesehen! O Himmel! Furcht und Eifersucht zerfleischen mein gequältes Herz. Wo auch meine Lisette eine Lisette nach dem gemeinen Schlage ist, wo auch sie ihren Prinz Pasquin vergessen, wo auch sie ihrem flatterhaften Herzen den Ziegel schießen lassen« – und in dem Seufzer steckt immerhin der Wunsch, diese eine möge nicht so wie die andern sein.

Lisette, soviel läßt sich sagen, ist in den Jugenddramen die eigentliche Komplizin Lessings, seine liebste Regieassistentin, die Vertraute seines Witzes. Ihr am ehesten gibt er von seiner neuen Lebenslust, seiner Pointenjauchzerei ab; ihre Funktion mag noch die alte sein, ihre Worte sind es nicht mehr. Und wenn man sich schon, da sie noch nicht recht Gestalt annimmt, nicht in sie vergucken kann, so kann man sie sich doch lieb hören. Und wie ganz und gar Lessingisch ist ihr Ausruf: »Mit den wunderlichen Leuten, die nur überall den ebenen Weg gehen wollen.«

Den ebenen Weg ging Lessing auch nicht, als er von Leipzig nach knapp zwei Jahren, im Sommer 1748, Abschied nahm; eher war es ein abschüssiger Hohlweg. Aus der ersten Großstadt seines Lebens, von der Stätte seines allerersten Bühnenruhms, vom Schauplatz seines frühen Erfolgs mußte er sich unrühmlich davonschleichen: Die Gläubiger waren hinter ihm her; er war wieder einmal pleite. Und wenn Lessing etwa im »Freigeist« einen rachsüchtigen Geldmann wie den Araspe sprechen ließ, wußte er, wovon er redete: »Die Wechsel des Adrast sind verfallen; und ich habe nicht die geringste Lust, ihm auch nur die allerkleinste Nachsicht zu gönnen... Adrast, dieser Mann, der sich, auf eine ebenso abgeschmackte als ruchlose Art, von andern Menschen zu unterscheiden sucht, verdient, daß man ihn auch wieder von anderen Menschen unterscheide. Er muß die Vorrechte nicht genießen, die ein ehrlicher Mann seinen elenden Nächsten sonst gern genießen läßt... Ich weiß, es ist der letzte Stoß, den ich dem Adrast versetze; er wird seinen Kredit nicht wieder herstellen können... Schlechtere Umstände werden ihn vielleicht zu ernsthaften Überlegungen bringen, die er in seinem Wohlstande zu machen, nicht wert gehalten hat; und vielleicht ändert sich, wie es fast immer zu geschehen pflegt, sein Charakter mit seinem Glücke.« Und gewiß ist der Seufzer des geplagten Adrast über soviel Mißgeschick und Heimsuchung als ein originaler Lessing-Seufzer in eben dieser Situation zu lesen: »O! fange nicht an, mir meine Unfälle vorzuzählen. Ich will sie bald geendigt sehen. Alsdann will ich es doch abwarten, was mir das Glück noch nehmen kann, wann ich nichts mehr habe.«

Was den Abgang aus Leipzig für Lessing besonders ärgerlich und elend gemacht haben muß, ist der Umstand, daß sein größtes Laster die Gutmütigkeit und seine üppigste Verschwendung die von Vertrauen gewesen war: Er hatte nichts Schlimmeres getan als für einige seiner Schauspieler-Freunde die Bürgschaft übernommen, als die mit Schulden nach Wien zogen, um ihr Glück und eine neue Karriere zu machen. Von dort aus wollten sie, sobald sie Boden und Bühnenbretter unter den Füßen hätten, Geld nach Leipzig schicken und Lessing aus seiner Klemme befreien. Die Verabredung mußte für ihn um so plausibler klingen, als auch seine schöne Friederike Lorenz mit von der Wiener Partie war, und er sein Geld so wenig zu verlieren glauben durfte, wie er sie nicht verlieren wollte. Daß sie ihn dann doch sitzen ließ, daß das Geld nie kam, daß die Verbindung abbrach, daß er als der Düpierte übrig blieb, muß sich für den Neunzehnjährigen zum Schicksalsschlag summiert haben. Aber eben das sind auch Situationen, in denen Lessingscher Eigensinn, Lessingsche Ich-Reserven sich gewaltig mobilisieren. Und die Worte, die er einmal dem spanischen Arzt Juan Huarte widmet, können auch auf ihn selbst angewendet werden: »Ich vergleiche ihn übrigens einem muthigen Pferde, das niemals mehr Feuer aus den Steinen schlägt, als wenn es stolpert.« Lessing tritt die Flucht an aus Leipzig, aber es ist eine Flucht nach vorn.

Der gesetztere Freund Weiße erinnert sich später: »Er war

Willens, sich nach Berlin zu begeben, mußte aber eine ziemliche Zeit in Wittenberg verweilen, weil er dort krank geworden war. Gleich nach seiner Ankunft in Wittenberg benachrichtigte er Weißen von den Ursachen seiner Entfernung aus Leipzig, wovon er ihm zuvor nicht ein Wort gesagt hatte. Vielleicht, weil er wußte, daß Weiße seinen Umgang mit den Schauspielern nicht ganz billigte. Denn so lieb diesem das Theater war und so hoch er einige Schauspieler auch wegen ihrer persönlichen Eigenschaften achtete, so nahm er sich vor dem genauern Umgange mit dem gewöhnlichen Schlage dieser Künstler in Acht, und hatte darüber mit Lessing manchen freundschaftlichen Streit, worin er weniger Recht behielt, als der Erfolg ihm gab.«

Polemik für den Hausgebrauch

> Vater, warst du immer Eskimo?
> Ja, natürlich.
> Und Großvater auch?
> Ja doch, Junge.
> Und unsere Verwandten davor?
> Immer alle Eskimos. Warum fragst du?
> Ich weiß nicht Vater, ich friere.
>
> *Dialog-Witz anno 1979*

Als Lessing nun von Berlin aus an die Mutter schreibt, macht er keinen Hehl aus seiner Verfassung im vergangenen Sommer, aus dem Schock, den der Wittenberger Aufenthalt in der prekären existentiellen und finanziellen Situation für ihn bedeutet hat. »Der Verdruß, den ich hatte, Ihnen neue Ungelegenheit zu verursachen, brachte mich auf den Entschluß von Leipzig wegzugehen. Ich erwehlte gleich Anfangs Berlin zu meiner Zuflucht. Aber ich ward krank. Ich bin mir niemals selbst zu einer unerträglichern Last gewesen als damals. Doch ich hielt es einigermaßen für eine göttliche Schickung; wenn es nicht was Unanständiges ist, daß man auch in solchen kleinen und geringen Sachen sich auf sie berufen will. Nach meiner Genesung beschloß ich mit des H. Vaters Einwilligung in Wittenberg über den Winter zu verbleiben, und hoffte gewiß, dasjenige wieder zu ersparen, was ich in Leipzig zugesetzt hatte. Doch ich wurde bald gewahr, daß das, was in meiner Krankheit und durch andre Umstände, die ich aber jetzo verschweigen will, aufgegangen war, mehr als ein Quartal Stipendia ausmachte. Der alte Vorsatz wachte also bey mir wie-

71

der auf nach Berlin zu gehen. Ich kam, und bin noch da, in was für Umständen, wissen Sie selbst am besten.«

Der Brief soll erklären, verständlich machen, vermitteln. Aber solche Offenheiten nützen nichts; Lessing schreibt sich den Kamenzer Zorn nur um so gründlicher zu. Seine Briefe werden nach Schwachstellen abgeklopft; einzelne Wendungen werden markiert, »mit anderer Tinte, wohl vom Vater oder von der Mutter, unterstrichen«, wie es in der großen historisch-kritischen Lessing-Ausgabe von Karl Lachmann und Franz Muncker heißt. Nun wird die Mutter sich kaum, nicht einmal bei der an sie gerichteten Post, erlaubt haben, darin herumzustreichen; aber gewiß darf man sich den Vater im Pfarrhaus als federführend denken, wenn etwa »andre Umstände, die ich aber jetzt verschweigen will« besonders herausgehoben und mit Unmut markiert werden.

Und was Lessing in dieser ersten Berliner Zeit belastet, ist nicht die Armut, ist nicht die Unentschiedenheit der Zukunft, ist nicht die Dürftigkeit des Quartiers, ist nicht der mühsame Umgang mit dem reichlich blasierten Mylius, ist nicht einmal die Jämmerlichkeit der äußeren Erscheinung: Es sind die Briefe aus Kamenz. Die Zeilen, in denen die Eltern sich Sorgen um ihren Sohn machen, werden zu seiner Hauptsorge. Die Kamenzer nörgeln, quengeln, jammern ihn geradezu vorsätzlich in Grund und Boden. Sie verstehen sich als gute Eltern und sind die elendesten Quälgeister. Sie machen ihm das Leben schwer, und sie tun es sogar mit Fleiß. Es ist nicht Post, was er von daheim bekommt, es ist die Pest.

Die Briefe der Familie aus jener Zeit sind nicht erhalten; aber die Worte des Vaters hallen in der Empörung des Sohnes wider; er gibt sie ihm gelegentlich als erregtes Zitat zurück, hält ihm die Vorhaltungen zornig vor: »Sie schreiben mir so ganz unverhohlen, es wären lauter Lügen, was ich Ihnen von unterschiedenen Gelegenheiten, hier unterzukommen, geschrieben hätte. Ich bitte Sie inständigst, setzen Sie sich einen Augenblick an meine Stelle und überlegen, wie einem solche ungegründete Vorwürfe schmerzen müssen, deren Falschheit, wenn Sie mich nur ein wenig kennen, Ihnen durchaus in die Augen fallen muß.«

Die Kamenzer selbst verhindern doch geradezu, daß er eine Stellung findet, daß er ein richtiges Unterkommen und Auskommen hat. Er kann sich ja kaum unter die Leute wagen: »Ich hätte längst unterkommen können, wenn ich mir, was die Kleidung anbelangt, ein beßres Ansehen hätte machen können. Es ist dieses in einer Stadt gar zu nöthig, wo man meistens den Augen in Beurtheilung eines Menschen trauet. Nun beynahe vor einem Jahr hatten Sie mir eine neue Kleidung zu versprechen die Gütigkeit gehabt. Sie mögen daraus schließen, ob meine letzte Bitte allzu unbesonnen gewesen ist. Sie schlagen es mir ab, unter dem Vorwande, als ob ich, ich weiß nicht wem zu Gefallen hier in Berlin wäre.«

Aber schlimmer noch: Sein guter Ruf, um den sie so besorgt sind, – sie selbst ramponieren ihn doch mit ihren elenden Nachforschungen. Denn der Pastor läßt seinen Sohn mit Hilfe seiner lieben Berliner Amtsbrüder beschatten, zieht Erkundigungen über ihn ein, schreibt Briefe hierhin und dahin, fragt andere nach des Sohnes Lebenswandel, und die Betulichkeit läßt sich ja solche Nachfrage nicht entgehen: Warnende Beispiele werden ja immer gebraucht zu Familienzwecken. Will dieser Vater denn nicht verstehen, daß er erst alles so schlimm macht, wie er denkt, daß es sei? »Glauben Sie denn nicht, daß ich alles weiß, von wem Sie solche Nachrichten bekommen haben?« fragt ihn aufgebracht der Sohn, »daß ich weiß, an wen und wie offte Sie meinetwegen nach Berlin an Personen geschrieben haben, die nothwendig durch Ihre Briefe einen sehr übeln Concept von mir bekommen müssen?« Haben die Eltern denn gar nichts begriffen von seinem großen Brief, in dem er ihnen und sich selbst sein Leben erklärt hat? Muß er es ihnen so klipp und klar schreiben, wie es ihm aus der Galle in die Feder will? »Hier bin ich an einem Orte, wo ich mein Glück machen kann, gesetzt ich müßte auch warten. Was soll ich zuhause?« Wollen sie denn noch einmal dasselbe Spiel mit ihm treiben wie damals in Leipzig, als sie ihn mit intriganten Mitteln aus den schönsten Theaterkontakten gerissen hatten, ihm die Herrlichkeit verwüstet hatten, selber Komödien zu schreiben?

Jetzt wieder dasselbe; nur sind die alarmierenden Sterbenachrichten abgenutzt. »Sie verlangen durchaus, daß ich nach Hause kommen soll. Sie fürchten, ich möchte in der Absicht nach Wien gehen, daselbst ein Comödienschreiber zu werden. Sie wollen für gewiß wissen, ich müsse hier Herrn Mylius zur Frohne arbeiten und darbey Hunger und Kummer ausstehen... Doch muß ich mich am meisten wundern, daß Sie den alten Vorwurf von den Comödien wieder haben aufwärmen können? Daß ich zeitlebens keine mehr machen oder lesen wollte, habe ich Ihnen niemals versprochen. Ich glaube, es kann mir kein Vorwurf seyn, wenn man mich auch an mehrern Orten als in Camenz kennt.«

Soll er es ihnen noch deutlicher sagen, daß mit ihm nun nicht mehr umzuspringen, sondern zu rechnen ist, und zwar nicht in der Oberlausitz, sondern in der Welt und in den großen Städten. Wie hatte doch damals der Leipziger Freund Ossenfelder in seinem langen launigen Gedicht geschrieben, als die Familie ihn ein ganzes Vierteljahr lang nicht mehr nach Leipzig zurückließ:

»Wirst du ein Molier,
Wenn ich nur hoffen dürft und einst dein Baron wär.«
Molière ist jetzt kein schlechtes Stichwort. Mit spürbar provokatorischem Vorsatz schreibt er am 28. April aus Berlin:
»Wenn man mir mit Recht den Titel eines deutschen Molière beilegen könnte, so könnte ich gewiß eines ewigen Namens versichert sein... Wäre es nicht töricht, eher aufzuhören, als bis man Meisterstücke von mir gelesen hat? Den Beweis, warum ein Comödienschreiber kein guter Christ sein könne, kann ich nicht ergründen. Ein Komödienschreiber ist ein Mensch, der die Laster auf ihrer lächerlichen Seite schildert. Darf denn ein Christ über die Laster nicht lachen? Verdienen die Laster soviel Hochachtung?«

Ein Koffer mit galanten Manuskripten, um den er gebeten

hatte, wird ihm noch einmal aus Kamenz zugeschickt, aber die Sendung erfolgt als Dokument der väterlichen Verachtung. »Gottloses Gewäsche« ist noch das mildeste Verdikt, das wir uns denken müssen. Und jetzt wird der Tonfall der Briefe aus dem Pastorenhaus ganz und gar unerträglich; jetzt reißt dem jungen Lessing der Geduldsfaden: »Ich würde in meinem Danke weitläufiger sein, wenn ich nicht, leider, aus allen Ihren Briefen gar zu deutlich schließen müßte, daß Sie, eine Zeitlang her, gewohnt sind, das allerniedrigste, schimpflichste und gottloseste von mir zu gedenken, sich zu überreden, und überreden zu lassen. Nothwendig muß Ihnen also auch der Dank eines Menschen, von dem Sie so vorteilhaffte Meinungen hegen, nicht anders als verdächtig sein. Was soll ich aber darbey thun? Soll ich mich weitläufftig entschuldigen? Soll ich meine Verläumder beschimpfen, und zur Rache ihre Blöße aufdecken?... Ich müßte weniger Moral in meinen Handlungen anzuwenden gewohnt sein, als ich es in der Tat bin, wenn ich mich so weit vergehen wollte. Aber die Zeit soll Richter sein. Die Zeit soll lehren, ob ich Ehrfurcht gegen meine Eltern, Überzeugung in meiner Religion und Sitten in meinem Lebenswandel habe. Die Zeit soll lehren, ob der ein beßrer Christ ist, der die Grundsätze der christlichen Lehre im Gedächtnisse, und oft, ohne sie zu verstehen, im Munde hat, in die Kirche geht und alle Gebräuche mitmacht, weil sie gewöhnlich sind; oder der einmal klüglich gezweifelt hat, und durch den Weg der Untersuchung zur Überzeugung gelangt ist, oder sich wenigstens noch darzu zu gelangen bestrebet... So lange ich nicht sehe, daß man eines der vornehmsten Gebote des Christentums, seinen Feind zu lieben, nicht besser beobachte, so lange zweifle ich, ob diejenigen Christen sind, die sich davor ausgeben.«

Die Fassung, die die Eltern bei Lessing verloren glauben, könnte er nun wirklich, der Eltern wegen, verlieren. Das Verstörendste für ihn aber ist nicht das Bild, das die Eltern sich von ihm machen, sondern das, in dem sie sich selbst zeigen. Am ärgsten verzerrt sich das Bild der Mutter, die im Begriff ist, mit ihrem Gezeter ihrem zweiten Vornamen Salome alle unchristliche Ehre zu machen. Hat es überhaupt noch Zweck, mit ihnen wie mit vernünftigen Menschen zu reden? »Was hat die Frau Mutter Ursache, sich so über mich zu betrüben? Es muß ihr ja gleichviel sein, ob ich hier oder da mein Glück finde, wenn sie mir es wirklich gönnet« – und mühsam kommt der Zusatz: »wie ich es gewiß glaube.«

Herrgott, was müssen das für Christen sein! Himmel, was sind das bloß für Leute! Sind denn die Kamenzer von allen guten Geistern verlassen?

Höchste Zeit, dort einmal nachzuschauen.

Der verlorene Sohn
(Eine Predigt in Kamenz)

Eines Mannes Rede ist keines Mannes Rede;
Man muß sie hören alle beede.

Sprichwort

Keinswegs zaghaft steht die Kirche in der Stadt, sondern obenauf, überdeutlich, und nun gar exzentrisch. Ganz am Rande liegt sie, und hervorragend ist sie nicht nur wegen des gotischen Turms, sondern schon durch ihre Lage auf einem Hügel der Stadt, der mit dem ganzen Bau, dem Kirchenschiff, der Katechismus-Kapelle, den Neben- und Anbauten frei herausrückt: Hier fände sich anderswo die alte Burg oder eine Residenz. Und Burgcharakter hat die Kirche hier auch, denn die Friedhofsmauer ist Teil des Stadtwalls; sie fällt so tief hinab ins Tal der Schwarzen Elster wie die Oberlausitz an Tiefe und Steilheit immer erlaubt: aufgefangen schon bald von sanftem, grünem, bewaldetem Abhang.

Nein, Bescheidenheit ist nicht die größte Zier der Hauptkirche St. Marien zu Kamenz. Sie thront, das ist es, über der Stadt, und im Innern selbst, und in diesem beträchtlichen Raum mit mehr als tausend Plätzen thront abermals die Kanzel hoch über der Gemeinde, und es sind nicht wenige Stufen, die da hinaufführen, das ist ein ziemlicher Ansatz von Himmelsleiter: Näher, mein Gott, zu Dir. Aber vor allem ist diese Kanzel ein Hochstand über den Schäfchen der Kleinstadt, und zumindest ein klares vis-à-vis zur Fürstenloge und zu den Handwerksmeistern und Zunftgenossen und Innungsherren, die sich ihre halsbrecherischen Holzemporen in zwei Wände des Seitenschiffs hineingebohrt und hochgestapelt haben, daß man, indem man sie da sitzen sieht, auch immer ihren Fall bedenken muß, und den bedenkt man von Sonntag zu Sonntag lieber.

So etwa steht er da, der Pfarrer Johann Gottfried Lessing, Pastor primarius an der Kamenzer Marienkirche; das ist sein hohes Amt: oben in der Kirche, oben auf der Kanzel, oben an den Sonntagvormittagen, oben in seinem prompten Zorn; oben an jenem Platz, von dem der Lieblingssohn spottet, dort dürften »ihresgleichen ganze Stunden ungestört schwatzen«. Oben für die immer ausgedehnteren Zeiten des Gottesdienstes, die längst Gelegenheiten geworden sind ingrimmiger Abrechnung mit dieser Gemeinde aus Verwandten und Intriganten, aus Bierbrauern und kleinkarierten Tuchwebern. Längst ist ihm die bitterste Ironie in jenes kleine Kirchenlied geschlichen, das er als junger Geistlicher gedichtet hat und das er sie manchmal noch zu singen zwingt:

>»Mein Jesus kann addieren
>und kann multiplizieren
>auch da wo lauter Nullen sind.«

Lauter Nullen, das ist sein Auditorium. »Auffallende Affekte und Gemütsneigungen« hat der Kamenzer Rat bei dem Gebet moniert, in das der Hauptpastor seine Stadt nimmt. Was weiß denn ein Rat von den Gedanken, vom Herzen, vom Blut und von der Galle eines Mannes, der nicht der geworden ist, der er sein wollte! Ein Lessing ja, aber noch erst der Vater. Von dem der Sohn im Alter zärtlich sagen wird: »Du warst ein so guter Mann und zugleich ein so hitziger Mann. Wie oft hast du mir es selbst geklagt, mit einer männlichen Träne in dem Auge geklagt, daß Du so leicht Dich erhitzest, so leicht in der Hitze übereiltest.«

Aber eben jetzt macht ihm dieser Sohn Gotthold Ephraim zu schaffen, ist das äußerste Ärgernis geworden, und eine Predigt ist da geradezu fällig in drei Teufels Namen: Mylius, Berlin und Comödien! Ob es erlaubt ist, sie sich auszudenken?

Ausdenken? Aber ausdenken muß man die Predigten des Pastors Lessing doch gar nicht. Heute würde man Wanzen plazieren, Mikrophone installieren, ein Band mitlaufen lassen. Damals, seit Jahren schon, schrieben sie seine Heftigkeiten mit, protokollierten seine Ausbrüche, Spitzeldienst beim Gottesdienst, und notierten sie Wort für Wort nur deshalb nicht, weil sie so schnell mit diesem Zorn nicht mitkamen. Und im Rat der Stadt steckten sie hinterher die Köpfe zusammen, neugierig, bange und kampfbereit: Was hat er denn heute wieder gesagt, wie hat er gewütet, was kann man davon gegen ihn gebrauchen?

»Ich weiß wohl, daß heutzutage, da die Welt im argen liegt, mancher denkt, sie wollen dem Prediger das Maul stopfen, sie sollen nur stumme Hunde sein... Da man eine Begierde haben sollte, das Wort Gottes zu hören, so kommt man, so einen Prediger zu behorchen, etwas herauszunehmen und ihm einen giftigen Stich beizubringen... Es gibt leider auch unter uns solche Leute, die an keinen Gott glauben; dächten sie, daß Gott die Lügen und Unwahrheiten strafte, so würden sie nicht Lügen ausschreien. Ja, sie würden gedenken, daß nicht aller Tage Feierabend sei. Das sind aber Bastarde und keine Kinder, und haben keinen Teil am Erbe Gottes... Mir aber ists einerlei, daß ich von Menschen gehört werde. Das ist der größte Fehler eines Predigers, wenn man sich vor Menschen fürchtet. Prediger sollen aufs Herze gehen, ihr Amt ist des Herrn, da muß man geradezu gehen und nichts scheuen...« Aber was kümmert ihn jetzt Kamenz, was kümmern ihn die Bierbäuche. Jetzt gilt es größeren Kampf, jetzt muß das Gleichnis her vom verlorenen Sohn, hört nur hört, »er geriet in Not und hängt sich an einen Bürger jenes Landes; der schickte ihn auf seinen Acker, um die Schweine zu hüten.«

Sein Sohn Gotthold als Zimmergenosse des Herrn Mylius, vielleicht sogar als dessen Lakai! Als Nachahmer von lockerem Werk und lotterem Lebenswandel! Mylius! Wenn es für den Pastor Lessing außer den Denunzianten im Kamenzer Rat einen verhaßten Namen gibt, dann ist es Christlob Mylius. Mylius, jener skandalöse junge Mann, der sich vor einigen Jahren mit der ganzen Stadt angelegt hatte, was ja seine fromme Richtigkeit haben mochte, aber eben aufs niederträchtigste auch mit ihm selbst, dem Pastor primarius, Mylius, der ein paar Verse von solcher Niederträchtigkeit geschrieben hatte, daß die Erbitterung darüber immer noch nicht nachlassen will. Verse, die man ihm schon deshalb nicht verzeihen wird, weil man sie nicht vergessen kann, und vergessen nicht, weil sie so verteufelt im Ohr haften bleiben. Mylius, der so zu spotten sich erdreistet hatte:

Und kamen in ein Haus, wo tausend fromme Mienen
Und soviel Heuchler auch, uns auf einmal erschienen.
Ein schwarz und weißer Mann stund da erhöht und schrie.
Er preßte Wort auf Wort mit ungemeiner Müh,
Mit laut und klarem Ton aus angestrengter Lunge;
Der rohen Jugend Herz – schrie er – ist lastervoll!
Sie hört nicht Gottes Wort! weil der sie lehren soll
Sie durch sein Leben selbst in aller Bosheit stärket!
Ach! Meine Lieben, ach! das werde ja vermerket.

Mylius! Und nicht etwa nur gereimt, um sich ins private Fäustchen zu lachen, auch gedruckt wurde das Machwerk, wie wenn Breitkopf in Leipzig nichts Besseres zu tun hätte. Die Sache war um so ärgerlicher, als dieser Mylius irgendwie zur Verwandtschaft gehörte; ein Früchtchen aus der zweiten Ehe seines früheren Schwagers: Ein Christlob war dieser wahrlich nicht! Aber nun Gastgeber, Ratgeber, womöglich auch noch Dienstgeber seines eigenen Sohnes. Schickt ihn auf den Acker, um die Schweine zu hüten!

Und das ganze in Berlin! Berlin ist, um die Jahrhundertmitte von dieser Kamenzer Kanzel aus betrachtet, Sodom und Gomorrha zugleich: die Hauptstadt des feindlichen, des hochmütigen, des aggressiven Preußen, die Kapitale der Freidenkerei; der König selbst ein zynischer Libertin, Flötenspieler; Franzosenfreund. Am Hofe alles französisch: die Sprache, die Bücher, die Gärten und vor allem die Sitten, und das heißt ja nichts als Unsitten, Intrigen, Sottisen, Hinterlist, Pasquills, und nun auch noch Bauholz für die Kathedrale der Katholiken, eine Ohrfeige für die Reformation. Die Papisten und die Freigeister, – eine schöne Koalition! Eine große, kalte, menschenverderbende Stadt! Und lauter Frauenmänner um diesen Friedrich herum, ihm zu Gefallen; dieser König hat doch seine Frau längst abgeschoben aufs Land; die ganze Hochzeitsfeier im Salzdahlumer Schloß war doch nur eine Scharlatanerie, und die Nachfeier im »Kleinen Schloß« zu Wolfenbüttel erst recht! Friedrichs zynisches Wort war doch nachgerade geflügelt geworden: »Ich werde so gut Komödie spielen, daß nichts fehlen soll.«

Komödie! Damit ist der Pastor Lessing bei seinem dritten Hieb- und Stichwort. An diesem Satz eines Kronprinzen, der nun ein weibischer König war, merkte man doch, was eine Komödie war: der Inbegriff der Falschheit, der Heuchelei, der Sittenlosigkeit. Und dieser Sohn, dieser schlimme, geliebte Sohn hat die Stirn, sie nicht nur lesen, sondern auch schreiben zu wollen, weiterhin, gegen das väterliche Verdikt, gegen den väterlichen Zorn! Sich den Namen eines deutschen Molière zu wünschen! Warum nicht gleich Beelzebub? Die Argumentation ist ja teuflisch genug: »Ein Komödienschreiber ist ein Mensch, der die Laster auf ihrer lächerlichen Seite schildert. Darf denn ein Christ über die Laster nicht lachen?« Nein, mein Herr verlorener Sohn, die Laster sind so lachhaft nicht, so flink nicht lächerlich zu machen. Die Komödie und etwas bessern? Der Gang einer Handlung als Weg zum Guten? Rollenspiel als Mittel zum Lebensernst? Wenn der Sohn das glauben sollte, ist er töricht, und töricht ist er nicht, also spielt er doch schon Komödie, eine Komödie in Briefen, eine Komödie mit seinem Vater, und dieser Vater hier spielt da nicht mit! Denn Komödie spielen heißt falsch spielen! Über die Laster lachen heißt doch nicht, sie tilgen, sondern mit ihnen fraternisieren. Ein deutscher Molière! Nun, wie gut ist denn die Welt geworden seit Molière? Wie gut haben ihr denn seine Komödien getan? Gibt es auch nur ein bißchen weniger Geiz, seit wir über den Geizigen lachen, gibt es eine Spur Hypochondrie weniger, seit der eingebildete Kranke sich krümmt, gibt es auch nur einen Ehebruch weniger seit... ach lassen wir das. Aber den günstigsten Fall gesetzt, der Sohn schriebe über sich selbst, er stellte sich selbst auf die Bühne, so wie er im Leben dasteht – die Heimat verlassen, die Stipendien veruntreut, die Mutter beleidigt, den Vater zum Gespött der Stadt gemacht – blieben die Zuschauer denn nun zuhaus und küßten die Mutter, ehrten den Vater, steckten den Kopf in die Bücher? – den Teufel auch, sie täten es, im Gegenteil, ihm nach und sagten: Seien wir Lessinge, machen wir Schulden, gehen wir auf die Promenade oder besser noch aufs Ganze, oder auch ins Nichts!

Und noch einmal Komödien! Hatte er darum den Magister Heinitz aus Kamenz vertrieben, diesen Jungpädagogen mit den ausgefallenen Ideen, diesen Jugendverderber, der hier in der kleinen Stadt seine didaktischen Tollkühnheiten zum ersten Male auszuprobieren versucht hatte! Hatte er deshalb zornig und rigoros Schluß gemacht mit diesem läppischen Schul-Theater? (Ein objektiver Blick, von heute zurück getan in die damalige Situation des weltverlorenen Kamenz, sähe in diesem Lehrer einen ziemlich modernen Mann. Von des Pastors Bruder geholt, übernahm der Magister Johann Gottfried Heinitz die Lateinschule und machte mit neuen Methoden den Anfang. Er wollte die Ratsbibliothek auch als Schulbücherei genutzt wissen, legte dem Unterricht Gottscheds »Redekunst« zugrunde, sah auf guten Stil und geschmeidige Übersetzungen aus dem Lateinischen, legte weniger Wert aufs Pauken, sondern mehr auf die Ausbildung der »Erfindungskraft, des Gedächtnisses und der Redegewandheit«. Als eine Schule der Beredsamkeit hatte er denn auch dem Bürgermeister Lessing die Schulbühne plausibel gemacht, die 1740 in der Tat eingerichtet und mit Gottscheds »Sterbendem Cato« sowie einem von Heinitz verfaßten Schäferspiel eröffnet wurde. Lessing war, mit allerdings nur wenigen Stunden, drei Jahre lang, vom achten bis zum elften Lebensjahr, Schüler dieses Mannes; und wer wollte es der Kamenzer Legende verdenken, daß sie sich in der Vorstellung gefällt, schon der Elfjährige habe sich, als es die Bühne gab, sogleich als Dramenschreiber versucht. Dabei machte Heinitz zumindest mit dem Schultheater nichts Bravourös-Neues. Er knüpfte an Traditionen an, die gerade in Sachsen zu Hause waren. Das Schuldrama war schon zwei Jahrhunderte vorher als sprichwörtlich sächsisches gepflegt worden, es war fast so alt wie die Reformation; und zu Beginn des 18.Jahrhunderts hatte der Rektor Weise in Zittau solche Schüler-Aufführungen nahezu populär gemacht. Ja selbst am Gymnasium in Görlitz, das der Vater Lessings besucht hatte, hatte es solche Darbietungen gegeben; zwar bezweckte der dortige Rektor Samuel Grosser »nicht eine äußerliche Belustigung der Sinnen, sondern vielmehr eine heimliche Gemüthserbauung und nötige Verbesserung der Rede, Geberden und Leibesstellung«. Und geradezu grotesk die Vorstellung, daß der eifernde Mann hier auf der Kanzel als Schüler im Jahre 1708 auch einmal auf der Schulbühne gestanden, auch einmal in einem Lustspiel mitgemacht haben soll.)

Was aber der Literaturbetrachtung so schön in Tradition und sächsische Lebensart sich einpaßt, war im Kamenzer Alltag eben deshalb Skandal, weil es dem einen Pastor Lessing nicht paßte. Es war zwar nicht seines Amtes gewesen, den Lehrer hinauszuwerfen, aber er hatte doch Groll und Macht genug, den Magistrat zu mobilisieren, der Heinitz mit strengen Rügen und Verwarnungen überhäufte, so daß der Lehrer schon nach fünf Jahren, 1743, aufgab und ans Lyzeum in Löbau ging; da hatte er mehr Fortüne mit seinen Plänen für das, was noch unsere heutigen Schulreformer sich wünschen.

Der Zorn des Pastors Lessing auf die Komödien ist keine Heuchelei, keine künstliche Erregung und schon gar keine individuelle Marotte. Es trifft ihn persönlich, weil es sein Sohn ist, der da unter die Komödienschreiber geht und alle pastorale Vorsorge ad absurdum führt; aber es trifft ihn vor allem in seiner theologischen Vorstellungswelt. Wie sehr, dafür mag ein Vorfall stehen, der nicht direkt mit Johann Gottfried Lessing in Verbindung steht; aber sein Ärgernis in einem allgemeineren Licht erscheinen läßt. Christian Nicolaus Naumann (auch er einer aus Lessings neuem Berliner Kreis, obwohl nicht dauernd in Berlin lebend) beschreibt in zwei Briefen an Albrecht von Haller eine Affäre, die die Welten ahnen läßt, die zwischen der protestantischen Kirche und dem damaligen Theater sich auftun: Es habe, berichtet Naumann, die Schuchische Schauspielgesellschaft, die derzeit die beste in Deutschland überhaupt sei, in Frankfurt am Main von seiten des Magistrats eine honorige Aufnahme gefunden, auch »ein Zeugnis ihres weltbekannten Gutverhaltens in der Sittlichkeit« nebst dem Befehl an die Geistlichkeit, sie zum Gottesdienst zuzulassen. Die Kirche aber dachte nicht daran; das Consistorium widersetzte sich, und besonders widerborstig erwies sich ein orthodoxer Prediger namens Fresenius. »Er schloß«, schreibt Naumann in anmutiger Pointierung, »allen Zuschauern der Schaubühne, ja allen, die nur tanzen, eigenmächtig den Himmel zu; ob gleich seine eignen Kinder die Tanzkunst üben; folglich wurden die Acteurs der lutherischen Gemeinde von dem Sacramente weggewiesen und gut lutherisch ausgebannet.« Einer der Schauspieler, so geht Naumanns Bericht an Haller weiter, habe über den Vorfall ein Gedicht gemacht vom »trostlosen Zustande eines von Heuchlern verstoßenen Sünders an die Gottheit«, das, in Abschriften kursierend, weit herumgereicht werde und allgemeinen Beifall, ja ungemeines Aufsehen, gefunden habe. Als dann gar ein Druck zustande gekommen sei, habe die Geistlichkeit sofort auf ein Verbot gedrängt und: »Derr Herr D. Fresenius, den alle seins Ortes den Frankfurtischen Papst nennen, hat des Sonntags darauf, für Verdruß, nicht geprediget.«

Aber der Pastor Lessing denkt nicht an Predigt-Streik; und kein Verdruß könnte ihn abhalten, seine Kanzel zu besteigen; im Gegenteil. Und immer noch steht er jetzt da in seinem dunklen Ornat und in seinem hellen Sonntagszorn und wird noch lange kein Ende finden. Und während er so vehement fortrast zwischen Gott und der Welt, haben wir Zeit für ein paar Recherchen.

Recherche I

Lessing spricht später, im Hinblick auf den »Nathan«, davon, er wolle doch seine alte Kanzel, die Bühne, wieder einmal ausprobieren. Gilt das auch umgekehrt, ist die Kanzel auch Bühne, ist der Pastor auch Mime, ist der Gottesdienst auch Selbstdarstellung, die Predigt auch ein Stück Theater? Ist die Komödienfeindlichkeit der Herren Pastoren in Wahrheit die Eifersucht der wirklichen Komödianten? Ist das Schreien, das Mylius glossiert hat, dramatische Gestaltung, der Sonntag-vormittag eine Matinee? Freut sich ein Pastor auf den Auf-tritt, schwimmt er gern mit dem eigenen Redestrom? War Kamenz für den Vater Lessings nur lebenslängliche Provinz-tortur, oder hatte er nicht doch, wenigstens einmal in der Woche, den deutlichen Genuß dieses Von-oben-herab, dieses Aus-sich-selbst-heraus? Wie ist einem Prediger am Sonn-tagmorgen zumute? Die Antwort findet sich in einer moder-nen Predigtlehre, der von Rudolf Bohrer, und sie liest sich aufregend: »Das Predigen... die Seligkeit, die es eröffnet, ist nicht zu beschreiben... geht es doch um eine neue Welt, um Kampf und Sieg... Predigen ist schön, es macht Freude... Eine Predigt vorbereiten heißt dann, Freude vorbereiten, und hier kann man nicht sauertöpfisch oder halb, sondern nur gern und ganz und also leidenschaftlich dabei sein... In dieser Hinsicht hat das Predigen spielerischen Charakter... Dem-nach wäre das Predigen ein heiliges Spiel mit Worten, nicht ein Sakralspiel, eher ein Kinderspiel... Vergißt der Prediger, daß er ein homo ludens (ein spielerischer Mensch) ist, wird er leicht zum Tragiker auf der Kanzel in der Drapierung des Propheten, oder aber, was fast noch schlimmer ist, zum –

Langweiler.« Leider wohl charakterisiert die zweite Kategorie den Pastor primarius Lessing; aber die Beschreibung Boh-
rers, in den Lessing-Kontext eingesetzt, enthält dennoch eine
kleine Sensation: Sie gilt nicht dem Vater, aber dem Sohn,
und zwar seiner Spiellaune. Die Formulierung der Predigt-
leidenschaft stimmt an einer Stelle, nahezu bis in den Wortlaut, mit einem Bekenntnis des (später zu porträtierenden)
Glücksspielers Lessing überein: »Wenn ich kaltblütig spielte,
würde ich gar nicht spielen; ich spiele aber aus Grund so leidenschaftlich.« Und daneben noch einmal der Theologe
Bohrer: »Hier kann man nicht sauertöpfisch oder halb, sondern nur gern und ganz und also leidenschaftlich dabei sein.«

Recherche II

Kamenz – welch eine Stadt! Da ist die große Kirche, da ist der
freie geräumige Marktplatz, dazwischen nichts. Die Häuser
und Katen der knapp viertausend Einwohner damals, drek-
kige schmale Gassen und der säuerlich-satte Geruch von
Malz: Die meisten Bürger brauen Bier, das ist die Hauptindu-
strie im Verein mit Leineweberei und Tuchmacherei. Dann
gibt es noch die drei Ratsdörfer Wiesa, Lückersdorf und
Bernbruch, die der Gemeinde gehören, aber hauptsächlich
lebt man vom Bier, das entweder gemeinschaftlich gebraut
und dann durch eine Braukommune verkauft wird, oder aber
auch als Home-brew vom einzelnen ausgeschenkt wird. Man
unterschied, deutlich genug, nicht zwischen arm und reich,
sondern zwischen »kleinbierigen« und »großbierigen« Häusern; alle Lessings, ob Bürgermeister oder Buchbinder, brau-
ten mit. Nur der Pastor nicht.

Von Bier, das man vorwiegend selber trinkt, wird keiner
reich. Kamenz war eine povere Stadt, die ärmste des oberlausitzischen Sechsstädtebundes, dem ferner Bautzen, Görlitz,
Löbau, Zittau und Laubau angehörten. Akzise, Sondersteu-
ern für den nordischen Krieg, Brandschatzungsgelder, Ok-

kupationsschäden während der drei schlesischen Kriege, viel war da nicht zu holen, geschweige denn zu gewinnen. Und dazu, mit panischer Regelmäßigkeit, die ganz großen Heimsuchungen: die Pest in den Jahren 1681 und 82, die Feuersbrunst 1707, die nur wenig mehr als die Kirche und die dickgemauerte Klosterschule übrigließ. Oder war es eher dies, was das Leben in der Enge überhaupt erträglich machte, dieser Trost des gelegentlichen *Über*lebens, die Gelegenheit zum Wiederaufbau, die Erquickung von Renaissancen? Denn »die Leutchen haben ein glückliches Temperament«, schreibt um die Jahrhundertwende der Geograph Christoph Nicolaus Naumann in seiner »Topographie von Chursachsen«, und die Kläglichkeit der Verhältnisse umschreibt er mit der Anmut des Durchreisenden: »Die Sorgen des Mammons und Wuchers kennen sie nicht.«

Nach der Pest, nach dem Brand, und wenn es nicht nach Bier riecht, ist die Luft rein in Kamenz. Noch bruzzeln ein Stadtarzt Wagner und der Apotheker Johann Gottfried Haugk für August III. nach einem Rezept, das Gold verspricht, aber ein anderer Arzt, namens Reinhardt, hat schon das bessere Gespür: er rühmt das günstige Klima, die durch den Reichtum an Obstgärten besonders förderliche Luft und das gute Wasser, so daß in Kamenz die Leute sehr alt würden. Noch heute übrigens hat man in Kamenz den Eindruck, daß die Stadt das Zeug zu einem idyllischen Kurort viel eher hätte als zu der Garnison, die schon so viele Uniformen gesehen hat.

Kleine Leute waren die Lessings schon lange nicht mehr, obwohl immer eher mit Rechtschaffenheit als mit jener lebenspraktischen Tüchtigkeit und Ergiebigkeit des Handelns gesegnet, die es zu Geld bringen. Schon der erste in der Überlieferung, der »Ahnherr« Clemens Lessick oder Lessig, war Pfarrer. Im Jahr des Bauernkriegs geboren, 1525, studierte er in Wittenberg – Luther war schon tot – und erhielt 1562 eine Pfarrstelle in Einsiedel, die er, zweiunddreißig Jahre lang, »in seyn ampt fleyßig« und mit »zimlich guter Geschicklichkeit«

innehatte; in einer Zeit, die aufgeregt war von den Nachwirren der Reformation; rasch ging da Theologie in Politik über. War es persönliche Strenge oder der Eifer des Amtes: Zehn Groschen Strafe mußte bezahlen, wer am Sonntag die Predigt versäumte; Tanz gab's nur im Gefolge von Hochzeit oder Taufe. Ein Sohn, Matthias Lessing – so schreibt der nun schon seinen Namen –, zieht nach Schkeuditz, wo dessen Sohn Christian wiederum, der um 1600 im benachbarten Leipzig studierte und seinen Magister machte, es bis zum Stadtrichter bringt. Sein Sohn, der auch Christian heißt, wird sogar Bürgermeister und leistet sich vier Kinder, es sind alles Söhne. Der jüngste heißt Theophilus, sein Lebensweg führt ihn nach Kamenz, wo sie ihn später gewaltig in Öl malen werden, mit einer sehr langen aber ansehnlichen Nase, zwei klugen aber skeptischen Augen, einem energischen Kinn unter zweifelndem Mund und mit einer pompös neben dem Scheitel in zwei Katarakten von Locken sich ergießenden Perücke: das Gesicht eines deutlichen Mannes.

Aber so im barocken Goldrahmen hatte sein Leben sich keineswegs immer gehalten. Noch im Dreißigjährigen Krieg, 1647, geboren und also gebranntes Kind, erinnert er sich am 24. März 1669 vor der Leipziger Philosophischen Fakultät, bei seiner Disputation, an jene Feuersbrunst, »von der unser deutsches Vaterland traurigen Andenkens ergriffen und jämmerlich verheert worden ist«, und er warnt, inmitten eines theologisch-juristischen Exkurses, vor Leuten, die Krieg und Kampf als Vorreiter der Wahrheit ansehen. Theophilus Lessing spricht »von der Duldung der Religionen«, und die Lessing-Forschung hat es ihm nie ganz verziehen, daß es sich, als die Schrift spät aufgefunden wurde, nicht um einen frühen »Nathan«, nicht um einen Toleranz-Traktat im Sinne Voltaires gehandelt hat, sondern um eine trockene Expertise über das Verhältnis von Obrigkeit und Sektierertum, um eine Abwägung von law und order einerseits und dem Bedürfnis andererseits, auf verschiedene Art selig zu werden. Als wenn es nicht doch, für einen Mann von zweiundzwanzig Jahren, eine erstaunliche Liberalitäts-Festigkeit verriete, in Sachen des Staates sowohl wie des Glaubens, wenn er gewaltsame Bekehrungen (mit Feuer und Schwert) ebenso strikte ablehnte wie die Einmischung des Büttels, wenn er Sektierer in Frieden gelassen wissen will, sofern sie ihn selbst wahren, wenn er als beste Medizin gegen den Irrtum die Geduld empfiehlt und den Glauben als eine Sache der Überzeugung erklärt, wenn er, kurz gesagt, zwar Gott nicht einen guten Mann sein lassen, aber die Vertreter der Obrigkeit doch dazu machen will. Ein Stück pedantischer Courage ist diese Schrift »De religionum tolerantia«; vermutlich aber hätte man sich 1669 auch leichtere Themen wählen können.

Theophilus wird Aktuarius, siedelt 1681 – genau hundert Jahre vor dem Tod seines Enkels – nach Kamenz über, versieht dieses Amt zwanzig Jahre lang und wird 1711 Bürgermeister der kleinen Stadt. Sollten die Kamenzer gedacht haben, sie würden diesen Gemeindepatriarchen – da er schon 64 war – rasch wieder los, so hatten sie die Rechnung ohne seine stabile Natur gemacht: Er blieb noch fast ein Vierteljahrhundert im Amt und führte in Kamenz bis zu seinem Tod am 4. November 1735 das Regiment.

Der andere Großvater steckt heutzutage, beim Kircheneingang, auch im Goldrahmen, auch in einer Perücke, mit dem Beffchen des Theologen vor dem fülligen Doppelkinn. Ein weicheres, bäckchenreiches Gesicht, Neigung zu Tränensäcken, hohe, portalhafte Brauen über Augen, die vom Porträtmaler nicht viel zu erwarten scheinen. Eine große, aber mild und rund wirkende Stirne: Das Pastose einiger Lessing-Bilder tritt hier schon in Erscheinung: Neigung zu Gesichtsüppigkeit, Wangenübermaß, wohin mit soviel Gesicht? Der Mann, natürlich, ist Prediger, der Archidiakonus Gottfried Feller, denn er ist Pastor primarius an der Marienkirche, und auf der Kanzel steht er dem späteren Schwiegersohn Johann Gottfried Lessing sonntags noch zehn Jahre lang im Weg.

Recherche III

Diesen Johann Gottfried Lessing müssen wir so ernst nehmen, wie sonst nichts in Lessings Leben; und deshalb haben auch äußere Gemeinsamkeiten etwas Rührendes; selbst eine so beiläufige Entdeckung wie die, daß sie beide, Vater und Sohn, im achten Band von Meusels Schriftsteller-Lexikon aus dem Jahre 1808 vertreten sind. Zwar muß der Vater dem Sohn den Vortritt lassen, aber immerhin gibt es zwei Seiten voller Titel seiner Werke, und die Vita verzeichnet, meist mit falschen Jahreszahlen, den Werdegang vom Studium in Görlitz und Wittenberg über das Amt des ersten Katecheten und Mittwochspredigers zu Kamenz und über das Aufrücken zum Archidiakonus (1724) bis zur zehn Jahre später erfolgten Ernennung zum Pastor primarius.

Aber eben dies trennt Vater und Sohn, daß der eine zur gefürchteten Geißel jenes orthodoxen Luthertums wird, das der andere nicht müde wird zu predigen. Der Vater ist, nachdem er seine Magisterarbeit geschrieben hat, mit seinem Latein am Ende. Er hat sich seine theologische Lebensplattform als Dreiundzwanzigjähriger festgestampft; nun gibt es kein Zurück, kein Hinunter. Gnade, ja, aber kein Pardon. Die Biographen und die Theologen haben gelegentlich gerätselt, warum er nicht eine Universitätskarriere eingeschlagen, seine Dissertation, eine leidenschaftliche Verteidigung des späten Luther, nicht noch ausgebaut habe. Wie, wenn er doch genug gehabt hätte von der Anstrengung eines solchen intellektuellen und seelischen Kraftaktes? Wie, wenn er dem lebenslänglichen Umgang mit dem Zweifel, der seinem Sohn zum Elixier werden sollte, doch hat aus dem Wege gehen wollen?

Aber selbst in Kamenz müssen ihm die Zweifel aufgelauert, ihn heimgesucht haben: Denn den Luther hatte er ja verteidigt als junger, glaubensbegeisterter, unerfahrener Mann, als ein nichtverkrusteter Mensch; aber sollten nicht mit den Jahren auch seine Einsichten in die menschlichen Schwächen gewachsen sein, in die beinah automatische Neigung zu dem, was man dem späten Luther vorgeworfen hatte: zu Unduldsamkeit, Hochmut, großer und strenger Geste?

Johann Gottfried Lessing war ein wahrer Lutheraner insofern auch, als er zu formulieren verstand. Jedes Wort, wenn nicht ein Amen, so doch ein Basta, und wenn die Bibel an einigen Stellen zu verschwimmen oder in tollen Geschichten zu versinken drohte, sah er klar: »Genug, daß die heilige Schrift in solchen Stellen klar und deutlich ist, wo der allerheiligste Glaubensgrund und die wesentlichen Lebens-Pflichten geoffenbahret sind. Bei Chronologischen, Geographischen und Philologischen Sachen hält sich ein wahrer Christ ohne dieß nicht lange auf, weil er allein den Hauptzweck der heiligen Schrift vor Augen hat.«

»Welche Lobsprüche würde ich ihm nicht beilegen, wenn er nicht mein Vater wäre! Er ist einer von den ersten Übersetzern des Tillotsons.« So rühmt ihn der Sohn. Das Englische nämlich kommt der theologischen Streitbarkeit des Johann Gottfried Lessing zugute, jene Sprache, die stärker noch als das elegante Französisch, Vernunft angenommen hat, jene naturgewitzte Vernunft, die sich auch als Gottesgeschenk versteht und noch nicht um den eigenen Verstand bringt. Tillotson, Erzbischof von Canterbury, heftiger Widersacher des Papstes, hatte eine Reihe berühmter Predigten veröffentlicht, die der Pastor Lessing nun seinen Kamenzern vorsetzt; ebenso eine antijesuitische Streitschrift, die »Glaubensregeln«, die er 1731 mit einer längeren Einleitung versieht. »Alles prüfen und das beste behalten« lautet das Motto, aber bemerkenswerter erscheint die Erkenntnis, daß ein Christ auch mit Dissonanzen zu leben habe: Man müsse einen Weg finden zwischen »der übermäßigen Lust an Streitschriften und dem allzugroßen Ekel daran, welcher leider heut zu Tage fast Mode wird«.

Und dann noch ein großer Plan: eine historisch-kritische Literaturgeschichte der Theologie. Aber wenn es etwas gibt, das dem Ehrgeiz eines Mannes den Garaus macht, dann ist es ein allzu ehrgeiziger Plan, einer, auf den er sich allzu lange hinausreden kann, bis nichts als die Ausrede übriggeblieben ist und eine Resignation, die nun auch kleinere Arbeiten befällt. Der Schriftsteller Johann Gottfried Lessing ist in Kamenz verkümmert.

Zunächst hat er ja weitergeschrieben und auch drucken lassen, bei seinem Bruder Friedrich Gottlieb Lessing, der war Buchbinder. 1720 – drei Jahre nach der Dissertation – war die »Sonderbare Hausandacht« mit vier Chorälen erschienen, die alle sich auf Notfälle und Teuerung ihren Reim machen, zum Beispiel so:

> Geht's gleich anjetzo spärlich
> Und Siehet's gar gefährlich,
> Ja, gar unmöglich aus'
> So will ich mich nicht grämen,
> Wo etwas herzunehmen,
> Er führet's dennoch herrlich aus.

Und gut zehn Jahre später bringt er ein Buch mit dem kurios klingenden Titel heraus: »Ernste und nöthige Vorstellung von bittern und grimmigen Ehemännern als warhafftigen, jedoch unerkanndten subtilen Weiber-Mördern«. Da hat er selbst schon einen Begriff von der Ehe, da ist er schon sechs Jahre mit Justine Salome Feller verheiratet, und der Kindersegen macht das Gehalt von hundert Talern jährlich zum Notgroschen: Vom Hochzeitsjahr 1725 an bis zum Jahr 1744 ist fast alljährlich ein Kind zur Welt gekommen, »unser« Lessing ist das Dritte:

JOHANN GOTTFRIED, geboren am 20. November 1725,
DOROTHEA SALOME, geboren am 4. Februar 1727,
GOTTHOLD EPHRAIM, geboren am 22. Januar 1729,
FRIEDRICH TRAUGOTT, geboren am 18. Januar 1731,
JOHANN THEOPHILUS, geboren am 10. November 1732,
FRIEDRICH TRAUGOTT, geboren am 16. Dezember 1734,

GOTTFRIED BENJAMIN, geboren am 12. Dezember 1735,
GOTTLOB SAMUEL, geboren am 23. Januar 1739,
KARL GOTTHELF, geboren am 10. Juli 1740,
ERDMANN SALOMO, geboren am 13. Oktober 1741,
SOPHIE CHARITAS, geboren am 21. Dezember 1744,
DAVID GOTTLIEB, ebenfalls am 21. Dezember 1744.

Der Pastor liebt sich arm; wie kläglich stünde er erst da, wenn
alle zwölf am Leben geblieben wären; aber nicht nur das erste
Kind, das *seinen* Namen trug, Johann Gottfried, und noch im
Jahr der Hochzeit geboren wird, stirbt nach wenigen Tagen;
auch das spätere Zwillingspaar, das Frau Salome nach beinah
zwanzig Ehejahren zur Welt bringt, muß bald unter die Erde:
Der Junge stirbt nach anderthalb Monaten, das Mädchen
nach einem halben Jahr. Bewegend, beinah makaber aber das
Los der beiden Traugotts: Der erste Sohn mit Namen Friedrich Traugott wird drei Jahre alt und stirbt am 26. April 1734.
Als er beerdigt wird, ist die Mutter wiederum schwanger,
und wie aus (gottesfürchtiger?) Insistenz nennt der Pastor
dieses Kind, das den Tod des anderen gutzumachen scheint,
ebenfalls Friedrich Traugott. Aber als hätte sich die Fatalität
dann doch an den Namen geheftet: Auch diesen zweiten
Traugott muß er nach anderthalb Jahren begraben. Daß auch
Lessing selbst später seinen einzigen Sohn, das sterbend zur
Welt kommende Kind seiner Frau Eva, Traugott nennt, hat
etwas von einer beinah namentlich beschworenen Heimsuchung.

Von den sieben Geschwistern, die nicht früh sterben, werden vier sehr alt: Die Schwester Dorothea *ist* nicht nur die älteste von allen, sie wird auch, mit beinah 77 Jahren, die Älteste der Geschwister. Gestorben ist sie am 9. September 1803;
gelebt hat sie nie. Fast ebenso alt, fünfundsiebzig Jahre, wird
Johann Theophilus, Lessings eigentlicher Kindheitsgefährte;
er ist nicht der prominenteste der Lessing-Brüder, aber von
einer tüchtigen Anhänglichkeit und Eigenständigkeit; er
stirbt am 6. Oktober 1808. Im gleichen Jahr wie die Schwe-

ster, 1803, stirbt Gottlob Samuel im Alter von 64. Und auf das gesegnete Alter von 72 Jahren bringt es Karl Gotthelf, der Biograph und brüderliche Bewunderer; er lebt noch zwölf Jahre ins 19. Jahrhundert hinein. Zwei der Brüder kommen nicht über das frühe Mannesalter hinaus: Gottfried Benjamin stirbt mit 29, der verlotterte Erdmann Salomo mit 19 Jahren.

Auch so, mit seinen 52 Jahren, steht Gotthold Ephraim unter seinen Geschwistern für sich da: eine nicht knappe, aber gedrungene Spanne Leben. Kein Büchner-Abbruch, keine Mozart-Frühvollendung, kein Kleist-Sturz; aber auch keine Haller-Ausdauer, keine Voltaire-Zähigkeit, kein Wieland-Ausklang, und erst recht nicht das große Goethe-Zeitglück. Aber die fünf Lebensjahrzehnte Lessings, seine dreieinhalb Arbeitsjahrzehnte, waren eine Kernladung voll von Energie, Präsenz, Scharfsinn, Prägnanz und Disziplin. Sie waren nicht nur übervoll mit Leistung, sie sind Lessing auch, vor allem in den letzten elf Wolfenbütteler Jahren, lang geworden. Er hatte immer nur mit sich, für sich leben wollen; plötzlich, und schwer genug, trug er, allein, seine Zeit.

Aber für diesen einen Sohn hatte der Vater auch von Anfang an alles getan, nicht nur in väterlicher Liebe, nicht nur im Blick auf die Nachfolge im Amt, sondern wie wenn man das eigene Leben neu und noch einmal beginnen könnte. Schon am 30. April 1737, da war Gotthold Ephraim Lessing erst acht, hatte der Vater an den Kurfürsten Friedrich August von Sachsen geschrieben, »mit allerdemüthigster Bitte als ein ehemals auf Dero Universität Wittenberg gewesener Stipendiate, diese hohe Landes-Väterliche Gnade auch auf meinen jetzt-lebenden ältesten Sohn Gotthold Ephraim Leßing hierinne allergnädigst kommen zu laßen, daß derselbe nach vorhergegangener Prüfung in Deroselben florirenden Churfürstlichen Land Schule Meißen als ein Alumnus mit einer freyen Kost-Stelle allergnädigst möge versorget werden«.

Prompt, nach einer Woche schon, war das Gesuch vom Oberkonsistorium in Dresden genehmigt.

Der Pastor Lessing könnte noch anderes vorbringen, auf frühere Erziehungsgeschenke pochen. Albrecht Schöne hat in seinem Buch »Säkularisation als sprachbildende Kraft« auf die eigentliche Mitgift des deutschen Pfarrhauses an die in die Literatur abwandernden Söhne hingewiesen: »Wichtiger noch ist die Art des frühen Umgangs mit dem Buch. Die protestantische Bibliokratie, die Lehre von der Verbalinspiration prägen, noch in ihren abgeschwächten Erscheinungsweisen, ein Grundverhalten gegenüber dem geschriebenen Wort, das nicht auf die Bibel beschränkt bleiben kann und wohl nie mehr völlig auszulöschen ist. Das Buch, an dem diese Umgangsformen Tag für Tag geübt werden, ist nun zugleich eine unerschöpfliche Schatzgrube, eine wahre Enzyklopädie von Sprachformen, Bildern, Gleichnissen, Redeweisen, Darstellungsarten, äußeren und inneren Formen.« Ein Dokument dieses frühen Lessingschen Umgangs mit Büchern ist das monströse Bild, das ihn mit einem aufgeschlagenen Buch, nebst einem Stapel anderer, zeigt, neben ihm sein Bruder Theophilus, ein Lämmchen haltend, beide Kinder mit seltsamen greisenhaft und babyhaft zugleich wirkenden Wasserköpfen: ein Werk naiver Anekdoten-Malerei, die das Gesicht verloren hat und uns nur noch die Fratze zeigen kann. Das Kuriosum hängt, längst zur Lessing-Kostbarkeit avanciert, heute im Museum in Kamenz.

Es ist ein stolzes Konzept, das der Vater für den Sohn hatte. Woher nimmt väterliche Strenge letztlich die Kraft, wenn nicht aus Liebe, die auch eine Projektion von Eigenliebe sein kann. »Ich wollte mich doch wenigstens in Dir gebessert haben!« – Das läßt der Sohn den Vater zwar nur im Erschrecken über gemeinsame Reizbarkeit sagen, aber sollte sich nicht doch auch Zukunftssehnsucht darin aussprechen? In den Sohn hat der Vater nun nicht zuviel, aber etwas Falsches gesetzt: seine ganze, seine eigene Hoffnung. Johann Gottfried Lessing steht da immer noch auf seiner Kamenzer Kanzel, und sieht, da die Predigt seinen Zorn verbraucht hat, die Situation in aller Deutlichkeit. Das Skandalon mit Namen Berlin, das mit Namen Mylius und das mit dem Titel Comödien – sie alle drei kommen überein in der einen Vorstellung: der vom verlorenen Sohn. Die gebildete Häuslichkeit, der frühe Unterricht, das fürstliche Geschenk der fünf Meißener Jahre, das eigene Vorbild, das schwierig genug locker gemachte Stipendium der Stadt, die Ängste und Vorstellungen der Mutter – es war alles umsonst. Dieser Sohn Gotthold Ephraim ist verloren.

Noch einmal bäumt sich der Mann da oben auf der Kanzel auf, während bei der Gemeinde unten die Schadenfreude längst von Verdruß überlagert wird: Hat man so etwas schon gehört: Leben lernen!? Was will der Sohn? Leben lernen? Ei, das ist ja ein ganz neues Studium, eine höllische Fakultät, die Disziplin der Disziplinlosigkeit. Leben lernen! Nicht Theologie, nicht Medizin, nicht Mathematik, nicht die Weisheit der Alten – nein, Leben! Machen wir doch neue Schulen auf, gründen wir Universitäten: Lernt Ihr nur alle leben, und Ihr werdet todunglücklich werden. Leben lernen: Das ist die Sprache des verlorenen Sohnes, und so durchtrieben wagt er mit seinem Vater zu sprechen: »Den Beweis, warum ein Komödienschreiber kein guter Christ sein könne, kann ich nicht ergründen. Ein Komödienschreiber ist ein Mensch, der die Laster auf ihrer lächerlichen Seite schildert. Darf denn ein Christ über die Laster nicht lachen? Verdienen die Laster soviel Hochachtung? Und wenn ich Ihnen nun gar verspräche, eine Komödie zu machen, die nicht nur die H. Theologen lesen, sondern auch loben werden? Halten Sie mein Versprechen für unmöglich? Wie wenn ich eine auf die Freygeisterei und auf die Verächter Ihres Standes machte? Ich weiß gewiß, Sie würden vieles von Ihrer Schärfe fahren lassen.«
Der verlorene Sohn! Aber man muß ja kein Theologe sein

wie der Pastor primarius Lessing, um zu wissen: Der kam ja
zurück. Er kam doch heim! Das ist ein guter Kanzelschluß:
Der Sohn muß weg aus dem wüsten welschen Berlin! Amen.

BERÜHMT WERDEN
oder:
»Vor Lessing fürchten Sie sich!«

Armer Teufel und junger Gott

> Oh, diese Sicherheit des Unbesiegten,
> Tapferkeit des Beginners.
>
> *Bertolt Brecht*

»Ich gehe ganz gewiß nach Wien, Hamburg oder Hannover.« Das ist noch einmal ein Satz aus dem Brief vom 20. Januar 1749 an die Mutter; aber eben ein Satz nach vorn, Ausblick und Reisefertigkeit. Doch nicht als biographisches Programm ist diese Ankündigung interessant, sondern als erster Hinweis auf eine Beobachtung, die bei Lessing durchweg zu machen ist: Wenn er, auch später, sich im Zusammenhang mit Lebensumständen, Zukunftsplänen an Wörter wie Gewißheit, Sicherheit wagt, so besteht, für die Nachlebenden und Nachlesenden, die einzige Gewißheit darin, daß nichts draus wird. Er, der ganz Behutsame im Umgang mit Festlegungen, wird geradezu zum Dupe, wenn er doch einmal eine versucht: Und fast immer geschieht es, wie sich zeigen wird, im Hinblick auf Reisen, auf eine neue Unternehmungslust. Wenn Lessing einen Lebensweg für gewiß erklärt, wird er ihn nicht gehen. Gewißheit ist nicht seine Sänfte, selbst in den Fällen nicht, da er sie sich innig wünscht.

»Ich gehe ganz gewiß nach Wien, Hamburg oder Hannover.« Selbst wenn in diesem einen Fall auch noch ein Tropfen Baldrian für die Mutter darinsteckt, so heißt es doch in jenem Klartext, den das Leben schreibt, daß er ganz gewiß nicht nach Wien, Hamburg oder Hannover geht, auch nicht nach Göttingen, wohin ihn der Vater lotsen will und er selbst wohl noch am ehesten möchte; »Ich gehe ganz gewiß nach Wien,

Hamburg oder Hannover«: Das heißt, Lessing bleibt nun sieben Jahre lang in Berlin, bis zum Herbst 1755. Den fast einjährigen Aufenthalt in Wittenberg, wo er 1752 zum Magister promoviert, ordnet Lessing selbst dieser Berliner Lebensspanne unter und verkürzt ihn mit Fleiß, wenn er an den Göttinger Professor Johann David Michaelis im Jahre 1754 schreibt: »Ich befinde mich seit 1748 in Berlin, und habe mich während dieser Zeit nur ein halb Jahr an einem andern Orte aufgehalten. Ich suche hier keine Beförderung; und lebe blos hier, weil ich an keinem andern grossen Orte leben kann.«

Sieben Jahre Berlin. Sieben Jahre Lessing in Berlin. Sieben Lessing-Jahre in Berlin. Welch eine Karriere und welche Lust, sie nachzuschreiben: Vom armen, abgerissenen Pastorensohn zum ersten Kritiker Deutschlands, vom verbummelten Studenten zum strengsten Richter in Sachen Sprache, vom »anakreontischen Freund« zum »Pritschmeister auf dem Parnaß«, vom Büchersortierer zum Herausgeber – mit 24 Jahren – seiner eigenen gesammelten Schriften, von einem, der gelegentlich ein paar Verse loswird, zu einem, der die deutsche Literatur neu definiert. Welch ein Aufstieg! Welch eine Kometenbahn! Welch ein Aufschwung ins ganz und gar Hervorragende! Er kommt, schreibt und siegt. Er siegt, schreibt und regiert. Er regiert, schreibt und baut schreibend eine neue Welt aus. Lessing geht durch Berlin, und die Stadt liegt ihm zu Füßen. Alles an diesem Menschen vibriert vor Spannung, alles ist gerade eben gebändigter Elan, und es ist, als könne er überall neue Kräfte entfesseln. Nichts kann er in Ruhe lassen, nicht einmal das Pferd Friedrich Wilhelms auf der Brücke zu Berlin (dieses Schlütersche Reiterstandbild des Großen Kurfürsten), über das er dieses Epigramm schreibt:

> Ihr bleibet vor Verwundrung stehn,
> Und zweifelt doch an meinem Leben?
> Laßt meinen Reiter mir die Ferse geben:
> So sollt ihr sehn!

Dieser Mann will wirklich allem auf die Sprünge helfen! Die Ruhmbegierde dringt ihm aus allen Poren, zwischen sämtlichen Zeilen, aus beinah jeder Äußerung hervor. Und er versteckt sie nicht etwa nur in Briefen, die allenfalls in Kamenz Wellen schlagen; er will nicht nur »ein deutscher Molière« sein, denkt nicht mehr nur Tag und Nacht darüber nach, »wie ich in einer Sache eine Stärke zeigen möchte, in der, wie ich glaubte, sich noch kein Deutscher allzusehr hervorgethan hatte«, er macht, zwar noch sophistisch und im Metrum des altväterischen philosophischen Gedichts, seinen Anspruch publik, so etwa in dieser Passage eines Gedichts »An den Herrn Marpurg«, der in Berlin die Zeitschrift »Der Kritische Musicus an der Spree« herausgab und Lessings Verse 1749 druckte:

Der Schwätzer hat den Ruhm: dem Meister bleibt die Müh.
Das ist der Regeln Schuld, und darum tadl' ich sie.
Doch meinet man vielleicht, daß sie dem Meister nützen?
Man irrt; das hieß die Welt mit Elefanten stützen.
Ein Adler hebet sich von selbst der Sonne zu;
Sein ungelernter Flug erhält sich ohne Ruh.
Der Sperling steigt ihm nach, so weit die Dächer gehen,
Ihm auf der Feuereß, wanns hoch kommt, nach zu sehen.
Ein Geist, den die Natur zum Mustergeist beschloß,
Ist, was er ist, durch sich; wird ohne Regeln groß.
Er geht, so kühn er geht, auch ohne Weiser sicher.
Er schöpfet aus sich selbst. Er ist sich Schul und Bücher.
Was ihn bewegt, bewegt; was ihm gefällt, gefällt.
Sein glücklicher Geschmack ist der Geschmack der Welt.
Wer fasset seinen Wert? Er selbst nur kann ihn fassen.
Sein Ruhm und Tadel bleibt ihm selber überlassen.
Fehlt einst der Mensch in ihm, sind doch die Fehler schön.
Nur seine Stärke macht, daß wir die Fehler sehn.

So gern Lessing in späteren Jahren sich mit den Sperlingen gemein macht, ihrer quicken Art flügge zu sein; – hier folgt er, deutlich genug, dem Adler. Ist er denn mehr als ein junger Autor, ist er denn ein junger Gott?

Ein junger Gott – das ist so wenig übertrieben, wie wenn man ihn den jungen Lessing oder schlicht einen jungen Mann nennte; aber nichts kennzeichnet sein Lebensgefühl, seine Selbstvergewisserung, seine Ich-Seligkeit und seinen Eigensinn besser als eben dies: ein junger Gott. Aus dem Jahre 1750 ist ein Entwurf erhalten, der sich wie ein frühes Vorspiel zur »Erziehung des Menschengeschlechts« liest, aber vor allem verstanden werden kann als das keckeste Programm für Produktivität: »Vorstellen, wollen und schaffen, ist bei Gott eins. Man kann also sagen, alles was sich Gott vorstellet, alles das schafft er auch.« So heißt der dritte Paragraph des in Lessings Nachlaß aufgefundenen »Christentums der Vernunft«; aber daß diese Trinität von »vorstellen, wollen und schaffen«, daß diese Verwirklichungsleidenschaft, diese Schöpfungslust kein Privileg Gottes sind, sondern von ihm als Prinzip in die Welt gesetzt, sagt der 22. Paragraph: »Da diese« – von Gott geschaffenen – »einfachen Wesen gleichsam eingeschränkte Götter sind, so müssen ihre Vollkommenheiten den Vollkommenheiten Gottes ähnlich sein; so wie Teile dem Ganzen.« Und gleich darauf: »Zu den Vollkommenheiten Gottes gehöret auch dieses, daß er sich seiner Vollkommenheiten bewußt ist, und dieses, daß er seinen Vollkommenheiten gemäß handeln kann: beide sind gleichsam das Siegel seiner Vollkommenheiten.« Und dieses göttliche Siegel holt Lessing nun vom Himmel, indem er neben »einfache Wesen« oder über sie auch noch »moralische Wesen« setzt, nämlich solche, die »sich ihrer Vollkommenheit bewußt sind, und das Vermögen besitzen, ihnen gemäß zu handeln«. Selbstbewußtsein wird so als eine Art göttlichen Vollkommenheitsbewußtseins definiert, und so kann denn im 26. Paragraphen die Gottähnlichkeit autonom werden; was vorher noch »eingeschränkte Götter« waren, sind nun göttlich freie Menschen: »Dieses Gesetz ist aus ihrer eigenen Natur genommen, und kann kein

anderes sein, als: handle deinen individualischen Vollkommenheiten gemäß.«

Und eben dies ist Lessings Lebensprogramm, und ist es
immer geblieben: »Vorstellen, wollen und schaffen, ist bei
Gott eins.« Und das »bei Gott« hat ja nicht nur den biblischen
Beiklang, sondern auch damals schon den kolloquialen einer
Bekräftigung, für den auch »in der Tat« stehen könnte, so
daß sich als Einsicht ergäbe, daß »vorstellen, wollen und
schaffen« eine Einheit sein müßten, ein Arbeitsgang; daß
Imagination, Schaffensdrang und Ausarbeitungsenergie un-
trennbar zusammengehören, jedenfalls für ihn, Lessing.

Aber im Berliner Alltag sieht die Sache anders aus. Die
Sporen zum Beispiel, die er dem Pferd des Großen Kurfürsten geben möchte – er muß sie sich doch selbst erst verdienen. Und unsre schöne Geschichte können wir bis auf weiteres vergessen, den Kometenruhm, das begeisterte Berlin, den
jungen Gott, diesen Lessing, wie er sich sogleich und vor allen andern hervortut, den genialen Journalisten, der über
Nacht berühmt wird und von Stund an Tagesgespräch ist,
der die Redaktionsstube sofort in eine, in seine Ruhmeshalle
verwandelt. Ende der (falschen) Vorstellung.

Berliner Presseklub um 1750

> Die Zeitungsschreiber haben sich ein hölzernes
> Kapellchen erbaut, das sie auch den Tempel des
> Ruhms nennen, worin sie den ganzen Tag Por-
> träte anschlagen und ein Gehämmer machen,
> daß man sein eigenes Wort nicht hört.
>
> *Georg Christoph Lichtenberg*

Von keiner Position Lessings ist im Laufe dieses Jahrhunderts
und bis in die jüngste Gegenwart hinein so viel abgebröckelt
wie von der des Zeitungsmannes. Das Bild des Zwanzigjährigen, der sich binnen kürzester Zeit als pointierter Publizist
und universeller Rezensent hervortut, ist blaß geworden.
Oder, um einen genaueren Vergleich zu wählen: Wir haben
es mit einer Fotografie zu tun, die sich auf das merkwürdigste
verändert hat, ja beinah zu einem Vexierbild geworden ist.
Zeigte sich vor hundert Jahren ganz klar die journalistische
Gestalt Lessings, in festen Umrissen, mit klarem Profil, mit
charakteristischer Gebärde, mit faszinierendem Blick, so ist
jetzt eher ein Gruppenbild daraus geworden, Berliner Pres-
seklub um 1750. Man muß sogar eine Weile suchen, ehe man
Lessing unter den Mylius, Naumann, Kästner überhaupt erkennt. Halbverdeckt steht er in der zweiten Reihe.

Die Zeitungen von 1749 und 1750, die vor zweihundert
und auch vor hundert Jahren noch eine Fülle von Beiträgen
des jungen Gotthold Lessing zu enthalten schienen, sind Al-
lerweltsblätter geworden. Je länger die Wissenschaft in dieser
»Berlinischen Privilegirten Zeitung«, in diesen »Critischen
Nachrichten aus dem Reiche der Gelehrsamkeit« und selbst

in dem »Neuesten aus dem Reiche des Witzes« nach Lessing gesucht hat, um so weniger Lessing blieb übrig, und selbst um ein Gutteil von dem, was in der neuen Hanser-Ausgabe stehengeblieben ist, müssen wir uns eine Girlande von Fragezeichen denken. »Seit es Lessingausgaben gibt, spielt man dieses Rätselspiel um die Berliner Rezensionen«, merkt Karl S. Guthke an. Der erste, minder wichtige Grund ist: Lessing hat nur übersetzt, nicht selbst geschrieben, nicht selber erzählt. Der zweite und triftigere aber: Die Aufsätze, Bücheranzeigen, Hinweise, Verrisse stammen aus einer andern Feder. Denn Zeitungsartikel wurden in der Regel nicht mit Namen gekennzeichnet, und wenn, dann mit Chiffren, die auch oft rätselhaft waren. Zeitungsschreiben war anonym, das heißt, mit Journalismus sich auf direktem Wege einen Namen zu machen, war ein Ding der Unmöglichkeit. Es glückte erst dann, wenn der Name privat, von den Lesern, oder durch Korrespondenz, sich herumsprach und wenn er, nun schon vom Publikum gewußt, der Zeitung zugute gehalten wurde.

Das Aufregende an diesem Forschungs-Vorgang, an diesem Röntgenblick, bei dem von Lessing im genauen Wortsinn immer weniger übrigbleibt, ist aber nicht die schwindende Quantität, – das Aufregende ist, daß auch das typisch Lessingsche in dem Maße undeutlich wird, wie sich Lessings Autorschaft nicht unzweifelhaft nachweisen läßt. Das, was noch vor hundert Jahren als sicheres Lessing-Charakteristikum gelten durfte, erscheint heute als die pointierte Ausdrucksweise einer ganzen neuen kritischen Generation. Hatte noch Franz Muncker 1891 erklärt: »Als er seine kritisch-journalistische Tätigkeit in Berlin begann, und noch einige Jahre danach, war er der einzige in Deutschland, welcher so, wie er schrieb, zu schreiben verstand«, – so hatte schon 1902 Ernst Consentius mit seiner kleinen Schrift »Lessing und die Vossische Zeitung« fürchterlich Musterung gehalten unter den Zuschreibungen des Kritikenbandes der Lachmann/Munckerschen Ausgabe und erklärt: »Die einzelnen

Elemente, die Lessings Stil auszeichnen, waren der Zeit, in der Lessing seine schriftstellerische Tätigkeit begann, nichts Neues. Ich zweifle deshalb, daß sie ein Beweismittel sein können, um Lessings Autorschaft für die oder jene Rezension sicher zu stellen.« Und in Verfolg solcher Skepsis ruft dann Karl S. Guthke für uns Heutige aus: »Als ob Lessing den Esprit in Berlin allein gepachtet hätte!«

Nicht einmal die Pointe aus dem Jahr 1749, mit der doch zwei Jahrhunderte lang der Beginn von Lessings Gottsched-Verspottung befestigt schien, geht nun mit völliger Zuverlässigkeit auf das Konto des jungen Autors, der Nachsatz zu Gottscheds Bemerkung, er habe einer Ode einige Flecken abgewischt: »Aber was hilft das Wischen, wenn man einen unreinen Schwamm dazu braucht.«

Und noch etwas anderes kommt hinzu: Journalismus, Journalist und nun gar journalistisch: Diese Vokabeln haben, nicht allein im Zusammenhang mit Lessing, aber besonders krass bei ihm, nicht durchaus reinen Klang. »Der Beruf des Journalisten«, schreibt Erich Schmidt mit der Herablassung eines Germanistenpapstes, »heischt viel und gibt wenig, denn unter seinen Geboten ist Entsagung nicht das kleinste. Er verlangt allseitige Teilnahme, ruft jedoch diesen Interessen, wenn sie sich festsetzen und vertiefen wollen, ein unbarmherziges Vorüber zu.« Lessing als Journalist, das ist im strengen Urteil der gelehrten Nachwelt der geringere Lessing, und journalistische Arbeiten über Lessing sind in der rigiden Wertung der Philologie so gut wie keine.

Die Schule des Journalismus, in die Lessing nun in Berlin ging, bedeutete aber, eben weil er kaum zum Zeitungsschreiben kam, zunächst keine spezielle Schreibweise, keine Reporter- und Rezensenteneile, kein berichtendes Husch-Husch: Sie vermittelte die Einübung in Zeitgenossenschaft, das Training der Gegenwart. Sie war eine Schule der Weltläufigkeit. Was Lessing lernte, war nicht so sehr, für den Tag zu schreiben als von heute zu sein. Denn vor die Aktualität haben die Götter den Augenblick gesetzt und vor den flottesten Bericht das Ereignis selbst. Die Welt und die Zeit – das sind die beiden Dimensionen des Journalismus, und kein Jahrhundert zuvor hatte ein solches Bewußtsein von beiden; wieder gilt Voltaires: »Alles geht uns an.« Nicht also im Zeitungsschreiben übt sich Lessing zuallererst in Berlin, sondern in einem Gespür für großstädtische Öffentlichkeit.

Der Charakter dieser Berliner Öffentlichkeit mitsamt ihrer Zeitungsneugier und Nachrichtenlust war weitgehend bestimmt von den aufklärerischen Vorsätzen des preußischen Königs. Zehn Jahre vorher hatte Friedrich seine Herrschaft betont liberal, betont unternehmend, geradezu journalversessen angetreten. Der junge König, der wahrlich mit Regierungsgeschäften und coups de politique seine Umgebung überraschte, düpierte und vor allem: beschäftigte, kümmerte sich schon in den allerersten Tagen nach der Thronbesteigung auch um die Belebung der Berliner Zeitungslandschaft, das heißt, er schuf erst wirklich eine. Seit Beginn des Jahrhunderts hatte Berlin nur ein einziges Blatt besessen, die Rüdigersche Zeitung (eben die »Berlinische Privilegirte Zeitung«), und die Monopolstellung, wie auch anders, hatte ihr immer mehr zum Nachteil gereicht: Sie gähnte sich einen Abgrund aus Langeweile. Friedrich, gerade in jenen frühen königlichen Tagen Meister der produktiven Intrige, sorgte schon nach 48 Stunden für Konkurrenz, indem er auch eine alte Dankesschuld beglich: Der Potsdamer Buchhändler Haude hatte vor Jahren, als Friedrichs Vater auf die französische Bibliothek des Kronprinzen gestoßen war und darin so etwas wie einen Umsturzversuch erblickt hatte, die Bücher aufgekauft und sie bei sich für Friedrich verwahrt. Nun erhielt er, durch den Intimfreund des Königs, Jordan, den Auftrag, Rüdiger aus seiner Gemächlichkeit aufzustören und ein Konkurrenzblatt zu gründen, und eine Zeitung in französischer Sprache dazu. Haude reagierte schnell: Schon am 30. Juni 1740 war die erste Nummer der »Berlinischen Nachrichten von Staats- und Gelehrten Sachen« da, zwei Tage später auch das »Journal de Berlin«, das allerdings im Jahr darauf wieder einging. Rüdiger hatte sich mit einer Bittschrift der Konkurrenz zu erwehren versucht; bald aber merkte er, daß sie ihm nicht nur nicht schadete, sondern das Geschäft, weil das Interesse an Neuigkeiten überhaupt, beförderte.

Und in jenen ersten Tagen der wirklichen Souveränität hatte Friedrich ein übriges getan: Er hatte den Berliner Zeitungen Spielraum eröffnet. Denn wenig hätte es genutzt, Journale zu gründen, wenn sie nichts zu schreiben gewußt hätten. So war denn dem Auftrag zur Gründung einer zweiten deutschen Zeitung in Berlin wenige Tage später die berühmte Anordnung gefolgt, die nur als ein epigrammatischer Teil von Friedrichs Lebensleistung überdauert hat, nicht als wirklich praktizierte Direktive: »... daß Gazetten, wenn sie interreßant seyn sollten nicht geniret werden müßten«.

Es war ein »nach auffgehobener Taffel« geäußerter königlicher Befehl, daß »dem hiesigen Berlinschen Zeitungs Schreiber eine unumschränkte Freyheit gelaßen werden soll in dem articul von Berlin von demjenigen was anizo hieselbst vorgehet zu schreiben, was er will, ohne daß solche censiret werden soll, weil, wie höchst Deroselben Worthe waren, ein solches Dieselben divertiren, dagegen aber auch so denn frembde Ministri sich nicht würden beschweren können, wenn in den hiesigen Zeitungen hin undt wieder Paßagen anzutreffen, so Ihnen mißfallen könnten. Ich nahm mir zwar die Freyheit, darauf zu regeriren, daß der Rußische Hoff über dieses Sujet sehr pointilleux wäre...« Der Hinweis auf die Empfindlichkeit der Russen verrät schon, daß der königliche Befehl so genau nicht genommen, daß mit der verordneten Liberalität eher liberal umgegangen wurde. Und der Minister Heinrich von Thulemeier, dem die Sache durch den Kabinettsminister Podewils übertragen worden war, macht die Randbemerkung: »Wegen des Articuls von Berlin ist dieses indistincte zu observieren wegen auswärtiger Puißancen aber cum grano Salis und mit guter Behuetsamkeit.«

Aber aus dem Körnchen Salz war in dem Jahrzehnt danach

beinah eine Saline geworden, und die Gazetten, wenn sie schon nicht genieret wurden, genierten sich inzwischen von selbst. Ein Opfer dieses Wandels war bald nach seiner Ankunft in Berlin Christlob Mylius geworden, der mit einem neugegründeten Klatschblatt »Der Wahrsager« nicht über ein paar Monate hinauskam. »Als ein neuer Ankömmling in Berlin hatte er sich ohne Zweifel einen allzu großen Begriff von der hiesigen Freiheit der Presse gemacht«, urteilte Lessing Jahre danach.

Und Mylius hatte mit seinem »Wahrsager«, wenn nicht bewirkt, so doch den Vorwand gegeben, daß Friedrich sein Verhältnis zur Presse neu definierte. Zwar will er auf den Ehrentitel des Aufklärers – und das ziert ihn –, auch nach zehn Regierungsjahren nicht verzichten; zwar spricht er auch jetzt von der »Freiheit, zu denken und das, was man denkt, öffentlich zu sagen« als von einem »großen Rechte der Menschheit und dieser wesentlichen Bedingung der Aufklärung und Glückseligkeit« –, aber der Rahmen für die Berliner Verleger und Journalisten wird enger gehalten. Die Erklärung, die Kriegsminister Dohms am 11. Mai 1749 im Namen des Königs abgibt, ist eine jener Maßregeln, die die Zensur nicht auf eine so sich nennende Institution beschränkt, sondern sie gewissermaßen heimisch macht in den Redaktionsstuben und Druckereien selbst, die sie zur permanenten Frage werden läßt: Geht das noch? Können wir das noch verantworten? So wurde das Raisonnement zur Raison gebracht: »Nur was auf die eine oder andere Weise den Staat angreift, was anderen Mächten zur begründeten Beschwerde Anlaß geben kann, was wahre Tugend beleidigt und das Laster verteidigt oder die Einbildung zur Begehung desselben geradezu anreizt, was die allgemeine und vernünftige Religion angreift und die dem größeren Teile der Staatsbürger heiligsten Wahrheiten dem Spotte und Gelächter der Unwissenden überliefert, was gute Sitten und den allgemein eingeführten Wohlstand verletzt, was die Ehre und den guten Namen eines Dritten beleidigt – nur dieses darf ein Zensor in Friedrichs Staaten ausstreichen; alles übrige muß er unberührt lassen, es mag im übrigen wahr oder falsch, klug oder ungereimt, witzig oder abgeschmackt erscheinen. Zu den natürlichen Rechten, welche die bürgerliche Gesellschaft nicht einschränken, gehört auch dies, daß jeder befugt ist, seine Mitbürger auf seine Weise zu unterhalten oder ihnen Langeweile zu machen.«

Wie das, zumindest zwei Jahre später, in der Praxis aussah, meldet Lessing seinem Vater: »Ich würde Ihnen, ohne die geringsten Unkosten auf Seiten meiner, auch die hiesigen politischen Zeitungen mit schicken können, wenn ich glaubte, daß Ihnen damit gedient wäre. Sie sind, wegen der scharfen Censur größtentheils so unfruchtbar und trocken, daß ein Neugieriger wenig Vergnügen darinne finden kan.«

Aus dem Jahre 1749 – es ist Lessings erstes volles Jahr in Berlin und das erste im Umkreis der »Berlinischen Zeitung« – bleiben nach der kritischen Sichtung, wie sie Guthke für den dritten Band der Hanser-Ausgabe vorgenommen hat, ganze sechs Beiträge von Lessing übrig, und dabei ist der unreine Schwamm schon mitgezählt. Das wichtigste Stück aber ist die Äußerung über die ersten Gesänge von Klopstocks »Messias«; da steht Lessing wieder vor dem zu Beginn aufgespannten Panorama; da bewährt er sich zum erstenmal vor einem fremden, jungen Ruhm; hier beschreibt er die erste ganz große Kraft, der seine eigene sich gegenüber findet.

Ein Ruhmesblatt ist dieses 34. Stück vom 20. März 1749 noch nicht. Lessing hält sich bei der Metrik auf, meint, daß der in Hexametern nicht versierte Leser »gar oft mit seiner Zunge über etliche Silben weg stolpern« werde, daß der Verfasser besser daran getan hätte, »das fließende Silbenmaß des Virgils mit desselben epischer poetischer Schreibart zu verbinden«, und vor allem aber wartet er ab: »Doch scheinet es uns noch zu zeitig zu sein, die Lobsprüche eines Gedichts so überaus hoch zu treiben und allgemein auszudrücken, wovon nur itzo noch ein kleiner Anfang vorhanden ist. Wem der große Umfang eines epischen Gedichts, und die unzähligen darinne vorkommenden scheinbaren Labyrinthe, nebst ihren Zugängen und Verbindungen zu einem ordentlichen Ganzen bekannt sind, und wer da weiß, daß ein unerschöpflicher Witz dazugehöret, ein so großes Werk mit gleichem Feuer auszuführen als anzufangen, der wird die Behutsamkeit brauchen, und den Ausgang eines solchen Unternehmens abwarten, ehe er es über alles andere erhebt, und im Ganzen sowohl, als in seinen erst vorhandenen Teilen, für vollkommen erkläret.«

Lessing aber bespricht ja auch nicht den »Messias« Klopstocks, sondern die hymnische Kritik des Ästhetikers Georg Friedrich Meier, eines jener mondänen und tonangebenden Kritiker, die damals wie heute immer auf dem qui vive sind, um sich von neuen Autoren huckepack in die Unsterblichkeit tragen zu lassen. Aber daß dieser Meier für Klopstock spricht, spricht auch für Meier. Doch bleibt etwas an der Lessingschen Skepsis, das den Tadel überstrahlt: die Lebensgenauigkeit, der Spürsinn für die Erschöpfbarkeit poetischer Energie, für die Gefahr verrinnenden Elans: Ein gut Teil seines Lebens sollte Klopstock diesem »Messias« aufopfern; erst beinah 25 Jahre später erschien der letzte, der zwanzigste Gesang, vorgetragen von einer alt gewordenen Stimme.

Noch aber ist Lessing jetzt – 1749 – weit mehr vom Theater als von den Zeitungen fasziniert: »Meine Lust zum Theater war damals so groß, daß sich alles, was mir in den Kopf kam, in eine Komödie verwandelte«, sagt er später über dieses Jahr. Noch ist er viel mehr Zeitungsleser als Zeitungsschreiber. Noch liefern die Zeitungen ihm mehr Stoff als er ihnen liefert.

Und es sind brisante Nachrichten, die er in Berlin zu lesen bekommt.

Politische Dramaturgie

Sehen wir, mit Lessings Augen, in seine Zeitung, die »Berlinische Privilegirte«. Mit Datum vom 9. Juli meldet das Blatt in einem Bericht aus Basel: »Wegen des angedrohten Aufruhrs in Bern ist der Herr Fouettre nebst 20 bis 21 Bürgern in Verhaft gebracht worden... Man nennet unter den gefangenen Personen auch den Herrn Michael Ducret, aus Genf gebürtig, welcher schon öfters wegen Aufruhr, sowohl in Frankreich als in der Schweiz, teils flüchtig werden müssen, teils in Verhaft genommen worden. Er ist von starker Einsicht und hat die Historie und die Gesetze der Schweiz wohl inne.« Etliche Tage später ist der Ton des Berichts schon distanzierter, und der Inhalt erklärt auch, warum: »Basel, vom 15. Julius. Die letzten Briefe von Bern... sagen alle, das Hr. Michael Ducret in der Tat eines von den drei Häuptern des gefährlichen Komplotts ist, und daß die zwei andern der Hr. Fouettre, Torleutnant, und Hr. Henzi sind. Man hat unter ihren Papieren den ganzen Entwurf des vorgehabten Unternehmens gefunden.« Und in Bern wird kurzer, das heißt, gar kein Prozeß gemacht: »Vom 19. Julius. Von den Chefs der allhier entdeckten Konspiration ist am Mittwoch der Henzi enthauptet worden. Ein Gleiches ist auch dem Kaufmann Wernier widerfahren, dem Stadtleutnant Fuetter aber, weil er den Übelgesinnten außerhalb die Tore hat aufmachen wollen, zuerst die rechte Hand und sodann der Kopf abgehauen worden… Der M. Ducret… soll nicht viel Arbeit daran haben, und glaubet man dahero nicht, daß ihm etwas widerfahren wird.« Die grausame Exekution ruft Empörung hervor: »Basel, vom 26. Julius. Das Bürgerblut, welches vergossen worden, raucht noch, es erhitzt die Herzen der Anverwandten und Freunde…« und noch anderthalb Monate später, Mitte September, ist die Unruhe nicht vergessen: »Während der Exekution sollen Zettel verteilt worden sein mit einem flammenden Aufruf, der beginnt: ›Vergießet das Bürgerblut in großen Strömen, jeder Tropfen dieses kostbaren Blutes wird in unsere Herzen rinnen… Wenn der Schweizer, der Freieste unter allen Völkern, unter der Last seiner Ketten unempfindlich wird, so wird das Grab der Freiheit auch das Grab von dem Glanze des Vaterlandes sein.‹«

Lessing setzt diese Berichte um, verwandelt Politik in Dramaturgie. Wie ist so eine Verschwörung denkbar? Wie darstellbar? Was sind das für Gestalten, wie heben sie sich von einander ab? Er erklärt sich, vier Jahre später, selbst (22. Brief): »Ich will Ihnen sagen, was meine Absicht damit war. Sie war diese: den Aufrührer im Gegensatze mit dem Patrioten, und den Unterdrücker im Gegensatze mit dem wahren Oberhaupte zu schildern… Henzi, als ein Mann, bei dem das Herz eben so vortrefflich als der Geist war, wird von nichts, als dem Wohle des Staats getrieben; kein Eigennutz, keine Lust zu Veränderungen, keine Rache beseelt ihn; er sucht nichts als die Freiheit bis zu ihren alten Grenzen wieder zu erweitern, und sucht es durch die allergelindesten Mittel, und wann diese nicht anschlagen sollten, durch die allervorsichtigste Gewalt.« Und Lessing beginnt, »wahrscheinlich unter dem unmittelbaren Eindruck dieser Ereignisse«, ein Trauerspiel mit dem Titel »Henzi« zu schreiben.

Aber selbst ein Machiavelli der Dramaturgie, selbst complicenhafte Clairvoyance, selbst ein politisches Genie hätten diesen Stoff so selbstverständlich und rasch nicht nutzen, dramatisieren können, wäre er nicht gewissermaßen überfällig gewesen. Diese Verschwörung hatte nicht nur in der Luft gelegen: Sie war seit langem ein latentes Erfordernis; Europa hatte darauf gewartet. Das Zeitstück, das der ›Journalist‹ Lessing nun zu entwerfen beginnt, war deshalb möglich, weil die Ereignisse ein vorhersehbares Stück Zeit eingeholt hatten, freilich mit einer unerhörten Brutalität. Wer gegen die Mitte des 18. Jahrhunderts auch nur ein Minimum politischen Gespürs hatte, wußte voraus, daß in Bern etwas passieren würde, in dieser einst hochberühmten, freiesten, klug verwalteten Republik, die sogar dem reicheren Venedig den Rang ablief. Seit einem halben Jahrhundert, so hatte auch die »Berlinische« referiert, hatten sich in Bern die Klagen angestaut, weil dort zunehmend eine Schar weniger Privilegierter die Macht ausübte und in der Verteidigung dieser Oligarchie immer wüstere Mittel, immer bösere Intrigen, immer härtere Zwänge anwendete.

Und wie Bern schon »Stoff« war, so war Henzi selbst schon eine Figur. Er war ein Mann aus dem literarischen, aus dem kritischen Metier; Pfarrerssohn wie Lessing, Journalist, wie Lessing nun werden wollte; vehementer satirischer Anti-Gottschedianer, wie Lessing es wurde; und streitbar mit Eleganz, wie es Lessings Ideal auch war. Henzi schrieb hauptsächlich französisch, so für den »Mercure Suisse«, hatte, als Schweizer, Sympathien für den preußischen König, dessen Siege von Sorr und Hohenfriedberg er mit Versen feierte, und ein Jahr vor den Berner Ereignissen übte er sich, literarisch, ins Thema Verschwörung auf gut schweizerisch ein: Er schrieb ein Tell-Stück mit dem Titel: »Grisler ou l'Helvétie delivrée« – so konnte man zwar nicht Taktik, vielleicht aber Emotion lernen. – Henzi war auch kein Neuling im Umgang mit dem Berner Rigorismus; 1744 war er zusammen mit Professor König aus Bern verbannt worden, nur weil er eine Eingabe gegen die Mißstände in der Stadt mitunterzeichnet hatte. Henzi, dem die Beteuerung wohl abgenommen werden durfte, ihn kümmere der Parnaß, nicht die Politik, hatte 1748 heimkehren können; hatte angefangen, in aller Umsicht, eine Denkschrift für eine Reform auszuarbeiten; war

aber dann in den Sog der Ereignisse geraten, die nun Lessing
für ein Theater, das zur Simultanbühne wird, auszuarbeiten
versucht.

Das als »ein Trauerspiel« geplante Fragment umfaßt zwei
Aufzüge mit je drei Auftritten, und es enthält nicht so sehr die
geordnete Dramaturgie einer kalkulierten Verschwörung als
vielmehr ein Verwirrspiel aus verschiedenen Charakteren,
Temperamenten und Interessen auf einer Grundierung des
allgegenwärtigen Mißtrauens. Das Erdrückende dieses Mißtrauens, das Lessing durchaus zu erzeugen weiß, zieht aber
von vornherein nicht nur den Plan der Verschwörung in Mitleidenschaft, sondern ganz deutlich auch den Gang der Handlung und die Entfaltung der Charaktere. Um Henzi allerdings und sein Profil als eines besonnenen und überlegenen
Staatsverbesserers ist Lessing bemüht; und zwar so sehr, daß
Henzis Worte wie Positionsbestimmungen in einem kompli-
zierten Entscheidungsprozeß klingen:

O sage nichts von mir. Enterbt von Amt und Ehre,
Ertrüg ich mein Geschick, wanns einzig meines wäre.
Wär jedes Amt im Staat mit einem Mann bestellt,
Der dienen kann und will; ich spräch als jener Held:
Glückselig Vaterland! du kannst mich nicht versorgen,
Der Helden sind zuviel; und bliebe gern verborgen.
Allein, wann Eigennutz den kühnen Rat belebt;
Und wann den Grund des Staats die Herrschsucht
                                                untergräbt;
Wann die das Volk gewählt zu seiner Freiheit Stützen,
Den anvertrauten Rang gleich strengen Szeptern nützen…
Freiheit! wann uns von dir, du aller Tugend Same,
Du aller Laster Gift, nichts bleibet als der Name:
Und dann mein weichlich Herz gerechter Zorn nicht hört,
So bin ich meines Bluts – – ich bin des Tags nicht wert.

Thema des Stücks ist das große Thema auch der bundesrepu-
blikanischen sechziger und frühen siebziger Jahre: Reform

oder Revolution? Umsturz mit allen Mitteln oder behutsame Verbesserung? Ist Gewalt erlaubt, und wie weit darf sie gehen? Sind schlimme Mittel nicht immer schon Verrat an der besten Sache? Wird die eine Willkür nicht durch eine andere ersetzt, wenn der Zweck um jeden Preis erreicht werden soll? Aber auch: Bleibt jede Besserung nicht auf der Strecke, wenn sie sich nicht mit Macht versieht? Den Anarchisten, den politischen Zyniker, einen frühen, vorzeitigen Robespierre, porträtiert Lessing in der Figur des Dücret:

> Es ist gnug überlegt. Wag was man wagen muß,
> Und kröne durch die Tat des langen Zauderns Schluß.
> Komm mit mir aus der Stadt, das Landvolk zu verstärken.
> Und zeige dich die Nacht mit blutgen Wunderwerken.
> Erschrecke, morde, brenn, vertilge Kind und Haus,
> Und lösch mit Feur und Schwerd Berns Schimpf und
>   Knechtschaft aus.
> Du schütterst? – – Feiger Mann – –

»Nur feig zu Grausamkeiten«, entgegnete Henzi, der immer noch auf die Vernunft baut; und mitten im friderizianischen Berlin und gewiß nicht ohne Gedanken an den preußischen König, läßt Lessing ihn argumentieren:

> Drum wollte Gott, der Rat vernähm uns heute noch!
> Denn heute noch ists Zeit, und linderte sein Joch,
> Und gönnte sich den Ruhm, der keinen König zieret,
> Daß er ein freies Volk durch freie Wahl regieret.
> Dies macht Regenten groß, kein angemaßtes Recht,
> Kein Menschen ähnlich Heer, von Gott verdammt zum
>   Knecht.

»Samuel Henzi« bleibt Fragment; die politische Wucht, die zeitliche Nähe, die ideologische Kompliziertheit der Ereignisse behalten die Oberhand über die Feder des zwanzigjährigen Lessing. Er macht sich aber noch im selben Jahr an ein anderes Stück, »Die Juden«, und wenn er bei der Publikation, fünf Jahre später, darunter setzt »Verfertigt im Jahre 1749«, so notiert er wohl nicht nur, wie sonst gern auch, die Entstehungszeit, sondern gibt zu erkennen, daß er mit dieser Arbeit zu Rande gekommen ist. »Verfertigt« – in diesem Fall heißt es wohl auch: geschafft.

Dieses »Lustspiel in einem Aufzug« ist zunächst einmal nicht viel mehr als eine Räuberpistole, ein Kriminalstück mit Überfall und Hinterhalt, mit falschen Bärten und üblen Tricks, mit einem beherzten Reisenden, der einen Baron vor Wegelagerern zu retten versteht und nun die allerherzlichste Dankbarkeit des noch einmal Davongekommenen erfährt. So wird er vom Reisenden zum Gast, vom Gast zum bewunderten Mann, und vom bewunderten Mann beinah noch zu einem Schwiegersohn, denn so weit geht die Dankbarkeit des Barons, daß er dem Vertraut-Fremden die eigene Tochter – die ein namenloses Fräulein bleibt – zur Frau geben will. Aber während diese Entwicklung in torschlußpanischer Eile vor sich geht, ereignen sich weitere Missetaten, Diebereien, Hehlereien, Bosheiten im Hause des Barons: Und es bricht, beim Herrn wie beim Gesinde, ein böses Lamento auf die Juden aus, die an allem schuld seien, ein Gezeter, was das doch für ein verruchtes und von Gott verfluchtes Volk sei, diebisches Gesindel, und keinem sei zu trauen.

Der Kriminalfall klärt sich aber dann doch und sehr didaktisch auf: Die Räuber und Diebe waren eben jene Bediensteten des Barons, die alles den Juden in die Schuhe schieben wollten, und alle Schandtat und Schuld trifft sie allein. Und der einzige Jude, der in diesem Lustspiel vorkommt und endlich sich als solcher zu erkennen gibt – es ist der Reisende, der Retter, der gute Mensch von der Landstraße, der Helfer in der Not.

Kam im »Henzi« der politische Impuls von außen, so wird er in den »Juden« von innen her, aus dem Stück selbst, freigesetzt. Lessing nutzt hier, wie so drastisch nur noch im »Freygeist«, das Theater als einen Turnierplatz gegen Vorurteile.

Vorurteile, das waren in den Augen eines Aufklärers die blödesten Laster, aber auch die heilbarsten. Und das Vorurteil des Antisemitismus, des Judenhasses, geht Lessing in diesem Stück mit beherzter Pädagogik an: einmal durch Bloßstellung, dann durch Argumentation und schließlich durch das gute Beispiel als leibhaftige Widerlegung.

Die Argumentation vollzieht sich im Gespräch mit dem Baron, der als Fünfzigjähriger den Lauf der Welt zu kennen meint und die Störenfriede auch: »Ein Volk, das auf den Gewinn so erpicht ist, fragt wenig darnach, ob es ihn mit Recht oder Unrecht, mit List oder Gewaltsamkeit erhält – – Es scheinet auch zur Handelschaft, oder deutsch zu reden, zur Betrügerei gemacht zu sein – – O! es sind die allerboshaftesten, niederträchtigsten Leute… Und ist es nicht wahr, ihre Gesichtsbildung hat gleich etwas, das uns wider sie einnimmt…«

Lessings Reisender erwidert hier ausweichend: »Ihnen die Wahrheit zu gestehn: ich bin kein Freund allgemeiner Urteile über ganze Völker – – Sie werden meine Freiheit nicht übel nehmen. – Ich sollte glauben, daß es unter allen Nationen gute und böse Seelen geben könne…« Aber vorher schon hat Lessing den Reisenden höchst kritischen Klartext – allerdings im Selbstgespräch – reden lassen: »Wenn ein Jude betriegt, so hat ihn, unter neunmalen, der Christ vielleicht siebenmal dazu genötiget. Ich zweifle, ob viel Christen sich rühmen können, mit einem Juden aufrichtig verfahren zu sein: und sie wundern sich, wenn er ihnen Gleiches mit Gleichem zu vergelten sucht? Sollen Treu und Redlichkeit unter zwei Völkerschaften herrschen, so müssen beide gleich viel dazu beitragen. Wie aber, wenn es bei der einen ein Religionspunkt, und beinah ein verdienstliches Werk wäre, die andere zu verfolgen?«

Wie aber, wenn sich solche Fragen nicht nur als Befürchtungen, nicht bloß als begrenzte Erfahrungssätze stellen, sondern als grausiges Menetekel zu lesen sind, als Prophetie einer barbarischen Realität? Wie aber, wenn wir nicht umhin können, die Toleranzgedanken des jungen Lessing aus ihrem Lustspielkontext herausschnellen zu lassen in die mörderische Erfahrung unseres Jahrhunderts? Wie aber, wenn in eine Lustspiel-Szenerie der Rokoko-Zeit der Holocaust unserer kaum vergangenen Tage hineingraust? Wie aber, wenn Lessing, schon damals, alles vorausgewußt und das Komödienschreiben als Rettungswerk, als Hilfeschrei *auch* betrieben hätte? Wie aber, wenn der, den er noch für einen dummen August halten oder dem Publikum präsentieren mochte, den er denunzieren wollte mit dem Appell: Leute, seid nicht so! – wie aber, wenn der in unserem zwanzigsten Jahrhundert hat Staat machen können, der dumme Martin Krumm, der Wegelagerer mit dem falschen Bart? Da springen nämlich seine Sätze aus der Komödie hervor und werden zur Stimme einer schrillen Ideologie, zum Gebrüll eines menschenvernichtenden Regimes, zum Terrorkommando der größenwahnsinnig gewordenen Dummheit: »Ach! mein lieber Herr, wenn Sie wollen Glück und Segen in der Welt haben, so hüten Sie sich vor den Juden, ärger als vor der Pest... *Ich dürfte nicht König sein: ich ließe keinen, keinen einzigen am Leben...* Ja! wenn ich an die Messe gedenke, *so möchte ich gleich die verdammten Juden alle auf einmal mit Gift vergeben.*«

Wer spricht? Martin Krumm, der Spitzbube aus dem 18. Jahrhundert, ein armes Würstchen? »Wollte Gott, daß das nur die Sprache des Pöbels wäre!« ruft Lessing mit seinem Reisenden entsetzt aus. Wer spricht? Ein böser Schelm aus einem alten Stück? Wo kamen denn 1933 alle die Martin Krumms her? Wo die Massen von Martin Krumms in der Kristallnacht 1938?

Wo stecken sie heute?

Theater und Publizistik – beide Medien wollen Wirkung, Wirksamkeit. Warum sollten sie sich nicht verbinden lassen? Und so ergibt sich, wie von selbst, der Plan einer Theaterzeitschrift, den Lessing zusammen mit Mylius Ende 1749 auszuführen beginnt: »Beiträge zur Historie und Aufnahme des Theaters«. Alle viertel Jahr soll eine Lieferung erscheinen; insgesamt werden es aber nur vier Nummern werden; aber die sind interessant genug. Lessings Vorrede gibt einen Einblick in die intellektuelle Dynamik der Zeit, in ihre engagierte Gesellschaftlichkeit, in die Verbesserungs- und Bildungslust, von der nun auch Deutschland ergriffen ist. Er schreibt: »Deutschland kann sich nunmehro bald rühmen, daß es in den Werken des Witzes Stücke aufzuweisen habe, welche die schärfste Kritik und die unbilligsten Ausländer nicht scheuen dürfen... Es sind nicht nur Kleinigkeiten.« (Unter dem Titel »Kleinigkeiten« erscheinen anderthalb Jahre später Lessings frühe Gedichte, die er jetzt schon zusammengestellt und einem Buchhändler zum Verlag angeboten hat.) »Das Heldengedicht und die Fabel, das Schauspiel und das Trinklied, eines sowohl wie das andere, haben ihre Geister gefunden. Nur in der Menge dieser Geister muß unser Vaterland andern Ländern weichen. Allein man erwarte nur die Jahre, man bemühe sich nur, den guten Geschmack allgemein zu machen, so wird auch dieser Vorwurf wegfallen. Dieses letztre ist eine Zeit lang die Absicht unterschiedener Monatsschriften gewesen... Diese Zeiten sind größtenteils Zeiten der Kindheit unseres Guten Geschmacks gewesen. Kindern gehöret Milch und nicht starke Speise...« Und dann kommt Lessing auf das Theater, dessen Musterhaftigkeit, dessen Modellmöglichkeit zu sprechen und ist bald bei seinem dramaturgischen Lieblingsthema (das uns an dieser Stelle noch nicht festhalten soll): »Wir verlangen eben nicht, daß man uns allezeit Originalstücke hätte vorlegen sollen. Hierzu gehöret allzuviel Zeit und Arbeit. Allein warum hat man uns nicht die Werke der Alten, und der Ausländer darinnen näher bekannt gemacht? Wie viele kennen die griechischen und römischen dramatischen Dichter? Wie viele kennen die Schaubühne der Italiener, Engländer, Spanier, Holländer? Die einzigen Franzosen hat man durch häufige Übersetzung sich zu eigen zu machen gesucht. Dadurch hat man aber unser Theater zu einer Einförmigkeit gebracht, die man auf alle mögliche Art zu vermeiden sich hätte bestreben sollen. Wenn man auch nur in das Theoretische der Schaubühne sich etwas eingelassen hätte…, wir glauben gewiß, es würde um das Theater noch besser stehen, es würde vielleicht mehr Arbeiter und weniger Stümper gefunden haben…« Und daraus erklärt er den Vorsatz: »Wir wollen einholen, was man versäumet hat. Wir wollen uns bemühen, so viel in unseren Kräften steht, zur Aufnahme des Theaters beizutragen.« (Und »Aufnahme« heißt damals soviel wie Verbesserung, Förderung, Belebung.) Ganz klar wird die neue Richtung angegeben, genau um die Mitte des Jahrhunderts: »Wir werden unser Augenmerk auf das englische und spanische Theater richten. Shakespeare, Dryden, Wicherley, Cibber, Congreve sind Dichter, die man fast bei uns nur dem Namen nach kennet, und gleichwohl verdienen sie unsere Hochachtung sowohl als die gepriesenen französischen Dichter.« Und mit dem Blick Richtung Kamenz, der bis zum Tode des Vaters aus Lessings Werk nie ganz wegzudenken ist, sagt er zugleich eine Art politischer Ästhetik an: »Wir wollen übrigens alles sammeln, was sowohl für als wider die Schauspiele ist geschrieben worden; und deswegen von den Kirchenvätern anfangen, und bis auf unsere heutigen Gottesgelehrten kommen. Hieraus wird deutlich erhellen, mit was für Gründe sich diese auf das Beispiel jener berufen; daß alle die Gründe, welche die ersten wider die Schauspiele vorgebracht haben, zu den itzigen Zeiten wegfallen; und daß die letztern sie aus Stolz und Unwissenheit verachten. Vielleicht gewinnen wir damit soviel, daß unbedachtsame Eiferer etwas gelinder urteilen, und mit ihrer Verdammung mehr an sich halten lernen… Soviel ist zwar leider! wahr, daß durch ihr Schmälen bei dem Pöbel das Vorurteil wider das Theater, und wider die, die daran arbeiten, erhalten wird. Allein vielleicht kommen bald die Zeiten, da auch der Pöbel klüger, als sie, sein wird…«

Der neue Criticus

> Was heißt Carrière machen anders, als in Berlin
> leben und was heißt in Berlin leben anders, als
> Carrière machen.
>
> *Theodor Fontane*

Anfang Oktober 1751 schreibt Ramler an Gleim: »Hier übersende ich Ihnen ein critisches Blatt von einem jungen Menschen, der die Voßische Zeitung schreibt, nicht Mylius, der
Rabe, sondern ein Märtyrer der schönen Wissenschaften. Ich
muß ihn kennen lernen, denn er scheint mir etwas zu versprechen.« Und fast zur selben Zeit meldet Sulzer nach Zürich:
»Es ist hier ein neuer Criticus aufgestanden, von dessen
Werth sie aus beiliegender Critik über den Messias werden
urtheilen können. Er scheint nur noch ein wenig zu jung.«
(Dieser Sulzer, Professor am Joachimsthalschen Gymnasium
und Direktor der Königlichen Akademie in Berlin, kann
nicht loben, ohne zu mäkeln; ein Mann, davon wird noch die
Rede sein, in dessen Augen Lessing immer ein zwiespältiger
Charakter bleiben wird.) Die Aufmerksamkeit auf Lessing zu
dieser Zeit kommt nicht von ungefähr: 1751 ist sein erstes
wirkliches Zeitungsjahr, sein intensivstes überhaupt. Er
wird, mit dem 18. Februar, Redakteur an der »Berlinischen
Zeitung«, die nun wirklich die Voßische ist, da Ch. F. Voß
nach dem Tode seines Schwiegervaters das Blatt geerbt und
übernommen hat; als Nachfolger von Mylius ist Lessing zuständig für die Rubrik »von gelehrten Sachen«; dazu kommt
von April an die Beilage »Das Neueste aus dem Reiche des
Witzes«, die Lessings eigenstes Terrain ist. Und außerdem

schreibt er noch einige Rezensionen für die von Sulzer begründeten, jetzt von Mylius weitergeführten »Critischen Nachrichten aus dem Reiche der Gelehrsamkeit«. Fast jede Woche ist er, da oder dort, mit einer Rezension zur Stelle; und wie sehr die Arbeit ihn bedrängt, kann man sicher auch daran erkennen, daß er in die von ihm allein redigierte Monatsbeilage zweimal nicht eigene Texte setzt, sondern längere Erzählungen, die er aus dem Französischen überträgt.

Die entscheidende publizistische Tat Lessings im Jahr 1751 ist die Bekanntmachung von Rousseaus großem, preisgekröntem »Discours«, ist seine ausführliche Vorstellung, und dann die gelassene ideologiekritische Reaktion darauf. Rousseau findet seinen geräumigen Platz in der ersten Nummer der Beilage »Das Neueste aus dem Reiche des Witzes«, die Lessing spöttisch eingeleitet hat: »Ein Reich, welches viele auf ihrer Karte nicht finden. Wenigstens diejenigen Gelehrten nicht, es verdrüßt uns, daß wir sie so nennen sollen, welche die Wissenschaft längst in ein Handwerk verwandelt hätten, wenn nicht ihr Stolz dafür bäte. Aufs höchste haben sie es in die äusserste Ecke derselben verwiesen und *unbekannte* Länder darauf geschrieben, weil sie ihnen nicht eher zu Gesichte kommen, als wenn sie von einem unglücklichen Sturm dahin verschlagen werden und an ihren felsigen Ufern schimpflich scheitern...«

Daß der größte Teil der ersten Nummer Rousseau gewidmet ist, spricht für den Spürsinn Lessings; läßt womöglich den Schluß zu, der Wunsch, diesen neuen französischen Autor ausführlich einzuführen, habe überhaupt zur Idee dieser neuen Zeitschrift geführt. »... wollen wir dem Leser einen Mann bekannt machen, welcher die Wissenschaften überhaupt, und besonders die schönen Wissenschaften nebst den freien Künsten auf einer ganz andern Seite betrachtet. Dieses ist der Verfasser derjenigen Rede, welche im vorigen Jahre bei der Akademie zu Dijon den Preis erhalten hat. Sie betrifft die vorgelegte Frage, ob die Wiederherstellung der Wissenschaften und Künste zur Reinigung der Sitten etwas beigetragen habe? Man wird schwerlich vorausgesehen haben, daß man denjenigen krönen würde, welcher diese Frage mit Nein beantwortet. Unterdessen ist es geschehen; und Herr *Rousseau*, welches der Name des Verfassers ist, hat so erhabene Gesinnungen mit einer so männlichen Beredsamkeit zu verbinden gewußt, daß seine Rede ein Meisterstück sein würde, wenn sie auch von keiner Akademie dafür wäre erkannt worden. Wir teilen einen umständlichen (will hier heißen: ausführlichen) Auszug derselben um so viel lieber mit, je weniger sie noch bis jetzo in Deutschland bekannt worden ist.«

Und fast scheint es, als sei Lessing von diesem Feuer Rousseaus hingerissen, mitgerissen, aufgeputscht bis in den Satzbau. »Götter!... wo sind die strohern Hütten, worunter ehemals Mäßigkeit und Tugend wohnten? Welche verderbliche Pracht hat mit der römischen Einfalt abgewechselt? Was ist das für eine fremde Sprache? Was sind das für weibische Sitten? Was bedeuten diese Bildsäulen? diese Gemälde? diese Gebäude? Unsinnige! was habt ihr getan? Ihr, die Herren der Welt, ihr habt euch zu Sklaven nichtiger, von euch überwundener Leute gemacht. Rhetors sind es, die euch beherrschen? Habt ihr deswegen Asien und Griechenland mit eurem Blute befeuchtet, um Baumeister, Maler und Bildhauer reich zu machen? Wird der Raub Karthagens einem Flötenspieler Preis gegeben? Auf ihr Römer! reißet eure Schauplätze ungesäumt nieder; zerschmettert diese Marmor; verbrennet diese Bilder; verjaget diese Sklaven, welche euch unter dem Joche halten, und deren unselige Künste euch verderben.« Aber weder der Bilderstürmerei Rousseaus, so temperamentvoll Lessing sie ihm nachsagt, folgt er, noch auch der zentralen These, daß die Wissenschaften und die Künste den Staat zur Dekadenz verleiteten und zum Ruin hintrieben. Nicht einmal die Leidenschaft Rousseaus, die Besessenheit seines Plädoyers, nicht einmal »eine heimliche Ehrfurcht«, die er bekennt, macht diesen zweiundzwanzigjährigen Lessing wankend.

Im Gegenteil: Er reagiert nun mit den Bedenken einer

skrupulösen Gelassenheit, wie wenn er sich sagte: Sollte so furios die Wahrheit aussehen, sollte sie so himmelschreiend vorgebracht werden müssen? »Wir könnten sagen«, schreibt Lessing, »daß die Aufnahme der Wissenschaften und der Verfall der Sitten und des Staates zwo Sachen sind, welche einander begleiten, ohne die Ursache und Wirkung von einander zu seyn. Alles hat in der Welt seinen gewissen Zeitpunkt. Ein Staat wächst, bis er diesen erreicht hat; und so lange er wächst, wachsen auch Künste und Wissenschaft mit ihm. Stürzt er also, so stürzt er nicht deswegen, weil ihn diese untergraben, sondern weil nichts auf der Welt eines immerwährenden Wachstums fähig ist, und weil er nunmehr den Gipfel erreicht hatte, von welchem er mit einer ungleich grösseren Geschwindigkeit wieder abnehmen soll, als er gestiegen war. Alle große Gebäude verfallen mit der Zeit, sie mögen mit Kunst und Zierrathen, oder ohne Kunst und Zierrathen gebauet seyn. Es ist wahr, das witzige Athen ist hin, aber hat das tugendhafte Sparta viel länger geblühet? – – Ferner könnten wir sagen; wann die kriegerischen Eigenschaften durch die Gemeinmachung der Wissenschaften verschwinden, so ist es noch die Frage, ob wir es für ein Glück oder für ein Unglück zu halten haben. Sind wir nur deswegen auf der Welt, daß wir uns unter einander umbringen sollen?«

Und Lessings anti-rousseauisches Fazit: »Die Künste sind das, zu was wir sie machen wollen. Es liegt an uns, wenn sie uns schädlich sind.« Damit läßt er es in dem Aufsatz des Jahres 1751 bewenden, nicht aber in den »Briefen« zwei Jahre später, als er eine (fast gleichlautende) Kurzfassung seiner Einwände bietet, mit dem Zusatz: »Kurz, Herr Rousseau hat Unrecht; aber ich weis keinen, der es mit mehrerer Vernunft gehabt hätte.« Was wie Paradoxie klingt, nach einem sophistischen Kniff, ist etwas anderes und für Lessing ganz Typisches: die Eröffnung eines antithetischen Szenariums, eines Sympathieraums für Widersprüche, eines Seelenforums. Auf gleichem Boden stehen auch Lessings Bühnenfiguren. Und

Rousseau wird, wiederum ein paar Jahre später, von Lessing wie in einer Szenenanweisung, mit Verve und Wärme beschrieben: »Er ist noch überall der kühne Weltweise, welcher keine Vorurteile, wenn sie auch noch so allgemein gebilliget wären, ansiehet, sondern geraden Weges auf die Wahrheit zugehet, ohne sich um die Scheinwahrheiten, die er ihr bey jedem Tritte aufopfern muß, zu bekümmern. Sein Herz hat dabey an allen seinen speculativischen Betrachtungen Anteil genommen, und er spricht folglich aus einem ganz andern Tone, als ein feiler Sophist zu sprechen pflegt...«

Die Klopstock-Rezension, auf die sich Sulzer berufen hatte, stammt aus der folgenden Monatsbeilage, vom Mai 51, und sie zeigt schon mit den Eingangssätzen an, wieviel freier jetzt Lessing über Klopstock urteilen kann: »Wann ein kühner Geist, voller Vertrauen auf eigene Stärke, in den Tempel des Geschmacks durch einen neuen Eingang dringet, so sind hundert nachahmende Geister hinter ihm her, die sich durch diese Öffnung mit einzustehlen hoffen. Doch umsonst; mit eben der Stärke, mit welcher er das Tor gesprengt, schlägt er es hinter sich zu. Sein erstaunt Gefolge sieht sich ausgeschlossen, und plötzlich verwandelt sich die Ewigkeit, die es sich träumte, in ein spöttisches Gelächter.« Auf solche Metaphern verfällt kaum einer, der nicht auch schon sein eigenes Tor sich zu öffnen begonnen hätte, der nicht auch schon seinen eigenen Gang in den Tempel des Geschmacks gefunden hätte, zum Beispiel Shakespeare; und wie Lessing Klopstocks selbständigen Weg klar beschreibt und ihn nicht nur als den ersten, sondern auch als alleinigen in seiner Dichtart erkennt, sympathetisch erkennt, so hängt er auch seinem äußeren Erfolg nicht bloß neutral nach: »Er befindet sich in Kopenhagen, und ohne Zweifel in derjenigen glücklichen Ruhe, woran die Aufmerksamkeit der Welt Teil nimmt, und welche allezeit die Mutter der ewigsten Werke gewesen ist. Ein belohnter Dichter ist zu unsern Zeiten keine geringe Seltenheit. Diese Seltenheit aber wird noch weit größer, wenn der

Dichter ein Deutscher ist, und wenn seine Gesänge nichts als Religion und Tugend atmen…«

Das letzte ist nicht ohne Bitterkeit geschrieben; Lessing selbst hat, nach zwei Jahren in Berlin, nicht die leiseste Anerkennung, geschweige denn Unterstützung von seiten des Hofes, gar von seiten des Königs erfahren: »Es ist wahr, in Berlin sind Gelehrte die Menge, und unter diesen erhalten allezeit die Franzosen den Vorzug.« Dennoch, legt er dem Vater dar, »daß es von mir eben nicht allzuklug gehandelt seyn würde, wenn ich einen großen Ort mit einem andern vertauschte, wo ich als ein Unbekannter eine Menge Hinderniße von neuem übersteigen müßte, die ich hier zum Theil schon überstiegen habe.« Zwei Jahre – 49 und 50 – hat er sich durchgemagert in Berlin, als er das schreibt; es spricht sich herum, wie dreckig es ihm geht: »Wer Ihnen geschrieben hat, daß es mir sehr schlecht ginge, weil ich bey H. Rüdiger nicht mehr den Tisch und andre Einnahme hätte, der hat Ihnen eine große Lüge geschrieben. Ich habe mit diesem alten Manne nie länger etwas wollen zu thun haben, als bis ich mir seine große Bibliothek recht bekannt gemacht hätte. Dieses ist geschehen, und wir waren also geschiedene Leute. Der Tisch bekümmert mich in Berlin am allerwenigsten. Ich kann für 1 gr 6 ₰ eine starke Mahlzeit thun.« Fast zürnt hier Lessing auf sich selbst, auf den eigenen Brief, in dem er, nur etliche Zeilen vorher, die eigene Situation so dargestellt hat, wie der Vater sie sich vorstellt: »Ich habe große Hoffnung, daß sich mein Glück bald hier ändern wird. Bis hieher habe ich zwar vergebens darauf gehofft, allein ich muß gestehen, daß vielleicht auch einige Fehler auf meiner Seyte dabey mit untergelaufen sind. Mit Schaden wird man klug.« Welcher Art diese Fehler wohl sind, kennzeichnet ein Satz aus einem Brief des Freundes Naumann an Haller: »Sein Unglück ist ein gelehrter Eigensinn und Freyheitsliebe, diese Familienfehler.« Und Lessing spricht, mit dem Ton halbherziger Zuversicht, davon, daß er »diesen Winter gemächlich in Berlin leben kan. Gemächlich heißt bey mir, was ein anderer vielleicht, *zur*

Noth nennen würde«. Aber er kann jetzt nicht fort aus Berlin, muß den Umstand zu nutzen versuchen, daß der Baron von der Goltz ihm endlich »bey unterschiednen von seinen Freunden Zutritt verschafft (hat), welche mir wenigstens ein Hauffen Versprechungen machen«, und er spricht »von verschiedenen Personen…, von welchen ich hernach allzuweit entfernt seyn würde, als daß ihnen an meiner Arbeit viel gelegen seyn sollte«. Jetzt will er, trotz aller Mißlichkeiten, nicht weg aus Berlin, nicht nach Göttingen, denn er glaubt zu wissen, »daß ein Mensch, wie ich bin, auch da aus einem grossen Haufen hervorzudringen hat, wenn er will bekannt werden«.

Und er will ja bekannt werden. Und seit dem Sommer 1750 ist Voltaire in Berlin. Der große Voltaire. Einmal hat er ihn schon von fern gesehen, bald nach seiner Ankunft, als der König dem berühmten Poeten zu Ehren ein riesiges Fest auf dem Platz vor dem Schloß gegeben hatte, und er hatte die Distanz, mit der er dem Ereignis gegenüberstand, auch einfließen lassen in ein epigrammatisches Gedicht:

Auf ein Karussell

Freund, gestern war ich – wo? Wo alle Menschen waren.
Da sah ich für mein bares Geld
So manchen Prinz, so manchen Held,
Nach Opernart geputzt, als Führer fremder Scharen,
Da sah ich manche flinke Speere
Auf mancher zugerittnen Mähre
Durch eben nicht den kleinsten Ring,
Der unter tausend Sonnen hing,
(O Schade, daß es Lampen waren!)
Oft, sah ich, durch den Ring
Und öfter noch darneben fahren.
Da sah ich, ach was sah ich nicht,
Da sah ich, daß beim Licht
Kristalle Diamanten waren;

Da sah ich, ach du glaubst es nicht,
Wie viele Wunder ich gesehen.
Was war nicht prächtig, groß und königlich?
Kurz dir die Wahrheit zu gestehen,
Mein halber Taler dauert mich.

Voltaire und die Fahnen-Flucht

> Lessing hatte hundertmal mehr Voltaire im
> Leibe als Herr Gottsched, obgleich dieser seine
> klassische Tragödie auf das höchste verehrte,
> jener sie auf das bitterste bekämpfte.
>
> *Hermann August Korff*

Lessing und Voltaire – haben sie sich gekannt? Die Frage ist
heute so strittig wie vor zweihundert Jahren. Der Bruder Lessings, Karl Gotthelf, schreibt: »Voltaire lud ihn alle Tage zu
sich zu Tische; sprach auch von Literatur und Wissenschaften, doch immer in so zurückhaltendem und ernstem Tone,
daß den Tischgenossen wenig Spielraum ihres Witzes blieb.«
Friedrich Nicolai fertigt diesen Bericht mit der lakonischen
Randglosse ab: »Ist gewiß nicht wahr.«

Haben sie sich gekannt? Der Streit lebte gegen Ende des
19. Jahrhunderts wieder auf, diesmal als Zwist zwischen Lessings minutiösestem Biographen, Erich Schmidt, und Lessings temperamentvollstem Fürsprech, Franz Mehring.
Erich Schmidt malt sich ein pompöses Tableau aus: »... dies
Schauspiel bietet in einer der frappantesten Szenen der ganzen Literaturgeschichte zwei Völkern Gelegenheit, die größten Vertreter ihrer Kritik und Prosa an einer Tafel zu sehen;
denn als Lessing der Dolmetsch Voltaires wurde, blieb er diesem nicht fern wie Friedrich dem Grossen... Lessing war
durch längere Zeit Voltaires Tischgenosse in den Turmzim-
mern des Schlosses... Man meint es mit Augen zu sehen, wie
der nach Auszeichnung lechzende Jüngling dem dürren Weisen gegenübertritt und dem jungen Lohnschreiber ein paar li-

terarische Brocken zum Nachtisch spendet. Ein Vorwurf für Adolf Menzel! Kein Zweifel, daß manchmal eine kühne Hoffnung, im Gefolge Voltaires die Aufmerksamkeit des Königs zu gewinnen, Lessing erfaßte.«

Mehring ist über diese Tafelschmückerei empört; er protestiert gegen die Phantasie des Literaturprofessors: »Darnach ist es wohl an der Zeit, die Schwindelblase einmal aufzustechen... Voltaire, in dessen Vorzimmer sich ›Prinzen, Marschälle, fremde Minister, Herren vom ersten Range‹ drängten..., soll einen jungen, damals ganz unbekannten ›Kandidaten der Medizin‹ in seinen vertraulichen Verkehr gezogen, ihn hinter die Kulissen des Prozesses haben blicken lassen, nur weil er einen Übersetzer seiner ›schoflen Akten‹ brauchte! Und Lessing soll sich zum Übersetzer dieser ›schoflen Akten‹ hergegeben haben, nur um die Beine unter Voltaires Tisch strecken zu können... Ob sonst eine persönliche Berührung zwischen Lessing und Voltaire stattgefunden hat, läßt sich nicht mehr feststellen; erwähnt hat weder der eine noch der andere eine solche.«

Die schoflen Akten: Das betrifft das unrühmlichste Kapitel von Voltaires letztem und längstem Aufenthalt in Berlin und Potsdam, seinen Prozeß mit dem Königlichen Schutzjuden Abraham Hirschel. Dieses Verfahren, mit dem Voltaire seinen ›Lebensabend‹ am Hofe Friedrichs schon nach einem halben Jahr eintrübte, kann kaum ein Rechtsstreit genannt werden: so verstrickt waren beide Parteien in verbotene Währungsgeschäfte und Wechselkniffe, so riskant versuchten sie auch noch während des Prozesses durch Tricks und nachträgliche Korrekturen an Dokumenten und Schuldscheinen sich gegenseitig reinzulegen. Wie man bei Hofe über die Angelegenheit dachte, welche traurige Figur der große Voltaire dabei machte, davon zeugt ein Brief von Pöllnitz an Friedrichs Schwester Wilhelmine, die Markgräfin von Bayreuth: »... Es handelt sich um Diamanten, die zur Verzierung des Ordens Pour le mérite gekauft waren, und um Wechsel, die in Zahlung gegeben und dann vom Aussteller selbst protestiert wurden. Man spricht von falschen Unterschriften, falschen Schwüren und ähnlichen Bagatellen. Ich weiß nicht, wer Recht und wer nicht Recht hat, und will nicht entscheiden. Gewiß ist, daß diese Geschichte Anlaß zu tausend üblen Gerüchten gibt und daß man den Ruf hört: Kreuzige den Poeten und gib uns den Juden Hirsch heraus... Indeß ist der arme Poet ein Gespött von jedermann, und vor wenigen Tagen sagte er zum Großkanzler, daß, wenn er den Prozeß nicht gewönne, er den Orden und den Kammerherrnschlüssel zu den Füßen des Königs niederlegen und dafür Verse machen würde... Der Poet leidet an Skorbut und hat eben zwei Zähne verloren, was seinen Anblick keineswegs verschönt.«

Aber der Prozeß geht halbwegs günstig für Voltaire aus, und er schreibt so unterwürfig wie sonst nie an Friedrich: »Ich bitte Eure Majestät, Eure Weisheit und Eure Güte um Pardon. Ich war gekränkt, ich war förmlich in Rage zu beweisen, daß ich getäuscht worden war. Das habe ich nun bewiesen, ich habe diesem alten Hebräer mehr zugestanden als ihm je zustand, bloß um ihm seine verdammten Diamanten zurückzugeben, die ja zu einem Schriftsteller ohnehin nicht passen. Alles das hindert nicht, daß ich Ihnen mein Leben geweiht habe.« Der König antwortet nicht gerade gnädig, aber sofort: »Wenn Sie herkommen mögen, bitte tun Sie es. Ich höre hier nichts von irgendwelchen Prozessen, auch von Ihrem nicht. Da Sie ihn nun gewonnen haben, gratuliere ich und freue mich, daß diese häßliche Sache zu Ende ist. Ich hoffe Sie lassen sich auf keine weiteren Streitigkeiten mit dem alten oder dem neuen Testament mehr ein. Dergleichen Dinge hinterlassen ihre Flecken...«

Seit Karl Lessings Biographie hält sich nun die Version, daß Lessing, wie auch immer aushilfsweise, für Voltaire, als dessen Anwalt mitten im Verfahren krank geworden sei, Übersetzerdienste geleistet habe. Franz Mehring hat vor knapp hundert Jahren seine Gegenargumentation vor allem darauf gestützt, daß der Prozeß, als vor einer Immediat-

Commission verhandelt, gar nicht auf Deutsch, zwar auch nicht auf Französisch, aber auf Lateinisch geführt worden sei. »Was soll denn nun eigentlich Lessing übersetzt haben? Der Advokat mußte von Amts wegen Latein verstehen, und Voltaire verstand es auch.« Die später herausgegebenen Gerichtsakten zeigen jedoch, daß der Prozeß in der Tat deutsch verhandelt wurde; nur der abschließende Vergleich wurde, mit ausdrücklicher Rücksicht auf Voltaire, französisch ausgefertigt. Das zentrale Schriftstück, mit dem Voltaire die Sache auseinandersetzt und sich aus der zwielichtigen Position weg in ein besseres Licht zu rücken versucht, diese umfangreiche sogenannte »Schluß Nothdurfft des Cammer Herrn von Voltaire contra den Juden Abraham Hirschel« wäre das einzige Dokument, an dem Lessing hätte beteiligt sein können. »Lessingforscher mögen beurteilen, ob sein jugendlicher Stil in der Übersetzung erkennbar ist. Seine Handschrift ist es offenbar nicht.« Die Lessingforscher haben sich (soweit ich sehe) in den siebzig Jahren seit der Publikation der Akte nicht darum gekümmert, ob nicht doch Lessings »Handschrift« darin sich verrät; es wäre immerhin ein Stück Wort- und Stilforschung, dessen Ergebnis auch biographischen Aufschluß hätte erbringen können. Wenn Lessing damit zu tun hatte, dann haben er und Voltaire auch beisammen gesessen; er mußte von Voltaire des langen und breiten eingewiesen werden. Denn mit einer schlichten Übersetzung konnte es bei einem so verwickelten und die Verwicklung wiederum kunstvoll einspinnenden Vorgang sein Bewenden nicht haben; ständig müssen sich Rückfragen, Interpretationszweifel ergeben haben. Bei der Eiligkeit der Sache kann eine briefliche Erledigung, auch durch Boten, eher ausgeschlossen werden, selbst wenn der Weg vom Schloß, wo in jenen Tagen Voltaire sich aufhielt, in die Spandauer Straße, wo Lessings Quartier war, ein Katzensprung gewesen ist.

Liest man die Eingabe mit dem Ohr, das auf Lessingschen Tonfall eingestimmt ist, so ist man enttäuscht. Kraus wie die Angelegenheit selbst ist die Sprache; zwischen den Zeilen schwitzt das schlechte Gewissen. Aber dann tauchen Sätze von härterer Fügung, von strafferer Struktur auf; es geht um den Zeitpunkt einer Schuldverschreibung: »Was ist also daran gelegen, von welcher Zeit er mir es schuldig sey, wenn er mir es nur schuldig ist. Es ist folglich offenbar, daß er mir 3000 rt. schuldig war. Es ist offenbar, daß er mich betrogen hat, weil er seine Zuflucht zu einem fälschlicher Weise untergeschobenen dato genommen hat.« Und später noch einmal gibt es eine fast virtuose Stretta: »Er hat also gar keine Unkosten auf sich zu nehmen gehabt und hätte er sie auf sich nehmen müssen, so würde er gewiß nicht ermangelt haben, es bey dem entscheidenden Vergleiche vom 16. Decembr. zu sagen. Wenn aber ja von ohngefehr Unkosten dabey aufgelaufen wären, so muß sie Hirschel allein auf sich nehmen, weil er im Voraus allzureichlich dafür ist bezahlet worden, weil er eine algemeine quitung von sich gegeben, weil er versprochen hat, diese Wechsel zu restituiren und weil er nicht gesagt hat, daß er sie vermittelst der Unkosten restituiren wollen, weil die algemeine quitung erwehnet, daß diese Wechsel ein Depositum und ihm anvertrauet wären, daß er also von einem Deposito keinen Gebrauch machen dürfe.« So sehr aber diese Kausal-Insistenz, diese Konjunktionspeitsche für den Stilisten Lessing spricht, so wenig könnte man wünschen, daß der Verfasser der »Juden« den dann folgenden Satz übertragen hätte: »Er hat also nicht wieder zu fordern weder von mir, der ich ihm nur alzu wohl bezahlt habe noch von dem Gerichte, wider welches er schreiet und welches sich bey eine (sic) so gefährliche Sache als Wechsel Briefe auf 10000 rtl. in der Hand eines Juden von seiner Art sind, seiner Person nicht ohne Grund versichert hat.«

Nein, es gibt einen kräftigen Widerstand gegen den Gedanken, Lessing könne auch nur am Rande in die Angelegenheit verwickelt gewesen, auch nur an der Redaktion dieser »Schluß Nothdurfft« beteiligt gewesen sein und auch nur stilistisch einer so deutlichen Infamie, die auf die Judenfeindlichkeit der Berliner Gesellschaft, der Berliner Justiz zielte, Vorschub geleistet haben.

Und wie auch? Lessing stimmte ja doch in den allgemeinen Berliner Spott mit ein; sollte er so doppelzüngig gewesen sein, erst als Helfer, dann als Höhner aufzutreten? Hätte er erst mitübersetzen und dann ein Epigramm schreiben können, das er zwar in seiner Zeitung nicht veröffentlichte (sondern erst zwei Jahre später in den »Schrifften«), dessen Schlußzeilen an Bissigkeit nichts zu wünschen übrig lassen:

»Und kurz und gut den Grund zu fassen,
Warum die List,
Dem Juden nicht gelungen ist;
So fällt die Antwort ohngefähr:
Herr V... war ein größrer Schelm als er.«

Und dennoch: Lessing hat, noch im gleichen Jahr, Voltaire übersetzt; zur Herbstmesse 1751 (mit der Jahreszahl 1752) erschienen »Des Herrn von Voltaire Kleinere Historische Schrifften« bei Johann Christian Koppe in Rostock. Lessing schreibt in der Vorrede, er habe »eines der mit der Feder verbesserten Exemplare seiner Werke zu Rathe ziehen« können.

Hat Lessing also Voltaire doch gekannt? Höchst merkwürdig, höchst durchtrieben, ja geradezu mit einer kecken Ambivalenz macht der junge Lessing dem alten Voltaire das Entrée: »Der Herr von Voltaire«, heißt es in der Vorrede, »hat sich der Welt als einen allgemeinen Geist zeigen wollen. Nicht zufrieden, die ersten Lorbeern auf dem französischen Parnasse mit erlanget zu haben, ist er die Bahn eines Newtons gelaufen, so stark, versteht sich, als ein Dichter von seinem Fluge sie laufen kann; und durch die tiefsinnige Weltweisheit ermüdet, hat er sich durch die Geschichte mehr zu erholen als zu beschäftigen geschienen... Er hat überall gesuchet, sich von dem gemeinen Haufen der Geschichtsschreiber zu entfernen.«

Soviel ist klar, daß Lessing, dank seiner Übersetzungsarbeit, Voltaires Stil, sein Schreibtemperament, seinen Argumentations-Charme und seine kritische Geschichtsauffassung intim hat studieren können; und er hat der Emphase einer sozial engagierten Weltläufigkeit einen sehr ähnlichen, sehr prägnanten deutschen Ausdruck gegeben.

Hat Lessing also Voltaire gekannt? Hat er ihn nicht doch bei solcher Übersetzungsarbeit als den verwandten Geist, den vorbildlichen Sprachkünstler und als das höchste, das ein Schriftsteller sein kann, den Wortführer seiner Zeit erkannt? War er nicht für ihn das Muster, dem er nacheiferte, das Vaterbild des freien Schriftstellers, der einzige und wirkliche Weltmann? – Wenn er schon den Mann nicht lieben kann, bleibt nicht die Bewunderung für sein Werk, für die Voltairesche Epigrammatik, die pointierten Antithesen, das entscheidungskräftige Wort? Noch zwei Jahre später zeigt er die deutsche Übersetzung eines Voltaire-Gedichtes an, das eine Eloge auf Friedrich ist.

(Der Zeitpunkt dieser Anzeige ist allerdings grotesk, zumindest undiplomatisch. Am 18. August 1753 hatte die Publikation einer Huldigung von Voltaire an Friedrich etwas höchst Anachronistisches, ja sie konnte sogar als Ironie mißverstanden werden: Denn vor wenigen Monaten erst hatte es den großen Krach zwischen dem König und Voltaire gegeben, Voltaire war aus Preußen mehr geflohen als abgereist, und Friedrich hatte ihn in Frankfurt am Main sogar in Arrest setzen lassen, weil Voltaire einen Band Gedichte des Königs im Gepäck hatte, den er nicht herausgeben wollte. Das Zerwürfnis war zwar nicht endgültig; aber gesehen haben sich Voltaire und Friedrich danach nie mehr. Wie merkwürdig sich das Huldigungsgedicht im Sommer 1753 in einer Berliner Zeitung ausgenommen haben muß, kann man an diesem Brief Friedrichs vom 29. November des gleichen Jahres ermessen: »Seit der Narr nicht mehr hier ist, lebt alles in Ruhe und Frieden. Ich wünschte, Europa machte es ebenso. Ich wollte, man könnte die unruhigen Geister der Politik ebenso behandeln wie einen außer Rand und Band geratenen Dichter. Aber wir Könige haben ja für unsere Dummheiten das Privileg der Straflosigkeit. Die Politik ist ein schlimmes Gewerbe; und bei denen, die es von Berufs wegen treiben, wird alles Politik. Dabei fällt mir ein, daß der Kardinal Richelieu sich eines Tages dazu hinreissen ließ, ein Trauerspiel zu dichten. Es hieß Europa, und es fiel durch, obwohl der Autor Minister war.«)

Hat Lessing Voltaire gekannt? Nun, er kannte immerhin seinen Sekretär. Ob die Freunde der Sekretäre auch die ihrer Herren werden, ja ob die Sekretäre selbst je auf die Freundschaft ihrer Herren Anspruch machen dürfen, scheint nach aller Lebenserfahrung auch heute unwahrscheinlich.

Karl Gotthelf berichtet, Richier de Louvain habe zu den ersten Bekanntschaften Lessings in Berlin gehört.»Sie waren so ziemlich von gleichem Schicksale und gleichem Alter, und daher bald gute Freunde. Was Richier an Geistesgaben fehlte, ersetzte er durch sein gutes Herz. Zwar mußte er sich oft über Lessingen ärgern, wenn er der Französischen Literatur nicht Weyrauch genug streute, oder Lafontaine nicht für den grössten Fabeldichter und Corneille und Racine nicht für die grössten Tragiker in der Welt hielt. Wenn aber Richier endlich nicht weiter konnte und ausrief: Es ist doch nur von Ihnen lauter Widerspruchslaune!, so sagte Lessing ihm wohl in allem Ernste, was er darüber dachte...« Louvain war im Herbst 1750, ziemlich bald nach Voltaires Ankunft in Potsdam, dessen Sekretär geworden; der Vorgänger Tinoit soll gleich das Opfer einer unerwünschten ›Ausleihe‹ geworden sein: Er hatte dem Bruder des Königs, dem Prinzen Heinrich, die »Pucelle« geborgt. O über das vertrauliche Aushändigen von Büchern, die ohnehin schon in aller Munde sind!

Voltaire hatte nach der Hirschel-Affäre, die brüchige Gastfreundschaft wiederherzustellen versucht, indem er mit großer Ausdauer sein »Siècle de Louis XIV.« fertigschrieb. Der Finanzspekulant machte sich geradezu besessen als Schriftsteller wieder geltend; mit diesem neuen Buch wollte er zugleich die leidige Geschichte abschreiben. Nach der Schikane des Königs war Voltaire nun erpicht darauf, Friedrich auf die Folter zu spannen. Die Dedikation des Buches war mehr als Courtoisie; sie war ein Akt der Revindikation.

Die ersten Exemplare, die dem König und den engsten seiner Freunde als Geschenk und spirituelle Wiedergutmachung übergeben werden sollten, wurden vorbereitet wie eine Geheimsache; die Vorstellung, daß sie gewissermaßen mit einem Keuschheitsgürtel eingebunden wurden, ist kaum übertrieben. Und nur so ist ein Eklat verständlich, der sich in den Vorweihnachtstagen 1751 im Umkreis Voltaires ereignete und dessen Opfer diesmal er selbst war. Die mit Voltaire befreundete Gräfin Bentinck hatte ihn bedrängt, doch ihr ein Exemplar vorab zu überlassen; Voltaire war aber zäh, wenn nicht eisern geblieben; die Dame zog schmollend ab. Und geriet außer sich, als sie bei einem Besuch im Hause Schulenburg ein Exemplar eben dieses allergeheimsten Buches liegen sah – das dorthin nicht etwa von höchster Autorenhand hingeraten war, sondern eher über den Lieferanteneingang: Der Hauslehrer der Familie Schulenburg, ein Herr Drechsel, hatte es von einem Freund geliehen bekommen; dieser Freund war niemand als unser Lessing, und der hatte sich, als er Louvain beim Sortieren der Druckbögen half, aus fehlerhaften, verdruckten oder verschmierten Bögen ein eigenes Exemplar zusammengestellt. Als die Sache aufflog, reist Lessing, zwischen Weihnachten und Neujahr, Hals über Kopf von Berlin nach Wittenberg. Ohne Abschied, aber mit dem »Louis Quatorze«.

Und nun zieht er sich einen der merkwürdigsten Briefe zu, die er je in seinem Leben bekommen hat und bekommen wird. Es ist der erste Brief, den Voltaire an Lessing schreibt, und es bleibt der einzige. Die Adresse klingt abenteuerlich, aber der Brief kommt an, jedenfalls auf die Nachwelt: »A Monsieur Lessing, Candidat en Médecine, à Vittemberg, et s'il n'est pas à Vittemberg, renvoyez à Leipzig, pour être remis à son pere, ministre du St. Evangile à deux miles de Leipzig, qui saura sa demeure.« Noch heute – so durchtrieben ist Voltaire – gehen in der Philologie die Meinungen darüber auseinander, wie dieser Brief – datiert aus Berlin vom 1. Januar 1752 – zu lesen sei, ob »von einer gewissen Versöhnlichkeit Voltaires« gesprochen werden kann oder ob man schlicht einen »beleidigenden Brief« vor sich habe. Er stehe also für sich:

»Man hat Ihnen, Monsieur, schon geschrieben mit der Bitte, das Exemplar zurückzugeben, das man mir gestohlen und Ihnen in die Hand gegeben hat. Ich weiß, es hätte niemandem anvertraut sein können, der weniger fähig wäre es zu mißbrauchen und fähiger, es gut zu übersetzen. Aber da ich inzwischen an der Arbeit viel herumgebessert und mehr als vierzig Blatt hinzugefügt habe, würden Sie mir einen ziemlichen Tort antun, den Text so, wie er Ihnen vorliegt, zu übertragen. Noch schlimmer wäre freilich, wenn Sie zuließen, daß man das Buch so auf Französisch druckte. Sie würden Monsieur de Francheville ruinieren, der ein sehr ehrenwerter Mann und der Verleger dieses Werkes ist. Sie verstehen, daß er gezwungen wäre, sich mit seiner Beschwerde an die Öffentlichkeit und an die sächsischen Behörden zu wenden. Nichts könnte für Sie mißlicher sein und Ihnen unwiderruflicher den Weg zum Glück verbauen. Ich wäre sehr betroffen, wenn die mindeste Fahrlässigkeit von Ihrer Seite Monsieur Francheville vor die grausame Notwendigkeit stellte, seine Beschwerde publik zu machen. Ich bitte Sie also, Monsieur, mir das Exemplar zurückzuschicken, um dessen Rückgabe man Sie schon, in meinem Namen, gebeten hat. Ich bin das Opfer eines Diebstahls, und Sie haben zuviel Redlichkeit, um den Tort, den ich erleide, nicht wiedergutzumachen. Ich wäre sehr einverstanden, wenn Sie das Buch nicht nur ins Deutsche übersetzten, sondern auch für die italienische Ausgabe sorgten, so wie Sie es dem Lehrer der Kinder des Herrn von Schulenburg gesagt haben. Ich werde Ihnen die vollstän-

dige Arbeit mit allen Zusätzen und allen notwendigen Aus-
künften schicken, und ich werde mit Vergnügen den guten
Willen honorieren, mit dem Sie mir das, was ich zurückerbit-
te, ausliefern. Unglücklicherweise weiß man in Berlin, daß
mein Sekretär Richier diesen Diebstahl begangen hat. Ich
werde tun, was ich kann, um den Schuldigen nicht zu verlieren, und ich werde ihm sogar verzeihen, wenn es mit der
Rückgabe, die ich von Ihnen erwarte, seine Richtigkeit hat.
Haben Sie die Güte, mir das Paket mit dem Postwagen zuzu-
senden, und rechnen Sie mit meiner Erkenntlichkeit. Ganz
der Ihre

Voltaire,
Kammerherr des Königs. «

Zur Sicherheit schreibt Voltaire auch noch an den Verleger
C. G. Walther in Dresden; am 15. Januar informiert er ihn
vom Diebstahl der Fahnen, die man »einem mit Namen Lessing übergeben hat«, der aus Berlin entflohen sei, nach Leipzig, Wittenberg oder Dresden oder zu seinem Vater. Walther
solle sich informieren, ob das Werk an einem dieser Orte gedruckt werde, solle dann sofort einschreiten. »Sie können
diesen Lessing aufstöbern, dem ich geschrieben habe und
dem ich ziemlich kräftig geschrieben habe« – übrigens wohl
gleich an alle vier vermuteten Adressen. Doch am 22. Januar
bläst Voltaire die Fahndung ab; das Exemplar ist wieder da,
Walther brauche nichts mehr zu unternehmen, auch nicht
mehr mit Lessing sich in Verbindung zu setzen.

Der Bruder Karl motiviert die plötzliche Abreise Lessings
aus Berlin just zum Jahreswechsel mit dem Gehorsam gegen
den Vater; sie sei »wahrlich nicht aus Furcht vor Voltaire« geschehen. Dazu die apodiktische Anmerkung Nicolais: »Ge-
wiss aus dieser Furcht und wegen der Epigramme.« Legende
dagegen scheint eine scharfe Reaktion Lessings zu sein, von
der er selbst gesagt haben soll, »Voltaire würde sie gewiß
nicht an das Fenster gesteckt« haben. Diese Geschichte geht
auf Louvain zurück, der nach dem Vorfall entlassen worden

war und mehr als dreißig Jahre später, 1784, noch immer voll bitterer Vorwürfe gegen Lessing, in einem Brief an dessen Bruder auf die Affäre zurückkommt. Louvain spricht von einer lateinischen Antwort an Voltaire; aber es scheint nicht nur zweifelhaft, ob Lessing sie überhaupt abgeschickt, sondern ob er sie je geschrieben hat: in jedem Fall wäre die Wahl des Lateinischen gegenüber dem großen Stilisten Voltaire, dessen Sprache zu kennen und zu beherrschen Lessing ja den Ehrgeiz haben mußte, nicht eben ein Zeichen von polemischer Ausgeglichenheit. Auch dies, so ist anzunehmen, ein Teil jenes Anekdotenlateins, das Karl Gotthelf Lessing über seinen Bruder in die Welt gesetzt hat.

Und auch das ist falsch, daß Lessing sich nun in einen anti-voltaireschen Schmollwinkel begeben, daß er seine Neugier (um nicht doch Verehrung zu sagen) in Pikiertheit oder Gehässigkeit verwandelt hätte. Noch Ende 1752, ein Dreivierteljahr nach dem Vorfall, bemühte er sich aufs neue um eine Voltaire-Übersetzung. Von dem Rostocker Drucker Koppe ermuntert, schrieb er an eben jenen C. G. Walther in Dresden, den Voltaire Anfang des Jahres 1752 zur Fahndung nach Lessing aufgerufen hatte. Gewiß ohne zu ahnen, unter welchen Umständen der Dresdner Verleger seinen Namen zuerst gehört haben mußte, bietet sich Lessing als Übersetzer für ein Voltaire-Projekt an, von dem er gehört hatte: »Es ist wahr, dieses Anerbieten wird nicht viel sagen wollen, weil Dieselben mich nicht kennen. Doch was wird einem Manne, wie Sie, ein kleiner Versuch schaden? Ich wenigstens schmeichle mir, daß Dieselben mit mir zufrieden sein sollen; wenn ich anders der Arbeit gewachsen bin.«

Lessing und Voltaire – haben sie sich gekannt? Selbst wenn sie sich in Berlin begegnet wären, sie hätten einander nicht erkennen können. Nicht nur, daß Lessing für Voltaire viel zu jung, viel zu sehr Randfigur war, ein Kandidat der Medizin, allenfalls ein junger Poet in einer erbarmungswürdig unaussprechlichen Sprache, Neuling in der Welt des Geistes, Novize im Literaturbetrieb – ein junger Mann auf nicht einmal verlorenem, sondern überhaupt nicht vorhandenem Posten –, nein, auch Lessing hätte Voltaire in Berlin nicht kennenlernen, nicht wirklich erkennen können. Denn der große Voltaire, der Überlebende, der des gewaltigen Nachruhms, der Weiterwirkende, fing erst *nach* Berlin zu leben, zu schreiben, zu kämpfen an. Aus dem Zänker wurde der Streiter; aus dem Intriganten der Schutzgeist; aus dem Alexandrinerfürsten der Epigrammatiker; und aus dem Zyniker der Moralist. Wie hätten sie sich kennen sollen: Sie fingen ja beide erst an.

Aber eine für Lessing wichtige Wirkung hatte die Affäre doch: »Ihre Sache mit Voltaire«, schrieb Mylius gleich im Januar nach Wittenberg, »hat hier viel Aufhebens gemacht. Sie sind nach Ihrer Abreise bekannter geworden, als Sie es bei Ihrem Dasein waren.« Selbst wenn man die Häme abzieht, die zur Lebens- oder Schreibart von Christlob Mylius gehört, deutet der Satz hin auf einen jener Eklats, ohne die die Dramaturgie des Ruhms nicht auskommen kann.

Zeitraffer I

Wittenberg. Lessing verbringt fast das ganze Jahr 1752 in Wittenberg. Er will nicht mehr als Kandidat der Medizin herumlaufen (so hat ihn ja auch Voltaire noch tituliert); der Mediziner hängt ihm noch aus Leipziger Tagen nach; er will nun die Magisterwürde. Am 29. April, nachdem er als Prüfungsarbeit eine Abhandlung des spanischen Arztes Juan Huarte »Prüfung der Köpfe zu den Wissenschaften« übersetzt hatte, wird er nach einer öffentlichen Disputation zum Magister der Freien Künste promoviert. Sein Bruder Theophilus, eben von der Meißener Schule entlassen, leistet ihm in Wittenberg Gesellschaft; beide leben kümmerlich. Christian Nicolaus Naumann, der Freund schon aus Leipziger Tagen, schreibt über den Lessing jener Tage an Albrecht von Haller: »Noch stärker in der Muttersprache so wohl als in dem Englischen,

Französischen, Spanischen und Griechischen ist der Candidat der Arzneykunst Herr Leßing aus Camenz, der unlängst die Zeitungen bey Voßen in Berlin schrieb und nachdem diese Herr Mylius wieder, wie vorher, übernommen hat, sich nach Wittenberg wendete, wo er aber gar elende lebet.«

Eine karge Zeit. Arbeiten in den verschiedensten Richtungen: Horazstudien, Versuch, Klopstocks »Messias« in lateinische Hexameter zu bringen, theologische Abhandlungen aus der Zeit der Reformation (Lemnius). Aber gerade diese »Rettungen« zeigen an: Widerspruchsgeist, neu belebt. Lessings Übermut wird bizarr, beinah dämonisch; er macht seltsame Epigramme; kommentiert zum Beispiel den Streit über einen Wittenberger Professor, der, mitten unter den Lutheranern, sich zu sagen getraut hatte, der jetzige Papst sei ein gelehrter und vernünftiger Mann, mit den Versen:

Er hat den Pabst gelobt. Und wir, zu Luthers Ehr,
Wir sollten ihn nicht schelten?
Den Pabst, den Pabst gelobt? Wanns noch der Teufel wär,
So ließen wir es gelten.

Im Original dieses Briefes steht über den Worten »der Teufel« der Zusatz: »ich selber«. Aber die Pointe ist, wie eine Fußnote wissen will, »kaum von Lessings eigener Hand«.

Und so friedlich er da in Wittenberg sitzt, so eifrig er in den Büchern liest und nachschlägt, so sicher ist auch schon der Streit. Die Kampflust Lessings ist nun sogar eine Sache des öffentlichen Interesses; die Rostocker »Gelehrten Nachrichten« vom 31. Oktober 1752 melden: »Des Herrn Jöchers zu Leipzig allgemeines Gelehrtenlexikon, welches vorm Jahr in einer neuen Auflage in 4 Quartbänden ans Licht getreten, hat zu Wittenberg, einen Gegner bekommen. Es ist der Hr. M. Lessing, der eine Critik darüber unter Händen hat, und fast keine Seite ohne Erinnerung (das heißt hier: Einwände) vorbeylassen wird.« Und Naumann weiß, an Haller, Genaueres zu berichten: »Herr M. Leßing in Wittenberg... hat sich über den Hrn. Professor Joecher in Leipzig erbarmet, unter deßen Tugenden Stolz und Unhöflichkeit nicht die letzten sind. Die

in seinem Gelehrten Lexico von dem Hn. Magister ange-
merkten großen Schnitzer sollen bloß im Buchstaben A. 20
ganze Bogen gedruckt ausmachen. Diese Schrift wird vielen
Lärmen nach sich ziehen... Herr Joecher so wohl, als der Verleger, deßen Lexikon sehr fallen dürfte, sollten sich, wenn es
auch etliche hundert Taler kostete, entweder das Manuskript,
um es zu brauchen, oder doch das Stillschweigen des Herrn
Leßings erkauffen...« Es sind merkwürdige Sitten, die
Naumann da für möglich hält; sie werden uns, verschärft, im
nächsten Kapitel wiederbegegnen; hier sind sie nur Folie zum
besseren Verständnis. Als Naumann, offenbar skandalgierig,
im November nach Wittenberg reist, findet er Lessing nicht
mehr. Er sei, meldet er Haller, »wieder nach Berlin gegangen, nachdem der H. Prof. Joecher in Leipzig die Klugheit er-
fand, durch die hiesigen Professores die Critik über das Ge-
lehrten-Lexikon zu unterdrücken. Ich besitze die ersten drei
Bogen derselben, als eine Rarität«.

Lessing hatte den Druck auf eigene Kosten begonnen und
drei Bogen an die Gleditsche Buchhandlung nach Leipzig geschickt. Kein Exemplar seiner Kritik ist erschienen, keins erhalten. Lediglich Lessings Handexemplar des Lexikons mit
eigenhändigen Bemerkungen wurde gefunden. – Mehr von
Joecher nicht. Soviel ist klar: Lessing hat sich in Wittenberg
neu munitioniert.

Selbst noch seine Magisterarbeit hatte ihm zur Festigung seines Selbstbewußtseins gedient; in der Vorrede hatte er von
Juan Huarte mit Blick auf sich selbst geschrieben: »Sollte
man ihn nur nach seinen eigenen Grundsätzen beschreiben,
so würde man von ihm sagen müssen; er ist kühn, er verfährt
nie nach den gemeinen Meinungen, er beurtheilt und treibt
alles auf eine besondere Art, er entdeckt alle seine Gedanken
frey und ist sich selbst sein eigener Herr.« Der subtile Herder
schreibt mit Recht, daß Lessing in dieser kurzen Vorrede
»schon ganz känntlich« sei; und es ist Friedrich Schlegel, der
in seinem bis heute unübertroffenen Aufsatz »Über Lessing«

aus solchem Prinzip der Bewunderung einen polemischen Strick macht, dabei aber sich an die Lessingsche Spielregel hält: »Man sollte doch auch einmal den Versuch wagen, Lessingen nach den Gesetzen zu kritisieren, die er selbst… vorgeschrieben hat; ob nicht vielleicht eine solche Kritik die beste Lobrede für ihn sein dürfte: ihn so zu bewundern und ihm so nachzufolgen, wie er wollte, daß man es mit Luthern halten sollte, mit dem man ihn wohl in mehr als einer Rücksicht vergleichen könnte… Freimütigkeit ist die erste Pflicht eines jeden, der über Lessing öffentlich reden will…« Schlegel weiß nicht nur den »großen freien Stil seines Lebens«, die »Scheu vor der geringsten Verletzung der Rechte und Freiheiten jedes Selbstdenkers« zu rühmen, er spricht auch pointiert »von der dreisten Selbständigkeit« Lessings.

Die hatte ihm eben auch an Huarte imponiert, und die fand er auch in dessen Buch immer wieder belegt, und zwar so, daß er sie fast autobiographisch auf sich selbst beziehen konnte. Zum Beispiel in der Anekdote von einem spanischen Hauptmann, der als Held aus Italien in sein Vaterland heimgekehrt ist und dort in die arrogante Gesellschaft adliger Ritter gerät, denen die Herkunft alles, die Tat nichts gilt. Dem Mann widerfährt weiter kein Schimpf, als daß man ihn duzt, aber Lessing übersetzt die Geschichte, als wenn er sie erlebt hätte, als wenn er an sich selbst und an Kamenz dächte: »Einer aus der Gesellschaft, der eine gewiße Frage an ihn that, nennte ihn, in Betrachtung seines geringen Herkommens, seiner armen Aeltern, und des kleinen schlechten Fleckens, welcher sein Geburtsort war, *ihr.* Der Hauptmann bemerkte dieses Wort und ward darüber empfindlich, sagte aber nichts als: Ewr. Herrlichkeit sollen wissen, daß diejenigen Soldaten welche einmal der italiänischen Freyheit gewohnt sind, sich unmöglich in Spanien wohl befinden können, weil daselbst allzuviel Gesetze wider diejenigen sind welche den Degen ziehen. Als die übrigen welche zugegen waren höreten, daß der Hauptmann den Ritter Ewr. Herrlichkeit nannte; so konnten sie sich des Lachens nicht enthalten. Der Ritter aber als er sie lachen sahe, wurde ganz zornig darüber und sagte, meine Herren, Sie müssen wissen, daß Ewr. Herrlichkeit hier nichts weiter heißen soll als das spanische v. merced; (Ewr. Gnaden) Der Herr Hauptmann weiß nicht was hier Sitte ist, er nennt also alle diejenigen welche er v. merced. nennen sollte, v. senoria (Ewr. Herrlichkeit). Nein, nein, fiel ihm der Hauptmann in das Wort; Ewr. Herrlichkeit dürfen mich nicht für so dumm ansehen, daß ich mich nicht sollte der italiänischen Sprache zu bequemen wissen, wenn ich in Italien bin; und nach der spanischen, wenn ich mich in Spanien aufhalte. Derjenige aber, der mich *ihr* zu nennen Recht hat, der muß wenigstens in Spanien eine Herrlichkeit seyn; und auch alsdenn würde er mir noch sehr unhöflich begegnet haben.«

Und Lessing findet nur zu bald sich in der Situation, da einer »Ihr« zu ihm sagt. Und seine Reaktion steht nicht hinter der des spanischen Hauptmanns zurück.

Polemik als Politikum

> Am Schluß vom dritten Kapitel ist der Mann
> noch Tellerwäscher – und am Anfang vom
> vierten hat er schon zwei Angestellte und tele-
> foniert. Nie erfährt man, wen er zwischen dem
> dritten und vierten Kapitel umgebracht und be-
> raubt hat.
>
> *Franz Molnar (nach Friedrich Torberg)*

Auf den ersten Blick sieht es langweilig, ja beinah zum Erbarmen aus: Da fällt Lessing, er ist nun gerade vierundzwan-
zig und als junger Kritiker in Berlin stadtbekannt, über einen
fünfzigjährigen Pastor aus dem sächsischen Laublingen her,
der in seiner Freizeit horazische Oden übersetzt und herausgegeben hat, nachdem er sich früher schon in eigenen Versen
nach dem Muster des Horaz versucht hatte. Da greift der
streitbare Lessing den sanften Geistlichen an und wirft ihm –
Übersetzungsfehler vor. Die können schließlich jedem passieren: Auch Lessing selbst hatte vor nicht allzulanger Zeit
die »Novellas exemplares« des Cervantes nicht etwa als
»Muster-Novellen«, sondern gleich zweimal als »Neue Beispiele« ausgegeben. Irren ist menschlich, und Irren ist die
Übersetzerkrankheit schlechthin, weil es selbst dem besten
Dolmetsch oft die fremde oder die eigene Sprache verschlägt,
im schlimmen Fall auch beide zugleich. Gut, der Pastor
Lange hatte sich, nebst vielen andern Fehlern, das geleistet,
was man auf Neudeutsch einen dicken Hund nennt; er hatte
das Wort »ducentia« für »ducenta« gelesen; statt »hinüberlei-
tend« also »zweihundert«, und so wurde aus einem, der den
zum Schlaf des Vergessens hinführenden Becher mit gierig-

trockenem Schlunde leert, einer, der das gleich zweihundertmal hintereinander tut. Die Vorstellung mag grotesk sein, aber muß man sich gleich so satt ins Fäustchen lachen, wie Lessing es tut? »O wahrhaftig, er muß ihrer mehr als zwei hundert ausgeleeret haben, die ihm das innerste der Brust so stark mit Vergeßlichkeit der ersten Anfangsgründe erfüllt haben!« Muß man denn mit der besseren Vokabelkenntnis schon einen solchen Triumph-Ton des Spotts anstimmen, wie es Lessing gegenüber Lange tut? Schließlich: Wer ist schon Lange? Und ist sich denn Lessing nicht für diese Art Hohn zu schade? Geht denn sein Ehrgeiz auf bloße blasse Besserwisserei?

Der erste Blick täuscht gründlich. Samuel Gotthold Lange ist wer. Der Pastor Lange wird nach diesem Rencontre nie mehr der sein, der er war, aber noch ist er ein berühmter Dichter, ein Poet der Freundschaft, ein Herbergsvater des Gefühls. Nach dieser Polemik und bis heute – da er sogar in einigen Taschenbuch-Anthologien wieder vertreten ist – besteht sein Ruhm darin, von Lessings sarkastischer Laune verewigt worden zu sein wie ein Insekt im Bernstein (Heinrich Heine), aber bis zu dieser Verewigung macht er mächtig Wind mit seiner hochfahrenden, pietistisch getönten, antik rhythmisierten Poesie:

Ich, der ich mich mit wenigem vergnüge,
Ich, welchen nicht das Glück der Toren kränkt,
Erhielt vom billigen Geschick nicht Reichtum
Und Vorzug, der sehr oft die Buben schmückt.

Mir gab es, besser, die geweihte Leier,
Die Musen lehrten mich den hohen Griff...

Gar nicht kleinlaut ist der Pastor Lange als deutscher Dichter um 1750, und es ist nicht nur Ironie, wenn Lessing im Vorspiel zu seiner Polemik, im 24. »Brief«, schreibt: »Ich habe ihn allezeit als einen unserer wichtigsten Dichter betrachtet und seiner versprochenen Übersetzung des Horaz mit dem unbeschreiblichsten Verlangen entgegen gesehen.« Lange ist nicht allein Pastor und Poet, sondern auch eine Art von Literaturzentrum, Mittelpunkt des Halleschen Dichterkreises; Autoren wie Gleim, Sulzer und Ewald von Kleist sind um ihn versammelt, ihm zugetan mit Gesellschaft, Briefen, Lobsprüchen, Widmungen, wohlwollender Kritik oder schierer Bewunderung. Lange hält mit seiner Frau Doris, die von kritischen Zeitgenossen als ein Ausbund blonder und enthusiastischer Unbedarftheit hingestellt wird, im Pfarrhaus Hof, bildet sich einen Musensitz ein und schafft sich einen Platitüden-Parnaß.

Aber Lange sieht sich ganz anders, umkränzt, umtanzt; er dichtet:

> Ich höre oft in den gestirnten Nächten
> Beim Silberlicht des Monds in weiter Fern
> Ein schwach Getön, das sich allmählich nähert
> Und stärker wird. Dann singen sie um mich.

> Die Nymphen gehn heraus und schließen tanzend
> In leichten frohen Reihen, Hand an Hand,
> Pan lauscht am Bach, verdeckt vom Brombeerstrauche,
> Die hüpfenden Satyren führet Faun.

Die Satyrn sind noch näher, als der Pastor glauben mag. Sie haben nur auf einen Anlaß gewartet, um richtig loszuhüpfen. Und diesen Anlaß hat Lange mit seinem Horaz-Buch gegeben, das nun auf dem Markt ist und dessen deutsche Fassung mit stolzer Umständlichkeit lautet: »... des Quintus Horatius Flaccus Oden, fünf Bücher und von der Dichtkunst ein Buch poetisch übersetzt von Samuel Gotthold Langen, Halle bei Gebauer 1752«. In pompöser Sicherheit wiegt sich die Vorrede: »Da man im Horaz nicht nur die feurigste und größte Stärke, sondern auch die Quintessenz alles schönen und

guten Geschmacks findet, da er auch deswegen einer der
schwersten Schriftsteller in seiner Sprache ist, so ist es Schade, daß ihn nicht jeder lesen und verstehen kann. Dieses hat
mich bewogen, ihn durch eine genaue Übersetzung etwas
allgemeiner zu machen.« Neun Jahre lang, teilt Lange mit,
habe er an dieser Arbeit gesessen; und kaum einmal hat ein
Autor ein Buch mit gewisserer Erwartung des einhelligsten
Entzückens publiziert. »Jetzt merkte ich, daß ich nun alles loben müßte«, hat schon einige Zeit vorher Gleim nach einem
Besuch bei Lange, der ihm aus der Übersetzung vorlas, seuf-
zend berichtet.

Es ist dieser gewaltige Anspruch, der Lessing zunächst
reizt, das Buch zu lesen, es kritisch zu lesen. Er ist in Wittenberg, als es erscheint, und sein Bruder Theophilus leistet ihm
dort Gesellschaft: Zwei tüchtige Lateiner, beide Zöglinge der
Elite-Schule St. Afra in Meißen, wollen doch einmal sehen,
wie gut man in Laublingen Latein kann. Und siehe, man kann
es nicht gut. Und wie es dennoch zu einer so tollkühnen
Übersetzungsunternehmung kommen kann, hat Theodor
W. Danzel, Lessings Biograph in der Mitte des 19. Jahrhunderts, sehr witzig ausgemalt: »Nun hat gewiß jedermann es
einmal in einem gemütlichen sächsischen Familienkreise erlebt – es braucht nicht bei einem Landpastor gewesen zu sein,
ein alter Medicus thuts auch – daß ihm die Töchter erzählen:
des Vaters Lieblingssprache ist die lateinische – nicht wahr,
Vater, Deine Lieblingssprache ist die lateinische? – ja, meine
Lieblingssprache ist die lateinische – woraus aber gar nicht
folgt, daß der Vater entweder Latein oder irgendeine andere
Sprache wirklich könne. Genau so ging es nun Langen mit seinem Horaz: er war einmal der Liebhaber und Kenner des Horaz
quand même – was Wunder, daß er, nachdem er ihn lange genug nachgeahmt, auf den Einfall kam, ihn auch zu übersetzen –
wobei er freilich nicht etwa bloß an seine guten Freunde dachte,
sondern eben daran nicht dachte, daß nicht die ganze Welt aus
solchen guten Freunden bestand, oder daß es auch noch ein solches Ding, wie einen objectiven Maßstab, gebe.«

Der Anfang der Kontroverse Lessing-Lange ist denn auch
nur so spitz, wie eben auftrumpfende Philologie spitz sein
kann. »Unser Streit, mein Herr Pastor«, so rekapituliert Lessing später, als alles schon aus dem Gleis ist, »war grammati-
kalisch, das ist, über Kleinigkeiten, die in der Welt nicht kleiner sein können. Ich hätte mir nimmermehr eingebildet, daß
ein vernünftiger Mann eine vorgeworfene Unwissenheit in
denselben für eine Beschimpfung halten könne; für eine Beschimpfung, die er nicht allein mit einer gleichen, sondern
auch noch mit boshaften Lügen rächen müsse.« Lessing hatte
sich (oder dem Pastor) auch Zeit gelassen, hatte seine kritischen Korrekturen erst ein Jahr später, 1753, im zweiten Teil
seiner »Schrifften« erscheinen lassen, also eher diskret publiziert. Der »Hamburgische Korrespondent« aber druckte die
Sache nach, und nun erst reagierte Lange darauf; die zweihundert Becher hatte er schon in den weiteren Auflagen, die
sein Buch erfuhr, rasch eliminiert; im übrigen gab er sich
überlegen, nannte Lessing einen jungen frechen Kunstrichter
und beharrte auf seiner Fassung.

Er sollte sie jetzt verlieren. Denn jetzt knöpft sich Lessing
den Pastor erst wirklich vor; er wählt die Form des Briefes,
baut sie aber zu einer höhnischen Zwiesprache aus und kostet, während er schreibt, schon die Wirkung der Worte aus,
die er seinem Widersacher an den Kopf wirft: »Ein Glas frisches Brunnenwasser, die Wallung Ihres kochenden Geblütes
ein wenig niederzuschlagen, wird Ihnen sehr dienlich sein,
ehe wir zur ersten Unterabteilung schreiten.« Die »Unterabteilung« ist eine für Lessings Polemik kennzeichnende Vokabel: Er verwaltet seine Heimleuchtungen mit einer schönen
Ökonomie, mit einer süffisanten Betulichkeit. Was dem
Temperament der Polemik zu widersprechen scheint, ist,
auch in der polemischen Tradition der früheren Jahrhunderte, eins ihrer wichtigsten Merkmale: Ordnungssinn, Genauigkeit, Penibilität. Und mit sarkastischer Pedanterie setzt
Lessing in seinem »Vade mecum für den Hrn. Sam. Gotth.
Lange Pastor in Laublingen in diesem Taschenformate aus-

gefertiget von Gotth. Ephr. Lessing« sein Programm auseinander. Er schäme sich im Grunde seines Herzens, »auf einen
so elenden Gegner gestoßen zu sein« und bringt dann mit böser Gemächlichkeit vor: »Daß Sie dieses sind, will ich Ihnen,
mein Herr Pastor, in dem ersten Theile meines Briefes erweisen. Der zweite Theil soll Ihnen darthun, daß Sie noch außer
Ihrer Unwissenheit, eine sehr nichtswürdige Art zu denken
verraten haben, und mit einem Worte, daß Sie ein Verleum-
der sind. Den ersten Theil will ich wieder in zwei kleine ab-
sondern: anfangs will ich zeigen, daß Sie die von mir getadel-
ten Stellen nicht gerettet haben, und daß sie nicht zu reden
sind; zweitens werde ich mir das Vergnügen machen, Ihnen
mit einer Anzahl neuer Fehler aufzuwarten. – – Verzeihen
Sie, daß ich in einem Briefe so ordentlich sein muß.«

Der Vorschlag mit dem Glas Brunnenwasser, so merkt
selbst der heutige und unbetroffene Leser, kommt an dieser
Stelle gerade recht. Ärger macht jenen Durst, den man nicht
stillen, sondern herunterspülen will. Und nun folgt bei Lessing das stilistische, das sprachkritische Federlesen. Ein Beispiel soll für viele stehen; aber es beweist besonders delikat,
daß der Streit nur vordergründig um Lateinkenntnisse geht,
in Wahrheit aber um die Sinnlichkeit und Anschaulichkeit
der deutschen Sprache. Lange hatte den lateinischen Ausdruck »vina liques« mit der Wendung »Zerlaß den Wein«
wiedergegeben, und Lessing hatte bei seiner ersten Fehler-
durchsicht nur angemerkt: »Was heißt das, den Wein zerlassen? War der Wein gefroren?« Da nun Lange aber auf seiner
Unsinnigkeit beharrt, klärt Lessing, im genauen Sinn des
umstrittenen Wortes, die Sache und den Wein: denn liquare
heiße zwar zerlassen und zerschmelzen, habe aber auch die
allgemeine Bedeutung von flüssig und »folglich auch klar
machen«. Und allmählich kommen Sinn und Verstand und
Gaumen in die trübe Angelegenheit: »vinum liquare soll den
Wein filtrieren... heißen. Doch worauf ging denn nun meine
Kritik? Darauf, daß kein Deutscher bei dem Worte zerlassen
auf eine Art von Filtrieren denken wird, und daß ein jeder,

dem ich sage, ich habe den Wein zerlassen, glauben muß, er sei vorher gefroren gewesen. Haben Sie dieses auch gemeint, Herr Pastor?... Denn was Sie verdächtig macht ist dieses, daß die Ode, in welcher die streitige Stelle vorkommt, augenscheinlich zur Winterszeit muß sein gemacht worden. Diesen Umstand haben Sie in Gedanken gehabt, und vielleicht geglaubt, daß Italien an Lappland grenzt, wo wohl gar der Brandewein gefriert. Sie lassen also den Horaz der Leuconoe befehlen, ein Stück aus dem Fasse auszuhauen, und es an dem Feuer wieder flüssig zu machen...«

Ein Wort zur Polemik überhaupt. »Polemos« ist griechisch und heißt Krieg. Polemisieren aber heißt: Deutsch mit jemandem reden. Daraus folgt, daß Polemik in Deutschland nicht sehr verbreitet ist. Erstens sind die Deutschen mit ihrem eigenen Idiom wenig vertraut – Deutsch ist die Sprache derer, die deutsch fühlen, aber nicht deutsch können, heißt es bei Karl Kraus –; zweitens fehlt uns, wenn wirs könnten, meist der Mut; und drittens herrscht die Neigung vor, den Gegner zu ideologisieren, zu thematisieren, als Phänomen zu widerlegen. – Polemik ist die sublimste Form des Duells; Worte sind die Waffen, doch treffen sollen sie genau wie Pistolen. Aber der ist der beste Polemiker, der seinen Gegner mit dessen eigenen Worten zu treffen, zu besiegen versteht. Daraus folgt, daß Sprache nicht allein Mittel, sondern auch das eigentliche Material der Polemik ist, Subjekt und Objekt zugleich, das, womit, und das, worüber gestritten wird. Und diese Doppelung führt dazu, daß der Wortfehler zum moralischen Defekt, der Versprecher zum Versagen, die Unrichtigkeit zur Lüge wird.

Und so ist auch in unserm Fall der Grammatikstreit nur Manöver. Wie rasch der Zwist um Wörter überspringt zur Auseinandersetzung zwischen den Personen, dafür gibt es in Lessings »Vade mecum« einen lakonischen Beleg. »Denn ich muß auch hier Ihre Unwissenheit in der französischen Sprache bewundern«, schreibt er, weil Lange das französische

Wort »indigne« mit »nichtswürdig« übersetzt hat. »Heißt denn indigne *nichtswürdig? Unwürdig* heißt es wohl, und dieses hätte in Ihrer Übersetzung mögen hingehen. Nichtswürdig aber ist wahrhaftig zu toll. Oder glauben Sie, daß beides einerlei ist? Gewiß nicht! Sie sind zum Beispiel ein *un*würdiger Übersetzer des Horaz; sind Sie deswegen ein *nichts*würdiger?«

Aber eben auf diese Charakterisierung will Lessing hinaus; denn die Polemik hat einen weiteren Aspekt. Lange hatte sich nicht nur verteidigt, er hatte im Zuge seiner Replik Lessing verleumdet, hatte ihm vorgeworfen, daß er mit der ersten Fehlerliste ihn, den Horazübersetzer, geradezu hätte erpressen wollen. Unter der Hand habe er sie ihm für ein Honorar angeboten und erst dann publik gemacht, als Lange einen solchen Handel von sich gewiesen habe. »Ich«, schreit Lessing hinaus, »Ich soll Ihnen zugemutet haben, mir meine Kritik mit Gelde abzukaufen. – – Ich? Ihnen? Mit Gelde?« Jetzt wird der polemische Furor ganz freigesetzt – und die Grammatik Nebensache. Jetzt ist Lessing ganz außer sich, und das heißt: ganz bei sich. Alle seine Polemiken sind letztlich emphatische Selbstporträts. Auch hier wird die Abkanzelung zur Ichbeschreibung: »Mein Wissen und Nichtwissen kann ich ganz wohl auf das Spiel setzen lassen; was ich auf der einen Seite verliere, hoffe ich auf der andern wieder zu gewinnen. Allein mein Herz werde ich nie ungerochen antasten lassen, und ich werde Ihren Namen in Zukunft allezeit nennen, so oft ich ein Beispiel eines rachsüchtigen Lügners nötig habe. Mit dieser Versicherung habe ich die Ehre meinen Brief zu schließen. Ich bin – – doch nein, ich bin nichts.«

Zwar will Lessing mit diesem Abbruch nur sagen, daß er die Brieffiktion aufgibt, daß er keine Grußformel folgen lassen will, und dennoch ist diese Verweigerung des Namens, die Einbehaltung der Identität, für ihn höchstes Selbstbewußtsein. Mit ähnlichem Stolz wird er ein paar Jahre später die letzte große Konfrontation mit Gottsched wagen: »Ich bin dieser Niemand...«

Und noch ein allerletzter Blick bleibt auf die Kontroverse zu tun, der eigentlich entscheidende: ein Blick in die öffentliche Dimension des Falles. Das »Vade mecum« ist, was Lessing zwar ahnen, aber doch nicht ganz überblicken kann, eine politische Provokation. Die Polemik grenzt hart an Majestätsbeleidigung. Vom Hohn Lessings bekommt, wie immer indirekt, auch der König was ab. Der Blamierte, eigentlich, ist Friedrich. Und zwar so: Der König hatte Langes Buch, im wahren Sinn des Wortes, unter seine Fittiche genommen; der preußische Adler zierte das Dedikationsblatt; und die Widmung des Pastors Lange galt dem Monarchen. Denn der betriebsame Dichter war auch ein Stratege seines Ruhms und hatte alles in Bewegung gesetzt, um für sein Werk die allerhöchste Protektion zu erwirken. Und durch die Vermittlung des Generals Stille, der damals zur Tafelrunde in Sanssouci gehört, schafft er es, daß Friedrich, der Latein nicht kann und Deutsch nicht liest, sich die Widmung gefallen läßt und gewissermaßen blindlings dankt: »Würdiger, Lieber, Getreuer. Ich habe euer Schreiben vom 30. vorigen Monats nebst der Mir zugeeigneten neuen deutschen Übersetzung des Horaz wohl erhalten, und wie Mir eure dadurch gezeigte devote Attention zu gnädigstem Gefallen gereichet, also zweifle Ich nicht, es werde eure wohlgeratene Arbeit der Schuljugend bei Lesung dieses lebhaften Autoris in der Tat nützlich sein, und dadurch der Zweck eurer angewandten Bemühungen völlig erreicht werden. Ich verbleibe übrigens Euer gnädiger König Friedrich.«

Welch ein Passepartout! Ein Buch, auf dem die Hand des Königs ruht, das sollte doch ein anderer so leicht nicht antasten. Ein Buch, das Friedrich eine »wohlgeratene Arbeit« nennt, sollte zum Gespött ganz Preußens werden dürfen? Ein Autor, dem der Monarch die Auszeichnung »Würdiger, Lieber, Getreuer« gibt, dürfte von Lessing für das »Beispiel eines rachsüchtigen Lügners« erklärt werden? Lessing war sogar gewarnt worden, von dem Professor Nicolai aus Halle, der mit Lange gut stand, andererseits aber auch Lessing davor bewahren wollte, in ein Fettnäpfchen zu treten, das eben kein grammatisches, kein horazisches, sondern ein durchaus politisches war. »Öffentlich«, schrieb er an Lessing, »wollte ich es niemanden raten, Herrn Langen anzugreifen, der etwa noch Hoffnung haben könnte, im Preußischen sein Glück zu finden. Herr Lange kann viel bei Hofe durch gewisse Mittel ausrichten.«

Und einen Lebensaugenblick lang steht alles noch auf der Kippe: ob das Insekt einst im Bernstein sich verewigt, oder ob es kribbelnd einem Harztropfen entgeht, dessen Spur sich dann verliert. Es ist der kritischste Moment für den frühen Lessing. Lange unter der Protektion des Königs, und Lessing von nichts gedeckt als von der Gerechtigkeit seines Zorns.

Schon hat die einflußreiche »Jenaische Gelehrte Zeitung« die Partei Langes ergriffen; schon sind auch die Leute aus Lessings eigenem Bekanntenkreis konsterniert über den Ton seiner Polemik. Da kommt aus Göttingen Hilfe: Der berühmte und liberale Gelehrte Johann David Michaelis hatte schon 1753 Lessings erster Kritik an Lange beigepflichtet, und als Lessing ihm dann, quasi als Bitte um Beistand, das »Vade mecum« zuschickt, urteilt Michaelis mit der Hellsicht dessen, der weiß, daß hier eine publizistische Existenz, ja, daß hier ein Leben auf dem Spiel steht und daß nur die äußerste Entschiedenheit noch nützt: »Diese nachdrückliche, aber nicht ungesittete Satyre, die voller Gelehrsamkeit und nicht ohne Kunst ist, wird bleiben, wenn man von der vorigen Schrift (eben der Verteidigung Langes) Nichts mehr weiß.«

Da lenkt auch die »Jenaische Zeitung« ein, und am 24. August 1754, als der dritte Teil seiner Schriften dort besprochen wird, ist Lessing nun schon »dieser berühmte Schriftsteller«.

Absage ans andere Ich

For a stately tree grows by the use of the knife.

George Meredith

Der Skandal mit Voltaire, die Erledigung des Pastors Lange – das waren zwei Eklats, die Lessings Ruhm und Ruf hatten hinausschnellen lassen über die Gemachheit des alltäglichen und beflissenen Rezensentengeschäftes. Die Kunst, Aufsehen zu machen, zählte mehr als die kritische Aufsicht über die Kunst. Die polemische Schlacht brachte mehr ein als der Kleinkrieg in den Zeitungen. Das große Aufräumen – es ließ ihn selbst aufgeräumt zurück.

Und Lessing entging so der eigentlichen Berufskrankheit des Journalisten: Das ist nicht die Raschheit, sondern die Routine; nicht die Promptheit, sondern die abstumpfende Gewöhnung daran; nicht das a posto und a tempo und à jour; sondern die lebenslange Tagtäglichkeit. Das Risiko, das so einer eingeht, ist eins, das er gar nicht mehr erkennt: Er wird zu einem kuriosen Sisyphus der Aktualität. Er gewöhnt sich an die Tortur, indem er sich durch zwei Illusionen entschädigt: Erst verwechselt er sich mit den Ereignissen, *von* denen, und dann mit seiner Zeitung, *für* die er berichtet. Er ist das Erdbeben, und er ist dessen drucktechnische Multiplikation. Der Journalist steht in vorderster Front beim ständigen Dammbruch der Ereignisse. Er sieht, was auf ihn zukommt, und er sieht darauf, daß er was aus ihnen macht. Er steht in der Zeitung, also ist er. Sein Selbstbewußtsein ist durch Blatt-Mentalität ersetzt; seine Zivilcourage durch Auflagenstärke, und was er von sich selbst hält, steht auf einem Blatt, für das er nicht schreibt und das zu lesen er sich nicht mehr leisten kann. Die Sisyphus-Journalisten erkennt man daran, daß sie aushalten, was nicht auszuhalten ist; sie bekleiden ihre Druck-Posten so lange, bis auch ihnen ein Preis winkt: Zeitgewinn. Sie setzen sich nicht durch, sie sitzen sich durch. Sie machen so lange, bis das Publikum Sisyphusarbeit für ein göttliches Spiel hält.

Lessings Absage an solche Form des Journalismus wird zu einer persönlichen Abrechnung, und die wiederum zum dritten Eklat jener Jahre. Es ist die intimste Affäre von allen; nicht die aufregendste für die Öffentlichkeit, aber die sensationellste für die Kenntnis oder eine mehr als blasse Ahnung von Lessing. Es ist das Adieu an eine journalistische Existenz, wie sie Mylius geführt hat. Es ist, im Nachruf auf einen Kollegen der Widerruf von Kollegialität. Der offene Zorn des Pastors Lessing ist ein milder Hauch gegen die schneidende Erleichterung, mit der sich Gotthold Ephraim Lessing nun – 1754 – Luft macht und von dem Mann lossagt, dessen Nacheiferer, Stellvertreter und Kumpan er doch lange genug gewesen war. Mylius ist tot – und Lessing lebt auf.

Mylius hatte auf einer geplanten Weltreise in London erst Station gemacht, dann einen längeren Aufenthalt, dann sich einen kurzen und bohémienhaften Lebensabend geleistet. Das Geld, das eine Gruppe von Gelehrten und Kaufleuten unter der Leitung Hallers für ihn und seine Expedition zusammengebracht hatte, brachte er immerhin vorher noch durch. Albrecht von Haller schrieb mit der noblen Trockenheit dessen, der in viel jüngeren Lebensjahren London erlebt hatte und seine Existenz immer zusammenzuhalten verstand, über die äußeren Umstände, unter denen Mylius in London zu Tode (ver)kam: »Anstatt aus London sofort nach Amerika abzugehen, forderte er wieder Geld, und erhielt nach verschiedenen in Hannover und anderswo gehobenen Summen von mir den 9. Oktober noch 200 Thaler, so daß er nunmehr über 1500 Thaler anstatt der ersten fürs Jahr 1753 versprochenen tausend empfangen hatte. Aber er ließ die Zeit verstreichen, und dies beträchtliche Geld zerging ihm wie Schnee. Dabei war Hr. Mylius entweder nicht gewohnt, das Geld mit derjenigen Sparsamkeit zu schonen, die seine Schranken erforderten, oder ältere Schulden beraubten ihn des nach Amerika bestimmten Vorrathes, oder eine *unzeitige Liebe,* wie andere Freunde wissen wollen, entzog ihn dem Nachdenken über seine wahre Bestimmung... Er forderte noch 150 Pfund Sterling, wann er nach Amerika gehen sollte, verlangte von der königlichen Kammer in Hannover einen Vorschuß von 1000 Thalern, die ihm der gütigste Minister nicht anders als abschlagen konnte und geriet indessen täglich in tiefere Schulden. Gerne würde ich über diese unglückliche Geschichte einen Vorhang ziehen, aber es ist kein anderer Weg übrig, die Beförderer des Werkes (nämlich die Geldgeber) von der Ursache des übeln Ausgangs desselben zu belehren, als die Wahrheit, und vieles verschweige ich noch in Liebe, was zur Aufklärung dienen könnte.«

Von solcher Liebe ist in der Einführung, die Lessing den »Vermischten Schriften« des unglücklichen Mylius beigibt, nicht viel zu spüren. Fast kann man diese Vorrede ein Stück übler Nachrede nennen. Zwar gibt es Freundschaftsbeteuerungen; aber Lessing sagt auch gleich im ersten Absatz, er würde sich ein Gewissen daraus machen, »demjenigen im Tode zu schmeicheln, welcher mich nie in seinem Leben als einen Schmeichler gefunden hat«. Diese fünf Briefe über Werk und Leben von Christlob Mylius sind offenbar zu lesen als ein weiterer von Lessings persönlichen Emanzipationstexten: Fünf Briefe zu einem Abschied, der sich über ebensoviele Jahre hingezogen hatte: Denn längst war Mylius vom Vorbild zum Gegenbild oder anders: zu einer Karikatur der eigenen Lebensvorstellungen geworden. Mylius war die Komödienfigur geworden, aus deren Fehlern man lernen konnte, Lessing zu sein. Mylius war der Projektemacher, an dem man Betriebsamkeit von Tatkraft unterscheiden konnte. Mylius war der Freigeist, durch den man begriff, daß es mit

der platten Freigeisterei so weit her nicht war. Mylius war
der, an dem Lessing zwischen Freiheit und Fahrlässigkeit,
zwischen Selbständigkeit und Unstetheit zu differenzieren
lernte. Mylius war ein Stück Identität, das ihm nun erspart
blieb. Drei Monate lang, um die Jahreswende 52/53, waren sie
noch einmal zusammen in Berlin gewesen, und daß Lessing
den »Vetter« nicht eben schweren Herzens davonziehen sah,
geht aus seinen eigenen Zeilen hervor: »Die Art, mit welcher
ich von ihm Abschied nahm, war eine Beurlaubung auf einige flüchtige Tage, und kein Abschied, so gewiß bildete ich
mir ein, ihn wieder zu sehen. Ich spottete über die, welche
ihm gar zu gern das Herz schwer gemacht hätten.

›Wohin, wohin treibt dich mit blutgen Sporen,
Die Wißbegier, dich, ihren Held?
Du eilst, o Mylius! im Auge feiger Toren,
Zur künftgen, nicht zu neuen Welt.‹
So redete ich ihn in einem kleinen Gedichte, noch wenige
Tage vor seiner Abreise, an.«

Lessing spricht von Mylius, und indem er das tut, spricht
er auch von sich selbst: »So würde ich sagen, daß ein gewisses
neidisches Geschick über die deutschen *Genies,* welche ihrem
Vaterlande Ehre machen könnten, zu herrschen scheine. Wie
viele derselben fallen in ihrer Blüte dahin! Sie sterben reich an
Entwürfen, und schwanger mit Gedanken, denen zu ihrer
Größe nichts als die Ausführung fehlt. Sollte es aber wohl
schwer sein, eine natürliche Ursache hiervon anzugeben?
Wahrhaftig, sie ist so klar, daß sie nur derjenige nicht sieht,
der sie nicht sehen will. Nehmen Sie an, mein Herr, daß ein
solches *Genie,* in einem gewissen Stande geboren wird, der,
ich will nicht sagen, der elendeste, sondern nur zu mittelmä-
ßig ist, als daß er noch zu der sogenannten güldnen Mittel-
mäßigkeit zu rechnen wäre. Und Sie wissen wohl, die Natur
hat einen Wohlgefallen daran, aus eben diesem immer mehr
große Geister hervor zu bringen, als aus irgendeinem andern.
Nun überlegen Sie, was für Schwierigkeiten dieses *Genie,* in
einem Lande als Deutschland, wo fast alle Arten Ermunte-

rungen unbekannt sind, zu übersteigen habe. Bald wird es von dem Mangel der nötigsten Hülfsmittel zurück gehalten; bald von dem Neide, welcher die Verdienste auch schon in ihrer Wiege verfolgt, unterdrückt; bald in mühsamen und seiner unwürdigen Geschäften entkräftet. Ist es ein Wunder, daß es nach aufgeopferten Jugendkräften dem ersten starken Sturme unterliegt? Ist es ein Wunder, daß Armut, Ärgernis, Kränkung, Verachtung endlich über einen Körper siegen, der ohnedem schon der stärkste nicht ist, weil er kein Körper eines Holzhackers werden sollte?«

Aber solche Passagen der Vorrede, die nach Sympathie klingen, ja von Identifikationsbereitschaft, wechseln mit Ausplaudereien, die ein mißgünstiger Gegner formuliert haben könnte. So deckt Lessing nun, vielleicht in bitterer Erinnerung an seinen kargen Berliner Anfang, den Leichtsinn auf, mit dem Mylius seinerzeit an die Gründung des »Wahrsagers« gegangen war; beschreibt, wie er die Zeitschrift förmlich aus dem Hut gezaubert hatte: »Das erste Blatt des Wahrsagers kam Donnerstags heraus. Den Sonntag vorher wußte Hr. Mylius noch nicht, wie es heißen sollte. Er lief hundert Namen durch, und konnte keinen finden, der ihm recht gelegen wäre. Endlich half ihm der geschwinde Witz eines guten Freundes noch aus der Not. ›Sie können sich nicht entschließen, wie Sie Ihr Blatt nennen wollen? sagte der Herr von K** zu ihm; nennen Sie es den Wahrsager. Die zu dumm waren, Sie als einen Freigeist zu hören, die werden gewiß nicht zu klug sein, Ihnen als einem Wahrsager zu folgen.‹ Dieser Einfall ward gebilliget, ob er gleich ein wenig boshaft war, und in drei Stunden war das erste Stück fertig.«

Aber, kann man einwenden, das ist doch kein feindseliges Souvenir, sondern nur der Hinweis auf journalistische Bravour. Doch Lessing fährt bei dem Gedanken an das skandalöse Boulevard-Blatt, mit dem Mylius sich in Berlin so unbeliebt gemacht hatte, fort: »Die fernere Fortsetzung ward ihm höheres Ortes verboten, und es wäre seiner Ehre zuträglicher gewesen, wenn man ihm gleich den Anfang untersagt hätte.

Ich kann Ihnen nicht sagen, wie ungleich er sich darinne sieht! Die Schreibart ist nachlässig, die Moral gemein, die Scherze sind pöbelhaft und die Satyre ist beleidigend. Er schonte niemanden und hatte nichts schlechters zur Absicht, als seine Blätter zur skandalösen Chronike der Stadt zu machen. Man schrie daher überall wider ihn, bis ihm das Handwerk gelegt ward.«

Bis ihm das Handwerk gelegt wurde: So redet man eher von einem Kriminellen. Und es ist nicht verwunderlich, daß sich Lessing mit seiner Vorrede einen befremdeten Brief seines Leipziger Lehrers Kästner zuzieht, der mit den ironischen Zeilen beginnt: »Mein Herr! Das ist wahr, die Briefe, welche Sie der Sammlung von unseres Freundes Mylius Schriften vorgesetzt haben, sind ein Muster für einen europäischen Herausgeber. Wenn ein Herausgeber ihres und meines Horazes mit demselben so verfahren wäre, so hätte er sich gewiß ein paar *Rettungen* zugezogen.« Der Tadel könnte nicht eleganter, aber auch nicht spitzer formuliert sein. Dabei ist Kästner beileibe kein Bewunderer von Christlob Mylius gewesen, hatte schon in Leipzig Anstoß genommen an dem Zug von chaotischer Arroganz, der diesem jungen Mann eigen war, an der Unverschämtheit, andern auf die Bude zu rücken, wenn er sich kein eigenes Quartier leisten konnte, und sich breitzumachen: »alsdann aber mußte er Herr auf der Stube sein, und nicht der, der sie ihm gab.« Und auch jetzt gibt Kästner Lessing in der Sache recht: »Ich bin in den meisten Stücken mit Ihnen einstimmig, ich habe unserm Freunde bei seinen Lebzeiten oft gewünscht, daß er weniger schreiben möchte, und jezo wünschte ich einiges, das er geschrieben hat… lieber vergessen als getadelt zu sehen…«

Aber Lessing macht noch etwas Böseres; dem ruppigen Kranz, den er dem Verstorbenen windet, heftet er am Ende auch noch eine Schleife an, deren Klartext heißt: Dem skrupellosen Opportunisten, in herzlicher Verachtung. Glimpflicher läßt sich der Schluß der Vorrede nicht interpretieren, jene Stelle, an der, ohne Not, von einem publizistischen Sündenfall Mylius' die Rede ist, einer Kritik aus jener Zeit, da dieser Hans Dampf in allen Gassen und auf allen Hintertreppen noch die Geschäfte des Professors Gottsched besorgte. Lessing denunziert den Toten, indem er bekanntmacht, daß derselbe Mylius, der sich von Albrecht von Haller die große Reise hat mitfinanzieren lassen, früher dessen ärgster und hämischster Kritiker gewesen sei: »Wie? werden Sie sagen, der unglückliche Tadler Hallers? Ja, mein Herr, dieses war Hr. Mylius; denn er ist es, aus dessen Feder die Beurteilung des *Hallerischen Gedichts über den Ursprung des Übels,* in den ersten Stücken der hällischen Bemühungen, geflossen ist. Ich sage mit Fleiß, aus seiner Feder und nicht aus seinem Kopfe. Der Hr. Prof. Gottsched dachte damals für ihn, und mein Freund hat es nach der Zeit mehr als einmal bereuet, ein so schimpfliches Werkzeug des Neides gewesen zu sein. Doch ich weiß schon, auf wen die größte Schande fällt; auf den ohne Zweifel, auf welchen alle seine Schüler ihre Vergehungen bürden, und ihn, wie den Versöhnungsbock, in die Wüste schicken sollten. – – Aber bewundern Sie doch mit mir den Hrn. von Haller! Entweder er hat es gewußt, daß ihn Hr. Mylius ehedem so schimpflich kritisiert habe; oder er hat es nicht gewußt. In dem ersten Falle bewundre ich seine Großmut, die auf keine Rache dieser persönlichen Beleidigung gedacht, sondern sich den Beleidiger vielmehr unendlich zu verbinden gesucht hat. In dem andern Falle bewundre ich – – seine Großmut nicht weniger, die sich nicht einmal die Mühe genommen hat, die Namen seiner spöttischen Tadler zu wissen. «

Indem man das heute liest, mag man, mit Lessing, den großen Haller bewundern, mit Lessing konsterniert sein über den Pendelgeist Mylius; vor allem aber wird man sich über Lessing wundern. Er geht nicht gerade über Leichen; aber über einen Toten doch.

Ein bürgerliches Trauerspiel
als Bravourstück

> Diesen Morgen, den 3. April, zwischen sieben
> und zehn Uhr (gesegneter Tag) habe ich gewei-
> net, teurer Graf, mein Buch, mein Pult, mein
> Schnupftuch durch- und durchgeweinet, laut ge-
> weinet mit unendlichen Freuden geschluchzet.
> *Christian Fürchtegott Gellert*

Im Frühjahr 1755 ließ sich Lessing einige Wochen lang nicht
in Berlin sehen; es war die mildeste Form jener plötzlichen
Verschollenheit, die seine Biographie immer wieder kennzeichnet. Am 20. März meldet Karl Wilhelm Ramler an
Gleim nach Halberstadt: »Jetzt ist Herr Lessing wieder hier
und läßt Sie grüßen. Was er in Potsdam, wo er gewesen, gemacht hat, will ich morgen erfahren. Heute habe ich nichts
herausgekriegt. Ich glaube, er hat einen neuen Band zu seinen
kleinen Schriften hinzugeschrieben.« Der Passus verrät mehr
als sanft pikiertes Rätselraten, als die kommune Neugier eines
Dichter-Freundes oder bloße Schriftsteller-Rivalität. Er
weist hin auf etwas, das als eine paradoxe Zauberberg-Erfah-
rung im Umgang mit Lessing sich mitgeteilt haben muß:
Beim klassischen Märchen ist es ja so, daß einer sich in einem
tiefen Berg verliert und für die Dauer weniger Stunden dort
Wunder was erlebt. Aber wenn er dann wieder ins Freie
kommt, ins Leben hinaustritt und unter die Leute, ist seine
Zeit, seine Gegenwart, vorbei; niemand kennt ihn mehr, und
niemanden er, denn Jahrhunderte sind vergangen, und er ist
steinalt geworden. Bei Lessing und für seine Freunde kehrt

sich das um: Er schlägt sich für ein paar Wochen in die Büsche eines Potsdamer Gartenhauses, und wenn er zurückkehrt in die Welt, die da Berlin heißt, bringt er eine neue Gegenwart mit, hat er eine literarische Epoche verabschiedet, eine neue begonnen, und die Bekannten fühlen sich im doppelten Verstande zurückgesetzt. Was Lessing aus Potsdam mitbringt, ist ein neues Zeitgefühl und eine neue Gefühlszeit; was er in den knappen zwei Monaten geschafft und geschaffen hat, ist das erste deutsche »bürgerliche Trauerspiel«, die »Miß Sara Sampson«.

Aber vielleicht ist das allzu viel Fanfarenton; und vielleicht ist eine angemessenere Einführung jene Anekdote, die zu schön ist, um ganz wahr zu sein, zu schön aber auch für bloße Schminke. So führt sie Lessing nach Potsdam: »Lessing war mit Mendelssohn bey der Vorstellung eines der französischen weinerlichen Dramen zugegen. Der letzte zerfloß in Thränen. Am Ende des Stücks fragte er seinen Freund, was er dazu sagte? Daß es keine Kunst ist, alte Weiber zum Heulen zu bringen, versetzte Lessing. Das ist leicht gesagt, aber nicht so leicht gethan. Was gilt die Wette, sagte Lessing, in sechs Wochen bringe ich Ihnen ein solches Stück. – Sie giengen die Wette ein, und am folgenden Morgen war Lessing aus Berlin verschwunden. Er war nach Potsdam gereiset (das auch damals nicht weiter als zwanzig Kilometer von Berlin entfernt war) hatte sich in eine Dachstube eingemiethet, und kam nicht davon herunter. Nach Verlauf von sechs Wochen erschien er wieder bei seinem Freunde, und Miß Sara Sampson war vollendet.«

Auch Ewald von Kleist (der immer noch vertagt werden muß) bestätigt die Klausur: »Herr Lessing ist 7 Wochen in Potsdam gewesen; allein weder Herr Ewald noch ich haben ihn gesehen. Er soll hier verschlossen eine Komödie gemacht haben. Er hätte vielleicht eine bessere gemacht, wenn er sich nicht verschlossen hätte; denn es gibt auch hier Narren zu belachen wie allenthalben…«

Die Äußerung belegt, wie sehr Lessing schon als Lustspielautor abgestempelt war, offenbart indirekt die Dringlichkeit, mit der er diesen Routine-Ruf korrigieren wollte. So hatte er sich ja im doppelten Sinn verschlossen; er war nicht versessen auf das Narrenhaus Potsdam, auf die verrückte Residenz, er versuchte ja zum erstenmal die Reise ins Tollhaus der Seele, ins Gruselkabinett des Gewissens. Der Vorsatz verlangte die äußerste Konzentration, und mitunter ging es anders nicht, als daß er von seinen Figuren Solidarität verlangte: »Ja, die Feder hab' ich in der Hand. – Weiß ich denn aber auch, was ich schreiben soll? Was ich denke, was ich empfinde. – Und was denkt man denn, wenn sich in einem Augenblicke tausend Gedanken durchkreuzen? Und was empfindet man denn, wenn das Herz, vor lauter Empfinden, in einer tiefen Betäubung liegt? – Ich muß doch schreiben – Ich führe ja die Feder nicht das erste Mal. Nachdem sie mir schon so manche kleine Dienste der Höflichkeit und Freundschaft abstatten helfen: sollte mir ihre Hilfe wohl bei dem wichtigsten Dienste entstehen?« – (das heißt: fehlen). Das sind eben nicht nur die Fragen der Sara in ihrer Erschütterung, nicht nur die Probleme eines fast nicht zu formulierenden Briefes an einen verzeihenden Vater, es sind auch Fragen, die die Figur an den Dramatiker stellt, die der Dramatiker mit der Figur überlegen muß, und Fragen, die Lessing sich in diesen Potsdamer Tagen unentwegt selbst gestellt haben wird. Fragen, wie die Innenwelt einer neuen Bühnenpsychologie zu erreichen ist, und wie, wenn man sie denn erreicht hat, sie auf dem Spielraum Bühne darzustellen wäre.

Was empfindet man denn, wenn das Herz, vor lauter Empfinden, in einer tiefen Betäubung liegt? Wir erfahren es an dieser Stelle nicht, die Briefschreiberin wird unterbrochen, der Dramatiker fällt ihr, mit dem infamsten Auftritt, ins vielleicht erlösende Wort. Denn die Nebenbuhlerin, die schlimme Marwood, kommt, unter falschem Namen, mit falscher Miene und falschem Spiel, auf die Szene, und bald schon bestimmt sie mit mörderischer Motorik den Gang der Handlung; der Autor hat ihr zwar kurz vorher durch ihren früheren Liebhaber, der auch der Entführer Saras ist, den Dolch entwinden lassen, den dieser zum Schluß gegen sich selbst richten wird; aber das Gift, das sie als gut gerüstete Intrigantin für alle Fälle bei sich trägt, hat er ihr gelassen.

Dabei hatte bis zu diesem Auftritt, sieht man oberflächlich hin, alles sich zum Guten wenden wollen; die äußeren Konflikte gingen kaum hinaus über die paar Verwicklungen, mit denen deutsche Fernsehunterhaltungen am Samstag oder Sonntag bestritten werden: Tochter aus gutem Hause (der Vater ein Sir!) nimmt Reißaus mit dem ersten Mann ihres Lebens, im festen Glauben, er werde sie sofort heiraten; aber dieser Mellefont wäre längst nicht mehr frei, wenn er immer so schnell Hochzeit gemacht hätte; und gewiß wäre er dann der Ehemann der Marwood geworden, mit der er ein Kind hat, die etwa zehnjährige Arabella. Die alte böse Liebe setzt denn auch den tiefgetroffenen Vater Saras auf die Fährte des untergetauchten Paares: Wir sind in einem englischen Gasthof, Kategorie IIIb, der alte Herr, als er dort eintrifft, ist entsetzt von »diesem elenden Wirtshause«, aber er schreibt schließlich kein Reisehandbuch, sondern einen ganz und gar väterlichen Brief, in dem er alles wieder gut sein läßt und besser noch als je zuvor: Vorwürfe macht er nicht ihr, sondern sich wegen seiner übereilten Strenge; ihre Flucht von zuhaus nennt er neutral eine Abwesenheit, und den Mellefont will er ihr nicht vom Herzen reißen, sondern ans seine drücken. Und zum Glück ist auch der Lebemann Mellefont im Begriff, sich ernsthaft in Sara zu verlieben: Friede, Freude, Forellenhof. – Es kommt aber, mit Fleiß, zur Katastrophe.

Das Stück spielt nicht nur in England, es siedelt nicht nur in dem schon erwähnten ramponierten Gasthof einer englischen Vorstadt, es ist insgesamt aus dem neuesten englischen Stoff. Schon die Namen der Personen sind eine Auslese aus der englischen Literatur der Zeit. Lessing war da etwa so wählerisch und zugleich programmatisch wie Thomas Mann, der ja, wenn er seine »Buddenbrooks« dem Fontaneschen »Stechlin« entlehnte, auch gleich einen literarischen

Anspruch geltend machte. Und indem Lessing die Namen seiner dramatis personae, Marwood und Mellefont, Sir William Sampson und Arabella, Waitwell und Norton, aus Werken von Congreve und Richardson, von Shirley und Shadwell und anderen zusammenliest, sucht er damit nicht nur Authentizität; er sucht vor allem Rückhalt und Impuls bei einer Literatur, die sich sehr prononciert als bürgerliche verstand.

Den eigentlichen Durchbruch jenes Theaters, in dem Leute wie du und ich über Leute wie du und ich weinen konnten (bis dahin waren die Bürger immer nur zum Lachen gut genug), hatte 1731 »Der Kaufmann von London oder die Geschichte George Barnwells« gebracht, geschrieben von einem Mann, der selbst Londoner Kaufmann war, dem Juwelenhändler George Lillo. Was heute ein besserer »Tatort« wäre – ein wirklich besserer! – wurde damals zum Theatertaumel und zur Seelen-Sensation: Die Geschichte des braven Lehrlings George Barnwell, der, von der schlimm-schönen Millwood betört, erst die Kasse seines Onkels plündert, dann, der Dame schon hörig, den Onkel ermordet, endlich, weil die Schöne ihn verpfeift, ins Gefängnis wandert, wo aber die guten Menschen, Maria und Trueman, unentwegt Besuchszeit haben und die Reue Arien singt. Am Ende steht der Galgen, aber nicht für George Barnwell allein, sondern auch für die Frau, die ihm so schlecht bekommen ist.

Kein junger Autor konnte seit Lillo ein Stück schreiben, ohne an George Barnwell zu denken, an die wilde Story und an die gewaltige Wirkung, und der da in Potsdam saß und sich ein Trauerspiel vorgenommen hatte, konnte es erst recht nicht. Zwar steht noch aus, was er dann erst im nächsten Jahr in einer Vorrede schreiben wird, aber fest steht es gewiß auch schon für den Potsdamer Sara-Lessing: »So wie ich unendlich lieber den allerungestaltetsten Menschen, mit krummen Beinen, mit Buckeln hinten und vorne, erschaffen als die schönste Bildsäule eines Praxiteles gemacht haben wollte, so wollte ich unendlich lieber der Urheber des Kaufmanns von London als des sterbenden Cato (von Gottsched) sein... denn warum? Bei einer einzigen Vorstellung des ersten sind auch von den Unempfindlichsten mehr Tränen vergossen worden, als bei allen möglichen Vorstellungen des andern auch von den Empfindlichsten nicht können vergossen werden.«

Tränen – das sind die sichtbaren Zeugnisse dramatischer Wirkung, und Tränen will Lessing fließen lassen und fließen sehen: Dies soll ein Trauerspiel werden, und in einem Trauerspiel wird gefälligst geweint. Und so spielt sich das Stück, das er da schreibt, ganz und gar unter Tränen ab, als *gehorche* es nicht nur einer Dramaturgie der Träne, sondern als *horche* es fortwährend auf die dramatische Melodie des Weinens, die den Melismen vergleichbar ist in Bachs Passionen bei den Worten: »... und weinete bitterlich«. Aber wie sich die Tränen verändern, wie die routinierte Tränenseligkeit abdankt vor einer Anarchie des Weinens, wie das Jammern verebbt und der Jammer ausbricht –, das ist das innere Drama des Stücks.

Es geht ja gleich mit Tränen los: »Ach, Sie weinen wieder, schon wieder, Sir! – Sir!«, sagt Waitwell zum alten Sampson, aber wenn der abwehrt: »Laß mich weinen, alter ehrlicher Diener«, dann vernimmt man dieses Weinen wie einen beruhigenden barocken Generalbaß, und daß es sogar »blutige Tränen« sein könnten, macht die Sache nicht weniger barock. – Auch Betty, Saras Mädchen, tritt »schluchzend« auf und meldet dem Mellefont nicht viel mehr, als daß Sara »bis an diesen Morgen nur mit stummen Tränen geantwortet« habe. Aber zu diesem Chor der Weinenden kommt jetzt die Einzelstimme Mellefonts: »Sieh, da läuft die erste Träne, die ich seit meiner Kindheit geweinet, die Wange herunter. Wo ist die alte Standhaftigkeit, mit der ich ein schönes Auge weinen sehen konnte?« Das klingt oberflächlich und meint, egozentrisch genug, wohl mehr den Kitzel als die Betroffenheit. Aber es besagt schon mehr: Tränen erzeugen Tränen, sie fließen nicht nur, sie bringen etwas in Fluß. Nicht Mellefont, aber Lessing, weist die Träne vor als dramatisches Element.

Aus der Emotion folgt Aktion. Und auch Sara wird von Lessing nun über jenen Zustand hinausgeputscht, von dem sie sagt: »Die Natur wollte sich einen Augenblick erholen, neue Tränen zu sammeln« – aufgeputscht in jenen wilden Traum von Bedrohung, der auf das Kommende hinweist. Und mit den abgeschmackten Vokabeln der routiniertesten Anakreontik muß die Marwood ihre unechte Rührung charakterisieren: »Sehen Sie, Mellefont, sehen Sie, daß auch die Freude ihre Tränen hat? Hier rollen sie, diese Kinder der süßesten Wollust. – Aber ach, verlorene Tränen...« – Ja, verlorene Tränen, denn bei der Absage Mellefonts – »Marwood, die Zeit ist vorbei, da mich solche Reden bezaubert hätten. Sie müssen itzt in einem andern Ton mit mir sprechen!« – redet wiederum Lessing ein Wort mit. Schluß mit den künstlichen Tränen, Schluß mit den falschen Tönen, Schluß mit dem ganzen Affentheater!

Den alten Sir William sehen wir um eine neue Gefaßtheit bemüht, wenn er der Tochter nicht, wie er doch könnte, einfach gegenübertritt, sondern schreibt: »Es wird ihr in einem Briefe weniger Verwirrung, und mir vielleicht weniger Tränen kosten.« Und der weinende Alte vom Anfang erscheint auf einmal in einer viel grelleren Beleuchtung, wenn Sara den Diener Waitwell, der ihr eben diesen Brief bringt und zu lesen gibt (nicht ohne vorher eine psychoanalytische Lektion über die Wollust des Verzeihens und den Orgasmus der Güte erteilt zu haben) beschwörend fragt: »Zu Tränen hat er es nicht kommen lassen... Nicht wahr, Waitwell, zu Tränen hat er es nicht kommen lassen?« Denn die Tränen des Vaters – das wäre für sie die Ratlosigkeit der natürlichsten Autorität, die Heimatlosigkeit ihres Anlehnungsbedürfnisses; es wäre die wirrste Reaktion, vor der alle Begriffe wie Strenge und Vergebung, Reue und Tugend nur Fadenschein würden. O doch, zu Tränen hat der Vater es ja kommen lassen, und geradezu fassungslos liest Sara seinen Brief: »Er bittet mich – Er bittet mich? Ein Vater seine Tochter? seine strafbare Tochter? Und was bittet er mich denn? – (Liest für sich) Er bittet mich, seine übereilte Strenge zu vergessen, und ihn mit meiner Entfernung nicht länger zu strafen! – (Liest wieder und unterbricht sich) Noch mehr! Nun dankt er mir gar, und dankt mir, daß ich ihm Gelegenheit gegeben, den ganzen Umfang der väterlichen Liebe kennenzulernen. Unselige Gelegenheit! Wenn er doch nur auch sagte, daß sie ihm zugleich den ganzen Umfang des kindlichen Ungehorsams habe kennen lernen! (Sie lieset wieder) Nein, er sagt es nicht! Er gedenkt meines Verbrechens nicht mit einem Buchstaben. (Sie fährt weiter fort für sich zu lesen) Er will kommen, und seine Kinder selbst zurückholen. Seine Kinder, Waitwell! Das geht über alles! – Hab' ich auch recht gelesen? (Sie lieset wieder für sich) – Ich möchte vergehen! Er sagt, derjenige verdiene nur allzu wohl sein Sohn zu sein, ohne welchen er keine Tochter haben könne. – O! hätte er sie nie gehabt, diese unglückliche Tochter! –«

Die Tränen des Vaters – am Ende sind sie nicht weniger mörderisch für Sara als das Gift der Marwood: »Wem fließen diese Tränen, mein Vater? Sie fallen als feurige Tropfen auf mein Herz.« Und selbst Mellefont stirbt, zwar von eigener Hand, eigentlich an diesen Tränen; sie erst werfen ihn in die »stumme Verzweiflung«, die Sara als das Schrecklichste empfindet; Mellefont sieht, wie in diesen Tränen alles verschwimmt, er sieht das Chaos dieser Erschütterung, er erkennt die Nichtigkeit einer Gnade, die nicht bei Troste ist. Und er wehrt den alten Mann ab, der ihn, trotz allem, umarmen will: »Sie können mein Vater nicht sein.« – Was zuviel ist, ist zuviel.

Ist das alles von gestern? Haben diese Leute uns nichts zu sagen, nichts mehr vorzuklagen? Sind sie, indem sie so melodramatisch sterben, für uns gestorben? »Lessings Aktualität ist die Aktualität seiner Fragen«, heißt es in einem der wichtigsten Bücher, die in jüngster Zeit über Lessing geschrieben worden sind, in Peter Horst Neumanns knapper Studie »Der Preis der Mündigkeit«; diese Fragen seien uns »in der verfänglichsten Antwort-Gestalt überliefert, in Kunstwerken, deren geschichtliche Stunde nicht die unsere ist, von deren kritischer Betrachtung aber ein ästhetisches Vergnügen und eine intellektuelle Beunruhigung ausgehen, in die sich am Ende dann jene Betroffenheit mischt, die den Kindern einer beinah schon ›vaterlosen Gesellschaft‹ (Neumann zitiert hier Mitscherlich) wohl anstehen mag«. Das heißt aber nicht weniger, als daß Lessings Aktualität auch die Aktualität seiner Konflikte, und damit die Aktualität seiner Erschütterungen ist. Autoritätsverlust und Rebellion, das Versagen einer älteren Generation und der Protest der Jugend –, dies alles wird bei Lessing zur Debatte gestellt; nicht zwar als Reportage von Demonstrationen, nicht als Kolportage vom Generationenbruch, wohl aber als Anamnese eines Slogans wie »Trau keinem über Dreißig«, wohl aber als sublimer Einblick in die Aporie von Vaterverlangen und Emanzipationsbedürfnis.

Und die Zuschauer damals? Sie haben »drey und eine halbe Stunde zugesehen, stille gesessen wie die Statuen, und geweint«. Das berichtet Karl Wilhelm Ramler etliche Monate nach seinem Brief an Gleim, als er zusammen mit Lessing zur Uraufführung nach Frankfurt an der Oder gefahren war: Die war am 10. Juli 1755, und in die Tränen mischte sich großer Beifall für den jungen Autor. Und nicht nur in Frankfurt war das Stück »ein ungeheurer Weinerfolg... Auch die gewiß nicht empfindsamen Berliner standen unter diesem Bann... Nicolai weinte bis in den vierten Akt, wo zu starke Rührung ihm den Thränenquell schloß, und Gleim schreibt, daß kein Zuschauer je mit trockenen Augen heimging. In Hannover ließ Klotz die Zähren rinnen... Väter schickten ihre Kinder hinein und besprachen zu Haus die guten Lehren« (Erich Schmidt).

Lessing selbst muß die »Sara« als ein Bravourstück empfunden haben; nicht allein, daß er das Manuskript gleich nach der Rückkehr aus Potsdam in die Druckerei gab – das Drama erschien, nebst dem »Misogyn«, schon zur Ostermesse 1755 im sechsten Teil seiner »Schrifften« –, er selbst kündigte es auch auftrumpfend am 26. April in seiner eigenen Zeitung an und steckt mit dieser Anzeige so etwas wie einen Claim ab, in vollem Bewußtsein der dramaturgischen Verwegenheit: »Ein bürgerliches Trauerspiel! Mein Gott! Findet man in Gottscheds critischer Dichtkunst ein Wort von so einem Dinge? Dieser berühmte Lehrer hat nun länger als zwanzig Jahre seinem lieben Deutschland die drei Einheiten vorgeprediget, und dennoch wagt man es auch hier, die Einheit des Ortes recht mit Willen zu übertreten. Was soll daraus werden?«

Noch einmal ein Fehdehandschuh vor Gottscheds Füße. Was kann Lessing mehr wollen? Er ist gedruckt, gelesen, bekannt, wird endlich wieder gespielt und längst auch gefürchtet. Spätestens seit dem »Vademecum« hat die Lessing-Angst um sich gegriffen, die Furcht, Ziel dieses ungemeinen Zorns, Opfer dieses grenzenlosen Temperaments zu werden. Auch Gottsched ist nicht ungewarnt; schon im Herbst 1754 hatte ihm der Intrigant Schönaich Mut zugesprochen: »Lessing würde es doch nicht loben« – bei Gelegenheit einer lessingbangen Publikation –, »und wenn es so rein wie die Bibel wäre… Doch ich weiß wohl, warum E. H. so bang ist: Vor Lessing fürchten Sie sich! Aber glauben Sie es mir nur: Sie werden Gottsched bleiben, und wenn tausend Lessinge sich an Ihnen zu Tode ärgern wollten.«

Aber solches Massensterben tritt nicht ein. Der Ärger indes scheint auch einen ganz und gar abgebrühten wie Schönaich zu ereilen; denn bald darauf klagt er: »Wie man in den Wald schreit, so schallt es wieder heraus, und 50 Lessinge werden mich nicht ins Bockshorn jagen…« Was für Schönaich und seinesgleichen, was aber nicht nur für Lessings Feinde am schwersten zu begreifen ist: Sie haben es nicht mit tausend Lessingen, auch nicht mit fünfzig, zu tun.

Nur mit dem einen, dem einzigen Lessing.

Die große Reise
(Lange Briefe zu kurzem Abschied)

Und da verzichteten sie weise
Dann auf den letzten Teil der Reise.
Joachim Ringelnatz

Jetzt reisen. Jetzt wegfahren. Jetzt ausruhen von der riesigen Anstrengung der letzten sieben Jahre. Sich der Welt bekanntmachen: Das ist gut und schön und stärkend; aber nun ist es Zeit, die Welt *sich* bekanntzumachen. Diese Bücher von überall her anzeigen: Amsterdam, London, Paris, Bern; doch wie sieht dieses Überall aus? Jetzt hat er sich lange und leidenschaftlich genug ins Werk gesetzt; jetzt muß er sich selbst retten, ehe das Leben zum Einband wird. »Sollte das Publikum mich als einen zu fleißigen Schriftsteller ein wenig demüthigen wollen, sollte es mir seinen Beyfall auch deswegen mit versagen, weil ich ihn allzu oft zu erhalten *suchte,* so will ich es auf der andern Seite durch das Versprechen bestechen, daß es, von künftige Ostern an, drey ganze Jahre von mir nichts zu sehen, noch zu hören bekommen soll.« So schreibt Lessing, von Leipzig aus, am 8. Dezember 1755 nach Berlin und setzt gleich hinzu: »Wie wird das zugehen? fragen Sie ganz gewiß? Ich melde Ihnen also die wichtigste Neuigkeit, die ich Ihnen von mir melden kann. Ich muß allerdings zu keiner unglücklichen Stunde aus Berlin gegangen seyn. Sie wissen den Vorschlag, welchen mir Prof. Sulzer wegen einer Reise in fremde Länder that. Aus diesem wird nun ganz gewiß nichts, weil ich einen andern angenommen habe, welcher ungleich vorteilhafter für mich ist. Ich werde nehmlich nicht als ein Hofmeister, nicht unter der Last eines mir auf die Seele gebundenen *Knabens,* nicht nach den Vorschriften einer eigensinnigen Familie, sondern als der bloße Gesellschafter eines Menschen reisen, welchem es weder an Vermögen noch an Willen fehlt, mir die Reise so nützlich und angenehm zu machen, als ich mir sie nur selbst werde machen wollen. Es ist ein junger Winkler, ohngefähr von meinen Jahren, von einem sehr guten Charakter, ohne Eltern und Freunde, nach deren Grillen er sich richten müßte. Er ist geneigt, mir alle Einrichtung zu überlassen, und am Ende wird er mehr mit mir, als ich mit ihm gereiset seyn.«

Und dann folgt, wieder einmal, das fatalste Wort, das Lessing in eigenen Angelegenheiten sagen, schreiben, denken, wagen kann: »Die Sache ist ganz gewiß...« Wenn er es doch wenigstens für sich behielte, damit eine Chance von Gewißheit bliebe; aber er spricht es aus, weil er die Gewißheit wohl beschwören zu können hofft. Denn diese Reise ist eben nicht nur Schaulust, Unterwegssein wollen, Fremdseligkeit. Sie ist vor allem Rekreation, Lust auf eine Renaissance des eigenen Kopfes. »Die Sache ist ganz gewiß« – das ist auch Ausdruck der Notwendigkeit, sich wieder einmal ganz frei zu machen, auch von sich selbst, Abschied zu nehmen nicht nur vom Publikum, sondern von der angestrengten Arbeit der letzten Jahre.

Die Reisepläne sind konkret. »Da unsre Reise von hier nach Holland gehen soll, so hoffe ich es so einzurichten, daß wir über Berlin nach Hamburg gehen. Ich werde Sie also noch sprechen, liebster Freund, und dieses zwar gleich nach der Ostermesse. Wie freue ich mich darauf!« Und in einem andern Brief nach Berlin heißt es, »daß ich auf Ostern mich ganz gewiß von meinen Freunden auf drey Jahre beurlauben werde«. Und in einem weiteren Brief heißt es: »Verdrießliche und verwirrende Vorbereitungen zu einer langen Reise, verschiedne kleinere Reisen selbst... haben mich, Theils nicht in Leipzig gelassen, und Theils mir Leipzig zu einem sehr tumultuösen Ort gemacht. Verzeihen Sie also immer dasmal einem Freunde...« Die Reisevorbereitungen ziehen sich hin, und es bleibt Zeit, auf ein anderes Stichwort dieser Briefe zu achten.

»Liebster Freund«, Beurlaubung »von meinen Freunden«, die Bitte, »einem Freunde zu verzeihen« – das sind ja ganz neue Töne bei Lessing. Von welchen Freunden ist denn da die Rede? Denn Freundschaft war doch bisher kaum Thema dieses Buches. Da hat es Fürsprecher gegeben, die zu Widersachern wurden, Gegner, die sich in Feinde verwandelt haben, Gönner, die man wohl selbst zu Neidern gemacht hat, Respektspersonen, von denen noch eben die Person übrig geblieben ist. Da ist ein Vater in Erscheinung getreten, über den man zwar hinaus, aber nicht hinweg kommt, ein Voltaire, dem man nur so lange gleichen wollte, bis man sah, wie seinesgleichen war, ein Vetter, der erst zum Vorbild und dann zum Gegenbild diente – nicht aber ein wirklicher Freund. Merkmal der Lessingschen Existenz? Oder Unterlassungssünde dieses Buches? Die zweite Frage läßt sich beantworten: Erst jetzt, nach dem Weggang aus Berlin, werden die Freundschaften für die Nachwelt erkennbar; jetzt schreiben Moses Mendelssohn und Friedrich Nicolai ihre ersten Briefe an Lessing, er die ersten an sie. Nun auch bleibt dem Nacherzähler des Lessingschen Aufstiegs ein wenig Atem übrig zu berichten, daß der Einzelgang auch Begleiter hatte, daß es Gesellschaft gab, Geselligkeit und richtige Freunde.

Schon nach der Rückkehr aus Wittenberg war Lessing Mitglied des 1749 gegründeten Berliner Montags-Clubs geworden, der sich in einem Lokal in der Mohrenstraße zusammenfand. Da hatte er angenehme und wichtige Leute kennengelernt: so den Komponisten Johann Joachim Quantz (der der Flötenlehrer Friedrichs ist) und den Kupferstecher Johann Wilhelm Meil, der für den Vossischen Verlag arbeitet, später etliche von Lessings Arbeiten illustriert und ein schönes Medaillon von ihm zeichnet. Auch Voß selber gehört zum Club, ebenso wie Karl Wilhelm Ramler. Man trifft sich, an den Montagen, gegen 18 Uhr, und läßt sich bis zum Abendessen um acht Uhr abends Zeit für Neugier, Disput und Stadtgespräch.

Freundschaft ist das gängigste Losungswort jener Jahre (aber nicht immer wird es so hinreißend gesagt wie auf dem

Zürichsee). Der Freundschaftskult ist eine Mode, die wie ein Menuett aufgeführt, vorgetanzt, exekutiert wird. Davon aber bleibt Lessing unberührt. Nicht allein, daß er Moden nicht mitmacht; er ist wohl auch nicht das, was man ein Genie der Freundschaft nennen kann; noch in späteren Jahren schreibt Christian Felix Weiße über ein Wiedersehen mit Lessing nach langer Zeit: »Er ist täglich bei mir gewesen, und hat mir viele Beweise seiner alten Freundschaft gegeben, so weit diese bei ihm gehen kann, denn bis ans Herz geht sie nicht leicht.« In einem frühen Lustspiel, das dieser Tugend gewidmet ist, »Damon oder die wahre Freundschaft«, bringt Lessing einigermaßen genußvoll die zwei Freunde durch- und auseinander. »Alle sprechen ihm auch den geringsten Grad von Empfindung und Freundschaft ab«, wird, von bösen Leipziger Zungen, später einmal über ihn gesagt.

In Lessings Korrespondenz taucht das Wort Freundschaft zum erstenmal in einem Brief an Michaelis auf. »Wenn es also wahr ist, daß ich in Ihnen einen Gelehrten, den ich längst hochgeschätzt habe, nunmehr auch lieben muß, so empfangen Sie hiermit von mir die aufrichtigste Betheurung, daß ich künftig nichts eifriger suchen werde, als mich Dero fernern Beyfalls würdig zu machen. Ich bin dabey kühn genug, mit Dero Beyfall allein nicht zufrieden zu seyn, sondern mir noch über dieses einen Theil Ihrer Freundschaft zu erbitten, die ich mich mit der größten Sorgfalt zu erwiedern bestreben werde.«

Diese letzte Wendung charakterisiert Lessings Freundschaftsbegriff: Freundschaft ist etwas, das man mit Sorgfalt erwidern sollte, das also selbst der Sorgfalt bedarf. Freundschaft ist keine verzückte Verständnisinnigkeit. Freundschaft ist für Lessing Sympathie, aber auch Dienst; Geselligkeit, aber auch Solidarität; Trinklust, aber auch der reine Wein, den man sich einschenkt. Freundschaft ist die nach außen gewendete, auf einen andern bezogene Ehre. Freundschaft ist ein Relais der eigenen Kraft; von dieser Kraft bietet man, indem man um Freundschaft bittet, auch dem andern zu dessen

Gebrauch an. Nur eins ist sie noch weniger als blinde Schwärmerei: blinde Parteinahme, Komplicenschaft durch dick und dünn und breiig. Und am liebsten versteht Lessing die Freundschaft als ein Arbeitsprogramm, als gemeinsames Argumentationsprojekt. Man tut sich nicht nur zusammen – man tut auch etwas zusammen.

Der erste und wichtigste dieser Freunde ist Moses Mendelssohn; an ihn ist der erste in diesem Kapitel zitierte Brief gerichtet; mit ihm zusammen hatte er die Abhandlung »Pope ein Metaphysiker!« als ironische Abfertigung einer Preisfrage der Berliner Akademie geschrieben und herausgebracht, ein Stück übermütigen Scharfsinns, zu dem Lessing den eleganten Witz und Mendelssohn die philosophische Argumentation beigesteuert hatte. Lessing hatte Mendelssohn (in einem Brief an Michaelis) einmal so charakterisiert: »... ein Mensch von etlichen zwanzig Jahren, welcher ohne alle Anweisung, in Sprachen, in der Mathematik, in der Weltweisheit, in der Poesie eine große Stärke erlangt hat. Ich sehe ihn im voraus als eine Ehre seiner Nation an, wenn ihn anders seine eigne Glaubensgenossen (Mendelssohn ist Jude) zur Reiffe kommen lassen, die allezeit ein unglücklicher Verfolgungsgeist wider Leute seinesgleichen getrieben hat. Seine Redlichkeit und sein philosophischer Geist läßt mich ihn im voraus als einen zweyten Spinoza betrachten, dem zur völligen Gleichheit mit dem ersten nichts, als seine Irrtümer, fehlen werden.« Welch ein Entrée!

Lessings Mendelssohn-Notiz sei hier ergänzt. Moses war im selben Jahr wie Lessing, 1729, am 6. September geboren. Sein Vater, Mendel Menachem Heymann, war orthodoxer Jude, Lehrer und Gemeindeschreiber in Dessau; die Armut im Hause war geradezu rituell; ebenso der frühe Unterricht im Lesen und Schreiben. Die Sprache war Hebräisch, innerster Ausdruck für die äußerste Ghetto-Situation der Juden im damaligen Deutschland. Und wieder begegnen wir dem Ehrgeiz eines Vaters: Der fünfjährige, bucklige Junge sollte mehr lernen als jener wußte; der Rabbi Fränkel gab ihm Unterricht, wurde sein Förderer und Begeisterer; aber schon bald als Oberrabbiner nach Berlin berufen. Was sollte nun aus dem Kind werden? Ein Gemeindeschreiber nicht, stand für den Gemeindeschreiber Heymann fest, aber über fast alle anderen Berufe hatte die damalige Gesellschaft für die Juden den numerus clausus verhängt. Von wenigen Aufsteigern abgesehen, die als Ärzte oder Finanziers Ruf und Ruhm genossen, gab es für die Juden als Berufe nur solche, die keine mehr waren: Trödler, Pfandleiher, Lumpenhändler und Wechsler. Moses sollte Handelsjude werden, bestimmte der Vater, das war eine Art menschlicher Packesel, der mit Waren loszog und zusah, daß er sie mit Gewinn verkaufte. Nichts für den kleinen verwachsenen Körper, nichts für den lebhaften Kopf, nichts für den divinatorischen Willen, aus der Misere herauszukommen. Zweiter, eigensinniger Bildungsweg des Vierzehnjährigen: zu Rabbi Fränkel nach Berlin. Lernen dürfen!

In Berlin lebten damals knapp zweitausend Juden; die waren aber nicht vollwertige Bürger, sondern bestenfalls »Schutzjuden« (wie Hirschel); das schon war ein Privileg, das sie sich mit einem königlichen Schutzbrief erkaufen mußten. Auf jeden dieser Schutzbriefe durften nur zwei erwachsene Kinder »angesetzt« werden, nur zwei also, die selber wieder eine Familie gründen konnten. Gab es mehr Geschwister, so mußten sie sehen, wo sie blieben: entweder auswandern, oder verkümmern. Aber die elende Berliner Situation war für den jungen Mendel fast das gelobte Land: Rabbi Fränkel gab ihm weiter Unterricht und verschaffte ihm beim Kaufmann Heimann Bamberger Quartier unterm Dach.

Er hungerte sich, fror sich, schlug sich durch. Und beging den vernünftigsten Verrat: Er fing an, auf eigene Faust Deutsch zu lernen, richtiges Deutsch, das Deutsch, das die Berliner ohne Schutzbrief sprachen. Er war nicht von Dessau nach Berlin gegangen, um das eine Ghetto gegen ein anderes zu vertauschen, er wollte ausbrechen, nicht aus der jüdischen

Tradition, wohl aber aus der jüdischen Selbsteinengung. Solcher Ehrgeiz war nicht ungefährlich und konnte die Verstoßung aus der Gemeinde bedeuten, ohne deren Schutz man wiederum völlig preisgegeben war. Einer unter den Berliner Juden, späterer Arzt und Privatgelehrter, Aaron Salomon Gumperz, sprach so, wie Moses sprechen können wollte; er half ihm nicht nur mit der deutschen Grammatik, er brachte ihm auch bei, wie er sich selbst Latein und Griechisch beibringen könne. Moses lernte, wie wenn er um sein Leben lernen müßte, und mit 21 Jahren hatte er es geschafft: Er war nun selbst Lehrer, Hauslehrer der Kinder des jüdischen Fabrikanten Bernhard in Berlin. Er *hätte* es geschafft gehabt: wenn nicht eben diese Lernbegier, dieser Wissenswille, dieses Weiterwollen in ihm fortgearbeitet hätten.

Und dieser Mendelssohn, wie er sich nun nennt, stößt auf Lessings Komödie »Die Juden«, und schon die Vorrede, die dem zweiten und dritten Teil der Schriften vorangestellt ist, spricht ihm aus dem Herzen: »... war das Resultat einer sehr ernsthaften Betrachtung über die schimpfliche Unterdrükkung, in welcher ein Volk seufzen muß, das ein Christ, sollte ich meinen, nicht ohne eine Art von Ehrerbietung betrachten kann. Aus ihm, dachte ich, sind ehedem so viel Helden und Propheten aufgestanden, und jetzo zweifelt man, ob ein ehrlicher Mann unter ihm anzutreffen sei?« Und als just dieser Zweifel in einer der ersten Rezensionen, in den »Göttingischen gelehrten Anzeigen« vom 13. Juni 1754, ausgesprochen wird (»Allein es kam uns stets vor, die Zuschauer würden aus Mangel der Wahrscheinlichkeit, daß es solche Juden gebe, nicht gerührt sein.«), da schreibt Mendelssohn an seinen Freund Gumperz einen leidenschaftlich-empörten Brief, der offenbar die Brücke wird zur persönlichen Bekanntschaft mit Lessing.

Daß Lessing sich Mendelssohn zum Modell seines Reisenden erkoren habe (wie auch jetzt noch zu lesen ist), ist so unwahrscheinlich, wie es wahrscheinlich ist, daß Mendelssohn sich in diesem Reisenden, in dem guten, edelmütigen Juden erkannt hat, vielmehr das Modell erkannt hat, dem er nachleben und das er vorleben müsse. So wie dieser Reisende auf der Bühne dastand, so wollte er in seiner Existenz dastehen, so wie der handelte, so wollte er in seinem Umkreis handeln und vor allem nicht vergessen, daß er ein Repräsentant war und für die Juden stand und einstand. Die Heftigkeit der Kritik an der Michaelis-Rezension ist dafür Beleg. Beleg aber auch noch für etwas anderes, das Lessing betrifft: Dieses Mendelssohnsche Engagement ist Wirkung, die er als Autor erzielt hat; jetzt stehen seine Figuren schon auf und wandeln; leisten ihm Gefährtenschaft auf dem Weg, den er geht. Und Lessing, das verrät sein knappes Mendelssohn-Porträt, spürt die Kraft, die in diesem kleinen Mann steckt; das Dynamische und das Dynastische; die Energie, nicht allein zu begründen, sondern auch zu gründen. Er wird, darin irrt Lessing, kein zweiter Spinoza; er wird überhaupt kein zweiter; er wird der erste deutsche Mendelssohn; das Haupt einer großen Familie, und er bleibt ein Mann der Dankbarkeit: »Mit gerührtem Herzen danke ich der Vorsehung, die mich so früh in der Blüte meiner Jugend einen Mann hat kennen lassen, der meine Seele gebildet hat, den ich bei allem, was ich tat, bei jeder Zeile, die ich schrieb, mir als Freund und Kritiker vorstellte.« –

Und ein zweiter jugendlicher Bewunderer, Friedrich Nicolai, war zur gleichen Zeit, um 1754, Lessings Umgang geworden: Nicolai ist 1733 in Berlin geboren, hatte einige Jahre das Gymnasium in Halle besucht, wo sein älterer Bruder Professor war – eben jener Professor Nicolai, der so unglücklich im Fall Lange zu vermitteln versucht hatte. Dann besuchte Friedrich Nicolai in Berlin die Realschule; es folgte die Lehrzeit in einer Buchhandlung in Frankfurt an der Oder. Da erst geriet er ans Lesen, und die Studenten und Professoren der Universität, die im Laden verkehrten, machten ihn bildungsneugierig. Auch er, wie Mendelssohn, ein Autodidakt, aber mit ungleich günstigerer Ausgangsposition. Im Januar 1752 wird er aus Frankfurt erlöst und tritt in die Buchhandlung seines Vaters in Berlin ein; nicht nur, um zu lesen und zu verkaufen; er schreibt nun auch. Und tut gleich einen richtigen Griff: Er mischt sich in eine Kontroverse ein, an der wieder einmal Gottsched führend beteiligt ist.

Miltons berühmtes »Paradise Lost«, der Inbegriff des philosophischen Gedichts, ja der Dichtung zweier Jahrhunderte überhaupt, soll ein Plagiat sein, hat ein Engländer namens Lauder ausgeforscht; so etwas kommt dem Professor Gottsched gerade recht, das muß er in seiner Zeitschrift ausposaunen. Nicolai tut nun nichts weiter, als die (ebenfalls englische) Gegenschrift (eines John Douglas) frei übersetzt und anonym auf den Markt zu bringen, und schon wird sein Name unter der Hand geraunt und bestaunt. Durch diese Schrift, so wird Ewald von Kleist zitiert, habe sich Nicolai »die ganze Schweiz zu Freunden gemacht«. Und befeuert von einem Beifall, der eigentlich gar nicht ihm selbst gelten kann, und angespornt von dem Aufsehen, das dieser Magister Lessing mit seinen »Briefen« gemacht hat, schreibt er auch welche, unter dem Titel: »Briefe über den itzigen Zustand der schönen Wissenschaften in Deutschland«. Auch Nicolai räumt auf mit der Rivalitäts-Routine zwischen Gottschedianern und Schweizern, wenn er schreibt: »Sollte denn eine von diesen herrschenden Parteien... den Weg des guten Geschmacks so genau betreten, daß ein Mensch von Geschmack verbunden wäre, sich zu einer derselben ganz zu schlagen? Mich dünkt, die Fehler beider Parteien sind allzu sichtbar! Die Herren Gottschedianer sind schon zum Sprichwort worden und machen es täglich ärger; die Herren Schweizer haben bei ihren übrigen Verdiensten von jeher ihren Kopf für sich gehabt und machen es täglich ärger... hätten sie vor fünfzehn Jahren so gelehrt, wie sie itzt dichten, so würden Hagedorn und Gellert nicht auf ihre Seite getreten sein.«

Nicolai, der Lessing um volle dreißig Jahre überlebt hat – er stirbt 1811, im selben Jahr wie Kleist! – erzählt die Geschichte der beginnenden Bekanntschaft auf seine Weise:

»Die Aushängebogen der Briefe über den Zustand etc. waren dem Buchhändler Voß, Lessings Freunde, zufällig in die Hände gerathen. Man hielt es für eine Art von Wunder, daß ein Jüngling, der nichts als ein angehender Buchhändler war, und erst vor ein Paar Jahren seine Lehrzeit geendigt hatte, ein Buch schrieb, und noch dazu ein Buch, worin die damals hochberühmten Männer, Gottsched und Bodmer, sehr freymüthig behandelt wurden. Voß gab die Aushängebogen, die ihm in die Hände gerathen waren, an Lessingen, welcher nun den Verfasser zu kennen wünschte.«

Natürlich hatte Lessing diesen Nicolai nun kennenlernen wollen, denn es gab ja viele Möglichkeiten: War es ein Rivale oder ein Verbündeter? Ein Schriftsteller, oder ein Ausschreiber? Ein Plagiator, oder schon ein Jünger? Lessing entschloß sich zu einem Freund.

Und jetzt, vor seiner großen Reise, will Lessing die Berliner Freunde noch einmal sehen, will gehörigen Abschied von ihnen nehmen, wie es eine Abwesenheit von drei Jahren erfordert. Aber zu Beginn des Jahres 1756 sind die Reisepläne schon ein bißchen konfus. Lessing kündigt Mendelssohn am 21. Januar die Visite in Berlin so an: »Und wenn soll denn diese seyn, werden Sie fragen? Ganz gewiß in den nächsten drey oder vier Wochen. Mein Reisegefährte will Berlin noch vor seiner Abreise sehen, weil uns unser Weg vielleicht nicht durchführen möchte. Er will es; und Sie können sich leicht vorstellen, daß ich es ihm nicht auszureden suchen werde...« Ganz gewiß in den nächsten drei oder vier Wochen! Da aber reist Lessing nach Dresden, trifft sich mit seinen Eltern, die in einer leidigen (und nicht lukrativen) Erbschaftsangelegenheit dort zu tun hatten, fährt, auf Bitten des Vaters, eine knappe Woche mit heim nach Kamenz, kehrt über Dresden am 19. März nach Leipzig zurück, zwei Tage später ist er schon, mit Christian Felix Weiße, auf dem Weg zu dessen Schwester nach Altenburg und von da weiter nach Gera (»an welchen beyden Orten ich mich an die vierzehn Tage aufgehalten habe«) und muß dem Vater melden: »Unsre Abreise von hier, welche gleich nach den Osterfeyertagen geschehen sollte, ist nunmehr zwey Wochen später hinausgesetzt, so daß wir nicht eher als den Freytag vor Jubilate auf Leipzig abgehen... Bis jetzt ist es noch gewiß, daß wir auf einige Wochen nach Dresden kommen, und wenn dieses geschieht, so komm ich ganz unfehlbar auf acht Tage nach Camenz.« Wie, die Reise war doch nach England, über Holland, geplant. Erst lag Berlin, und jetzt liegt Dresden am Wege?

Aber es ist ja alles nur Reisefieber, Unruhe vor der großen Fahrt; nichts ist natürlicher als die kleinen Absencen vor der großen Abwesenheit, und alle Schreibfaulheit will er demnächst wieder gut machen (so an Nicolai): »... wenn Sie bald sagen können: Ich habe von Leßingen *schon wieder* einen Brief aus London, Paris oder Rom bekommen –...« Da ist es schon Ende April.

Und die Nervosität *vor* der Reise geht schon über in Angst vor der *Reise* selbst. Dem vertrauteren Mendelssohn bekennt Lessing zur selben Zeit: »Glauben Sie mir nur auch, daß ich Ihnen fleißiger würde geschrieben haben, wenn ich nicht von Tag zu Tag nach Berlin zu kommen gehofft hätte. Ich hoffe es noch. Wenn mich meine Hoffnung nicht betrügt, so werde ich Deutschland mit dem vergnügtesten Herzen nicht verlassen. Wir gehen den 7. May von hier ab, und also noch vor der Messe. Ich bin unentschlossen, aber was das Unglück ist, mein Reisegefährte ist es noch zehnmal mehr als ich, so daß wir es noch nicht einmal wissen, ob wir unsern Weg nach Hamburg über Berlin oder Braunschweig nehmen werden...«

Und dann geschieht das Wunder: Lessing und Winkler fahren los. Am 10. Mai 1756 reisen sie tatsächlich aus Leipzig ab. Und sie gehen die große Fahrt gemächlich an: In Halberstadt besuchen sie Gleim, die weiteren Stationen sind Braunschweig, Wolfenbüttel, Hildesheim, Hannover, Celle, Lüneburg, Hamburg. Dort lernt Lessing den Schauspieler Konrad

Ekhof kennen; zum erstenmal auch begegnet er Klopstock, der davon in seinem Tagebuch wie folgt Notiz nimmt: Am 13. Juni »Lessing bey mir gewes.« Und am 3. Juli noch einmal: »Lessing bey mir.« Gesänge sind das gerade nicht.

Die erste erhaltene Nachricht von Lessing ist aus Emden, vom 20. Juli 1756, ein knapper Brief an Nicolai: »Dieser kleine Brief sey, was man im Sprichwort zu sagen pflegt, eine Wurst nach der Speckseite. Ich schreibe Ihnen nur in ein Paar Worten, daß meine Reise bisher sehr glücklich gewesen ist, und daß ich in Amsterdam, wo wir in acht Tagen seyn werden, gern einen langen langen Brief von Ihnen bekommen möchte. Herr Voß weiß meine Adresse. Ich ziehe nun eben den hintersten Fuß nach, um aus Deutschland zu treten. Schreiben Sie mir alles, wovon wir geplaudert haben würden, wenn wir noch jetzt sechs Häuser voneinander wohnten. Von Holland aus will ich Ihnen auch dafür recht Vieles schreiben. Ich habe eine Menge unordentlicher Gedanken über das bürgerliche Trauerspiel aufgesetzt.«

Selbstverständlich ist Lessing nicht eigentlich auf Holland erpicht, diesen Marktplatz des Büchermachens, sondern auf England, das Wunderland des Theaters, das Terrain der nicht-orthodoxen Vernunft, auf England, dessen grandios-paradoxe Möglichkeiten ein Lichtenbergscher Aphorismus deutlich werden läßt: »Es ist nicht zu leugnen, daß das Wort *Nonsense,* wenn es mit gehöriger Nase und Stimme ausgesprochen wird, etwas hat, das selbst den Wörtern Chaos und Ewigkeit wenig oder nichts nachgibt...« Lessing hat auch schon Pläne oder die Ahnung, daß gewisse Pläne dort das richtige Klima finden werden; in einem Brief, noch aus den Dezembertagen 1755, kommt er aus heiterem Himmel, nämlich von den Leipziger Bretzeln, auf die Hölle zu sprechen und fährt fort: »Schon wieder ein Gleichniß aus der Hölle? Merken Sie mir es nun bald an, daß ich an meinem D. Faust arbeite? Sie sollten mich in einer mitternächtlichen Stunde darüber sinnen sehen! Ich muß zum Entsetzen aussehen, wenn sich die schrecklichen Bilder, die mir in dem Kopf herumschwärmen, nur halb auf meinem Gesicht ausdrücken. Wenn ich selbst darüber zum Zauberer oder zum Fanatiker würde! Könnten Sie mir nicht Ihre melancholische Einbildungskraft manchmal leihen, damit ich die meine nicht zu sehr anstrengen dürfte? Ob sie über die Prophezeyungen Daniels spintisiren, oder mir an meinem Faust helffen ließen, das würde wohl auf eins herauskommen. Es sind beydes Wege zum Tollhause; nur daß jener der kürzeste und gewöhnlichste ist. Ich verspare die Ausarbeitung der schrecklichsten Scenen auf England. Wenn sie mir dort, wo die *überlegende Verzweiflung* zu Hause ist, wo mehr als irgend die Unglücklichen

   ›– when they see all hope of fortune vanish'd

   Submit and gain a Temper by their ruine‹;

wenn sie mir, sag ich, da nicht gelingen, so gelingen sie mir nirgends. –«

Lessing sucht also in England nichts geringeres als den Faust, auf den Spuren Marlowes, und er sucht Shakespeare. Dies könnte auch eine Reise in die Geisterwelt werden.

Aus Amsterdam, mit Datum vom 3. August, bekommt dann der Vater in Kamenz Nachricht und einen lakonischen Bericht von den Stationen der Reise, der so schließt: »sind... den 29. Julius glücklich hier in Amsterdam angekommen. ...; und sobald, als wir von hier aus die übrigen vereinigten Provinzen werden besucht haben, werden wir nach England übergehen; welches zu Anfang Oktober geschehen dürfte.«

Anfang Oktober war Lessing aber nicht in England. Er war auch nicht mehr in Amsterdam. Er saß wieder in Leipzig. Friedrich hatte den längst lauernden Krieg begonnen, hatte Leipzig besetzt, und der Kaufmann Winkler, anstatt sich aus allem rauszuhalten, war sofort heimgeeilt, um von seinem Reichtum zu retten, was zu retten war.

Daß diese Reise geplatzt ist, kann Lessing lange nicht verwinden, und sein Zorn hat noch einen genaueren Adressaten als Winkler: »Das drollige Schicksal« seiner Reise geht zu Lasten Friedrichs, und er schreibt an Ramler: »Da sehen Sie einmal, was mir der Krieg für Schaden thut! Ich und der König von Preußen, werden eine gewaltige Rechnung mit einander bekommen! Ich warte nur auf den Frieden, um sie auf eine oder die andere Weise mit ihm abzuthun. Da nur Er, Er allein, die Schuld hat, daß ich die Welt nicht gesehen habe, wär' es nicht billig, daß er mir eine Pension gäbe, wobey ich die Welt vergessen könnte? Sie denken, das wird er fein bleiben lassen! Ich denke es nicht weniger; aber dafür will ich ihm auch wünschen, – – daß nichts als schlechte Verse auf seine Siege mögen gemacht werden!«

Und noch drei Jahre nachher hat er den Abbruch nicht verwunden. Dem Rektor Lindner aus Riga klagt er vehement: »Der Krieg, der noch in dem nehmlichen Jahre ausbrach, rief mich von meiner Reise leider sehr bald wieder zurück. Ich war nicht weiter gekommen, als nach Holland; und ich verlor durch diesen unseligen Krieg – (aber tausend andere haben noch weit mehr durch ihn verloren!) die schönste Hoffnung, die ich noch in meinem Leben gehabt hatte; die Hoffnung, Paris, London und Rom zu sehen; und nicht bloß zu sehen, sondern auch einige Zeit daselbst zu leben. Vielleicht habe ich sie auf immer verloren!«

VORSCHREIBEN
oder:
Freundschaft als Arbeitsprogramm

Freier Schriftsteller, kriegsgefangen

> 's ist Krieg! 's ist Krieg! O Gottes Engel wehre,
> Und rede Du darein!
> 's ist leider Krieg – und ich begehre
> Nicht schuld daran zu sein!
>
> *Matthias Claudius*

Am 28. August, morgens um vier Uhr, war Friedrich von
Berlin aus mit seinen Soldaten aufgebrochen, in den frühen
Morgenstunden des 29. hatte er die sächsische Grenze über-
schritten: Er rannte offene Türen ein, aber er begann einen
Krieg von sieben Jahren und den ersten Weltkrieg dazu, denn
auch Amerika war betroffen. Noch aber, in diesem Herbst
1756, sah alles eher nach Manöver aus; Sachsen war ja neutral
und wenn es je an Widerstand gedacht hatte, so nicht in diesen Tagen. August III., der Kurfürst von Sachsen und König
von Polen, war am Tag vorher mit seinem Minister Graf
Brühl auf der Jagd gewesen, es war eine große üppige sächsische Lustbarkeit daraus geworden, und die Meldung vom
Einmarsch der Preußen traf die Herrschaften unvermittelt
und in den Betten. Was macht, plausiblerweise, ein Fürst, der
so aus dem Schlaf geschreckt wird und aus allen Luxus-
Träumen, der lieber auf Böcke schießt als auf Menschen, der
lieber Paläste baut als sie zerstört? Er sucht zu verhandeln;
aber er versucht es vergeblich. Friedrich will, er braucht die
Operationsbasis Sachsen. August möchte Zeit gewinnen,
doch die arbeitet jetzt nicht für ihn; im Pirnaer Lager, im
Schutz einer Elbschleife, will er den Lauf der Ereignisse, die
europäischen Reaktionen abwarten. Aber er ist eingekreist

von preußischen Truppen, kann die Blockade nicht durchbrechen, und bald geht ihm der Proviant aus. August III. und hungern? Am 15. Oktober hat er die mageren Speisen satt; die sächsische Armee ergibt sich, der Kurfürst darf sich nach Polen zurückziehen und dort König spielen, die Soldaten müssen die Front wechseln und fortan für Preußen kämpfen; vielen aber gelingt es, sich selber in die Flucht zu schlagen.

Den Namen hätte man symbolischer nicht erfinden können: »Zur Feuerkugel« heißt der Leipziger Gasthof, in dem Lessing nun mit Winkler herumsitzt, herumwartet, herumzankt. Über die ärgerliche Situation in der besetzten Stadt, deren Bürger über Kontributionen und Einquartierung erbost sind, berichtet allein Lessings Bruder Karl Gotthelf Genaueres; er soll hier ausführlich das Wort haben: »An dem Tische, wo sie (Lessing und Winkler) in Leipzig beyde aßen, speiseten viele Kaufleute mit, die über der Mahlzeit ihr Herz einander öffneten, und die Preußischen Forderungen an die Stadt für die härtesten Kriegserpressungen hielten, die nur ein freygeistiger König einer Evangelisch christlichen Stadt thun könne. Sie klagten, schmälten und verdammten. Lessing, der keine Kontribution zu erlegen hatte, und auf keine Weise etwas verlor, ob der König von Polen oder der König von Preußen Sachsen inne hatte, war viel zu unpartheyisch, um alles zu billigen, was diesen Herren über den Krieg einfiel; und da jeder redete, wie er sich die Sache dachte, so billigte er vieles an dem König von Preußen, was sie natürlich mißbilligen mußten. Selbst, daß er es mit Witz und Laune that, vermehrte seine Feinde.«

Lessing selbst hat sich noch später erinnert, wie er damals zwischen allen Stühlen saß und »daß ich gleicher Gestalt im vorigen Krieg zu Leipzig für einen Erzpreußen, und in Berlin für einen Erzsachsen bin gehalten worden, weil ich keines von beiden war«. Aber selbstverständlich nehmen die Leipziger Bürger ihm übel, daß er mit preußischen Offizieren verkehrt, ja, daß er sie nun auch noch mitbringt an den Mittagstisch, so daß man sich gar nicht mehr zu reden getraut:

»Die Kaufleute glaubten auf diese Weise ihr Herz nicht mehr eröffnen zu können, und blieben weg; ... die Wirthin, die diese Tischgesellschaft hielt, machte daher Winklern Vorwürfe, daß er sie um die besten Kunden brächte. Anstatt Lessingen seine Verlegenheit dieserwegen freundschaftlich zu eröffnen, schickte er ihm ein Billet, worin er ihm gerade zu sagte, daß sie geschiedene Leute wären, und er noch den nehmlichen Tag von ihm ziehen müsse; denn er wohnte bey ihm in der Feuerkugel... Lessing hätte es eben nicht gleich thun dürfen; aber er that es doch: nur drang er desto ernstlicher auf die Erfüllung des Contrakts.«

Offenbar hatte es schon in den wenigen Monaten der Reise Unstimmigkeiten zwischen Winkler und Lessing gegeben; ein gar so bequemer Reisegefährte, wie der Schriftsteller dachte, war der junge reiche Kaufmann nicht; offenbar hatte Lessing sich auch zunächst gegen die Rückkehr nach Leipzig gewehrt und allein weiterreisen wollen: »er habe weder mittelbar noch unmittelbar an diesem Besuche (dem preußischen Einfall in Sachsen) Schuld, glaube aber in völligem Ernste, Keiner von der ganzen Preußischen Armee werde es ihm übel nehmen, wenn er sein Kontingent nicht in eigner Person abträge und fortreisete«. Aber Winkler hatte auf gemeinsamer Rückreise bestanden, hatte auch, als der Krieg sich hinzuziehen begann, von dem Reiseplan ganz Abstand genommen und wollte nun, nach dem völligen Zerwürfnis, mit Hinweis auf die höhere Gewalt, die er den preußischen Truppen zuschrieb, Lessing nicht einmal, wie es vereinbart war, entschädigen.

Und so kommt es, bizarrer Schatten des Krieges, zu einem siebenjährigen Rechtsstreit: »Der Proceß ging also vor sich. In einer Stadt, wo der Reiche den Ton angibt, wie in den Reichsstädten der Patricier, konnte Lessing dadurch nicht sehr beliebt werden; zumal, da es an Schwachköpfen nicht fehlte, die Winklers Betragen billigten, und versicherten: es würde nicht zur Trennung gekommen seyn, wenn Lessing nicht so offenbar die Preußische Partie als ein geborner Lausitzer, und folglich Chursächsisches Landeskind, genommen hätte… Im Jahr 1765 war dieser Proceß völlig zu Ende, und der Advokat, welcher Lessingen beystand, siegte…«

Die Dramaturgie des Mitleids

> Compassion comes with the chromosomes.
> *Aldous Huxley*

Im November 1756 bekommt Lessing Post, die ihm wie eine ironische Glosse zu seiner Situation vorgekommen sein muß. Es handelt sich um den »langen, langen Brief«, den er sich von Nicolai nach Amsterdam erbeten hatte; er ist am 31. August, zwei Tage nach Kriegsausbruch, geschrieben und erreicht den Adressaten ein Vierteljahr später; »denn der Weg von Berlin nach Leipzig über Wittenberg ist näher als der über Amsterdam«, spottet Lessing vor sich hin. Aber der Brief, der einen so großen Umweg gemacht hat, wird dennoch für ihn so etwas wie ein Rettungsanker bei dem Schiffbruch, den seine Welt-Neugier erlitten hat; ein Anhalts- und Ausgangspunkt für das, was jetzt allein weitreichend sein kann: Gedankengänge.

Nicolais Brief führt zu einer angeregten Unterhaltung, an der auch Mendelssohn beteiligt ist, über Fragen des Theaters, zu einer dramaturgischen Debatte ersten Ranges. Dramaturgie – das ist ja heute für viele, und zu Recht, ein bloßer und blasser Begriff, eine Umstandsvokabel für die nutzloseste Tätigkeit am Theater überhaupt, Beschäftigungstherapie für Leute, denen zum Schauspieler das Talent, zum Regisseur die Phantasie, zum Intendanten die Machtlust, und zu allen andern Berufen vom Kostümbildner bis zur Tischlerei die Kenntnisse fehlen. Dramaturgie – darunter fällt selbst im Verständnis der Gutwilligen jenes mediokre Geschäft, Programmhefte zu schreiben oder auch nur herbeizuzitieren,

Reclambändchen einzustreichen, Manuskripte zu lesen oder doch wenigstens zurückzuschicken und der Öffentlichkeit von Zeit zu Zeit ein zufälliges Potpourri von Stücken als einen Spiel*plan* weiszumachen, der so und nicht anders gemeint sei. Dramaturgie – das wäre dann jener Teil des Theaters, der nicht Szene ist, sondern Papier, nicht Lebendigkeit, sondern Bürokratie, nicht Spiellaune, sondern Archivarbeit, kurz der schiere Nichtsnutz.

Dramaturgie damals aber ist die Lust am Theater überhaupt, die Frage nach seiner Produktion und nach seiner Wirkung, nach seinen Regeln und nach seinen Emotionen. Sie mündet vor allem immer wieder in die Frage, welche Beziehungen zwischen den Akteuren und den Zuschauern herrschen, welche Gefühle über die Rampe kommen, welche Leidenschaften ansteckend wirken, ob das Publikum wirklich was mit nach Haus nehmen kann. Dramaturgie – so haben wir es ja schon bei Gelegenheit der »Sara«-Arbeit gesehen – ist eine Alchimistenküche, ein Seelenlaboratorium, eine Schule der Affekte und Passionen. Eben diese gewaltigste aller Entdeckungen der Zeit, dieses Ankommen des Menschen bei sich selbst, das Zu-sich-selbst-Kommen, diese Mündigwerdung des 18. Jahrhunderts, weist dem Theater eine zentrale gesellschaftliche Position, ja eine revolutionäre Funktion zu: Der Spielraum ist auch soziales Forum, die Szene spiegelt und erkundet Wirklichkeit.

Mitten hinein in diese Alchimistengelüste seiner Zeit, mitten hinein in die fortwährenden Überlegungen Lessings zu diesem Thema, begibt sich Nicolai, wenn er schreibt: »Ich habe nur die Lehre von dem Trauerspiele von einer neuen Seite betrachten wollen, und also gedacht, nichts in die Abhandlung zu bringen, als was gewißermassen neu ist. Hauptsächlich habe ich den Satz zu widerlegen gesucht, den man dem Aristoteles so oft nachgesprochen hat, es sei der Zweck des Trauerspiels die Leidenschaften zu reinigen oder die Sitten zu bilden. Er ist, wo nicht falsch, doch wenigstens nicht allgemein, und Schuld daran, daß viele deutsche Trauerspiele so schlecht sind. Ich setze also den Zweck des Trauerspiels in die Erregung der Leidenschaften, und sage: das beste Trauerspiel ist das, welches die Leidenschaften am heftigsten erregt, nicht das, welches geschickt ist, die Leidenschaften zu reinigen...«

Aber mehr als ein »vorläufiges Compliment« erntet Nicolai bei Lessing mit seinen Neuheiten nicht. Diese Art von Versuchsanordnung ist ihm zu einseitig. Warum, wenn die Tragödie Leidenschaften erregt, sollte sie sie nicht auch reinigen können? Und überhaupt, von welchen Leidenschaften ist denn die Rede?

Und dann macht Lessing seine berühmte tabula rasa: »Kurz, ich finde keine einzige Leidenschaft, die das Trauerspiel in dem Zuschauer rege macht, als das Mitleiden. Sie werden sagen: erweckt es nicht auch Schrecken? erweckt es nicht auch Bewunderung? Schrecken und Bewunderung sind keine Leidenschaften, nach meinem Verstande. Was dann?... Setzen Sie sich hier auf Ihre Richterstühle, meine Herren Nikolai und Moses. Ich will es sagen, was ich mir unter beiden vorstelle.« Er erklärt »das Schrecken« in der Tragödie für weiter nichts als die plötzliche Überraschung des Mitleids; daraus folgt, daß Mitleid für Lessing eine Regung in dauernder Bereitschaft, in ständiger Latenz ist: Eine Geistererscheinung, die dunkle Vorstellung eines für einen andern bestimmten Unglücks »überraschen mein Mitleid, und dieses überraschte Mitleid heißt Schrecken«. Und zweitens redet er den Berliner Herren die Bewunderung aus: »Die Bewunderung! O *in der Tragödie*, um mich ein wenig orakelmäßig auszudrücken, ist das entbehrlich gewordene Mitleiden. Der Held ist unglücklich, aber er ist über sein Unglück so weit erhaben, er ist selbst so stolz darauf, daß es auch in meinen Gedanken die schreckliche Seite zu verlieren anfänget, daß ich ihn mehr beneiden als bedauern möchte.« Und nun entwickelt Lessing in aller Sicherheit und Seelenruhe seine Dramaturgie des Mitleids, die auch eine Psychologie des Mitleidens und eine Politik der Mitleidenschaft genannt werden kann: »Wenn es also wahr ist, daß die ganze Kunst des tragischen Dichters auf die sichere Erregung und Dauer des einzigen Mitleidens geht, so sage ich nunmehr, die Bestimmung der Tragödie ist diese: sie soll *unsre Fähigkeit, Mitleid zu fühlen,* erweitern. Sie soll uns nicht bloß lehren, gegen diesen oder jenen Unglücklichen Mitleid zu fühlen, sondern sie soll uns weit fühlbarer machen, daß uns der Unglückliche zu allen Zeiten, und unter allen Gestalten rühren und für sich einnehmen muß...«

Und dann folgt jener Satz, der den Kontrapunkt bildet zum Eigensinn dieser Lessingschen Existenz, der das cui bono dem ergo sum ebenbürtig macht, der den Einzelgang kenntlich macht als gesellschaftlichen Akt, jener Satz, der ein aufklärerisches Bekenntnis ist und sich dem Voltaireschen »Alles geht uns an« brüderlich zugesellt: »*Der mitleidigste Mensch ist der beste Mensch,* zu allen gesellschaftlichen Tugenden, zu allen Arten der Großmut der aufgelegteste. Wer uns also mitleidig macht, macht uns besser und tugendhafter, und das Trauerspiel, das jenes tut, tut auch dieses, oder – es tut jenes, um dieses tun zu können. Bitten Sie es dem Aristoteles ab, oder widerlegen Sie mich.«

Man merkt: Der Ton ist nicht eben zaghaft; hier ist sich einer seiner Sache sicher. Aber Lessing wäre der Dialektiker nicht, der er ist, wenn er es nur beim Mitleid, nur bei den Tränen der Teilnahme bewenden ließe. Schon im Brief an Nicolai hatte er dem Mitleiden einen heiteren Gefährten beigesellt: »Ich bin jetzt von diesen meinen Grillen so eingenommen, daß ich, wenn ich eine dramatische Dichtkunst schreiben sollte, weitläuftige Abhandlungen vom Mitleid und Lachen voranschicken würde. Ich würde beides sogar miteinander vergleichen, ich würde zeigen, daß das Weinen ebenso aus einer Vermischung der Traurigkeit und der Freude, als das Lachen aus einer Vermischung der Lust und der Unlust entstehe: ich würde weisen, wie man das Lachen in Weinen verwandeln kann, wo man auf der einen Seite Lust zur Freude, und auf der andern Unlust zur Traurigkeit, in beständiger Vermischung anwachsen läßt; ich würde – Sie glauben nicht, was ich alles würde. «

Später wird Lessing dieses dialektische Programm ins Werk setzen, in seine »Minna von Barnhelm«; noch aber spielt er alles nur durch. Aber schon jetzt beläßt er es nicht bei theoretischen Erwägungen: Im nächsten Brief an Nicolai setzt er die Debatte, die immer mehr zum Selbstgespräch wird, nicht nur mit Begriffen und Affekten fort; jetzt richtet er schon Situationen ein und betreibt Fall-Studien.

»Ich unterscheide«, führt Lessing aus, »drei Grade des Mitleids, deren mittelster das weinende Mitleid ist, und die vielleicht mit den drei Worten zu unterscheiden wären, *Rührung, Tränen, Beklemmung. Rührung* ist, wenn ich weder die Vollkommenheit, noch das Unglück des Gegenstandes deutlich denke, sondern von beiden nur einen dunklen Begriff habe; so rührt mich z. E. der Anblick jedes Bettlers. *Tränen* erweckt er nur dann in mir, wenn er mich mit seinen guten Eigenschaften so wohl, als mit seinen Unfällen bekannter macht, und zwar mit beiden *zugleich,* welches das wahre Kunststück ist, Tränen zu erregen… Z. E. Ich frage den Bettler nach seinen Umständen, und er antwortet: ich bin seit drei Jahren amtlos, ich habe Frau und Kinder; sie sind Teils krank, Teils noch zu klein, sich selbst zu versorgen; ich bin selbst nur vor einigen Tagen vom Krankenbette aufgestanden. – Das ist sein Unglück! – Aber wer sind Sie denn? frage ich weiter. – Ich bin der und der, von dessen Geschicklichkeit in diesen oder jenen Verrichtungen sie vielleicht gehört haben; ich bekleidete mein Amt mit möglichster Treue; ich könnte es alle Tage wieder antreten, wenn ich lieber die Kreatur eines Ministers, als ein ehrlicher Mann sein wollte etc. Da sind seine Vollkommenheiten! Bei einer solchen Erzählung aber kann niemand *weinen.* Sondern wenn der Unglückliche meine Tränen haben will, muß er beide Stücke verbinden; er muß sagen, ich bin vom Amte gesetzt, weil ich zu ehrlich war, und mich dadurch bei dem Minister verhaßt machte; ich hungere und mit mir hungert eine kranke liebenswürdige Frau; und mit uns hungern sonst hoffnungsvolle, jetzt in der Armut vermodernde Kinder; und wir werden gewiß noch lange hungern müssen. Doch ich will lieber hungern, als niederträchtig sein; auch meine Frau und Kinder wollen lieber hungern, und ihr Brot unmittelbar von Gott, das ist, aus der Hand eines barmherzigen Mannes, nehmen, als ihren Vater und Ehemann lasterhaft wissen etc. ... Einer solchen Erzählung habe ich immer Tränen in Bereitschaft. Unglück und Verdienst sind hier im Gleichgewicht. Aber lassen Sie uns das Gewicht in der einen oder andern Schale vermehren, und zusehen, was nunmehr entsteht. Lassen Sie uns zuerst in die Schale der Vollkommenheit eine Zulage werfen. Der Unglückliche mag fortfahren: aber wenn ich und meine kranke Frau uns nur erst wieder erholt haben, so soll es schon anders werden. Wir wollen von der Arbeit unserer Hände leben; wir schämen uns keiner. Alle Arten, sein Brot zu verdienen, sind einem ehrlichen Manne gleich anständig; Holz spalten oder am Ruder des Staates sitzen. Es kömmt seinem Gewissen nicht darauf an, wie viel er nützt, sondern wieviel er nützen wollte. – Nun hören meine Tränen auf, die Bewunderung erstickt sie. Und kaum, daß ich es noch fühle, daß die Bewunderung aus dem Mitleiden entsprungen. – Lassen Sie uns eben den Versuch mit der anderen Waagschale anstellen. Der ehrliche Bettler erfährt, daß es einerlei Wunder, einerlei übernatürliche Seltenheit ist, von der Barmherzigkeit der Menschen, oder unmittelbar aus der Hand Gottes gespeist zu werden. Er wird überall schimpflich abgewiesen; unterdessen nimmt sein Mangel zu, und mit ihm seine Verwirrung. Endlich gerät er in Wut; er ermordet seine Frau, seine Kinder und sich. – Weinen Sie noch? Hier erstickt der Schmerz die Tränen, aber nicht das Mitleid, wie es die Bewunderung tut. Es ist –« Hier unterbricht sich Lessing mit den Worten: »Ich verzweifelter Schwätzer! Nicht ein Wort mehr!«

Dies ist eine der wichtigen Stellen, an denen in einer Lessing-Biographie die Frage gestellt und diskutiert werden muß, wie politisch Lessing war. Denn was er da vor Nicolai ausbreitet, sind nicht nur gedachte Konstellationen, nicht Bühnenauftritte. Es sind Notfälle aus dem Alltag, politische Konfliktsituationen, soziale Anklagen. Das springt so deutlich ins Auge, daß die Befunde der neueren Lessing-Philologie, gerade im Zusammenhang mit Lessings Haltung in dieser Debatte und während dieser ersten Zeit des Krieges, er habe durchweg unpolitisch reagiert, doch wohl einer Korrektur bedürfen. »Lessing besaß kein echtes Interesse am Politischen«, schreibt Conrad Wiedemann in einer Studie, die noch näher berührt werden wird. Und selbst Peter Szondi will in seiner »Theorie des bürgerlichen Trauerspiels im 18. Jahrhundert« die Provokation nicht wahrhaben, die Lessing im letzten seiner Beispiele freisetzen will. Kritisch beschreibt er das, was er für die selbstmörderische Ohnmacht der Lessingschen Figur hält: »Bei Lessing wie bei Lenz ist die Aggression des machtlosen Bürgers gegen sich selbst gerichtet und nicht gegen die, die ihm die Macht verweigern. Daß der zum Bettler gewordene Beamte in seiner Wut statt seiner Familie und sich selbst ja auch den Minister hätte ermorden können, der ihn zur Niedertracht zwingen wollte, fällt Lessing nicht bei. Das mag gewisse Tendenzen bürgerlichen Denkens spiegeln, zumal in einem Land, dessen Bürger lieber den Revolutionär als den Diktator umbringen.«

In der Tat: für den politischen Mord, für revolutionäres Blutvergießen ist Lessing nicht zu haben, vielleicht kann er es nicht einmal denken. Er hat es beim frühen »Henzi« verworfen, so wie er es sich bei der »Emilia Galotti« verbieten wird. Attentate entsprechen nicht seiner aufklärerischen Vorstellung von vernünftiger Politik, von politischer Vernunft. Vor allem wohl schreckt ihn der Gedanke an den Irrationalismus, der notwendig folgt. – Aber noch etwas anderes ist zu bedenken: die Dynamik der Lessingschen Dramaturgien. Sein Theater ist ja nicht zu Ende, wenn der Vorhang fällt; jetzt erst sollen die Affekte im Zuschauer zu arbeiten anfangen, und Szondi schreibt sehr plausibel, daß es falsch wäre, »Wir-

205

kungsästhetisches und Sozialkritisches zu trennen«. Der Ministermord auf der Bühne – das hätte ein deutsches Publikum damals betreten gemacht wie heute auch; hätte die Zuschauer in erschreckter Untertänigkeit und aufgefrischter Subordination nach Hause gehen lassen. Die Familientragödie aber, die Lessing beschwört, wird zum sicheren Aufputschmittel, sie fördert rebellische Stimmung, trägt zum Aufbegehren bei. Denn Lessings Absicht ist keineswegs nur, »Tränen des Mitleids« hervorzurufen, wie Szondi ihm unterstellt, wenn er den Franzosen Mercier gegen Lessing ausspielt. Mercier, sagt Szondi, lasse es eben nicht bei den Tränen als Beruhigungsmittel für die Unterdrückten bewenden, sondern traue ihnen die Kraft zu, »eine Umkehr bei den Unterdrückern zu bewirken«, und erst bei Mercier flöße das Mitleid mit einem Unglücklichen der Seele des Zuschauers geradezu »auch das Verlangen ein, ihm beizuspringen«.

Aber der Gegensatz Mercier – Lessing ist keiner. Auch Lessings Mitleids-Begriff ist ganz und gar aktiv, und es hieße ihn falsch verstehen, wollte man behaupten, daß sein Mitleid sich nur in Tränen auflösen könne, und damit basta. Ist er nicht, genau wie Mercier, auf Hilfeleistung aus, wenn er schreibt, kraft des Mitleids könne ein Unglücklicher uns eben nicht nur »rühren«, sondern auch »für sich einnehmen«. Der mitleidigste Mensch ist ja nach Lessing nicht deshalb der beste, weil er am meisten weint, sondern weil er (wie schon zitiert), »zu allen gesellschaftlichen Tugenden, zu allen Arten der Großmut der aufgelegteste« ist. Mit andern Worten: Weil er was tut, weil er zu handeln beginnt.

Aber nicht nur das so verstandene Mitleiden als eine Form des gesellschaftlichen Engagements ist ein Indiz für Lessings Politizität; politisch motiviert ist auch das Argument, mit dem er Mendelssohn, der sich in der dramaturgischen Debatte zum Fürsprech der ›Bewunderung‹ macht, auch da ins Wort fällt, wo Bewunderung am ehesten plausibel wäre, nämlich angesichts großer übermenschlicher Taten, Aug in Auge mit dem Heroismus. Das aber sei am Heroismus unergiebig, daß jede seiner Eigenschaften »mit Unempfindlichkeit verbunden ist«. »Sie haben einen zu richtigen Begriff von der menschlichen Natur«, so sucht er Mendelssohn auf seine Seite zu ziehen, »als daß Sie nicht alle unempfindliche Helden für schöne Ungeheuer, für mehr als Menschen, aber gar nicht für gute Menschen halten sollten. Sie bewundern also mit Recht; aber eben deswegen, weil sie bewundern, werden Sie Ihnen nicht nacheifern.«

Da spricht nämlich Lessing mehr als Dramentheorie aus, da liefert er auch einen Kommentar zur Kriegswirklichkeit, zu jener Gegenwart des Jahres 1756, die den Heroismus wieder neu in Schwang gebracht hat. Man sollte es ganz deutlich sehen: Er sitzt ja in Leipzig herum wie in einem großen Wartezimmer, er antichambriert in der eigenen Existenz, sieht alle Pläne, sein Leben mit neuem Schwung zu erfüllen, bis auf weiteres blockiert, findet sich in einen miesen Rechtsstreit verwickelt, schindet sich, weil er in einer so ärgerlichen Situation nicht auch noch schlecht leben will, mit Übersetzungen herum – und wird nun von seinen Freunden mit Vokabeln wie Bewunderung und Patriotismus und Heroismus eingedeckt. Der Krieg, den er absurd findet, der ihn nichts angeht und ihn dennoch gefangen setzt, macht die, die er für seine Freunde hält, taumelig vor Begeisterung, versetzt sie in einen Preußen-Rausch. Er muß in der Stube hocken, und sie sind aus dem Häuschen.

Vor einem Jahr noch, vor diesem Krieg, hätte er sich ein Gespräch über Heroen gefallen lassen, da hatte er mit Mendelssohn ganz animiert über Heldentum plaudern können, detaillustig und -listig; darüber wäre selbst Bertolt Brecht entzückt gewesen: »Karl der XII., ein Held, wie die alten Helden, die lieber Könige machten, als Könige waren, und der vorige König von Pohlen, auch ein Held, wie man sagt, wenigstens aber nur ein subalterner Held, der sich in die Krone vergafft hatte; diese zwey kamen einst zu einer mündlichen Unterredung. Jener besuchte diesen in seiner Residenz, eben, wo ich mich nicht irre, als er diese Residenz belagerte.

Von was sprachen sie wohl in einem so kritischen Zeitpunkte? Von ihren Stiefeln – –«

Nicht so jetzt mehr. Die neuen Helden stehen im Feld, der Preußenkönig jagt, manisch-depressiv, sieghaft-niedergeschlagen über die Schlachtfelder, und die Dichter eilen ihm mit neubeflügelten Pegasussen zu Hilfe, allen voran Johann Wilhelm Ludwig Gleim, der sich in die Haut eines preußischen Grenadiers versetzt und so, im Namen eines unbekannten Soldaten, höchst griffige und aufrüttelnde Kriegslieder produziert und auch schon gleich »Bei Eröffnung des Feldzuges 1756« sich vernehmen läßt:

> Krieg ist mein Lied! Weil alle Welt
> Krieg will, so sei es Krieg!
> Berlin sei Sparta! Preußens Held
> Gekrönt mit Ruhm und Sieg!
>
> Gern will ich seine Taten tun,
> Die Leier in der Hand,
> Wenn meine blutgen Waffen ruhn
> Und hangen an der Wand.
>
> Auch stimm ich hohen Schlachtgesang
> Mit seinen Helden an
> Bei Pauken- und Trompetenklang,
> Im Lärm von Roß und Mann;
>
> Und streit, ein tapfrer Grenadier,
> Von Friedrichs Mut erfüllt!
> Was acht ich es, wenn über mir
> Kanonendonner brüllt?

Und so weiter, jahrelang.

Lessing schreibt Gleim durchaus anerkennende Worte; er bringt sogar zwei dieser Grenadierlieder einmal in der Leipziger »Bibliothek der schönen Wissenschaften und der freyen Künste« unter. Aber die Aufforderung Gleims, einzustimmen in solche Gesänge, sich an der Verherrlichung Friedrichs zu beteiligen, wehrt er ab. Und die poetisch-politische Zumutung Gleims, er, Lessing, solle sich doch nun mit einer Ode auf den König hervortun, weist er zurück, indem er ihm das »Gerippe« einer solchen Ode schickt, die nichts ist als ein Ausdruck von Distanz:

> Du weißt, wie Du ihn am besten singen sollst. Ich will unterdes mit äsopischer Schüchternheit, ein Freund der Tiere, stillere Weisheit lehren.
> Ein Märchen vom blutigen Tiger, der, als der sorglose Hirt mit Chloris und dem Echo scherzte, die arme Herde würgte und zerstreute.
> Unglücklicher Hirte! Wenn wirst du die zerstreuten Lämmer wieder um dich versammeln? Wie rufen sie so ängstlich im Dornengehege nach Dir!

Und wenn Lessing in dieser Verweigerungs-Ode Gleim zugesteht:

> »Dir fehlt weder die Gabe, den Helden zu singen, noch der Held.
> Der Held ist Dein König.« –

so sagt er doch deutlich genug: Mein Held ist er nicht, und auch nicht mein König. Ich bin weder sein Mann noch sein Dichter.

Was Gleim nicht ahnt, was niemand weiß, ist, daß Lessing diesem Preußen-König ein böses Valet gesagt hat, und sogar in der Form einer Ode; aber die zu veröffentlichen wäre wohl selbstmörderisch gewesen; so fand man sie erst in Lessings Nachlaß; unvollendet, aber aufs Ganze gehend, und unter dem schwärmerisch-täuschenden Titel »Ode an Mäcen«. Dieses Fragment gehört zu den bösesten Texten, die Lessing je geschrieben hat; hier ein Auszug:

> Du, o Mäcen, hast uns deinen Namen hinterlassen, den die Reichen und Mächtigen an sich reißen, und die hungrigen

Skribenten verschenken; aber hast du uns auch von dir etwas mehr als den Namen gelassen?

Wer ists in diesen eisern Tagen, hier in einem Lande, dessen Einwohner von innen noch immer die alten Barbaren sind, wer ist es der einen Funken von deiner Menschenliebe, von deinem tugendhaften Ehrgeize, die Lieblinge der Musen zu schützen, in sich hegte?

Wie habe ich mich nach einem nur schwachen Abdrucke von dir umgesehen? Mit den Augen eines Bedürftigen umgesehen! Was für scharfsichtige Augen!

Endlich bin ich des Suchens müde geworden, und will über deine Afterkopien ein bitteres Lachen ausschütten.

Dort, der Regent, ernährt eine Menge schöner Geister, und braucht sie des Abends, wenn er sich von den Sorgen des Staats erholen will, zu seinen lustigen Räten. Wieviel fehlt ihm, ein Mäcen zu sein!

Nimmermehr werde ich mich fähig fühlen, eine so niedrige Rolle zu spielen; und wenn auch Ordensbänder zu gewinnen stünden.

Ein König mag immerhin über mich herrschen; er sei mächtiger, aber besser dünke er sich nicht. Er kann mir keine so starken Gnadengelder geben, daß ich sie für wert halten sollte, Niederträchtigkeiten darum zu begehen.

Man sieht aber aus diesem (bis heute nicht genau datierten) Stück auch, daß die dramaturgischen Beispiele, die Lessing benutzt hatte, daß das Schicksal des Mannes, der zum Bettler geworden ist, weil er sich geweigert hatte, »die Kreatur eines Ministers« zu sein, weil er »lieber hungern, als niederträchtig sein« wollte –, daß dieser Schicksals- und Sozialfall so weit hergeholt gar nicht war; daß er zwar nicht mit biographischen Analogien, wohl aber mit authentischen Bitterkeiten angereichert war. Und immer noch wird; denn je länger der

Krieg sich hinzieht, um so prekärer wird Lessings finanzielle Lage. Johann Georg Sulzer schreibt alarmiert Ende Mai 1757: »Es jammert mich recht sehr, daß ein Mann, wie Lessing ist, noch um seine Versorgung soll bekümmert sein, und daß auch das Wenige, das er verlangt, für ihn unmöglich wird. Die Stelle... ist schon seit einem Jahr vergeben. Der alte Bibliothecarius lebt noch, hat aber einen Adjunctus... Bedienungen werden hier schwerlich aufkommen, die man ihm anbieten könnte oder dürfte.«

Berlin scheint sich gegen Lessing verschworen zu haben, aber Berlin ist jetzt leider die einzige Stadt, die ihm noch offensteht. Denn alle Vorstellungen, das Leben neu zu ordnen, neu zu wagen, sind durch den Krieg eingeengt, ja zunichte gemacht. Was waren das noch für Zeiten, als man zumindest mit dem Gedanken spielen konnte, Professor in Moskau zu werden? Als man dem Vater – der solche Nachrichten von fester Anstellung immer noch am liebsten hörte – hatte schreiben dürfen: »Man hat es mir seit einiger Zeit sehr nahe gelegt, nach Moscau zu gehen, wo, wie Sie aus den Zeitungen werden gesehen haben, eine neue Universität angelegt wird. Dieses könnte vielleicht am allerersten geschehen.« Aus Moskau war damals – Frühjahr 1755 – nichts geworden; jetzt grenzt schon der Gedanke an die Hauptstadt eines der feindlichen Reiche an Verrat.

Und so gibt es 1757 von Leipzig aus, für Lessing, eine Reihe von Bemühungen, ihm eine Position in Berlin zu erwirken. Weiß Herr Gleim nicht, über seine vielfältigen Beziehungen, eine Kriegsratsstelle für ihn? Könnte der Berliner Stallmeister von Brandt »nicht den braven und sehr geschickten Lessing zu dieser Stelle vorschlagen«, nämlich zu der eines Sekretärs des englischen Gesandten Mitchel? Er kann es nicht, so wenig wie er es ein paar Wochen vorher verstanden hat, Lessing als Hofmeister des Prinzen Ferdinand von Preußen zu empfehlen.

Lessing bewirbt sich nicht selbst. Er hat, das einzige Geschenk des Kriegs, einen neuen Freund gewonnen, Ewald von Kleist; der schreibt unentwegt Empfehlungsbriefe. Und ist, in dieser allgemeinen Kriegslüsternheit, der einzige und erste, von dem Lessing völlig fasziniert ist: ein elegischer Held, ein melancholischer Kämpfer.

Heldenmut als Krankheit zum Tode

Bist du noch zu retten?
Umgangssprache

Ewald von Kleist ist vor lauter Begierde, in den Krieg zu
kommen, vor lauter Herzenslust, den Schlachtentod zu sterben, erst einmal schlicht krank geworden und braucht Gesellschaft: »Ich schreibe dieses« – gibt Lessing Nachricht an
Gleim – »in dem Zimmer Ihres Freundes, des Herrn Major
von Kleist, und vor seinem Bette. Er liegt bereits den achten
Tag an einem katharrhal. Fieber krank… Mehr die Mattig-
keit…, welche auf eine solche Krankheit folgt, als die Krankheit selbst, nöthigen ihn, durch mich Ihnen melden zu
laßen…« Kleist will wirklich nur vom Krankenbett, um
möglichst bald zu sterben, er will aufstehen, um zu fallen, er
will gesund werden, um tot sein zu können. Will es so sehr,
daß Lessing den Tod des Marschalls von Schwerin zum Anlaß nimmt, seinem neuen Freund Kleist mit der ganzen Ein-
dringlichkeit einer Ode ins Gewissen zu reden:

Der nur falle so jung, der in eine traurige, öde Wüste hin-
aussieht, in künftige Tage, leer an Freundschaft und Tugend, leer an großen Entwürfen zur Unsterblichkeit:
Nicht Du, o Kleist; der Du so manchen noch froh und
glücklich zu machen wünschest – – Zwar schon solche
Wünsche sind nicht die kleinsten edler Taten – –
Nicht Du, dem die vertrauliche Muse ins Stille winkt – –
Wie zürnt sie auf mich, die Eifersüchtige, daß ich die
waffenlosen Stunden Deiner Erholung mit ihr teile!

Leben soll er, dieser Kleist, und dichten, und eine Seneca-Tragödie hat Lessing ihm schon als Fleißaufgabe zudiktiert, und ans große pompöse Sterben soll er erst denken (und nun geht Lessing in der Trauerode höchst ironisch den gemeinsamen Bekanntenkreis durch:) »Wenn Dein Gleim nicht mehr ist«, »wenn der redliche Sulzer ohne Körper nun denkt«, »wenn unser lächelnder Ramler sich tot kritisieret« und schließlich: »Wenn auch ich nicht mehr bin – Ich, Deiner Freunde spätester, der ich, mit dieser Welt weit besser zufrieden, als sie mit mir, noch lange sehr lange zu leben gedenke – –

Dann erst, o Kleist, dann erst geschehe mit Dir, was mit uns allen geschah! Dann stirbst Du; aber eines edlern Todes für Deinen König, für Dein Vaterland, und wie Schwerin!«

Wer ist dieser Mann, der ja nicht nur Kleist heißt, nicht nur als der früheste Kleist in der deutschen Literaturgeschichte vorkommt, sondern eben auch schon ein Kleist ist im Sinne jenes unaufhebbaren Widerspruchs aus Raison und Gefühl, das der spätere Heinrich von Kleist – sein entfernter Verwandter – der Natalie im »Homburg« in den Mund legt: »Das Kriegsgesetz, das weiß ich wohl, soll herrschen, jedoch die lieblichen Gefühle auch« –, und dessen Leben doch immer auch schon den klaren Abschiedssatz des Nachgeborenen einlöst: »Die Wahrheit ist, daß mir auf Erden nicht zu helfen war.« Die Verschwisterung von Ruhmbegierde und Todessehnsucht – diese seltsame Allianz der äußersten Gefühle verbindet beide Dichter, gerade als Sprößlinge eines Geschlechts, das bis zum Ende des Jahrhunderts achtzehn Generäle hervorgebracht haben wird.

Kleist ist vierzehn Jahre älter als Lessing (geboren am 5. Mai 1715); schon vierzig also, als sie sich kennenlernen. Er wächst auf dem väterlichen Rittergut Zeblin bei Köslin in Pommern auf, kommt mit vierzehn Jahren aufs Gymnasium in Danzig, mit sechzehn an die Universität Königsberg, wo er sich auf eine Laufbahn als Jurist vorbereitet, aber nicht ohne weiteres: Nicht ohne auch Philosophie, Physik und Mathematik zu belegen, die antiken Dichter zu lesen und zu bewundern, und nicht, ohne auch selbst zu dichten. Aber der fertige Jurist bekommt keine Stellung in Preußen, und so wird er 1736 kurzerhand Offizier im Dienste des Königs von Dänemark, was einer seiner Biographen mit der Bemerkung kommentiert: »Für den echten Poeten gibt es nichts absolut Unpoetisches.« Dem gelernten Juristen, dem Parade-Offizier, dem dilettierenden Dichter winkt 1740 die Idylle: Er erbt ein kleines Gut namens Ruschitz im Kreis Stolpe, und er lernt, während eines Urlaubs, Wilhelmine von der Goltz kennen, und ob sie nun »eine gleich schöne als geistvolle und würdige Erscheinung« war oder nicht – er verliebt sich, das Mädchen auch, und einer Verbindung hätte nichts im Wege gestanden, wenn er nun endlich einen zivilen Beruf gefunden hätte.

Statt dessen holt ihn Friedrich Anfang der vierziger Jahre nach Potsdam – nicht als persönliche Auszeichnung, sondern weil der junge König angefangen hat, seine in fremden Diensten stehenden Junker nach und nach wieder einzusammeln: Exerzieren können sie auch zuhause. Was macht ein Offizier in Potsdam, wenn nicht Krieg ist? Er macht Schulden, Gedichte und Skandal. Weil Kleist das Gerede eines Kameraden über einige Potsdamer Damen widerlich findet, ist er eines Tages – im Jahre 1743 – in ein Duell verstrickt, aus dem er mit einer Armverletzung hervorgeht.

Schon damals finden wir diesen Kleist im Bett; abgekämpft im wahrsten Sinne des Wortes, und daß nun die Damenwelt Potsdams schwärmerisch von ihm redet, davon hat er nichts: Der ihn besuchen kommt, ist Gleim, damals noch in Potsdam lebend. Er nimmt ihm Caesars »Gallischen Krieg« aus der Hand und schlägt ganz andere Seiten auf, nämlich die seiner eigenen Bücher und liest dem Verletzten vor:

Tod, kannst du dich auch verlieben?
Warum holst du denn mein Mädchen?

Hole lieber ihre Mutter!
Ihre Mutter sieht Dir ähnlich:
Frische, rosenrothe Wangen,
Schöngefärbt von meinem Kusse,
Blühen nicht für blasse Knochen!
Tod, was willst du mit dem Mädchen?
Mit den Zähnen ohne Lippen
Kannst du es ja doch nicht küssen!

Und Kleist fängt – so will es die Legende – bei dieser schaurigen Vorstellung derart zu lachen an, daß seine Wunde dabei aufspringt, daß ein Blutsturz folgt, daß ein Arzt gerufen werden muß, und daß nun erst wirklich die Heilung des Armes beginnt. »Der Dichtkunst und Ihnen verdanke ich meine Genesung«, sei der Wunderdoktor Gleim belobt worden.

Der Arm heilt, der Mann wird krank vor – vor was wird einer krank, wenn er Soldat ist und kommt nicht in die Schlacht, wenn er den Ruhm sucht und wird nur lahmgelegt im Zweikampf, wenn er eine schöne junge Frau liebt und erfährt, daß sie endlich doch ihren Zivilisten sich anderswo gesucht hat, wenn er merkt, daß seine Existenz zum Exerzierreglement zu werden droht, wenn er nicht länger herumhocken will und sieht, daß selbst ein professioneller Herumhocker wie Gleim plötzlich auf und davon geht, nach Halberstadt zwar, aber immerhin? Er wird krank vor mißlingendem Leben, vor leerlaufendem Tatendrang, und solche Krankheit wird in Potsdam schnell Stadtgespräch: »Die Leute fingen auch an, ihn für ein bißchen wahnsinnig zu halten.« Und da Wahnsinn ja erst in unserem Jahrhundert zur großen Feldherreneigenschaft gediehen ist, im friderizianischen Konzept aber als Risiko galt, deutete man Kleist an, er werde wohl seinen Abschied bekommen. Und damit nicht genug: Als er endlich in einem großen Gedicht das Gefühl seiner Zeit ganz ausspricht, als er mit einem langen Gesang auf den »Frühling« förmlich Furore macht:

> O welch ein frohes Gewühle
> Belebt das streifige Land! Wie lieblich lächelt die An-
> muth
> Aus Wald und Büschen hervor! Ein Kranz von blühen-
> den Dornen
> Umschließt und röthet ringsum die sich verlierende
> Weite,
> Vom niedrigen Himmel gedrückt…

– da macht sich der wohlmeinende Besserwisser Karl Wilhelm Ramler mit allen Schikanen von Metrik und Versmaß
und Gliederungs-Routine über das Werk her, so daß Kleist es
nicht mehr wiedererkennt, daß er, bloß um diesen neuen
Freund Ramler nicht zu verlieren, lieber seine Strophen preis-
gibt: »So wird mich Ramler denn auf seinen Flügeln in die
Ewigkeit tragen.« Die Absurdität für Kleist ist vollkommen,
und seine Tröstungen lesen sich so: »Doch ich bin für diese Welt
nicht allein da, und ich werde die wenigen Tage, die ich vielleicht hier noch zu leben habe, auch leicht hinbringen.«

Aber nun – wir sind in Leipzig zurück – ist ja Krieg, und für
Kleist ist das nichts als ein riesiges Füllhorn des Ruhms, ein
gewaltiger Vorrat großer Taten, aus dem er sich endlich auch
einmal bedienen möchte. Aber wenn er wo hinkommt, ist die
Schlacht schon geschlagen, und los geht es erst wieder, wenn
man ihn gerade abkommandiert hat. Er hat schon Visionen:
»Um mit Ihnen natürlich und ohne Verstellung zu sprechen,
so wünsche ich nichts mehr, als nur einmal mit zweihundert
Mann kommandirt zu seyn, und dann von zweitausend
Österreichern angegriffen zu werden. Wenn ich mich ergäbe,
so möchte der König mich immer zum Schelm machen lassen.«

Statt dessen sitzt er in Leipzig, stochert unlustig an seinem
»Seneca«-Entwurf herum (»das Rössel reiten wir nicht
mehr!«) und als er endlich vom König selbst einen besonderen Auftrag bekommt, ist es die Direktion – eines Leipziger
Lazaretts. Überall wird gesiegt, und er ist nicht dabei: »… der

Himmel steht der gerechten Sache bey! Aber ich bin untröst-
lich, daß ich hier seyn muß; komme ich zu nichts rechtem in
diesem Kriege, so nehme ich gleich nach dem Krieg den Abschied, und gehe Kohl zu pflanzen. Ich habe soviel Ehre, wie
alle die, die besser geachtet werden als ich, und muß hinter
der Mauer sitzen!... Aber wie will ich Kohl pflanzen!« Also
schreibt er doch erst einmal seinen »Seneca« zu Ende und
fühlt sich, nach erledigtem Trauerspiele, endlich »vergnügt
wie ein Sultan, daß ich die Last los bin«.

Wie aber ist ihm erst zumute, als er im Mai 1758 Leipzig
endlich in Richtung Krieg verlassen kann: »Mir ist, als wenn
ich im Himmel wäre«, schreibt er überglücklich an Gleim,
stutzt aber gleich bei der Doppelbedeutung der Wendung
und setzt, wohl in dem Gedanken, er könnte es wirklich sein,
für den Fall seines Todes fest: »In diesem Fall geben Sie doch
die 200 Rhtlr., die über 1000 sind, an Herrn Ramler u. Lessing, jedem die Hälfte. Oder vielmehr geben Sie sie ihnen
gleich, sie sollen sie mir einmal, im Fall ich lebe, wieder geben, wenn sie recht reich geworden sind... Dies sag ich nur
auf den Fall, den ich nicht glaube. Es geschieht uns immer
das, wornach wir nicht viel fragen; und was uns lieb wäre, geschieht uns nicht. Ich glaube, daß ich einst noch im Himmel
ein Sclave seyn, und nicht werde hinreisen können, wo ich
will (reisen wird man doch dort auch müssen, wenn man
seine Freunde sehen will, denn es ist ein weitläuftiger Ort).«
Und einmal, mitten unter seinen Soldaten, dichtet er noch einen Choral, der mit dem schönen Bild anfängt:
>>Groß ist der Herr! Die Himmel ohne Zahl
Sind Säle seiner Burg!«
Und es geht dann, von heute aus gesehen, ganz rasch. Nicht
hastig, aber seelenruhig rapide. Das letzte Jahr des Majors
von Kleist ist schon mehr Sterbebahn als Lebensweg, fool-
proof und todsicher. Einmal noch seufzt er ungeduldig: »Wie
will ich Kohl pflanzen, und Alleen, Hecken und Blumen!«,
einmal noch wünscht er »unsern Feinden künftig etwas
Herz«, verwünscht er sich aus »der faulen Campagne«, aber

bei Kunersdorf, im August 1759, ist es soweit: Obwohl Kleist, als zweiter Stabsoffizier seines Regiments, seine Position hinter der Front hatte, obwohl zwölf Kugeln ihm schon blaue Flecken einverleibt hatten, eine dreizehnte ihm zwei Finger der rechten Hand zerschlug, stürmt er sofort vor, als er sieht, daß der Regiments-Kommandeur gefallen ist. Zitieren wir das Schlachtendrama herbei: »Freudig führte der Unerschrockene seine Soldaten gegen eine vierte Batterie. Die Fahnenträger des Regiments – damals junge Edelleute, noch Knaben fast... – marschierten vor der Fronte. Einer von diesen trug neben seiner Fahne noch zwei von schon gefallenen Waffengefährten. Kleist faßte unterstützend seinen Arm, und half dem unter seiner edeln Last Wankenden mit vorwärts. In diesem Augenblick durchfuhr ihm eine Flintenkugel den linken Arm. Er faßte Degen und Zügel wieder in die minder verwundete Rechte. Immer vorwärts ging es gegen die Batterie. Auf etwa dreißig Schritte war man heran; – da gaben die tapfern russischen Kanoniere noch eine Kartätschenladung. Drei Kartätschenkugeln trafen unsern Helden. Das rechte Bein war zerrissen – er stürzte aus dem Sattel. Seine Kriegsleute stutzten. Man kommt ihm zu Hülfe, und zweimal versucht er, sich wieder aufs Pferd heben zu lassen. Aber ermattet zu Boden sinkend, ruft er mit schwindender Kraft noch den Seinigen zu: ›Kinder, verlaßt Euern König nicht!‹« Von russischen Soldaten notdürftig versorgt, quält er sich unter Schmerzen noch tagelang dem Tod entgegen; er stirbt am 24. August.

Und Lessing, auf die Todesnachricht hin, schreibt einen tief betroffenen Brief; er wendet sich an Gleim: »Ach, liebster Freund, es ist leider wahr. Er ist todt. Wir haben ihn gehabt. Er ist in dem Hause und in den Armen des Professors Nicolai gestorben. Er ist beständig, auch unter den größten Schmerzen, gelassen und heiter gewesen. Er hat sehr verlangt, seine Freunde noch zu sehen. Wäre es doch möglich gewesen. Meine Traurigkeit über diesen Fall, ist eine sehr wilde Traurigkeit. Ich verlange zwar nicht, daß die Kugeln einen andern Weg nehmen sollen, weil ein ehrlicher Mann da stehet. Aber ich verlange, daß der ehrliche Mann – Sehen Sie; manchmal verleitet mich mein Schmerz, auf den Mann selbst zu zürnen, den er angehet. Er hatte drey, vier Wunden schon; warum ging er nicht? Es haben sich Generals mit wenigern und kleinern Wunden unschimpflich bey Seite gemacht. Er hat sterben *wollen*. Vergeben Sie mir, wenn ich ihm zu viel thue. Denn es kann doch wohl seyn, daß ich ihm zu viel thue. Er wäre auch an der letzten Wunde nicht gestorben, sagt man; aber er ist versäumt worden. Versäumt worden! Ich weis nicht, gegen wen ich rasen soll! Die Elenden! die ihn versäumt haben. –

Ha, ich muß abbrechen, der Professor wird Ihnen, ohne Zweifel geschrieben haben. Er hat ihm eine Standrede gehalten. Ein andrer, ich weis nicht wer, hat auch ein Trauergedichte auf ihn gemacht. Sie müssen nicht viel an Kleisten verloren haben, die das itzt im Stande waren! Der Professor will seine Rede drucken lassen, und sie ist so elend! Ich weis gewiß, Kleist hätte lieber eine Wunde mehr ins Grab genommen, als sich solch Zeug nachschwatzen lassen. Hat ein Professor wohl ein Herz?«

»Philotas« – ein Geiseldrama

> Ich habe gemalt, was sie nur taten.
>
> *Karl Kraus*

»Er hat sterben wollen!« Hat Lessing den Tod seines Freundes vorausgewußt, all die Jahre? Er hat ihn, jedenfalls, voraus*geschrieben*. Am 18. März 1759, ein halbes Jahr vor dem Tode Ewald von Kleists, schickte Lessing einen Einakter mit dem Titel »Philotas« an Gleim, gab das Stück aber als Arbeit eines unbekannten Autors aus und bat, so geschützt, um das Urteil des patriotischen Poeten. Der war von dem Helden-Drama so begeistert, zugleich dem Rhythmus seiner eigenen Kriegslieder so verfallen, daß er die Sache gleich umzuarbeiten begann: »... fiel mir Philotas in die Hand; ich fing an, ihn zu lesen. Warum ist er doch nicht in des Grenadiers Versen, dacht ich. Solte er sich wohl gut übersetzen lassen? Ich machte einen Versuch. Sehn Sie, wie er ausgefallen ist...«

»Philotas« – das war zwei Jahrhunderte lang das hermetischste Stück Lessings; dieses einaktige Trauerspiel schien das Musterbeispiel einer allzu deutlich ausgeklügelten Dramaturgie; eine fast mathematische Pflichtübung in Heldentum mitten im Kriege: Lessing mit unerträglich heroischer Gebärde, die seine eigene Argumentation Lügen zu strafen schien. Kamikaze statt Katharsis; unspielbar ohnehin, aber eigentlich auch unlesbar.

Vor einem guten Jahrzehnt gab es plötzlich eine neue Sicht; in einem Aufsatz von nur wenigen Seiten wurde die Lesart zerstört, daß der »Philotas« ein Heldenstück sei. Conrad Wiedemann gab, in einem Beitrag für die »Germanisch-Ro-

221

manische Monatsschrift«, der Interpretation die entgegenge-
setzte Richtung: Nein, nein, so der Tenor, dies sei ein anti-
heroisches Drama, Lessings zwar getarnte, aber deutliche
Absage an den heldisch-irrationalen Patriotismus seiner
Umgebung, jener Kriegsjahre. Zugleich auch Ausdruck der
immer größer werdenden inneren Distanz zum preußischen
König. »In Friedrich, dem aufgeklärten Absolutisten und
philosophierenden König, hatte er ohne Zweifel einen Vertreter der Vernunft und neuen Menschlichkeit verehrt. An
der Realität des Krieges zerbrach ihm dieses Bild. Lessing
konnte den Menschenfreund mit dem Machtpolitiker nicht
in Einklang bringen. Als ein Prinzip dieser Machtpolitik erkannte er aber die Entfachung eines irrationalen heroischen
Patriotismus, der seinem Wesen nach gar nicht auf das Wohl
der Mitbürger, sondern auf die zu erringende Ehre zielt. – In
der Figur des Philotas hat dieses Prinzip Gestalt angenommen. Philotas ist das Produkt einer Gesellschaft, die aufge-
klärt, aber aufgeklärt-absolutistisch denkt und den Krieg,
auch den Eroberungskrieg, als ein Mittel zur Machterweite-
rung, d. h. zum Wohle des Staates bejaht. Er verkörpert eine
Schuld dieser Gesellschaft, die Schuld, da partikularistisch zu
denken, wo sie, nach den Gesetzen der Vernunft, den Men-
chen schlechthin im Auge haben sollte.« So Wiedemann, der
mit dieser Analyse auch klarmacht, daß der »Philotas« keineswegs im Widerspruch zu jenen beiden provokanten Briefen steht, die Lessing um die Jahreswende 58/59 an Gleim geschrieben hatte.

Am 16. Dezember hatte er sich vom Hurra-Patriotismus
Gleims schon deutlich abgewandt: »Vielleicht zwar ist auch
der Patriot bey mir nicht ganz erstickt, obgleich das Lob eines
eifrigen Patrioten, nach meiner Denkungsart, das allerletzte
ist, wonach ich geizen würde; des Patrioten nehmlich, der
mich vergessen lehrt, daß ich ein Weltbürger seyn sollte.«
Zwei Monate später schwächt er, mit Rücksicht auf die
Empfindlichkeit Gleims, die Äußerung zunächst ab und will

sie nicht auf ihn gemünzt haben: »Was ich aber… von dem übertriebenen Patriotismus habe einfließen lassen, war weiter nichts als eine allgemeine Betrachtung, die nicht sowohl der Grenadier (Gleims erfundener Soldatenliedermacher) als tausend ausschweifende Reden, die ich hier alle Tage hören muß, bey mir rege gemacht hatten.« Aber dann rückt Lessing mit der schneidenden Wahrheit heraus: »Ich habe überhaupt von der Liebe des Vaterlandes (es thut mir leid, daß ich Ihnen vielleicht meine Schande gestehen muß) keinen Begriff, und sie scheinet mir aufs höchste eine heroische Schwachheit, die ich recht gern entbehre.«

Heroische Parabel – antiheroische Abrechnung? In jüngster Zeit scheint sich das Stück noch von einer anderen Seite zu zeigen; jedenfalls hat man heute kaum noch Schwierigkeiten, die Dialektik dieses Trauerspiels zu verstehen. Die Ereignisse der letzten Jahre haben den »Philotas« offenbart als das, was in unseren Schlagzeilen steht: ein Geiseldrama. Die Extrem- und Extremisten-Situationen unserer Gegenwart sind bei Lessing schon erkundet, vorausgedacht, durchgespielt: Gefangennahme wird zum politischen Instrument, zum strategischen Hebel und zur Bedrohung des Staates. Sie zerstört die Normalität, sie verwirrt die Menschlichkeit. Und Dramaturgie wird zum Synonym für den Krisenstab. Der »Philotas«, so zeigt sich, ist auch das Psychogramm einer fanatischen Isolation.

Aber sehen wir zu: »Die Szene ist ein Zelt in dem Lager des Aridäus«. Philotas, Königssohn, Kriegsfreiwilliger, halbes Kind, ist in der ersten Schlacht, an der er, mit knapper Duldung seines Vaters, teilnehmen durfte, verwundet worden und durch schiere Tollkühnheit zum Gefangenen geworden. Aber er ist nicht nur verwundet; er ist verletzt in seinem Eifer, schon ein nützlicher Kämpfer zu sein; verstört in seinem Traum, ein Held zu werden; erledigt mit seiner Vorstellung eines sieghaften Debüts, und vor sich selbst zunichte geworden in der Erkenntnis, daß seine Gefangenschaft nicht nur individuelle Ohnmacht bedeutet, sondern den Sieg verspielt.

»Durch mich Elenden«, so klagt der außer Gefecht gesetzte Philotas im Gedanken an seinen Vater, »wird er an einem Tage mehr verlieren, als er in drei langen mühsamen Jahren durch das Blut seiner Edeln, durch sein eignes Blut gewonnen hat.« Und er überfällt sich mit dem Vorwurf: »Mit was für einem Angesichte soll ich wieder vor ihm erscheinen; ich, sein schlimmster Feind?« – Denn Philotas weiß: auf die Liebe seines Vaters ist Verlaß; der wird alles tun, ihn zurückzuholen, ihn freizukaufen, ihn auszulösen. Und er malt sich schon, entsetzt, die Haltung der Untertanen aus: »Wie werden sie den ausgelösten Prinzen ohne die spöttischste Verachtung unter sich dulden können?« (Kann man den CDU-Politiker Peter Lorenz je noch öffentlich auftreten sehen, ohne an das makabre Polaroid-Foto aus den Tagen seiner Anarchisten-Haft zu denken?)

Aber plötzlich ist in diesem Trauerspiel Lessings alles wieder in der Balance, denn auch der Sohn *des* Königs, der Philotas gefangen hält, ist in der Hand des andern Vaters, und Aridäus gibt es seiner Geisel, fair und väterlich, bekannt: »So wollt es das Schicksal! Aus gleichen Waagschalen nahm es auf einmal gleiche Gewichte, und die Schalen blieben noch gleich… Ermuntre dich! Wir Väter wollen uns unsere Söhne nicht länger vorenthalten. Mein Herold hält sich bereits fertig; er soll gehen, und die Auswechslung beschleunigen.«

Wieder, wie schon im Briefwechsel über das Trauerspiel, operiert Lessing hier mit dem Bild der Waagschale, experimentiert er mit einer Situation des empfindlichen Gleichgewichts, übt er sich in der Technik und Mechanik der dramatischen Gewichtung. Hier macht er einen höchst subtilen, beinah infamen Gebrauch davon.

Lessing legt nicht, wie in der Korrespondenz mit Nicolai, Schicksale auf die Waagschale, sondern nur Wörter, nur Informationen und sieht mitleidenschaftlich zu, was sie anrichten, wie sie die Symmetrie zerstören. Es ist nur eine knappe Mitteilung, die der Dramatiker braucht, um die Gewichte zu verlagern. Der König möchte, daß die zum Austausch der beiden gefangenen Prinzen nötige Nachricht glaubwürdig den Adressaten erreiche. Er sagt: »Aber du weißt wohl, freudige Nachrichten, die wir allein vom Feinde erfahren, scheinen Fallstricke. Man könnte argwohnen, du seist vielleicht an deiner Wunde gestorben. Es wird daher nötig sein, daß du selbst, mit dem Herolde, einen unverdächtigen Boten an deinen Vater sendest...«

Die Waage ruckt nicht sofort; aber während sie eben noch in der Schwebe war, ist sie nun auf der Kippe. Mit geradezu experimenteller Ruhe gestattet Lessing diesem königlichen Rat, seine Schwerkraft zu zeitigen. Ehe der Prinz mit diesem Satz arbeiten, dieser Satz in ihm arbeiten kann, muß er aus dem Taumel wieder zu sich gekommen sein, sich selbst gefaßt haben: Und über eine ganze Textseite, im Laufe eines langen Monologs, erlaubt Lessing dem Gefangenen, sich zu versammeln, gestattet er ihm die Vorstellung, wie er nun doch den Vater nicht ins Elend, in die Niederlage, ins Verderben gezogen habe, wie er ihm doch wieder gegenübertreten dürfe, im Triumph zwar nicht, aber auch nicht in der Schande. »Nun darf ich nichts von dir fürchten, als einen Verweis mit Lächeln; kein stummes Trauren; keine, durch die stärkere Gewalt der väterlichen Liebe erstickte Verwünschungen.«

Und erst, nachdem er sich in Gedanken wieder in die Normalität, zurück ins Reich seines Vaters, in die Behütung des heimischen Palastes versetzt hat, erst als ihm die Skrupel der Schande dämmern, »die hier der innere Richter, mein unparteiisches Selbst, über mich ausspricht«, fängt die Äußerung des Königs Aridäus an, Wirkung zu zeigen.

Und nun erst beginnt das, was mit einem leider abgenutzten Wort hier allein zu bezeichnen ist: Der Denkprozeß des Prinzen, aber in der Tat als der Prozeß, den einer sich selbst macht. Philotas denkt sich, in einem Monolog der wie eine Schlinge ist, um den eigenen Kopf, und das ist aufregender als die Koloraturarie von Sein oder Nichtsein.

»Was sagte der König? Warum wollte er, daß ich zugleich

selbst einen unverdächtigen Boten an meinen Vater schicken sollte? Damit mein Vater nicht argwohne – so waren ja seine Worte – ich sei bereits an meiner Wunde gestorben. – Also meinte er doch, wenn ich bereits an meiner Wunde gestorben wäre, so würde die Sache ein ganz anders Ansehen gewinnen? Würde sie das? Tausend Dank für diese Nachricht! Tausend Dank! – Und freilich! Denn mein Vater hätte alsdenn einen gefangenen Prinzen, für den er sich alles bedingen könnte; und der König, sein Feind, hätte – den Leichnam eines gefangenen Prinzen, für den er nichts fordern könnte… Gut! das begreif ich! Folglich, wenn ich, ich elender Gefangener, meinem Vater den Sieg noch in die Hände spielen will, worauf kömmt es an? Aufs Sterben. Auf weiter nichts? – O fürwahr, der Mensch ist mächtiger, als er glaubt, der Mensch, der zu sterben weiß.«

Dies als Denkprozeß zu bezeichnen heißt zugleich, der Interpretation Wiedemanns am Wendepunkt des Dramas zu widersprechen. Der Philologe sieht in dieser Situation nur das »vorgebliche Denken«, er schreibt über den Zustand des gefangenen Prinzen: »An solchen Stellen wird deutlich, daß es eine Alternative für Philotas gar nicht gibt. Soldatenethos und aufgeklärtes Denken haben jeden Anspruch in ihm verloren. Die wiederkehrenden Augenblicke des Schwärmens sind Augenblicke seiner reinsten Selbstdarstellung: ›Ha!, es muß ein trefflicher, ein großer Anblick sein: ein Jüngling gestreckt auf den Boden, das Schwerd in der Brust!‹ Nach ähnlich schwärmerischen Worten ersticht er sich schließlich in einer Art Trance-Zustand.« Aber die Trance, die Raserei gilt nur für den Akt der tödlichen Verwundung selbst; der Entschluß zum Sterben entspringt keineswegs der Schwärmerei und gewiß nicht nur mörderischer Ruhmsucht. Er ist, von Lessing, wie für Philotas, durchaus strategisch motiviert; einmal mit dem schon zitierten Satz: »Folglich, wenn ich, ich elender Gefangener, meinem Vater den Sieg noch in die Hände spielen will, worauf kömmt es an? Aufs Sterben.« Das ist kein Kinder-Taumel, das ist eine Feldherrnüberlegung, der folgerichtig die weitere Argumentation sich anschließt: »Aber ich, der Keim, die Knospe eines Menschen, weiß ich zu sterben? Nicht der Mensch, der vollendete Mensch allein, muß es wissen; auch der Jüngling, auch der Knabe; oder er weiß gar nichts. Wer zehn Jahre gelebt hat, hat zehn Jahre Zeit gehabt, sterben zu lernen… Jedes Ding, sagte der Weltweise, der mich erzog, ist vollkommen, wenn es seinen Zweck erfüllen kann. Ich kann meinen Zweck erfüllen, ich kann zum Besten des Staates sterben.« Zum Besten des Staates!

(Oder sterben gegen den Staat? Wie Holger Meins im Hungerstreik, wie Ulrike Meinhof, wie ihre Mitfanatiker von Stammheim? Oder eben nicht sterben können wie Aldo Moro, der lieber noch den Staat preisgegeben hätte als sein Leben? Gehören nicht, leider, längst die Fragen des Philotas zum alltäglichen Repertoire dessen, der im öffentlichen Leben steht und Staat macht? Gehört nicht die Bereitschaft, zum Besten des Staates zu sterben, zum alltäglichen Berufsrisiko vieler Zeitgenossen heute? Es sind grauenvolle Ereignisse, die den »Philotas« hervorgeholt haben in eine neue Aktualität und die bloß antiheroische Interpretation modifizieren.)

Der achte, der letzte Auftritt des kurzen Stücks gehört zu den schroffsten Passagen der deutschen Dramatik. Höllensturz und Himmelschrei zugleich. Grausigstes Sparta und hellstes Athen. Furor und Versöhnlichkeit treffen sich, und am Ende steht der Satz: »Glaubt ihr Menschen, daß man es nicht satt wird?« So hat bis dahin in deutscher Sprache kein Stück aufgehört, so wird auch bei Lessing keins wieder enden.

»Glaubt ihr Menschen, daß man es nicht satt wird?« Das sagt ein König, der fortan nicht mehr König sein will. Es ist also keine Äußerung allgemeiner Resignation, beliebigen Weltekels, sondern ein Akt der Abdankung, Kriegsverweigerung, ein Schritt heraus aus der Geschichte: »Umsonst haben wir Ströme Bluts vergossen; umsonst Länder erobert. Da zieht er mit unserer Beute davon, der größere Sieger! –

Komm! Schaffe mir meinen Sohn! Und wenn ich ihn habe, will ich nicht mehr König sein. Glaubt ihr Menschen, daß man es nicht satt wird?«

Aber welche Wendung bezeichnet dieses Wort; denn wenige Atemzüge vorher hat dieser selbe Aridäus, im Angesicht des sterbenden, von eigener Hand sterbenden Philotas, hart und angestrengt und staatsmännisch gesagt: »Was liegt mir an meinem Sohne? Und denkst du, daß er nicht eben sowohl zum Besten seines Vaters sterben kann, als du zum Besten des deinigen? – Er sterbe. Auch sein Tod erspare mir das schimpfliche Lösegeld!« Und wie mit letzter Kraft wendet er sich an seinen Feldherrn: »Strato, ich bin nun verwaiset, ich armer Mann! – Du hast einen Sohn; er sei der meinige. – Denn einen Sohn muß man doch haben.«

Und in eben diese Erschütterung schneidet Lessing den Appell des moribunden Philotas hinein: »Noch lebt auch dein Sohn, König! Und wird leben! Ich hör es!«

Was ist an diesem Todesseufzer, daß er die Kraft hat, die strenge Starre des Königs aufzusprengen, so daß er nunmehr nichts weiter will als seinen Sohn wiedersehen? (»Lebt er noch? – So muß ich ihn wiederhaben.«) Redet Philotas schon mit einer anderen Stimme? Kommt die Beschwörung schon aus dem Jenseits? Ist es die besondere Intensität, mit der einer, sterbend, für das Leben plädieren kann? »Seit ich mein Grab sah, will ich nichts als leben!« So wird, ein halbes Jahrhundert später, ein anderer Prinz, Kleists Homburg, schreien. Philotas bittet nicht mehr um das eigene Leben, aber er plädiert für das Leben überhaupt.

Heroisch – antiheroisch? Oder gehorcht der »Philotas« doch dem genaueren Bewußtsein, daß so einfache Antithesen nicht gelten, weder auf dem Theater noch in der Wirklichkeit, im Krieg nicht und schon gar nicht im Frieden, und bei Lessing nie?

Ein Feldzug in Briefen

> Als ich mich längere Zeit mit dem Problem beschäftigt hatte, ob eine Wiederholung möglich sei und welche Bedeutung sie besitze, ob eine Sache dadurch, daß sie wiederholt wird, gewinne oder verliere, fiel es mir plötzlich ein: Du kannst ja nach Berlin fahren, da bist du schon einmal gewesen, und kannst dich alsdann vergewissern, ob eine Wiederholung möglich ist und was sie zu bedeuten hat.
>
> *Sören Kierkegaard*

Glaubt ihr Menschen, daß man es nicht satt wird? Der andere König war es noch lange nicht satt; der Krieg war in sein drittes Jahr gegangen, der Warteraum Leipzig nun länger nicht zu ertragen. Zu denken, daß die große Reise noch immer nicht zu Ende wäre, immer noch fortginge, wenn auch sicher längst ohne diesen Winkler, so dennoch mit dem besten Reisebegleiter, den es auf der Welt geben kann, dem eigenen Kopf. Zu denken, daß man jetzt in London sein könnte oder in Rom, vielleicht auch bei Diderot in Paris! – Aber wenn schon nicht die Welt, dann auch nicht mehr das zum Schlupfwinkel gewordene Leipzig. Zurück nach Berlin!

Am 8. Mai 1758 war Lessing in Begleitung seines Verlegers Voß abgereist und wieder an den Ort seines ersten großen Ruhms zurückgekehrt; die neue Adresse: Heiliger-Geist-Straße 52. Sulzer hatte ja schon vor einiger Zeit geraten, »daß es leicht möglich wäre, hier sich durch die Feder ein gewisses sehr solides Etablissement zu verschaffen«, und als Betätigungsfeld fürs kritische Temperament hatte sich Berlin noch allemal erwiesen.

Es wird einiges aufzuarbeiten, nachzutragen, zu bereinigen sein, aber was auch fällig ist, ist ein öffentlicher Seufzer über diesen unseligen Krieg. Er findet sich im ersten einer Reihe von fiktiven Briefen an einen verwundeten preußischen Offizier: »(Nun) hat der Krieg seine blutigste Bühne unter uns aufgeschlagen, und es ist eine alte Klage, daß das allzunahe Geräusch der Waffen, die Musen verscheucht. Verscheucht es sie nun aus einem Lande, wo sie nicht recht viele, recht feurige Freunde haben, wo sie ohnedem nicht die beste Aufnahme erhielten, so können sie auf eine sehr lange Zeit verscheucht bleiben. Der Friede wird ohne sie wiederkommen; ein trauriger Friede, von dem einzigen melancholischen Glück begleitet, über verlorene Güter zu weinen.

Ich rufe Ihre Blicke aus dieser finsteren Aussicht zurück. Man muß einem Soldaten sein unentbehrliches Geschäft durch die bejammernswürdigen Folgen desselben nicht verleiden. Lieber will ich Sie und mich mit dem süßen Traume unterhalten, daß in unsern gesittetern Zeiten der Krieg nichts als ein blutiger Prozeß unter unabhängigen Häuptern ist, der alle übrige Stände ungestöret läßt.«

Dieser Brief an den Herrn von N. (bei dem noch einmal an Ewald von Kleist zu denken wäre) erscheint »den 4. Jenner 1759«; er ist der erste einer über sieben Jahre sich hinziehenden Folge, die unter dem Titel »Briefe, die Neueste Litteratur betreffend« Epoche gemacht hat in Deutschland. Diese von Friedrich Nicolai gegründete und betriebene Zeitschrift hat Erich Schmidt die »Grundveste der deutschen Kritik« genannt und Lessings Anteil daran gerühmt: »Lessings Kritik (fuhr) in den wüsten, platten, unkritischen und unsittlichen Schlendrian wie der Sturm über die Stoppeln. Er hatte längst eingesehen, daß dem Heil der deutschen Literatur nichts so nötig sei als freie Bahn zu schaffen. Genies sollten da ausschreiten können, wo dummdreiste Nachahmer und Bücherfabrikanten lagerten. Dieses Ziel blieb den Literaturbriefen.

Darum sind die Literaturbriefe wesentlich polemischer Natur.« Polemisch in der Tat und im Tonfall. Diese Briefe kommen attacca daher, mit einem kräftigen Furioso, das man auch dann wahrnimmt, wenn die Sache selbst noch ganz im dunkeln liegt: »... unsere Übersetzer arbeiten noch frisch von der Faust weg. Was haben sie nicht schon alles übersetzt, und was werden sie nicht noch alles übersetzen! Eben itzt habe ich einen vor mir, der sich an einen englischen Dichter – raten Sie einmal an welchen! – gemacht hat. O Sie können es doch nicht erraten! An Popen. Und in Prosa hat er ihn übersetzt. Einen Dichter, dessen großes, ich will nicht sagen größtes, Verdienst in dem war, was wir das Mechanische der Poesie nennen; ... dem der Reim keine Kleinigkeit war – einen solchen Dichter in Prosa zu übersetzen, heißt ihn ärger entstellen, als man den Euklides entstellen würde, wenn man ihn in Verse übersetzte. – Es war auch ein bloßer Buchhändlereinfall...«

Erkennen die Berliner, erkennen die Betroffenen, ihren Lessing wieder? Den gefürchteten, verehrten Lessing? Spüren sie, woher der Wind weht, »der Sturm über die Stoppeln«? Sie können es zunächst gar nicht wissen, weil nirgends der Name Lessing steht. Wieder einmal gibt das neue Journal Rätsel auf. Die ersten Briefe sind alle mit der Chiffre Fll. unterzeichnet, und es gibt bald Auslegungen wie Flegel oder Fabullus – so durch Hamann. Einmal steht L. darunter, das könnte immerhin die Abkürzung für Lessing sein, aber dann gibt es auch Initialen wie A, E, G und O. Lange noch, nachdem Nicolai selbst, nachträglich, die Verfasser der einzelnen Briefe kenntlich gemacht und dargelegt hatte, daß Lessing in den Jahren 1759/60 vierundfünfzig und einen einzigen 1765 geschrieben habe, buchstabierte man noch immer an der Bedeutung dieser Initialen herum, bis vor wenigen Jahren ein Aufsatz des DDR-Germanisten Hans Werner Seiffert den ebenso plausiblen wie simplen Aufschluß brachte, daß die Chiffren A, E, Fll, G, L, O richtig gelesen, so etwas wie das Motto seien für die kritische Absicht Lessings, nämlich ein

Anagramm für »FLAGELLO«, was Seiffert mit »Ich peitsche!« übersetzt.

Die Übersetzung trifft nicht ganz: »Pritschmeister auf dem Parnaß« war Lessing längst genannt worden, und in der Lange-Polemik hatte er selbst ausgerufen: »Die Rute her! Die Rute her!« Und Mendelssohn wird kurz darauf von Lessing sagen: »Er hat seine Geißel andern übergeben –«, woraus einmal folgt, daß die stimmigere Version von »Flagello« das »Ich geißle« wäre, zum andern, daß Lessing, zumindest für die Mitarbeiter der Briefe und für seine Freunde, längst der Mann mit der »Geißel« war.

Anders als die Germanistik vor hundert Jahren, im Gegensatz zu Erich Schmidt, sieht die Philologie heute den Lessing der Literaturbriefe aber gerade nicht in der Rolle des übermütigen Aufräumers, sondern in der eines Schriftstellers, der sich gegen die Komplicenschaft aller möglichen Feinde zur Wehr setzen muß. Ja, Seiffert widerspricht nahezu seinem eigenen FLAGELLO-Fazit, wenn er schreibt: »Er sah sich plötzlich wie von allen Seiten umstellt. Durch den umfassenden Angriff auf sein poetisches, dramatisches und kritisches Werk war seine ganze literarische Existenz bedroht.« Die Lage, in die Lessing da gestellt wird, wäre eine Analogie zur Situation Friedrichs, als er 1756 in den Krieg eintrat, eine Analogie zu jener europäischen Einkreisung, in die sich der König von Preußen, halb vorsätzlich, halb fahrlässig, im wahrsten Sinne des Wortes hineinmanövriert hatte.

Lessing angreifend oder sich verteidigend? Von Feinden umstellt, oder sie selbst heimsuchend? Um seine literarische Existenz kämpfend, oder sie, im Kampf, wieder einmal etablierend? Kann man überhaupt so undialektisch fragen im Umgang mit Lessing? Polemik ist für ihn, in jedem Sinn und in jeder Sinnlichkeit dieses Wortes: Lebenselixier. Gewiß ist, daß er nun darangeht, die Phalanx seiner alten und neuen Feinde zu sichten, daß er nicht länger gewillt ist, jedem Intriganten Gegnerschaft zu spendieren, nicht mehr jedem aggressiven Dummkopf Widerpart zu bieten. Diese Herren Dusch und Schoenaich und selbst der beharrliche Herr Bodmer in Zürich – Lessing ist doch in Wahrheit über sie hinweg; nur leider die deutsche Literatur noch nicht; und indem er sich zum Anwalt dieser macht, muß er notgedrungen auch noch ein Wörtchen mit jenen andern reden.

Lessing arbeitet in den Literaturbriefen an einem neuen Vorbild für die deutschen Schriftsteller; die sterilen französischen Muster sollen durch die phantasievolle Lebendigkeit und die bürgerliche Gesellschaftlichkeit der englischen Dramen und Romane und Gedichte ersetzt werden. Das Englische – es geistert Lessing jetzt im Kopf herum, wie wenn er seine Reise in Gedanken vollendete. England, das ist für ihn immer deutlicher das gelobte Land einer Kultur, in der sich Imagination und Verstand, Geniestreich und common sense vereinen. Englisch – das ist auch die Sprache der knappen Klarheit, und in dieser Sprache spricht ein Shakespeare die Sprache des Genies, aus der wiederum die Klarheit sich regenerieren kann.

Deshalb auch jetzt, in den Literaturbriefen, die Fülle dessen, was wie Übersetzungskritik aussieht. Polemik, das war schon im Streit mit Lange klargeworden, knüpft sich gern an Sprachliches; das ist nicht bloß eine linguistische Extratour Lessings. Aber nun wird die Abwehr schlechter oder falscher oder ratloser Eindeutschungen zu einer großen Sichtungsarbeit im Dienste der Aufklärung. Denn der Geist dieser Aufklärung ist eben nicht einheimisch; er muß aus dem Französischen und aus dem Englischen herbeigeschafft werden. Übersetzungen sind in der Tat ›Übertragungen‹; es werden nicht bloß Texte, sondern Erkenntnisse, nicht nur Reisebeschreibungen, sondern auch Weltanschauungen ins Deutsche gebracht, nicht allein Geschichten, sondern auch Lebensformen. Übersetzungen sind damals, für Deutschland, die wichtigsten Importe überhaupt: es sind Einfuhren an Vernunft; es ist der Rohstoff der Mündigkeit.

Und Lessing findet diese kostbare Ware, durch die Ignoranz der deutschen Autoren und Übersetzer, verdorben. Schon im vierten der Briefe wieder eine Klage: »Und nun sagen Sie mir, ist das deutsche Publikum nicht zu betrauern? Ein Bolingbroke fällt unter die Hände seiner Knaben; sie schreyen Kahlkopf über ihn, die Kahlkinne! Will denn kein Bär hervorkommen und diese Buben würgen? Bergmann muß nicht allein das Englische nicht wissen; er muß gar nichts wissen.«

Einen neuen Feind leistet sich Lessing in den »Literaturbriefen«, einen jungen Autor nimmt er sich vor, der dann zu den Großen des Jahrhunderts zählen wird und bald schon auch zu denen, deren Namen Lessing mit Respekt nennt, wenn es auch nie zu einer näheren Bekanntschaft, geschweige denn zu einem Ansatz von Freundschaft kommt. Es ist Christoph Martin Wieland. »Freuen Sie sich mit mir!« beginnt Lessing den 63. Brief, »Herr Wieland hat die ätherischen Sphären verlassen, und wandelt wieder unter den Menschenkindern.« Der Ausruf ist mehr als ironisch; er ist bitterböse. Er zielt auf die sogenannte ›seraphische‹ Periode in Wielands Leben und Schaffen; auf jene Jahre, da der Dichter in einer Art von religiös-poetischem Rauschzustand nicht nur den Boden unter den Füßen, sondern auch, vor lauter frommer Schwärmerei, den menschlichen Anstand verloren hatte. Daß einer mit dem Jenseits kokettierte, ging Lessing wenig an; aber daß er über solcher Koketterie zum Denunzianten an der Wirklichkeit wurde, war ihm zuwider. In einem Brief an den Berliner Hofprediger Sack, an einen Mann also von beträchtlicher geistlicher und auch politischer Macht, hatte Wieland 1757 gegen »die Wollüste der Sinne, die Vorteile des Reichtums, die lächerlichen Schimären, die man Ehre, Größe, Hoheit nennt« gewettert, hatte die galante Poesie verdammt und einen ihrer Vertreter, Johann Peter Uz, dem kirchlichen Berliner Zorn namentlich anempfohlen. »Oh! wie lange wollen wir so ruhig zusehen, daß ein solcher Unsinn unter Christen umherschleiche... Mich deucht, ein jeder, der sich die

Gleichgültigkeit gegen die Religion für keine Ehr rechnet, sollte auch die schlechtesten alten und neuern Kirchenhymnen dem reizendsten Lied eines Utz unendlichmal vorziehen.« Der Seraph als Hetzer; Wieland als Poeten-Verfolger. Das ging ihm lange nach, und darauf spielt Lessing mit seinem Sarkasmus an: »Herr Wieland… wandelt wieder unter Menschenkindern.«

Und dann bekommt Wieland seine Lektion; eine dramaturgische, moralische und menschliche Lektion; eine Lektion in Sachen Redlichkeit und Realismus. Denn er hat ein Stück »Lady Johanna Gray« geschrieben und sein Vorsatz war, die Tugend »in Handlungen nach dem Leben zu malen und den Menschen Bewunderung und Liebe für sie abzunötigen«. Aber Lessing findet, daß Wieland doch noch nicht die rechte Erdenschwere hat: »Die Johanna Gray ist ein liebes frommes Mädchen; die Lady Suffolk ist eine liebe fromme Mutter; der Herzog von Suffolk ein lieber frommer Vater; der Lord Guilford ein lieber frommer Gemahl; sogar die Vertraute der Johanna, die Sidney, ist eine liebe fromme – ich weiß selbst nicht was. Sie sind alle in einer Form gegossen; in der idealischen Form der Vollkommenheit, die der Dichter mit aus den ätherischen Gegenden gebracht hat… Teufel zwar erblickt er auch nicht wenige; sie verhüllen sich aber alle vor seinen Augen in finstere Wolken… – Lassen Sie es gut sein; wenn Herr Wieland wieder lange genug wird unter den Menschen gewesen sein, so wird sich dieser Fehler seines Gesichts schon verlieren. Er wird die Menschen in ihrer wahren Gestalt wieder erblicken…« Und dann meldet sich der Dramaturg der Balance, der Psychologe der gemischten Gefühle in Lessing zu Wort: »Und alsdenn, wenn er diese innere Mischung des Guten und Bösen in dem Menschen wird erkannt, wird studiert haben, alsdenn geben Sie Acht, was für vortreffliche Trauerspiele er uns liefern wird! Bis itzt hat er… die Tugend gemalt, aber *nicht in Handlungen, nicht nach dem Leben.*«

Der eigentliche Gegner der Literaturbriefe aber ist Gottsched, der da immer noch in Leipzig thront, der große Regel-Rechte, eine Mumie des Musters. Er ist auf sich selbst sitzen geblieben und kann nicht mehr Platz machen; aber nicht das ist mehr der Skandal, sondern daß so viele immer noch nicht an ihm vorbeikommen. Überall im Lande (wie der 65. Literaturbrief zeigt) werden nun kritische Stimmen laut; gerade an den Schulen, denen Gottsched seit dreißig Jahren Sprach- und Sprechvorschriften diktiert hat. Auch Lessing ist ja nicht ohne die Vormundschaften des Leipziger Poetik-Politikers aufgewachsen; auch er hat ihnen vieles zu verdanken an früher Beredtheit und Schlagfertigkeit; auch für ihn, wenn auch kurz, hat dieser Gottsched einmal eine literarische Vaterrolle gespielt. Aber jetzt ist es höchste Zeit, daß er die Bahn freigibt für eine neue Literatur; die einen andern Ehrgeiz kennt als die Nachahmung der Franzosen, die größere Energien freisetzt, als die Bühne Corneilles und Racines sie erlaubt. Lessing schreibt den 17. Literaturbrief; er trägt das Datum vom 16. Februar 1759: »Niemand, sagen die Verfasser der Bibliothek, wird leugnen, daß die deutsche Schaubühne einen großen Teil ihrer ersten Verbesserung dem Herrn Professor Gottsched zu danken habe.

Ich bin dieser Niemand; ich leugne es gerade zu. Es wäre zu wünschen, daß sich Herr Gottsched niemals mit dem Theater vermengt hätte. Seine vermeinten Verbesserungen betreffen entweder entbehrliche Kleinigkeiten, oder sind wahre Verschlimmerungen.

Als die Neuberin blühte, und so mancher den Beruf fühlte, sich um die und die Bühne verdient zu machen, sahe es freilich mit unserer dramatischen Poesie sehr elend aus. Man kannte keine Regeln; man bekümmerte sich um keine Muster. Unsre *Staats- und Helden-Aktionen* waren voller Unsinn, Bombast, Schmutz und Pöbelwitz. Unsre *Lustspiele* bestanden in Verkleidungen und Zaubereien; und Prügel waren die witzigsten Einfälle derselben. Dieses Verderbnis einzusehen, brauchte man eben nicht der feinste und größte Geist zu sein.

Auch war Herr Gottsched nicht der erste, der es einsahe; er war nur der erste, der sich Kräfte genug zutraute, ihm abzuhelfen. Und wie ging er damit zu Werke? Er verstand ein wenig Französisch und fing an zu übersetzen; er ermunterte alles, was reimen und Oui Monsieur verstehen konnte, gleichfalls zu übersetzen; er verfertigte, wie ein Schweizerischer Kunstrichter sagt, mit *Kleister und Schere* seinen ›Cato‹…; er ließ den Harlekin feierlich vom Theater vertreiben, welches selbst die größte Harlekinade war, die jemals gespielt worden; kurz, er wollte nicht sowohl unser altes Theater verbessern, als der Schöpfer eines ganz neuen sein. Und was für eines neuen? Eines Französierenden; ohne zu untersuchen, ob dieses französierende Theater der deutschen Denkungsart angemessen sei, oder nicht.«

Und nun folgt die entscheidende Wendung: »Er hätte aus unsern alten dramatischen Stücken, welche er vertrieb, hinlänglich abmerken können, daß wir mehr in den Geschmack der Engländer als der Franzosen einschlagen; daß wir in unsern Trauerspielen mehr sehen und denken wollen, als uns das furchtsame französische Trauerspiel zu sehen und zu denken gibt; das das Große, das Schreckliche, das Melancholische, besser auf uns wirkt als das Artige, das Zärtliche, das Verliebte; daß uns die zu große Einfalt mehr ermüde, als die zu große Verwickelung etc. Er hätte also auf dieser Spur bleiben sollen, und sie würde ihn geraden Weges auf das englische Theater geführet haben.«

Lessing stößt die Deutschen geradezu auf Shakespeare. »Wenn man die Meisterstücke des Shakespeare, mit einigen bescheidenen Veränderungen, unsern Deutschen übersetzt hätte, ich weiß gewiß, es würde von bessern Folgen gewesen sein, als daß man sie mit dem Corneille und Racine so bekannt gemacht hat. Erstlich würde das Volk an jenem weit mehr Geschmack gefunden haben…; und zweitens würde jener ganz andere Köpfe unter uns erweckt haben, als man von diesen zu rühmen weiß. Denn ein *Genie* kann nur von einem *Genie* entzündet werden; und am leichtesten von so einem, das alles bloß der Natur zu danken zu haben scheinet, und durch die mühsamen Vollkommenheiten der Kunst nicht abschrecket... Daß aber unsre alten Stücke wirklich sehr viel Englisches gehabt haben, könnte ich Ihnen mit geringer Mühe weitläuftig beweisen.«

Das aber tut Lessing an dieser Stelle nicht; er leistet sich statt dessen einen seiner verwegensten Bluffs; einen Taschenspielertrick von literaturgeschichtlicher Bedeutung. Mit blitzschnellem Übergang kommt er auf das Volksstück vom »Doctor Faust« zu sprechen; schon erfindet er einen Freund, der »einen alten Entwurf dieses Trauerspiels« verwahre, und schon hat er einen Auftritt daraus sich angesehen, »in welchem viel großes liegt«, und schon setzt er dem Publikum zu: »Sind Sie begierig ihn zu lesen? Hier ist er.« Schon hat Lessing die Szene parat; nicht aus einem alten Entwurf, sondern aus der eigenen Schublade.

Die Szene heißt »Faust und sieben Geister«; sie zeigt Faust auf der Suche nach dem schnellsten Geist der Hölle; und sie beginnt als ein spiritueller Wettlauf:

Faust: Ihr? Ihr seid die schnellsten Geister der Hölle?
Die Geister alle: Wir.
Faust: Seid ihr sieben alle gleich schnell?
Die Geister alle: Nein.
Faust: Und welcher von euch ist der Schnelleste?
Die Geister alle: Der bin ich!
Faust: Ein Wunder! daß unter sieben Teufeln nur sechs Lügner sind. – Ich muß euch näher kennenlernen.
Der erste Geist: Das wirst du! Einst!

Und sie endet damit, daß Faust den schnellsten, den schlimmsten Teufel gefunden hat; nicht den, der geschwind ist wie die Pfeile der Pest, nicht den, der rasch ist wie der Wind, nicht den, der mit dem Licht Schritt hält, nicht einmal den, der so jäh ist wie die Rache Gottes, sondern den siebenten: »Ha! du bist mein Teufel! So schnell als der Übergang vom Guten zum Bösen! – Ja, der ist schnell; schneller ist nichts als der! – Weg von hier, ihr Schnecken des Orcus! Weg! – Als der Übergang vom Guten zum Bösen! Ich habe es erfahren, wie schnell er ist! Ich habe es erfahren! etc.«

Das »etc.«, das Etcetera, das Undsoweiter wird zum Signum für Lessings Beschäftigung mit dem Faust-Thema. Die Arbeit ist Fragment; auch das sogenannte Berliner Szenar umfaßt nur wenige Blatt. Aber die große Idee begleitet sein Leben und sein Werk. Gelegentlich kann sie sich bis zur Besessenheit steigern, wie ein Brief an Gleim (vom 8. Juli 1758) belegt: »Herr Ramler und ich machen Projekte über Projekte. Warten Sie nur noch ein Vierteljahrhundert, und Sie sollen staunen, was wir alles werden geschrieben haben. Besonders ich! Ich schreibe Tag und Nacht und mein kleinster Vorsatz ist jetzo, wenigstens noch drei mal so viele Schauspiele zu machen, als Lope de Vega. Ehestens werde ich meinen Doctor Faust hier spielen lassen. Kommen Sie doch geschwind wieder nach Berlin, damit Sie ihn sehen können.«

Gleim kann sich Zeit lassen: Lessings Faust bleibt eine dramatische Schimäre; aber nicht nur für ihn selbst, sondern auch für Freunde und Bekannte, eine lebenslange Faszination. Noch als er anderthalb Jahrzehnte später nach Wien kommt, gibt es die Hoffnung »wegen der Erscheinung des Lessingschen Doktor Faust«. Der Staatsrat Freiherr von Gebler schreibt Ende 1775 an Nicolai: »Mir hat unser großer aber zu wenig gegen das Publikum freygebiger Freund... auf mein Befragen hier mündlich vertrauet, daß er dieß Sujet zweymal bearbeitet habe; einmal nach der gemeinen Fabel, und dann wiederum ohne alle Teufeley, wo ein Erzbösewicht gegen einen Unschuldigen die Stelle des schwarzen Verführers vertritt. Beyde Ausarbeitungen erwarten nur die letzte Hand. Sie können sich leicht vorstellen, daß ich darum bat, flehete, beschwohr.«

Die letzte Hand! Aber muß er denn immer noch alles allein machen? Genügt es nicht, früh das Stichwort gesagt, den Geniestreich gefordert, die Geister gerufen zu haben? Als Gebler

– sechzehn Jahre nach dem 17. Literaturbrief – seinen Brief schreibt, ist soeben ein Faustdrama erschienen. Es geht als »Urfaust« in die Literaturgeschichte ein; der Verfasser ist ein junger Mann namens Goethe.

Wie ein Obelisk ragt der 17. Literaturbrief aus der kulturellen Ebene des Siebenjährigen Krieges; eine souveräne Orientierung mit seinen vier Stichworten: Shakespeare, Genie, Griechen, Faust. Aber hält Lessing sich denn selbst an die von ihm gewiesene Richtung? Wenn er schon den Faust-Plan nicht ausführt; warum läßt er es denn bei dem bloßen Hinweis auf Shakespeare bewenden? Entspräche es nicht seiner Maxime vom »Vorstellen, wollen und schaffen«, die Stücke Shakespeares nun auch zu übersetzen, für die deutsche Bühne zu bearbeiten? Nichts da. Kein Gedanke daran. Der Mann, der den Deutschen eben so vehement die Franzosen ausgeredet hat – er übersetzt einen Franzosen. Der Mann, der so drastisch erklärt hat, das englische, nicht das französische Theater entspreche dem deutschen Geschmack, bringt 1760 zwei Bände mit französischen Stücken heraus. Zwar gibt Lessing seinen Namen nicht preis – aber muß es nicht auf uns widersprüchlich, ja geradezu absurd wirken? Oder schlimmer noch: doppelzüngig, charakterlos?

Gewiß nicht. Denn Lessing übersetzt nicht Corneille oder Racine, nicht einmal Molière, sondern Denis Diderot, einen Bruder im Geiste, einen Mitstreiter (und Vorkämpfer) für ein bürgerliches Trauerspiel. Er übersetzt den Dramatiker, dem er in Theorie und Praxis am meisten verdankt; nicht nur den Impuls zur Arbeit an der »Sara«, nicht nur die Kraft bei der Verpönung von Heroismus und Bewunderung; sondern gerade auch die Entschiedenheit des 17. Literaturbriefs, bis in den Tonfall hinein. Denn das war Diderots Stimme: »Ich werde nicht nachlassen, den Franzosen zuzurufen: Die Wahrheit! die Natur! die Alten! Sophokles! Philoktet!« Und wie Lessing beschwört Diderot »die Freiheit des genialen Dichters, den keine Regeln binden«, und ähnlich wie Lessing beruft er sich auf die griechischen Dramatiker, »um den Bann des französischen Klassizismus zu brechen«.

Lessing hat also seine Forderung weder verraten noch widerrufen; er hat sie nur verstärkt, und zwar doppelt durch die Macht der List: Selbst ein Franzose, zeigt er dem deutschen Publikum, will von der kalten Klassizität der eigenen Bühne nichts mehr wissen. »Daher sieht er auch die Bühne seiner Nation bei weitem auf der Stufe der Vollkommenheit nicht, auf welcher sie unter uns die schalen Köpfe erblicken, an deren Spitze der Professor Gottsched ist.« Und wie man den Teufel mit Beelzebub austreibt, so die Franzosen mit einem Franzosen: »Selten genesen wir eher von der verächtlichen Nachahmung gewisser französischer Muster, als bis der Franzose selbst diese Muster zu verwerfen anfängt.« Und er hofft, daß der Anti-Klassiker Diderot in Deutschland verstanden werde und Schule mache: »Wenigstens muß es geschehen, wenn auch wir einst zu den gesitteten Völkern gehören wollen, deren jedes *seine* Bühne hatte.«

Eine eigene Literatur, ein eigenes Theater, eine wirkliche und wirkende deutsche Kultur: Das ist Lessings Vision, daran arbeitet er. Und selbst noch in den Fabeln, die er in diesen Jahren schreibt (mit ausführlichen und einleuchtenden Abhandlungen, zum Beispiel über das Tier in der Fabel), kann er von dieser Vorstellung nicht lassen. Ja, gerade da leistet er sich Pointen, die gewiß auch den Freunden, mit denen er doch »Projekte über Projekte« ausheckt, nicht so ganz behaglich gewesen sein können. Soll man sich die Gesichter von Nicolai und Ramler und Gleim vorstellen, als sie das Stückchen vom Affen und dem Fuchs zu lesen bekamen?

»Nenne mir ein so geschicktes Tier, dem ich nicht nachahmen könnte! so prahlte der Affe gegen den Fuchs. Der Fuchs aber erwiderte: Und du, nenne mir ein so geringschätziges Tier, dem es einfallen könnte, dir nachzuahmen.

Schriftsteller meiner Nation! –– Muß ich mich noch deutlicher erklären?«

Personenbeschreibung

Hat wohl Lessing geraucht?
Georg Christoph Lichtenberg

Nimm doch Gestalt an: der große Biographen-Traum, der innige Wunsch dessen, der ein Leben nachschreibt, an denjenigen, der dieses Leben gelebt, vielleicht geführt, und leider verloren hat. Nimm doch Gestalt an: die beschwörende Bitte, dieser andere, frühere möge sich einlassen auf eine Nachwelt, die ja nicht nur neugierig, sondern auch bedürftig ist, nicht allein interessiert, sondern auch spürsüchtig. Lessing einmal wirklich zu fassen bekommen? Nimm doch Gestalt an!

Die Stücke sind ja, wenn wir wollen, ganz für uns da, Eintritt frei, keine Tantiemen mehr, wir können in ihnen leben, mit ihnen arbeiten, können sie nachspielen und uns vorspielen, in ihre Kostüme schlüpfen und mit ihren Sätzen herumspringen; die großen anderen Werke machen uns mit einem Wörter-Temperament bekannt, das mit Klarheit berauscht; und fast alle Sätze in den Briefen gehen uns noch an. Zumindest sind sie ein Lexikon für alle, die Briefschulden haben; um eine ehrliche Ausrede ist dieser Lessing nie verlegen.

Aber der Mann! Wir lesen nach, was er tut, was er nicht tut; erfahren, was er nicht tut, weil er es bloß tun soll; sehen, was er tut, weil es getan werden muß in einer Zeit, die noch nicht bei sich ist. Aber laufen wir nicht mit zunehmender Lektüre Gefahr, daß Lessing uns immer rätselhafter wird, immer weniger deutlich, immer weniger leibhaftig? Daß man merkt: Diesen Schritt hätte ich noch gewagt, jenen anderen nicht mehr, diese Sache nicht unternommen, solchen Streit nicht vom Zaun gebrochen, hier nicht so drauflos geschlagen, dort freundschaftlicher reagiert, da meine Gefühle nicht korsettiert; überhaupt insgesamt nicht so leidenschaftlich-präzise gelebt.

244

Nimm doch Gestalt an! Wie stünde er uns gegenüber, wie gäbe er uns die Hand, oder würde er sie uns überhaupt geben? Hat er seine Freunde umarmt, wenn er sie traf, hat er sie nur mit Blicken begrüßt? Ist er liebenswürdig, wenn er uns begegnete, ist er reserviert? Oder ist er gar einer von diesen enttäuschenden Autoren, die zwar hinreißend sind, wenn man sie liest, aber unleidlich, wenn man sie trifft? Die den erlesensten Stil haben, und die schlechtesten Manieren? Oder ist er so mit sich selbst beschäftigt, daß er uns, wie aus weiter Ferne, aus dem inneren Kern einer großen Egozentrik, anstarrte, ohne uns wahrzunehmen?

Nimm doch Gestalt an! Aber wie er aussieht, wissen wir ja, denn es gibt eine ganze Reihe von Porträts, Ölbilder und Stiche, aus den verschiedensten Lebensstadien, oft aber auch nur in kurzen Abständen verfertigt. Doch wenn sie ihm ähnlich sehen sollten, so sehen sie sich meist untereinander nicht ähnlich, und die Versuchung ist groß, daraus den Schluß zu ziehen, eben das sähe Lessing ähnlich. So leicht ist dieser Mann nicht zu bannen, auch nicht auf die Leinwand; deutlichster Zug ist das breite, füllige Gesicht; aber eine Anzahl anderer Bilder zeigt ihn eher spitz, kantig, hager: Da muß man wohl mit den Zuschreibungen so vorsichtig sein wie die Forschung es ist, da wird man wohl sonst allzu leicht von dem Wunsch verführt, daß der Mann so ausgesehen haben soll – energisch, explosiv, blitzend vor Streitlust – wie er geschrieben hat. Aber es paßt ins Bild, das man sich so schwer von Lessings wirklichem Aussehen machen kann, wenn ein späterer Zeuge (der Lessings Stiefkinder befragt hat) sagt: »Deshalb fiel es schon bei Lebzeiten schwer, sein Äußeres charakteristisch aufzufassen. Wenn dem nicht so gewesen wäre, so würden wir sicher von seinen Zeitgenossen mehr über diesen Punkt erfahren haben...«

Nimm doch Gestalt an! Eben erst, um 1760, hat er sich malen lassen, von dem älteren Tischbein, Johann Heinrich, der es bis zum Direktor der Kunstakademie in Kassel bringt, nicht zu verwechseln mit dem Goethe-Tischbein, der damals noch ein Kind ist und später ein Jahrzehnt lang die Akademie in Neapel leiten wird. Hat sich unwillig genug malen lassen, denn in einem Brief von Gleim an Karl Wilhelm Ramler heißt es: »Ob ich Herrn Lessings Porträt haben will? Ja! allerdings. Will er nicht sitzen, so lassen sie doch Hempeln sein Gesicht stehlen.« Aber Lessing sitzt. Tischbein zeigt Lessing in kräftigem Öl, mit bäuerlich gesunden Farben, mit einer gut durchbluteten Pausbäckigkeit. Daß dieser Kopf immer in den Büchern steckt, über Manuskripten sitzt, Kritiken ausdenkt und sich in gelehrte Konflikte begibt, sieht man ihm schlechterdings nicht an. Dieses Gesicht hat viel von gesunder Luft. Der Mund ist voll, die Lippen leicht geöffnet, aber kaum zu einer Pointe, das Kinn allerdings springt kräftig und rund hervor und geht über ein sanftes Doppelkinn in den Hals über; der ist geschmückt mit einem eleganten Spitzenkragen, und die Jacke, die er trägt, scheint einen um Eleganz bemühten jungen Herrn zu verraten, der möglicherweise auf seine Figur achten sollte.

Aber über dem »gemütlichen« Teil des Tischbeinschen Lessing-Bildes gibt es eine andere verwegenere Partie: eine fast erdrückend breite und weite Stirn, die von den straff zurückgekämmten und elegant frisierten Haaren imposant freigelegt ist; ein breitflächiges Panorama von einer Stirn: dem Mann, so könnte sich die Redensart zu Wort melden, geht so leicht nichts über den Horizont. Und obenauf, kecke Krönung des ganzen, ein triumphaler Dreispitz, weit in den Hinterkopf geschoben (nur eine Nadel kann einen Hut so halten). Aber das ganze Bild, das Lessing im Halbporträt zeigt, ist nur Landschaft für die Augen, große, glänzende, wuchtige Augen, für die durchdringende Ruhe eines Seitenblicks, der nichts geringeres zu sehen scheint als Zukunft. Er enthält keine Verzückung, nichts Visionäres, keine Erwartungsekstase, sondern nur dieses gelassene Absehen dessen, was auf einen zukommt, was einem zukommt. Und unter den Augen die Einbettung der Erfahrung, die Augenringe, die auch Jahresringe des Gefühls sind.

Sehr ähnlich beschreibt der schon zitierte Zeuge, Carl Georg Wilhelm Schiller (nach Äußerungen vor allem der Stieftochter) die Augenpartie: »Aber vor allem dominierte auf dem geistvollen Antlitze das offene, klare, dunkelblaue Auge. Der Blick war nicht stechend, nicht herausfordernd; aber entschieden und unbefangen, gleichsam ein ungetrübter Spiegel, der sein Objekt rein und scharf auffaßt.« – Lessings Augen, das ist immer wieder für die Zeitgenossen eine Faszination, ja beinah ein Erschrecken, wie es zum Beispiel eine Äußerung von Johann Heinrich Voß belegt, die in zwei, gleichermaßen charakteristischen Versionen, überliefert ist. »Lessing hatte ein paar Augen, wie ich sie noch nie gesehen habe –... recht ein paar Tigeraugen; er sieht überhaupt sehr gut aus.« So die eine Fassung, und die andere so: »Lessing hat einen Blick, wie ich noch nie gesehen habe, einen rechten Geierblick.« Tigerblick – Geierblick, das ist aber schon anderthalb Jahrzehnte nach dem Tischbeinbild, und noch etwas später wird Jacobi verstört melden: »Erst disputierten wir; ich widerlegte einige seiner Behauptungen so nachdrücklich, daß er nicht weiterkonnte. Sein Gesicht wurde entsetzlich; ich habe nie so ein Gesicht gesehen.«

Nimm doch Gestalt an! Aber wir meinen ja nicht den gealterten Lessing, sondern das Porträt des Künstlers als junger Mann, den dreißigjährigen Lessing. Wie steht er da? Die frische Farbe – wenn sie nicht allein die Erfindung von Tischbeins Pinsel sein sollte – verrät aber nicht sowohl jene Landluft, mit der Berlin noch bis weit ins 19. Jahrhundert geplagt sein wird, jenen Gestank, der auf dem eigenen Mist wächst, – sie kommt auch vom Wein, und eine der Gestalten, die Lessing gelegentlich wohl annimmt, ist eine schwankende. Das Lob des Weins, der Fluch der Ehefrauen auf die ins Kaffeehaus oder den Weinkeller enteilenden Männer, der Wein sogar als Scheuche gegen den Tod – dieses Motiv durchzieht Lessings gesamtes Lyrik- und Liederschaffen, und schon in der Polemik gegen Lange war vom Weinkenner und Genießer Lessing die Rede. Und so gehört dieser Bericht Ramlers zur Personenbeschreibung: »Ich kann mich hier mit Herrn Lessing abrufen oder wenigstens absehen, wenn ich mit ihm Ihre Gesundheit bei Wittens trincken will. Wir hängen alsdann einen rothen Band aus, das ist das Signal zur Ausflucht in die Baumanns Höhle; denn Sie müssen wissen, der Kieper heißt Baumann. – Machen Sie doch Ihren Anakreon zu Herrn Lessings großem Projekte (einer Neuausgabe von Gleims Gedichten) fertig; ... alles was Trincklieder darunter sind, sollen allda gesungen werden.«

Und über dem Trinken wird auch das Essen nicht vergessen; einmal kommt folgender Dank Ramlers nach Halberstadt: »Ich fange beym größten Ende an, nehmlich bey dem drohenden Hebebaume von Fleisch, womit mich in Ihrem Namen Ihre gute Jungfer Justine erschreckt hat. Ich habe sogleich, mit Herrn Lessing, eine Probe damit in Wittens Keller vorgenommen, und diese herkulische Keule ganz vortrefflich befunden...« Aber die herkulischen Fleischkeulen sind das eine, und die kritischen Pflichten das andere. Der Wein gut und schön, aber die Literatur, bitte, gut und wahr. Die Baumannshöhle darf dunkel, verräuchert, anheimelnd sein: Das Schreibpult kennt nur Helligkeit, Klarheit, Unbestechlichkeit. Seinen Freunden ist er oft ein Rätsel, um nicht zu sagen, ein richtiges Ärgernis, sie verstehen nicht, daß er nicht auch als Autor Rücksicht nehmen mag, wie es doch Brauch ist in literarischen Zirkeln. Sie halten für Untreue, was für Lessing einfach zwei Welten sind. Ramler ist schockiert, als er lesen muß, daß derselbe Lessing, mit dem er trinkt und ißt und lacht, ein Buch schlecht rezensiert, das er zwar nicht selbst geschrieben, aber immerhin übersetzt hat, das also, wenn auch der Autor Batteux heißt, doch irgendwie auch sein Buch ist. Ramlers Ärger macht sich Luft: »Diese Natur ist nicht auszutreiben. Er kann ohnmöglich in Schriften derjenige gelinde nachgebende Gesellschafter seyn, der er doch im Leben ist. Es ist freylich schlimm! Aber wir wollen uns seiner guten Seite bedienen, da er zu alt ist, als daß wir ihm seine Schlimme abgewöhnen können.«

Am klarsten wird die Ambivalenz der Beurteiler, am krassesten das Doppelbild Lessings in den verschiedenen Äußerungen, die der Professor Sulzer über den jungen Autor getan hat. Es scheint angebracht, der ersten Versuchung zu widerstehen, seine Äußerungen nur als individuelle Hochmütigkeiten, Eifersüchteleien zu nehmen; gewiß enthalten sie auch Ratlosigkeit und zeugen von der Schwierigkeit, sich ein genaues Bild von diesem Lessing zu machen. Immerhin hatte Sulzer ja als erster von dem neuen »Criticus« gesprochen, mit dem herablassenden Nachsatz allerdings: »Er scheint nur noch ein wenig zu jung.« Die Unentschiedenheit drückt sich noch zwei Jahre später, nach der Lange-Affäre aus, als Sulzer, gewissermaßen mit spitzen Fingern, zwei Bände der Lessingschen »Schrifften« in die Schweiz schickt: »Sie werden dann selbst beurtheilen, wie viel oder wenig von diesem angehenden Dichter zu hoffen ist...« Und am 18. April 1755 urteilt er schlankweg: »Lessing ist ein Mischmasch von Gutem und Schlechtem, und noch vor dem Scheidewege! Er kann ganz gut, oder auch schlecht werden. In seinen Reden ist er viel besser, als in seinen Schriften, und er scheint mir viel Verstand zu haben. Aber er hat auch noch viel Jugend (ein toller Vorwurf!) und eine Anzahl älterer und jüngerer Halbgelehrter arbeitet, ihn schlecht zu machen. Ich kann ihm nicht beikommen; denn es scheint, als ob er sich fürchte, ich möchte ungleicher Meynung mit ihm seyn, wenn er sich etwas einließe.« Und wiederum vier Jahre später, um die Zeit eben dieser Personenbeschreibung, gehört Sulzer schon deutlich zur Gegenseite; er sieht bei Lessing eine übergroße Empfindlichkeit und beklagt sie mit den Worten: »Aber wer Lessing u. s. f. beleidigt, der hat sich unversöhnliche Feinde gemacht...«

Das scheint klar: Lessing war heiter in Gesellschaft, streng am Schreibtisch. Aber er war in diesem Punkt kein Zerrissener, sondern ein Weltmann zweier Medien: des Wortes bei Tisch, des Wortes im Buch. Wer ihn nicht kannte und, nach seinen Kritiken und Polemiken, ihn nicht anders sich denken konnte als schneidend, scharf, schroff, war überrascht von seinem Charme. Er war nicht die Umgänglichkeit in Person, aber er respektierte die Personen, mit denen er umging. »Die am meisten wider ihn eingenommen waren, wußte er in einer Stunde persönlichen Umgangs zu gewinnen, und gleichwohl ist ihm meines Wissens nie eine geflissentliche Schmeichelei aus dem Munde gekommen; ja, er hatte sogar die – wie soll ich es anders nennen – Bizarrerie, ein abgesagter Feind von der äussern Höflichkeit zu seyn.« (Mendelssohn)

Nimm doch Gestalt an! Kann man diesen Versuch einer Personenbeschreibung besser pointieren als mit dem Satz, mit dem Lessing sich gewehrt haben soll gegen das berühmte Porträt, das Anton von Graff von ihm gemalt hat: »Sehe ich denn so verteufelt freundlich aus?«

SICH NEU GEWINNEN
oder:
Corriger la fortune

Die Flucht

Es gibt für alles Gründe.
Ja, wenn man sie weiß.
Franz Xaver Kroetz

Die Freunde sind einiges gewöhnt, dies nun aber doch noch nicht: Eines Tages ist Lessing verschwunden, einfach weg, aus Berlin abgereist oder fortgezogen, ohne Abschied, ohne Adieu, sans laisser d'adresse. Nicht einmal die Wohnungsmiete hat er bezahlt, geschweige denn sein Quartier gekündigt. Man muß sich das vorstellen: Die Freunde sind ja auch Nachbarn, Ramler wohnt ein paar Schritte weit ab, Nicolai ist nicht fern, und Mendelssohn ist immer noch nahezu tagtäglicher Gesprächspartner. Zu denken: Sie suchen ihn auf, dann fangen sie an, ihn zu suchen, dann bequemen sie sich zu begreifen: Ihr Lessing ist wieder einmal geflohen; und natürlich sind sie alle gescheit genug zu wissen, daß er auch geflohen ist, weil er nicht mehr länger ihr Lessing sein will. Die Verstimmung Nicolais hallt noch Jahre später nach, wenn er an Ramler schreibt: »Herr Lessing ist noch nicht hier, er will die gute Gewohnheit, das, was seine Freunde glauben, daß er tun werde, gerade nicht zu thun, auch itzt noch nicht vergessen.«

Von der Fassungslosigkeit der Zurückgebliebenen, Übriggelassenen, gibt ein Brief Gleims, der den mysteriös-brüsken Abgang immerhin nur aus der Halberstädter Distanz mitbekommt, einen deutlichen Begriff: »Aber, was ist es«, schreibt er am 10. Dezember 1760 an Ramler in Berlin, »daß sie keinen lustigen Lessing mehr haben? Hätte Herr Leßing mir nicht gesagt, daß er auf ein Vierthel Jahr unsichtbar seyn wolle, so würden Sie mit dieser Nachricht mich sehr erschreckt haben. Lösen Sie mir doch ja bald dieses Rätzel auf, ich habe schon zu lange versäumt, Sie darum zu bitten. Herr Voß schreibt mir, und Herr Nicolai, und Beyde sagen mir keine Sylbe von Herrn Leßing. – Und er selbst hält sein böses Wort und läßt nichts von sich hören und sehen; er muß nicht wissen, wie lieb ich ihn habe, sonst könnte er unmöglich mich in solcher Ungewißheit lassen.« Und Gleim schließt mit dem Seufzer: »Was wird aus dir werden, Berlin, wenn du alle Leßinge verjagest, und alle Ramlers verhungern lässest; nimmermehr wirst du unser Athen werden!«

Ein paar Tage vorher aber hat sich Lessing endlich zu einem Lebenszeichen aufgerafft. Er meldet sich aus – Breslau. »Liebster Freund«, schreibt er am 6. Dezember 1760 an Ramler, »ich würde mir es nimmermehr vergeben, meine Freunde wegen meines Schicksals so lange in Ungewißheit gelassen zu haben, wenn ich nicht bisher selbst in der größten Ungewißheit desselben gewesen wäre.« Die näheren Umstände erklärt er nicht; die stehen in einem Brief an den Verleger Christian Friedrich Voß; aber diese Post ist nicht erhalten. Doch Lessing hellt immerhin seine psychologische Situation auf: »Sie werden sich vielleicht über meinen Entschluß wundern. Die Wahrheit zu gestehen, ich habe jeden Tag wenigstens eine Viertelstunde, wo ich mich selbst darüber wundere. Aber wollen Sie wissen, liebster Freund, was ich alsdann zu mir selbst sage? ›Narr‹, sage ich, und schlage mich an die Stirn: ›wann wirst du anfangen, mit dir selbst zufrieden zu seyn? Freylich ist es wahr, daß mich eigentlich nichts aus Berlin trieb; daß du die Freunde hier nicht findest, die du da verlassen; daß du wenig Zeit haben wirst, zu studieren. Aber war nicht alles dein freyer Wille? Warest du nicht Berlins satt? Glaubtest du nicht, daß die Freunde deiner satt seyn müßten? daß bald wieder einmal Zeit sei, mehr unter Menschen als unter Büchern zu leben? daß man nicht bloß den Kopf, sondern nach dem dreyßigsten Jahre, auch den

Beutel zu füllen bedacht seyn müsse? Geduld! dieser ist geschwinder gefüllt als jener. Und alsdann; alsdann bist du wieder in Berlin, bist du wieder bei deinen Freunden, und studiest wieder.‹ O wenn dieses alsdann schon morgen wäre!« Dieses Alsdann ist nicht nur nicht morgen; es wird mehr als vier Jahre auf sich warten lassen; ja daß von einem Alsdann nicht wirklich die Rede sein kann, verrät schon der praktische Auftrag an Ramler im selben Atemzug: »Noch ein Wort von meinen kleinen häuslichen Angelegenheiten. Haben Sie die Güte, liebster Freund, und kündigen Sie meiner Wirtin mit dem itztlaufenden Monate das Quartier auf... Ich werde Ihnen Mühe machen, aber ich weiß, Sie verzeihen es mir...«

Lessings Zustand in jenen Breslauer Dezembertagen des Jahres 1760 offenbart sich noch deutlicher in den Zeilen, die er tags darauf an Mendelssohn schreibt; es ist der Zustand einer gleichsam vorsätzlichen Verwirrung, einer aufgeräumten Panik; Lessing macht sich einen Jux mit der eigenen Existenz: »Ich reise mit allem Bedacht aus Berlin, ohne von Ihnen Abschied zu nehmen, weil ich mich nicht der Gefahr aussetzen wollte, die Thorheit meines Entschlusses auf einmal in ihrem völligen Lichte zu sehen. Die Reue wird ohnedem nicht außenbleiben, eine so gänzliche Veränderung meiner Lebensart in der bloßen Absicht, mein sogenanntes Glück zu machen, vorgenommen zu haben. Wie nahe ich dieser Reue bereits bin, weiß ich eigentlich selbst nicht. Denn noch bin ich in Breßlau nicht zu mir selbst gekommen.«

Goethe hat später, in »Dichtung und Wahrheit«, Lessings Breslauer Zeit höchst verständnisinnig interpretiert: »Lessing, der im Gegensatz zu Klopstock und Gleim die persönliche Würde gern wegwarf, weil er sich zutraute, sie jeden Augenblick wieder zu ergreifen und aufheben zu können, gefiel sich in einem zerstreuten Wirtshaus- und Weltleben, da er gegen sein mächtig arbeitendes Inneres stets ein gewaltiges Gegengewicht brauchte. Und so hatte er sich auch in das Gefolge des General Tauentzien begeben.«

Bogislaw Freiherr von Tauentzien (1710–1791) hatte Breslau im Jahre 1760 gegen den österreichischen General Laudon verteidigt und gehalten, und der König dankte ihm, indem er ihn zum Festungskommandanten machte und zum Generalleutnant beförderte. Lessing hatte ihn im Februar 1758 durch Ewald von Kleist kennengelernt, als Tauentzien noch Oberst war; wie die Verbindung zwischen beiden aufrecht erhalten geblieben war, wie es nun dazu kommt, daß Lessing Tauentziens Sekretär wird, das gehört zur biographischen terra incognita; aber es wäre gewiß nicht denkbar ohne den Urspaß eines Mannes wie Lessing, der später von sich sagen wird, daß er »alle Veränderung von Schwarz in Weiß so sehr liebt«. Und im Hinblick auf die Nachricht aus Berlin, daß er nun – endlich, endlich! – in die Königliche Akademie gewählt worden ist, gibt er sich Mendelssohn gegenüber gelassen und ergreift die Partei seines Generals: »Ihnen brauche ich es nicht lange zu versichern, daß mir diese Ehre, besonders in den Umständen, worinn ich mich gegenwärtig befinde, sehr gleichgültig ist... Und Sie haben Recht; es ist immer einerley, ob man von einem General, oder von einem Präsidenten der Akademie abhängt. Wenn dieser mehr Kopf hat, so hat er auch mehr Hals: und es ist sicherlich schlimmer mit ihm auszukommen, als mit jenem. Meinen halte ich noch bis jetzt für einen sehr guten Mann, vor dessen Heftigkeit, wenn sie anders sein Fehler ist, ich ganz gesichert zu seyn glaube.«

Mit dem General kommt Lessing aus; besser offenbar als mit sich selbst; die Briefe nach Berlin klingen katzenjammervoll: »Ach, bester Freund, Ihr Lessing ist verloren! In Jahr und Tag werden Sie ihn nicht mehr kennen. Er sich selbst nicht mehr. O meine Zeit, meine Zeit, mein Alles, was ich habe – sie so, ich weiß nicht was für Absichten aufzuopfern! Hundertmahl habe ich schon den Einfall gehabt, mich mit Gewalt aus dieser Verbindung zu reißen. Doch kann man einen unbesonnenen Streich mit dem andern wieder gut machen? – Aber vielleicht habe ich heute nur einen so finstern

Tag, an welchem sich mir nichts in seinem wahren Lichte zeigt. Morgen schreibe ich Ihnen vielleicht heiterer.«

Mendelssohn, dem Lessing das am 30. März 1761 klagt – nach einem knappen halben Jahr in Breslau –, ist wirklich in Sorge; er, der rührendste Freund Lessings zeitlebens, kann sich den Breslauer Amts- und Alltag nicht vorstellen; und seine Unruhe bringt er in zärtlich-bekümmertem Spott unter; in der »Zueignungsschrift an einen seltsamen Menschen«, die er 1761 speziell in das für Lessing bestimmte Exemplar seiner »Philosophischen Schriften« hineindrucken ließ: »Die Spötter sagen: Rufe laut! Er dichtet, hat zu schaffen, ist über Feld oder schläft vielleicht, daß er erwache! – O nein! Dichten kann er, aber, leider! will ja nicht; Reisen möchte er, aber das kann er nicht. Zum Schlafen ist sein Geist zu munter, und zu Geschäften zu faul. Sonst war sein Ernst das Orakel der Weisen, und sein Spott eine Ruthe auf dem Rücken der Thoren; aber jetzt ist sein Orakel verstummt, und die Narren trotzen ungezüchtiget. Er hat seine Geißel andern übergeben, aber sie strichen zu sanft, denn sie fürchten Blut zu sehen. –

Und er,
Wenn er nicht hört, noch spricht, nicht fühlt,
Noch sieht; was thut er denn? – Er spielt.«

Der Spieler

Das Wort Zeitvertreib sollte der Name einer
Arznei, irgendeines Opiats, eines schlafma-
chenden Mittels sein, durch das uns auf dem
Krankenbette die Zeit unmerklich verstreicht,
aber nicht der Name eines Vergnügens.

Lessing

Er spielt in der Tat, mehr noch: Er wird zum Spieler. Man
muß ihn sich nur am Spieltisch vorstellen, um den ›Klassiker‹
ganz zu vergessen: Aufgewühlt, erhitzt, außer sich, der
Schweiß läuft ihm in Strömen herab, egal, ob er gewinnt oder
verliert. Der Anblick eines Kranken, doch ist es nur
Spielfieber, allerdings eins von der heftigsten Sorte. Ein
Freund, der Zeuge dieses Zustands wird, warnt ihn auf dem
Heimweg, er werde bei so toller Spielbesessenheit noch seine
Gesundheit ruinieren; aber Lessing winkt ab: »Gerade das
Gegenteil. Wenn ich kaltblütig spielte, würde ich gar nicht
spielen; ich spiele aber aus Grund so leidenschaftlich. Die hef-
tige Bewegung setzt meine stockende Maschine in Thätigkeit, und bringt die Säfte in Umlauf; sie befreit mich von
einer körperlichen Angst, die ich zuweilen leide.«
    Der gute Bruder Gotthelf, der diese Geschichte überliefert,
beeilt sich, die triviale Erklärung nachzuliefern, daß wohl
eher »diesen Schweiß das warme Zimmer, welches voller
Menschen und Tabaksraucher war, veranlaßt habe«. Aber
bekümmert muß er einräumen, daß seinen Freunden noch
nichts so aufgefallen sei, »wie seine Spielsucht, die in Breslau
ihren Anfang, und zu Wolfenbüttel ihr Ende genommen ha-

Lessing

Geburtshaus in Kamenz

Schloß Sanssouci

Friedrich der Große (1712–1786)

François-Marie Voltaire (1694–1778)

Lessing *(rechts)* und sein Bruder Johann Theophilus
(1732–1808)

Rechte Seite von oben links nach unten rechts
Georg Christoph Lichtenberg (1742–1799)
Friedrich Schlegel (1772–1829)
Jean Paul (1763–1825)
Matthias Claudius (1740–1815)
Gottfried August Bürger (1747–1794)
Christoph Martin Wieland (1733–1813)

Jean-Jacques Rosseau (1712—1778)
Denis Diderot (1713—1784)

Friedrich Nicolai (1733–1811)
Moses Mendelssohn (1729–1786)

Johann Christoph Gottsched (1700–1766)

Johann Melchior Goeze (1717–1786)

Lessing

Eva König (1736–1778)

Schauspielhaus am Gänsemarkt, Hamburg

Herzog August-Bibliothek, Wolfenbüttel

Lessing

ben soll«. Die eigentlich ihr Ende nie gefunden hat; denn eine Anekdote erzählt, daß Lessing noch auf dem Totenbette seiner späteren Leidenschaft, der Lotterie, gefrönt habe. »Wenige Stunden vor seinem Tode«, so hat sich Carl Friedrich Pockels von Alexander Daveson berichten lassen, »wählte sich Lessing noch folgende Nummern zur nächsten Ziehung: 15, 23, 52, und zwar die letzte aus dem sonderbaren Grund, weil er bereits das 52ste Jahr seines Alters erreicht habe, und gerade darauf zu gewinnen hoffe. Er wandte nach seiner eigenen Berechnung noch eine halbe Pistole auf jene Nummern. Schreiben Sie es auf! sagte er zu jenem Manne, ich nehme den Auszug zu 8 gr., macht auf 3 Nummern... Summa 2 thlr. 12 gr. – Kurz darauf starb Lessing, und die 2 thlr. 12 gr. mußte noch ein Collecteur nach seinem Tode für ihn bezahlen...«

Das Spiel in Breslau ist das Pharao. »Ich habe eine Menge Sophistereyen über das Spiel auszukramen«, schreibt Lessing an Moses Mendelssohn (17. April 1763). »Das fehlte noch, werden Sie sagen. Allerdings; denn das Farao für sich ist so gedankenlos, daß man sich doch mit etwas dabei beschäftigen muß. Unter andern bin ich dahinter gekommen – Aber lassen Sie mich nicht vom Spiele, sondern von Spinoza noch ein paar Worte mit Ihnen plaudern.« Mendelssohn reagiert wie gewohnt und antwortet Lessing, er könne unmöglich über das Spiel nachgedacht haben, sonst wäre ihm »gewiß die wichtigste Betrachtung nicht entgangen, die man über das Spiel zu machen hat, daß man gar nicht spielen müsse«.

Schweißausbrüche – und eine Menge Sophistereien: das kennzeichnet nicht nur Lessings Verhältnis zum *Spiel,* das sagt überhaupt etwas über das Verhältnis von Leidenschaft und Distanz, Spontaneität und ordnender Nachträglichkeit, von völliger Hingerissenheit und vollkommener Contenance. Diese Spannung ist nicht nur das Elixier seiner Existenz, es ist auch die innere Dramaturgie seiner Stücke. Die Präzision hat den Schweiß getrocknet, nicht getilgt, die Eleganz hat die Rage gebändigt, nicht vereitelt, und die blankesten Dialoge sind nicht mehr als Umschreibungen des düstersten Seelenchaos. – Das Spiel aber ist für Lessing als einziges nicht Anspruch, nicht Appell, sondern das reine Jetzt, Triumph des Hasards, Feier des Moments, Genuß des Augenblicklichen. Hier gilt es nicht Glück und Glückseligkeit, sondern Fortüne. Hier ist man in den Gefilden der Unberechenbarkeit – oder der Taschenspielerei. Gott würfelt nicht – so Einstein –, das ist ein Zeitvertreib des Teufels, mit dem Lessing zu kokettieren liebt: In einem seiner übermütigsten Briefe an seine spätere Frau, mit der er in der langen Verlobungszeit auch durch Lotteriespiel Kontakt hielt, schreibt er einmal: »Wenn es zwar wahr wäre, was man erzählt, daß vorige Woche der Teufel selbst, in höchsteigener Person, des Nachts in Hamburg die Lotterie gezogen habe; daß eine von den gezogenen Nummern einem Nachtwächter auf den Kopf gefallen, welcher darüber an dem Tode liege; daß sechs andere Teufel dabei die Deputierten vorgestellt, und mit feurigen Krausen auf dem Gerüste gesessen: wenn das alles wahr wäre, so hätte ich doch fast Lust, mein Heil noch einmal zu versuchen. Denn ohne Zweifel würde sich der dumme Teufel, der sonach die Direction von der Lotterie bekommen, einbilden, daß mir vieles Geld gar nichts nütze, daß ich nichts wie Böses damit stiften würde, und würde mir es also zuschanzen. Aber hätte ich es denn nur einmal; wäre jemals der Teufel betrogen worden, so sollte er es von mir werden!«

Divertimento II

Pharo (Pharao, Faro). Das Spiel, das Lessing in Breslau spielte; das verbreitetste Hasardkartenspiel, nach dem König Pharao benannt, dessen Namen ehemals ein Kartenkönig trug, der als vorzüglich glücklich galt. Dem Bankier, der die Höhe des Minimalsatzes (point) zu bestimmen hat, steht eine beliebige Anzahl von Pointeurs (Spielern) gegenüber, denen das Recht zusteht, ihre Einsätze beliebig bis zum Betrag der ganzen

Bank zu erhöhen, das letztere mit dem Ausruf: »Va tout!« oder »Va banque!«. Der Bankier spielt mit voller französischer Karte, während die Pointeurs jeder nur eine vollständige Blätterfolge vom As bis zum König (Buch, livret) erhalten. Jener mischt sein Spiel (den Talon), läßt abheben und zeigt die unterste Karte vor, die nicht gewinnt, während die Spieler inzwischen eine oder mehrere ihrer vor ihnen liegenden Karten besetzen. Nun beginnt das eigentliche Spiel: Der Bankier zieht vom Talon die beiden obersten Karten ab (Abzug, coup) und legt sie nacheinander offen vor sich hin. Alle Sätze der Pointeurs auf solche Karten, deren Bilder dem des zuerst niedergelegten Blattes, ohne Rücksicht auf Farbe, gleich sind, fallen dem Bankier zu; die Spieler dagegen, die ein der zweiten Karte gleiches Bild besetzten, haben denselben Betrag von der Bank zu erhalten. Dies Abheben wird so lange fortgesetzt, als der Talon des Bankiers reicht; die Folge der 26 Abzüge heißt Taille. Da, im Fall ein Abzug aus zwei gleichnamigen Karten besteht (Double, plie), der Bank die Hälfte des auf dem betreffenden Bild stehenden Satzes zufließt und auch die erste Karte des letzten Abzugs für den Bankier gewinnt, so ist das P. unter allen Hasardspielen für den letzteren eins der günstigsten. Durch verschiedene Arten des Umbiegens (Lappe, Paroli etc.) derjenigen Karten, die Gewinne gemacht haben, wodurch die Besitzer die letztern mit dem ursprünglichen Satze zusammen aufs Spiel setzen, wird das Spiel belebt und die Zahl der Chancen für die Pointeurs erhöht, da dieselben im glücklichsten Fall mehrfachen Gewinn zur Folge haben. *Das P. ist übrigens verrufen, weil Betrug dabei sehr leicht fällt und tatsächlich oft vorkommt.* (Nach Meyers Konversationslexikon).

Es scheint, als sei Lessing erst in Breslau, in der wenig unterhaltsamen Männer- und Militärgesellschaft der Garnison wirklich zum Spieler geworden. Vorher hat er gern Schach gespielt, aber andere Passionen sind nicht überliefert. Ja, seine früheren Äußerungen über Spiel und Spieler haben eher Mendelssohnschen Tenor, sind distanziert, ironisch, die Sache scheint ihn nicht selber zu betreffen, und wenn, dann allenfalls notgedrungen.:

> Ich halte Spielen zwar für keine Sünde,
> Doch spiel ich eher nicht, Pompil,
> Als bis ich keinen finde,
> Der mir umsonst Gesellschaft leisten will.

Und »Der spielsüchtige Deutsche« wird in folgendem Sinngedicht glossiert:

> So äusserst war, nach Tacitus Bericht,
> Der alte Deutsch' aufs Spiel erpicht,
> Daß, wenn er ins Verlieren kam,
> Er endlich keinen Anstand nahm,
> Den letzten Schatz von allen Schätzen,
> Sicher selber, auf das Spiel zu setzen.
>
> Wie unbegreiflich rasch! wie wild!
> Ob dieses noch vom Deutschen gilt?
> Vom deutschen Manne schwerlich. – Doch,
> Vom deutschen Weibe gilt es noch.

Nun straft Lessing sein eigenes Epigramm Lügen. Die Leidenschaft wird zur Gewohnheit, er setzt sich aufs Spiel. »Fast täglich ging er nach sechs gegen sieben Uhr in das Theater, und von da mehrentheils, ohne das Stück ausgehört zu haben, in die Spielgesellschaft, von wo er spät nach Hause zurückkehrte, und den andern Tag nicht vor acht oder neun Uhr aufstand. Ich habe ihn sogar noch gegen zehn Uhr im Bette gefunden.« So berichtet einer seiner Breslauer Freunde, der Rektor Samuel Benjamin Klose.

»Tout les gens d'esprit aiment le jeu à la fureur« – alle Leute von Geist lieben das Spiel heiß, bis zur Besessenheit, sie geraten dabei in Rage. Der diesen Satz etliche Jahre später sagen wird, ist der Riccaut de la Marlinière aus der »Minna von Barnhelm«; aber in dessen Kostüm, in dieser Rolle steckt nicht nur eine Spottfigur, sondern auch Lessing selbst. Das ist nicht nur der sprichwörtliche Deutsch-Franzos, nicht bloß die karikaturistische Rache an den französischen Höflingen, die Friedrich um sich zu versammeln liebte; mit solchen Sätzen ist der Breslauer Lessing selbst von der Partie: ein Spieler, der sich die Szene macht. Der Riccaut mag nicht aus dem Leben gegriffen sein, aber vom Spieltisch weg hat ihn sich Lessing geholt. Wie weit die Identifikation geht und wo sie sehr dezidiert aufhört, wird an der Art deutlich, wie Minna mit ihm verfährt; denn auch sie ist eine Spielerin: Richtig faßlich wird ihr Riccauts Unglück erst, als er vom Pech im Spiel spricht: »Franziska, der Mann tauert mich im Ernste. Ob er mir es wohl übel nehmen würde, wenn ich ihm etwas anböte?« Und schon ist nicht allein ihr Mitleid mobilisiert, sondern auch Interesse, eigene Spiellaune, die keineswegs nur aus Takt und zur Kaschierung eines Almosens vorgebracht wird: »Ich muß Ihnen bekennen, daß ich gleichfalls das Spiel sehr liebe… Daß ich sehr gern gewinne; sehr gern mein Geld mit einem Manne wage, der – zu spielen weiß.« Der Gedankenstrich ist so geradlinig nicht; er markiert eine höchst zweideutige Pause; ist er die Trennungslinie zwischen Fortüne und Betrug, zwischen Geschick und Trick? Riccaut scheint das als Bereitschaft zur krummen Tour zu verstehen; denn nun rühmt er sich seiner Taschenspielerkünste, seiner Fingerfertigkeiten, seiner Täuschungsmanöver, indem er aufs Corriger la fortune schwört. Doch da hat er Minna gründlich mißverstanden, denn nun zieht sie sich von künftiger Compagnie mit Riccaut, zieht sich Lessing ganz entschieden aus der Figur zurück: »Nein, mein Herr, wenn Sie so denken. –« Falsch spielen? Betrügen? Nein, da hört der große Reiz des Spiels überhaupt auf. Aber charakteristischerweise sucht Minna den Mann psychologisch zu salvieren; sie hält ihm, als er gegangen ist, zugute: »Ich bilde mir ein, dieser Franzose ist nichts, als eitel. Aus bloßer Eitelkeit macht er sich zum falschen Spieler; er will mir nicht verbunden scheinen; er will sich den Dank sparen. Vielleicht, daß er nun hingeht, seine kleine Schulden bezahlt, von dem Reste, so weit er reicht, still und sparsam lebt, und an das Spiel nicht denkt.« Das ist eine allzu fromme Vorstellung, gerade auch für Minna von Barnhelm; denn sie selbst denkt unentwegt ans Spiel, selbst in der ihr wichtigsten Herzenssache; auf dem Höhepunkt ihrer Auseinandersetzung mit Tellheim fällt ihr dieses Exempel ein: »Bilden Sie sich ein, Tellheim, Sie hätten die zweitausend Pistolen an einem wilden Abende verloren. Der König war eine unglückliche Karte für Sie: die Dame (auf sich weisend) wird Ihnen desto günstiger sein.«

Aber die »Minna« gibt es ja noch nicht; sie ist während der Breslauer Jahre in einem fortwährenden status nascendi; und insofern mag es erlaubt sein, die Figuren des Stücks, soweit sie zur Illustration oder vielleicht sogar zur Charakterisierung ihres Autors taugen, einer seiner Lebenslaunen, schon vorweg zu bemühen und zu Spielgefährten, die sie ja auch sind, zu machen.

War die Spielleidenschaft der Tribut an den neuen Ort, die neue Umgebung, die andere Lebensweise, so zeugt eine andere Besessenheit mehr von dem Wunsch, um jeden Preis alte Gewohnheiten, die eigentliche Liebhaberei beizubehalten, ja noch stärker als je zu betreiben: die Bibliophilie, das Büchersammeln. »Die zweyte Sünde, deren er in Breslau von seinen Freunden beschuldigt wurde, war das viele Bücherkaufen«, schreibt der Bruder. »Es war Spekulation und Liebhaberey. Die Bücher gingen damals im schlechten Gelde fast wohlfeiler weg, als sonst im guten; er wußte, daß er Bücher besser verwahren konnte, als Baarschaften, die ihm der erste beste Dürftige abjammerte, und sie waren auch das Einzige von Erheblichkeit, das er aus Breslau nach Berlin zurückbrachte.« Es scheint, als habe gerade das Manko an intellektuellem Leben, an geistigem Klima, in Lessing eine wahre Bücher-Narrheit entfesselt. Friedrich Nicolai berichtet von der Versteigerung der Bibliothek des Berliner Oberkonsistorialrats Nathanael Baumgarten im Jahre 1762, als Lessing gleichzeitig ihn und einen anderen Bekannten in Berlin mit seinen Bücherwünschen beauftragt habe, ohne die beiden jedoch von solcher Parallelaktion in Kenntnis zu setzen, so daß beide Bieter, im Namen Lessings, sich gegenseitig zu übertrumpfen suchten. »Es wurde daher ein Buch von wenigen Bänden... zum allgemeinen Erstaunen, bis 60 oder 70 Thaler hinauf getrieben... Als sie, um auseinander zu kommen, von einander zu wissen verlangten, für wen sie böten, fand sich, daß sie beyde für Lessing geboten hatten.«

Die Geschichte ist so unwahrscheinlich nicht, wie sie kurios klingt, und wohl auch nicht ganz so fahrlässig von Lessing verschuldet, wie es scheinen könnte: Der Zuverlässigkeit des Beauftragten Nicolai hat er wohl um diese Zeit nicht so ganz getraut; der war seit knapp zwei Jahren verheiratet und hatte den Kopf, so vermutete Lessing, voll mit Familiensinn. Jedenfalls schreibt Lessing am 22. Oktober 1762, eben mit Blick auf die Berliner Bücherauktion, an Nicolai und fügt einen Brief an dessen Frau mit ein, den man nicht nur heiter nennen kann, sondern der gewiß auch zu den spöttischsten, drastisch-übermütigsten Korrespondenz-Äußerungen Lessings gehört – Takt auf dem Drahtseil. Fast sollte man sagen: sein frechster Brief, geschrieben aus »Peile, in Eile. Wissen Sie wo das liegt? Ich wollte, daß ich es auch nicht wüßte.« Der Wortlaut:

»Madame Nicolai
Unbekannter Weise – das ist ein Glück für mich; denn wenn Sie mich kennten, würden Sie auf meine Bitte nicht viel geben – nehme ich mir die Freyheit, Dieselben hiermit ganz ergebenst zu ersuchen, mir zu Liebe und Ihnen selbst zur großen Ehre, Die Selbstüberwindung zu haben, und zu erlauben, daß Ihr Mann – – Ihr *lieber* Mann sollte ich sagen; denn ich erinnere mich, daß Sie eben noch nicht lange mit ihm verheiratet sind – – daß Ihr lieber Mann also – – Aber, wenn es noch

Ihr lieber Mann ist, so wird Ihnen die Selbstüberwindung allzuviel kosten. – Es bleibt also bey dem ersten – daß Ihr Mann schlechtweg, so lange als die Baumgartensche Auction dauert – es ist keine Möbel-Auction, Madame; wo Geschmeide oder Silberzeug zu erstehen ist, da werden Sie ihn wohl von selbst hinschicken, – sich alle Nachmittage ein Paar Stunden von Ihrer grünen Seite entfernen darf. Er soll so gut seyn, und Bücher für mich erstehen, wenn Sie so gut seyn und es ihm erlauben wollen. – Die verdammten Bücher! – Werden Sie nicht ungehalten, Madame; für sich soll er kein Blatt erstehen. Aber unser eins; ich bin so ein Ding, was man Hagestolz nennt. Das hat keine Frau; und wenn es schon dann und wann Kinder hat, so hat es doch keine zu versorgen. – Was machte ich mit dem Geld, wenn ich nicht Bücher kaufte? Schlecht Geld ist es ohnedies, herzlich schlecht Geld; so schlecht, daß man sich ein Gewissen daraus machen muß, seine alten Schulden damit zu bezahlen. Denn sonst könnte ich es auch dazu anwenden. Aber behüte Gott! – Lieber mögen meine alten Schulden bis auf das alte Geld meiner lieben künftigen Frau warten. – Denn ich bin ein Hagestolz, der es nicht ewig bleiben will. Das Exempel unsrer Freunde ist ansteckend – Liebe Madame, haben Sie etwa eine gute Freundin mit altem Gelde, welches Sie recht hübsch untergebracht wissen möchten? Sie wissen vielleicht nicht, welchen großen Antheil ich an Ihrer Verbindung habe. Ihr Mann war außer Maßen unentschlüssig, ob er Ihr Mann werden wollte oder nicht. Hätte ich ihm nicht so sehr zugeredet, ich glaube, Sie hätten ihn noch nicht. Wenn Sie nun eine erkenntliche Frau seyn wollen –– Ich muß toll im Kopf seyn, daß ich heute alles so ohne Überlegung hinschreibe! Wenn Sie eine erkenntliche Frau sind, so kratzen Sie mir vielleicht lieber die Augen aus dem Kopfe. – Nein Madame, ich habe ihm nicht zugeredet. Wenigstens habe ich Ihnen nicht zugeredet. Mag in Ihrem Ehestandskalender doch für Wetter stehen, welches will: mir dürfen Sie weder den Sonnenschein noch den Sturm zuschreiben. – Aber wieder auf die Auction zu kommen! – Steht

Sonnenschein im Kalender, so entlassen Sie Ihren Mann freundlich in die Auction; – steht Sturm, so jagen Sie ihn hinein. – Er mag gern gehen oder nicht gern; Ihnen werde ich es in beyden Fällen zu verdanken haben. – Empfangen Sie also meinen Dank...«

Die Bücherleidenschaft bezeugt auch der Rektor Klose, dem wir so etwas wie eine zusammenhängende Tagesordnung Lessings aus der Breslauer Zeit verdanken. »Er widmete die Stunden, welche ihm seine Amtsgeschäfte, die er Vormittags verrichtete, übrig ließen, der Gesellschaft und den Wissenschaften. So bald er vom General von Tische kam, welches gewöhnlich um vier Uhr war, ging er entweder in einen Buchladen oder in eine Auktion, meistentheils aber nach Hause. Hier kamen gewöhnlich Personen, in Angelegenheiten, seiner Hülfe und Unterstützung bedürftig, zu ihm, die er bald abfertigte, um sich durch Unterredungen, die Litteratur und Wissenschaften betreffend, zu erholen.«

Groß war der Breslauer Bekanntenkreis nicht, und große Namen finden sich in Lessings Gesellschaft dort schon gar nicht, kaum für die Zeit, geschweige denn für uns. Außer Klose selbst war es ein anderer Schulmann, Johann Caspar Arletius, der kurz nach Lessings Ankunft Rektor am Breslauer Elisabeth-Gymnasium geworden war, ferner Gottlob Benjamin Straube, der Ende der vierziger Jahre nach Breslau gekommen war und dort mit der Zeit eine Professur erlangt hatte. Lessing, scheint es, tat sich in Breslau mit dem gewohnten Spürsinn nach Büchern um, und einer der Funde, die er machte, war der Barock-Poet Andreas Scultetus. »Schon damals äusserte er, daß er seine aufgefundenen Gedichte wieder drucken lassen würde; und weil Skultetus dieselben als Gymnasiast in Breslau geschrieben, so glaubte Lessing, daß hier der Ort wäre, wo man zuverlässig einige biographische Nachrichten von ihm sich versprechen könnte... Als er einst auf der Marien-Magdalenen-Bibliothek sich befand, zeigte ich ihm die erste Ausgabe von Logau's Sinngedichten, die er nie vorher gesehen. Seine Freude war so groß, daß er auch Herrn Professor Ramler daran Theil nehmen zu lassen beschloß, daher er sie ihm gleich zuschickte...« Andere Breslauer Bürger machten eher einen Bogen um Lessing, oder er ließ sie nicht an sich herankommen, wie die Passage eines Briefes von Karl Friedrich Flögel an Lessings späteren Polemik-Gegner Christian Adolf Klotz bezeugt: »Ich habe mit dem Manne, dessen Einsichten ich sonst verehre, ein Paar Jahre in Breßlau gelebt, aber wir haben es über die allgemeine Höflichkeit nie bringen können; er sahe mir immer zu hoch herab, und konnte nicht den geringsten Widerspruch vertragen.« Andere erinnern sich freundlicher; aber Erinnerung ist auch immer Partei; der Breslauer Thomas Thomson bedankt sich noch viele Jahre später bei Lessing: »Ihnen, liebster Freund hat unsere Stadt viel zu dancken. Sie waren ein mächtiger Fürsprecher bey Sr. Excellenz unserm liebenswürdigen General-Lieutenant von Tauenzien, und wo Sie sich noch zu besinnen wißen, so wäre der Zwinger-Platz am Schweidnischen Thore, alwo die Kauffleute ihr Lustschießen gehabt haben, verlohren gegangen, wenn Sie, auf meine Bitte sich unsrer nicht angenommen hätten, daß durch Sie der Platz und die Mauer um ein geringes Quantum uns eigenthümlich geblieben ist.«

Der Sekretär

Wo ist denn der Krieg, fragte Reisiger.

Edlef Köppen

Es ist ja wahr: Lessing ist nicht als Spieler nach Breslau gegangen, auch nicht als Büchersammler, erst recht nicht als
Schauspiellehrer (obwohl er den Damen und Herren der in
Breslau einkehrenden Schuchschen und Vogtschen Schau-
spielertruppe Unterricht erteilte und Regiehilfe nicht nur bei
eigenen Stücken leistete), Lessing hat ja den Posten eines Sekretärs übernommen, und wie auch immer der General selbst
es mit Schreibkram und Verwaltungsdingen gern gehalten
hätte: Tauentzien hatte es auf der einen Seite mit einer durch
die Kriegswirren zumindest beunruhigten, wenn nicht ge-
fährdeten oder gar bedrohten Garnison zu tun, auf der anderen mit einer preußischen Hofbürokratie und Penibilitäts-
Routine, die nicht mit sich spaßen ließen. Man sah dem General, wenn nicht auf die Finger, so doch auf die Zeilen, und
selbst wenn es ihm nie gedämmert haben mag, daß er in Lessing den besten deutschen Stilisten engagiert hatte, den ele-
gantesten und festesten Briefschreiber, den temperament-
vollsten und genauesten Korrespondenten, den diese Sprache
überhaupt zuließ, so kann ihm nicht entgangen sein, daß
seine Post zügig, präzis und anschaulich abgefertigt wurde,
daß die Sache zur Geltung kam und der Respekt vor Potsdam
nicht zu kurz, daß aber auch das Naturell des Generals sich
aussprechen konnte und mit Differenzen nicht hinter einem
Berge gehalten wurde, den es in Breslau ohnehin nicht gab.
Der Gedanke mag sogar erlaubt sein, daß die Etappenkarriere

269

Tauentziens so stetig erfolgreich nicht verlaufen wäre, wenn nicht die Kommunikation in Lessings Hand gelegen hätte. Preußische Gründlichkeit und philologische Umsicht haben zwei Kriege überlistet: Die Briefe sind erhalten, insgesamt 193, die meisten, wie August Fresenius und Franz Muncker in einer Vornotiz zu ihrer Ausgabe mitteilen, »von Lessings Hand mit deutlichen saubern Zügen geschrieben. Von Tauentzien rührt – abgesehen von den ganz wenigen besonders vermerkten Fällen – nur die Namensunterschrift her«.

Einer der ersten erhaltenen Briefe stammt aus der Zeit bald nach der Ankunft Lessings in Breslau, vom 28. Dezember 1760; es ist ein Neujahrswunsch Tauentziens für Friedrich mit folgendem Wortlaut:

»Allerdurchlauchtigster, Großmächtigster König
Allergnädigster König und Herr,

Ich unterwinde mich Ewr. Königl. Majestät zu dem gegenwärtigen Jahreswechsel meinen unterthänigsten Glückwunsch abzulegen, und flehe die Vorsicht um die ununterbrochene Fortdauer Ewr. Königl. Majestät hohen Wohlseyns. Zugleich empfehle ich mich und das gesammte Bataillon Ewr. Königl. Majestät fernern allerhöchsten Gnade.

H. Lucas ist voritzt in seinen Prophezeyungen sehr brouillirt, verspricht uns aber doch noch auf das kommende Jahr den Frieden. Der ich in tiefster Devotion ersterbe,
             Ewr. Königl. Majestät
                allerunterthänigster und gehorsamster
                           Knecht
                    B. F. Tauentzien«

Man muß sich das vorstellen und kann es doch kaum: Der souveräne Lessing schreibt, zwar nicht im eigenen Namen aber doch mit eigener Hand, viele Male diese Floskel vom Ersterben in tiefster Devotion. Er, der froh war, den leidigen Pflichtübungen der Neujahrsgedichte auf Friedrich für die

»Vossische Zeitung« zu entgehen, fleht zum Jahreswechsel »um die ununterbrochene Fortdauer Ewr. Majestät hohen Wohlseyns«. Er, der so sehr seine eigene Sprache spricht, reiht nun Formel an Formel, Schnörkel an Schnörkel, bedient sich – ironisch? belustigt? fatalistisch? oder gar selbstverständlich? – der höfischen Klischees. Aber nicht nur; und wenn der Adressat eben nicht der König ist, haben die Briefe gleich einen anderen Klang: Etwas scheint am Charakter Tauentziens zu sein, das Lessing nicht unähnlich ist; und schon der dritte erhaltene Brief, vom 12. Januar 1761, an einen Beamten der Generalkriegskasse – mit der ja auch Tellheim zu tun bekommen wird – läßt eine Empfindlichkeit erkennen, die zwischen Honorar und Ehre nicht prinzipiell zu unterscheiden weiß: »Was Ew. Wohlgeboren mir von der GeneralKriegsCasse, wegen der monatlichen Tafelgelder als GeneralLieutenant, zu communiciren beliebet, erfolgt anbey mit schuldigem Dank zurück. Ich zweifle zwar selbst nicht, daß ich diese TafelGelder höhern Orts nicht accordirt erhalten sollte, bin aber demohngeachtet nicht gesonnen, Sr. Königl. Mstt. mit meinem Ansuchen dieserhalb beschwerlich zu fallen, sondern erbiete mich vielmehr, meine über die Tafel-Gelder als GeneralLieutenant ausgestellten Quittungen zurück zu nehmen, und das, was ich zu Folge derselben über die Tafelgelder eines GeneralMajors erhalten, der General-KriegsCasse zu erstatten.«

Lessing sieht hinter die Kulissen der Kriegsszene, ja beinah ist er so etwas wie ein Inspizient. Wenn es später, in einer Zeitungsrezension des Jahres 1767, über die »Minna« heißt, es gebe »in dem ganzen Stück nichts geborgtes, sondern eine soldatische Denckungsart, die sich selbst zu einem Original machet«, so ist das ein weitgehend berechtigtes Urteil; denn Lessing braucht in der Tat nichts zu borgen; in Breslau hatte er es, jahrelang, vor sich; hier erlebte er alles an Milieu, an Kenntnissen des Militärwesens, an Begegnungen mit aktiven und entlassenen Soldaten, an Resignation im Umgang mit der preußischen Zentrale.

Auch so etwas wie ein dramaturgischer Bogen spannt sich in diesen Briefen; an der immer ärgerlicher werdenden Korrespondenz mit dem preußischen Staatsminister von Schlabrendorff läßt sich die Geschichte einer Erbitterung verfolgen, die der Bitterkeit Tellheims nicht unähnlich ist; in diesen Schreiben spricht Lessing für Tauentzien, besonders nach dem Kriege, das Gefühl eines Mannes aus, der sich abgeschoben, ausrangiert, von oben herab behandelt fühlte. Daß Lessing das Ressentiment mit gedämpfter Polemik anzeigt, macht die Entsprechung zur »Minna«-Situation noch deutlicher: »... bin ich von Sr. Königlichen Majestät nie angewiesen worden, mir von der Cammer, oder von wem es sonst seyn sollte, Maßregeln vorschreiben zu lassen... und werde, wenn ich, im Fall weiterer Weigerung, verhindert werden sollte, die Regimenter in den Stand zu setzen, in welchen ich sie zu Folge der Instruction Sr. Königlichen Majestät setzen soll, genöthiget seyn, an wem die eigentliche Schuld davon liege, zu meiner eigenen Deckung gehörigen Orts anzuzeigen... Wenn eine Hochlöbliche Etc. Cammer übrigens vermeinet, und sich gegen mich zu äussern nicht bedenken darf, daß die in dem Friedensschluße denen Glätzern nachgelassene Emigrations Freyheit auch gewissermaaßen denen Deserteurs zu Stadten kommen könne: so muß ich gestehen, daß mir dieses so paradox vorkömmt, daß ich mich gemüßiget sehen werde, nähere Erläuterung darüber einzuziehen.«

Und Lessing selbst? Schreibt er denn gar nicht mehr? So gut wie nicht. Und wenn, dann ist es zum Beispiel ein lakonischer Dank für ersteigerte Bücher und ein ziemlich dringlicher Auftrag, wie dieser an Nicolai: »Die übrigen lassen Sie in einen Kasten packen, und schicken sie zu Ephraim, der mir sie schon mit Gelegenheit anher senden wird. Die specificirten fünf aber brauche ich höchst nöthig, und erwarte sie also je eher je lieber. Legen Sie dazu noch den *Baxter. Den brauche ich höchst nöthig.* Mein liebster Moses, machen Sie keine Glossen darüber!« Und im Juli des Jahres 1763, ebenfalls an Nicolai: »Ich bin immer noch ein sehr glücklicher Narre, wenn mich meine Freunde nur nicht ganz vergeßen. Zufrieden können Sie nicht mit mir seyn, das weis ich; aber sie laßen mir es noch zu gute kommen, daß sie es einmal gewesen, und das erkenne ich. Empfehlen sie mich zu dieser unverdienten Liebe ihnen allen ins weitere, besonders aber unserm Moses und Rammlern. Ich habe mit Fleiß keinem meine Ankunft melden wollen, weil ich den Vorsatz hatte, sie zu überraschen. Wenn Sie Ihre Reise nach Dantzig noch einen einzigen Posttag aufschieben können, so habe ich auch ganz gewiß das Vergnügen, Sie in Berlin zu umarmen. Die armen Briefe!«

Dies schreibt Lessing aus Potsdam; diese Reise mit Tauentzien ins Zentrum der neugefestigten preußischen Macht ist die erste zivile Exkursion, die Lessing nach zweieinhalb Jahren macht; und der angekündigte Abstecher nach Berlin, von dem ein kurzer Brief an Ramler vom 21. Juli zeugt, ist die erste private Visite, die erste Recherche nach der verlorenen Berliner Zeit, die er sich leisten kann. Ein knappes Jahr vorher war er mit Tauentzien noch auf Kriegsfüßen unterwegs; er begleitete den General während der Belagerung von Schweidnitz, und in den Augen der weniger gut Gesinnten, nahm sich Lessings Rolle so aus: »Herr Lessing ist iezt ein Halbsoldate, da Sie es ganz sind, indem er vor Schweidniz bei seinem General stehet, um die Belagerung zu beschreiben, wenn Sie Stirn und Degen dem Feinde entgegenkehren, um ihn abzuhalten, daß er die Muse bei Schweidnitz nicht stöhre.« Aber für den phantasievollen Ramler war Lessing gleich ein Feldherr: »Unser Lessing, der die Belagerung commandirt hat, soll wie ich höre, schon wieder nach Breslau zurückgekehrt seyn. Es ist recht gut: er hätte die Stadt doch nicht eingenommen: er ist gegen die Bürger zu gütig, und nur gegen die Skribenten scharf.«

Nein, zum Soldaten will dieser Mann nicht taugen, und es ist eine Lessing-Legende, aber eine, die ihm zukommt und uns zu glauben Ehre macht, die Erzählung nämlich, Lessing habe in seiner quasi-militärischen Funktion das Kriegsende in Breslau verkündet, den Frieden öffentlich ausgerufen! Den »traurigen Frieden«, den er vorhergesagt hatte.

Mit Hermes in den Marmorbrüchen

> Schön wie die zufällige Begegnung eines Regenschirms und einer Nähmaschine auf einem Operationstisch.
>
> *Comte de Lautréamont*

Den eigenen Lebensweg nicht immer nur zur Laufbahn machen, sondern auch zur Promenade – das erfordert Gelassenheit. Aber dann auch die Promenade zu verlassen und aufs Geratewohl loszuziehen – das erfordert abenteuerbereite Souveränität. Und Entdeckungsfreude muß mit von der Partie sein.

Lessing beschreibt sich in jenen Breslauer Tagen so (und ruft Hermes als den Gott der Wege und des Zufalls zu seinem Verbündeten): »Man denke sich einen Menschen von unbegrenzter Neugierde, ohne Hang zu einer bestimmten Wissenschaft. Unfähig, seinem Geiste eine feste Richtung zu geben, wird er... durch alle Felder der Gelehrsamkeit herumschweifen, alles anstaunen, alles erkennen wollen, und alles überdrüssig werden. Ist er nicht ganz ohne Genie, so wird er viel bemerken, aber wenig ergründen; auf mancherlei Spuren geraten, aber keine verfolgen; mehr seltsame als nützliche Entdeckungen machen... Es sind Reichtümer, die ihn ein glücklicher Zufall auf dem Wege, öfter auf dem Schleichwege, als auf der Heerstraße finden lassen. Denn auf den Heerstrassen sind der Finder zuviel, und was man auf diesen findet, hatten gemeiniglich zehn andre vor uns schon gefunden, und schon wieder aus den Händen geworfen...«

Dies steht in der Vorrede zum ersten Band eines Buches

namens »Hermäa«, eines Buches, das selbst die gründlichsten Lessing-Forscher nicht kennen, weil Lessing es unter diesem Titel, »der einen verliebten Roman verspricht«, nicht geschrieben hat. Das Werk, das eher »den Wanderschaften eines gelehrten Landstörzers« gleichsehen soll, bekommt einen Namen, der für ganze Generationen von Gymnasiasten zum Inbegriff langweiliger Pflichtlektüre geworden ist, keine Publikation Lessings hat seine Rezeption so sehr behindert wie eben diese: »Laokoon: oder über die Grenzen der Malerei und Poesie«.

Was Lessing in seinem »Laokoon« unternimmt, ist so leicht gesagt, daß es schwer fällt zu erklären, warum er es überhaupt und noch dazu so langwierig unternimmt. Er sagt dem Sinne nach, daß man Kraut und Rüben nicht durcheinander werfen dürfe wie Kraut und Rüben; er sagt, daß Poesie und Malerei zwei grundverschiedene Künste seien; daß ein Standbild aus anderem Stoff sei als eine Geschichte; daß ein Bild und ein Buch, wenn auch beides Werke der Kunst, eben als Werke der Kunst nichts miteinander zu schaffen hätten. Lessing weist mit rigider Leidenschaft auf die Unterschiede hin, machte sich als ein penibler Grenzgänger in zwei Bereichen der Ästhetik zu schaffen.

Aber er macht diese Unterscheidung, wacht über diese Grenze mit großem Raffinement. Er bietet dafür beinah so etwas wie eine ästhetische Relativitätstheorie auf; er arbeitet mit dem Trennfaktor Zeit: Lessing legt dar, daß ein Gedicht und eine Skulptur nicht nur deshalb auseinanderzuhalten seien, weil das eine aus (immaterieller) Sprache bestehe, das andere dagegen aus Materie gemacht sei, weil also Begriff und Greifbares gegeneinanderstünden –, sondern weil man das eine, durch Vorlesen oder Lektüre, erst nach und nach erfahre, das andere dagegen auf einen Blick vollkommen vor sich habe. Verlauf gegen Gleichzeitigkeit, allmähliche Phantasieentfaltung contra Simultan-Ansicht. Hier das Nachsinnen – dort der Augen-Blick.

Lessing entwickelt eine Strukturtheorie, eine in der Tat

moderne Zeichen-Sprache: »... wenn unstreitig die Zeichen ein bequemes Verhältnis zum Bezeichneten haben müssen: so können nebeneinander geordnete Zeichen auch nur Gegenstände, die nebeneinander, oder deren Teile nebeneinander existieren, aufeinanderfolgende Zeichen aber auch nur Gegenstände ausdrücken, die aufeinander, oder deren Teile aufeinanderfolgen. Gegenstände, die nebeneinander, oder deren Teile nebeneinander existieren, heißen Körper. Folglich sind Körper mit ihren sichtbaren Eigenschaften die eigentlichen Gegenstände der Malerei. Gegenstände, die aufeinander, oder deren Teile aufeinanderfolgen, heißen überhaupt Handlungen. Folglich sind Handlungen der eigentliche Gegenstand der Poesie... Die Malerei kann in ihren koexistierenden Kompositionen nur einen einzigen Augenblick der Handlung nutzen, und muß daher den prägnantesten wählen, aus welchem das Vorhergehende und Folgende am begreiflichsten wird.«

Das klingt abstrakt, aber ein Beispiel aus dem »Laokoon« mag zeigen, wie konkret Lessing im Einzelfall wird, wie sehr es ihm um die Wirkung der Kunst zu tun ist, wie sein Interesse gerichtet ist auf die Teilnahme, die Vorstellungskraft, das Einbildungsvermögen und die Mitspielmöglichkeit des Publikums. Lessing zitiert eine Passage aus Albrecht von Hallers damals berühmtem Gedicht »Die Alpen«, zitiert es übrigens nicht in polemischer Absicht, sondern weil er an dieser Art von ›Stilleben‹ seine These am deutlichsten demonstrieren kann; Haller hatte bei einer Alpenwanderung in seiner Jugend über die Blumenpracht der Wiesen gejauchzt:

Dort ragt das Haupt vom edlen Enziane
Weit übern niedern Chor der Pöbelkräuter hin,
Ein ganzes Blumenvolk dient unter seiner Fahne,
Sein blauer Bruder selbst bückt sich, und ehret ihn.
Der Blumen helles Gold, in Strahlen umgebogen,
Türmt sich am Stengel auf, und krönt sein grau Gewand,

Der Blätter glattes Weiß, mit tiefem Grün durchzogen,
Strahlt von dem Blitz von feuchtem Diamant.

Lessings Einwand: Schön und gut, nur leider kann man sich
das nicht vorstellen. Er schreibt über die letzten dieser Verse:
»Sie mögen sich, wenn man die Blume selbst in der Hand hat,
sehr schön dagegen rezitieren lassen; nur vor sich allein sagen
sie wenig oder nichts. Ich höre in jedem Worte den arbeiten-
den Dichter, aber das Ding selbst bin ich weit entfernet zu sehen.« Könnte man es klarer sagen? Und dennoch liegt hier
ein Widerspruch, zumindest eine Befangenheit Lessings in
jener Vorstellungswelt vor, die er bekämpft. Karl S. Guthke
hat darauf hingewiesen, daß das, was Lessing hier als Manko
rügt, eben »der optische Gesamteindruck von dem gemein-
ten Wirklichkeitsausschnitt« sei, daß er also doch etwas sehen
wolle. Gegen alle Intention und Argumentation möchte Lessing sich ein Bild machen.

Noch einmal gefragt: Warum macht sich Lessing derart
zum Abgrenzer zwischen Malerei und Poesie? Warum begibt
sich der Dialektiker in die Rolle des Antithetikers? Er tut es,
kurz gesagt, nicht um zu theoretisieren, sondern als einen
weiteren Vorstoß in seinem Kampf um eine neue Literatur.
Er will den Dichter genauer in seine Rechte eingesetzt wissen, er will ihn präzise definieren als den Mann des Wortes. Er
tut es in einer Kampagne gegen eine ihn umgebende Poesie,
die sich am liebsten in Wandgemälde und Gobelins, in Putten
und Standbilder verwandeln würde. Lessing kritisiert die Berufung auf den griechischen Spitzfinder Simonides: »Die
blendende These des griechischen Voltaire, daß die Malerei
eine stumme Poesie, und die Poesie eine redende Malerei sei,
stand wohl in keinem Lehrbuche. Es war ein Einfall, wie Simonides mehrere hatte...« Aber daß dieser Einfall nun unter
die Plattköpfe seiner eigenen Zeit geraten und weiter zuge-
spitzt worden ist, macht Lessing fuchsig: »Viele der neuesten
Kunstrichter (haben) aus jener Übereinstimmung der Malerei und Poesie die krudesten Dinge der Welt geschlossen;

... und voll von dieser Idee, sprechen sie in dem zuversicht-lichsten Ton die seichtesten Urteile... Ja diese Afterkritik hat zum Teil die Virtuosen selbst verführet. Sie hat in der Poesie die Schilderungssucht, und in der Malerei die Allegoristerei erzeuget—«

Warum aber heißt das Buch »Laokoon«, warum werden diese kunsttheoretischen, wirkungspolitischen Argumenta-tionen nach jenem trojanischen Priester benannt, der seine Mitbürger vergeblich vor dem hölzernen Pferd der Griechen gewarnt hatte und dann, in der würgenden Umklammerung durch zwei Schlangen, mit seinen beiden Söhnen einen grau-sigen Tod fand? Der Versuch, diese Frage zu beantworten, führt zunächst zu einer merkwürdigen Entdeckung: Dieser Hermes-Lessing ist so ziellos gar nicht vorgegangen, wie er tut; seine Schleichwege sind die Verlängerung einer alten Spur; er kommt nicht viel weiter, aber höher hinaus: Es ist ein gradus ad parnassum. Weit unter sich sieht er nun eine alte Passage: Vor Jahren, im Dezember 1756, hatte Mendelssohn ihm geschrieben (sie waren noch mitten im Briefwechsel über das Trauerspiel, und Mendelssohn kämpfte noch immer gegen Lessings Mitleids-Monopol an): »Ich gehe mit Ihnen in die Schule der alten Dichter, allein, wenn wir sie verlassen, so kommen Sie mit mir in die Schule der alten Bildhauer. Ich habe ihre Kunststücke nicht gesehen, aber Winckelmann... sagt: ihre Bildhauer hätten ihre Götter und Helden niemals von einer ausgelassenen Leidenschaft dahinreißen lassen. Man fände bei ihnen allezeit *die Natur in Ruhe* (wie er es nennt) und die Leidenschaften von einer gewissen Gemütsruhe be-gleitet, dadurch die schmerzliche Empfindung des Mitlei-dens gleichsam mit einem Firnisse von Bewunderung und Ehrfurcht überzogen wird. Er führt den Laokoon z. E. an, den Virgil poetisch entworfen, und ein griechischer Künstler in Marmor gehauen hat. Jener drückt den Schmerz vorzüg-lich aus, dieser hingegen läßt ihn den Schmerz gewissermas-sen besiegen, und übertrifft den Dichter um desto mehr, je mehr das bloße mitleidige Gefühl, einem mit Bewunderung und Ehrfurcht untermengten Mitleiden nachzusetzen ist.«

Und als hätte Lessing damals gleich auf Mendelssohn reagiert, so hört sich nun der Beginn seines »Laokoons« an. Lessing setzt ein mit einer kritischen Erörterung jener Winckelmann-These von der »edeln Einfalt und stillen Größe«; er führt seine dramaturgischen und dramatischen Überlegungen über die Tragödie, den Schmerz, die Leidenschaft und das Mitleid fort. Waren aber zehn Jahre zuvor die Leidenschaften untereinander im Wettstreit, so geht es ihm nun um ihren Materialwert. Daß Winckelmann bei den antiken Skulpturen so viel Ruhe, Gemütsruhe gesehen haben will, gefällt Lessing nicht; »Ich bekenne«, schreibt er auf den ersten Seiten des Buches, »daß der mißbilligende Seitenblick, welchen er auf Virgil wirft, mich zuerst stutzig gemacht hat.« Aber Lessings Kritik zielt im Kern weniger auf den Betrachter Winckelmann, als auf den nicht zu erweichenden Stein; sein Unbehagen und Ungenügen rührt letztlich her von der Glätte, Kälte, Statuarik des Marmors.

Denn der Laokoon ist in seiner Vorstellung dreifach da: einmal als das antike Ereignis selbst, eine grausige Geschichte, ein ekler und animalischer Vorfall; dann in der wilden und eindringlichen und atemraubenden Erzählung, die Virgil in seiner »Äneis« davon gibt; und schließlich in jener Skulpturengruppe, die erst zweihundertfünfzig Jahre zuvor, 1506, in der Nähe von Rom ausgegraben worden und im Museum aufgestellt worden war. Wirklich entdeckt und für ein europäisches Publikum beschrieben aber hatte sie Johann Joachim Winckelmann in seinem 1755 entstandenen Erstlingswerk »Von der Nachahmung der griechischen Werke in der Malerei und Bildhauerkunst« (auf das auch Mendelssohn sich bezogen hat), und der hatte den Bildhauer ausgespielt gegen Virgil: »Er erhebt kein schreckliches Geschrei, wie Virgil von seinem Laokoon singet; die Öffnung des Mundes gestattet es nicht: es ist vielmehr ein ängstliches und beklemmtes Seufzen.«

Moment mal, sagt nun Lessing, der Herr Winckelmann mag ja ein guter Beobachter sein, aber ein Kenner des Materials, der jeweiligen Stoffe, aus denen die Kunst schafft, ist er nicht. Und er nimmt nun Partei, ergreift das Wort für den Schrei, den lauten, wilden Schrei: »Wenn Virgils Laokoon schreiet, wem fällt es dabei ein, daß ein großes Maul zum Schreien nötig ist, und daß dieses Maul häßlich läßt (d. h. macht)?… Wäre es auch wirklich einem Manne unanständig, in der Heftigkeit des Schmerzes zu schreien; was kann diese kleine überhingehende Unanständigkeit demjenigen bei uns für Nachteil bringen, dessen andere Tugenden uns schon für ihn eingenommen haben? Virgils Laokoon schreiet, aber dieser schreiende Laokoon ist eben derjenige, den wir bereits als den vorsichtigsten Patrioten, als den wärmsten Vater kennen und lieben. Wir beziehen sein Schreien nicht auf seinen Charakter, sondern lediglich auf sein unerträgliches Leiden. Dieses allein hören wir in seinem Schreien; und der Dichter konnte es uns durch dieses Schreien allein sinnlich machen…«

Aber nun kommt für den *Dramatiker* Lessing der kritische Punkt: Wenn der Laokoon der Skulptur nur wenig den Mund öffnet, weil sein Schrei, in Marmor verewigt, immer da ist; wenn Virgil seinen Laokoon infernalisch laut schreien lassen kann, weil der Schrei bloß auf dem Papier steht: wie aber verhält es sich mit dem Theater? »Einen andern Eindruck macht die Erzählung von jemands Geschrei; einen andern dieses Geschrei selbst. Das Drama, welches für die lebendige Malerei des Schauspielers bestimmt ist, dürfte vielleicht eben deswegen sich an die Gesetze der materiellen Malerei strenger halten müssen… Je näher der Schauspieler der Natur kömmt, desto empfindlicher müssen unsere Augen und Ohren beleidiget werden… Zudem ist der körperliche Schmerz überhaupt des Mitleidens nicht fähig, welches andere Übel erwecken… Hierzu füge man, daß der Schauspieler die Vorstellung des körperlichen Schmerzes schwerlich oder gar nicht bis zur Illusion treiben kann.«

Immer wieder, durch den ganzen Laokoon, Lessings altes Stichwort: das Mitleiden. Und an dieser Stelle des Autors eigene Verblüffung: Zwischen Marmor und Mär – wo steht da der Schauspieler? Ist er denn bloß für eine Scharade aufgetreten? Muß nicht gleich die Handlung beginnen?

Rettende Dialektik des Theaters!

Die »Minna« – ein Zeitstück

Macht euch das bißchen Friede schon so über-
mütig?

Lessing

Ich habe aber doch stark den Eindruck, daß Sie
einer von denen sind, denen das bißchen Krieg
die Begriffe und den Verstand verwirrt hat.

Wolfgang Borchert

»Ein unerhörter Beifall, den wir in diesem und durch dieses
Stück erworben macht daß es heute zum 8ten mahle schon
von großen Herrschaften bestellt worden. Nie hat Deutschland diesen Zeitpunkt erlebt. Ich bin der glückliche Sterbliche, der das Werkzeug ist wodurch ganz Berlin enthusia-
stisch wird... Gestern bei der siebenten Vorstellung mußten
12 Kutschen mit Herrschaften zurückfahren, die nicht Platz
hatten und wenigstens 200 Fußgänger.«

Der Mann, der hier Nachricht gibt, ist der Theaterdirektor
Carl Theophilus Doebbelin, und er spricht von der Premiere
des Stücks mit dem Titel: »Minna von Barnhelm oder Das
Soldatenstück«, von der ersten Aufführung (nicht der Uraufführung) in Berlin. Und wenn er auch übertreibt, wie Theaterleute damals und heute zu übertreiben pflegen, und wenn
er mit seinem Bericht auch auf die Skepsis des Autors stößt,
so hat er doch recht: »Nie hat Deutschland diesen Zeitpunkt
erlebt.« Diesen Zeitpunkt: Die deutsche Komödie betritt ihren eigenen Schauplatz. Diesen Zeitpunkt: Das Schauspiel
kehrt zurück ins Milieu, aus dessen Mitte es entsprang. Diesen Zeitpunkt: Die Bühne macht Front gegen die Realität,

283

welche sie darstellt. Diesen Zeitpunkt: Das deutsche Theater emanzipiert seine Zuschauer zu Zeitgenossen. Wer zusieht, könnte auch handeln. Der Krieg, der da ins Stück hineinspielt, hat auch dem Publikum mitgespielt. Dichtung und Wirklichkeit geraten dramatisch aneinander, gegeneinander. Eine klassische Komödie, der Modellfall des deutschen Lustspiels? Daß wir nicht lachen! Das Zeitstück betritt die Bühne, der knappe Frieden wird dargestellt als das, was er ist: Nachkriegsdrama. Nie hat Deutschland diesen Zeitpunkt erlebt: Es ist der 21. März 1768.

Solcher Verlockung war nicht zu widerstehen; dem Ausflug in die Zukunft, dem Vorausblick in einen Erfolg, der bis heute andauert: Denn die »Minna von Barnhelm« ist, nach dem zweiten Weltkrieg, das meistgespielte deutschsprachige Stück auf unsern Bühnen, vor allen andern Klassikern, aber auch vor Brecht und Hochhuth. Ein kleiner Zeitsprung – diese bescheidene Freude des Biographen, die Bescherung einmal vor den Einkäufen stattfinden zu lassen, den Preis vor den Schweiß zu setzen, den Triumph vor die Disziplin der Arbeit. Aber die Verlockung hat noch ein anderes Motiv, der Ausblick eine andere Perspektive: Dieses Vorpreschen geschieht gewissermaßen im Namen Lessings; nie hat er es, um die Redensart zu gebrauchen, so sehr wissen wollen; nie hat er so sehr um sein Leben geschrieben wie als er die »Minna« schrieb, nie so sehr unter Druck gestanden oder unter dem, was man heute Erfolgszwang nennt, nie so sehr sich das Gefühl eingeredet, daß da etwas Außerordentliches geschehe, geschehen müsse: »Ich brenne vor Begierde, die letzte Hand an meine Minna von Barnhelm zu legen; und doch wollte ich auch nicht gern mit halbem Kopfe daran arbeiten. Ich habe Ihnen von diesem Lustspiele nichts sagen können, weil es wirklich eins von meinen letzten Projekten ist. Wenn es nicht besser, als alle meine bisherigen Stücke wird, so bin ich fest entschlossen, mich mit dem Theater gar nicht mehr abzugeben.« So schreibt Lessing am 20. August 1764 an Ramler.

284

Dieser Eifer, dieser Beschwörungsdrang gelten auch nicht nur der Arbeit selbst; sie gelten der Wiederherstellung des Lebensgefühls; sie gelten einer Rekonvaleszenz von schwerer Krankheit, die zugleich eine Existenzkrise war. »Es ist Zeit, daß ich wieder in mein Gleiß komme«, hatte Lessing am 30. November 1763 seinem Vater geschrieben; aber zum Tode seines Bruders Gottfried im Frühjahr 1764 kondoliert er den Eltern erst auf ihre Mahnung. »Warum sollen Traurige einander ihre Traurigkeit mittheilen, und sie vorsetzlich dadurch versterken? Die einzige wahre Pflicht, die mir der Tod meines Bruders auflegen kan, ist diese, daß ich mein übriges Geschwister desto inniger liebe, und die Zuneigung, die ich gegen den Todten nicht mehr zeigen kan, auf die Lebendigen übertrage. Viele betauren im Tode, was sie im Leben nicht geliebt haben. Ich will im Leben lieben, was mir die Natur zu lieben befiehlt, und nach dem Tode so wenig als möglich zu betauren suchen.« Und Mitte Juni wehrt er wieder einmal Klagen des Vaters ab und schreibt ihm, »daß ich meinen alten Plan zu leben nicht aufgegeben, und daß ich mehr wie jemals entschloßen, von aller Bedienung, die nicht vollkommen nach meinem Sinne ist, zu abstrahiren. Ich bin über die Helfte meines Lebens, und ich wüßte nicht, was mich nöthigen könnte, mich auf den kürzern Rest deßelben noch zum Sklaven zu machen«.

Die Krankheit muß ihn um diese Zeit getroffen haben, und es war offenbar ein Hazardspiel auf Leben und Tod. Am 5. August hat das Leben gewonnen, so wie Friedrich seinen langen Krieg: mit knapper Not. Lessing schreibt an Ramler: »Krank will ich wohl einmal sein, aber sterben will ich deswegen noch nicht. Ich bin so ziemlich wieder hergestellt; außer daß ich noch mit häufigem Schwindel beschwert bin. Ich hoffe, daß sich auch dieser bald verlieren soll; und alsdenn werde ich wie neugeboren seyn. Alle Veränderungen unseres Temperaments, glaube ich, sind mit Handlungen unserer animalischen Oekonomie verbunden. Die ernstliche Epoche meines Lebens nahet heran; ich beginne ein Mann zu werden, und schmeichle mir, daß ich in diesem hitzigen Fieber den letzten Rest meiner jugendlichen Thorheiten verraset habe. Glückliche Krankheit! Ihre Liebe wünschet mich gesund; aber sollten sich wohl Dichter eine athletische Gesundheit wünschen? Sollte der Phantasie, der Empfindung nicht ein gewisser Grad von Unpäßlichkeit weit zuträglicher seyn?... Wünschen Sie mich also gesund, liebster Freund; aber wo möglich, mit einem kleinen Denkzeichen gesund, mit einem kleinen Pfahl im Fleische, der den Dichter von Zeit zu Zeit den hinfälligen Menschen empfinden lasse, und ihm zu Gemüte führe, daß nicht alle Tragici mit dem Sophokles 90 Jahre werden; aber, wenn sie es auch würden, daß Sophokles auch an die neunzig Trauerspiele, und ich erst ein einziges gemacht! Neunzig Trauerspiele! Auf einmal überfällt mich ein Schwindel!« Ein bißchen Krankheitstaumel ist in diesem Schwindel noch, vor allem aber so etwas wie ein Unsterblichkeitsdelir.

Vor der Krankheit war er »in einem train zu arbeiten, in dem ich selten gewesen bin«, und nun fürchtet er, »daß ich zu lange gefeyert hätte« – denn: »Noch kann ich nicht wieder hineinkommen, ich mag es anstellen wie ich will.« In einem »train« ist er nun nicht mehr; aber desto genauer geht er nun ins Detail. Und er versammelt Vertrautes um sich, lauter Leute, die er kennt, lauter Milieus, die er kennt, lauter Bürokratie, die er kennt, und eine Zeit, die er kennt, weil es seine eigene Gegenwart ist. »Ich wüßte so gar nicht, wie Hr. Lessing mit seiner Miß Sara zurechte gekommen wäre, wenn er diese Heldin zu einer sächsischen Bürgerstochter gemacht hätte«, so hatte man ja noch über die »Miß Sara Sampson« spotten können. Also ein Fräulein aus Sachsen! Ankommend in Berlin, wann bitte? Wann war es denn, daß er selbst, zum erstenmal nach dem Krieg, wieder dort war, von Potsdam aus? Sommer 1763? Also soll auch sie etwa zur gleichen Zeit dort eintreffen. Und Lessing streicht den September, den er schon hingeschrieben hatte, wieder aus und setzt als Tag der Handlung den 22. August.

Und sehen wir uns, was nun sich abspielt, erst einmal mit den Augen eines Jungen an, der zum ersten Male im Theater ist und darüber einen berühmt gewordenen Bericht an den Vater geschrieben hat; die schönste Beschreibung der Minna-von-Barnhelm-Handlung, die es bis heute gibt:

»Der Vorhang ward hernach weggetan, und dahinter war noch ein ganz geräumiges Wirtshaus, wo man vermutlich alles fodern und haben konnte, was man wollte; es würde auch gewiß den Abend was Rechtes sein verzehrt worden, denn im Saal waren viele vornehme und reiche Mann- und Frauenzimmer, wenn sich nicht von ohngefähr, gerade als die Musik aufhörte, in dem Wirtshause ein besonderer Vorfall ereignet hätte. Reisende Leute, die sich kannten und suchten und, ohne es zu wissen, in demselben Wirtshause logierten, fanden sich. Das war ein Lärm, da war Freude, und Leid, und Zank, und wieder Freude, und wieder Zank und Liebe, und Freundschaft und Großmut, alles durcheinander. Doch es mochte eine recht gute Art Leute sein; bei uns sind die Leute nicht so, auch hier müssen nicht viele so sein, denn die ganze Gesellschaft im Saal wunderte sich über sie, starrte mit Augen und Ohren sie an und vergaß Essen und Trinken darüber. Sie waren freigebig, rechtschaffen, edel, hart gegen sich selbst, wollten mit Gewalt glücklich machen und nicht glücklich gemacht sein – Da war eine hübsche Witwe, die betrübter war, als sie aussah, eine Kammerjungfer, die mutwilliger aussah, als sie war, ein vortrefflicher Wachtmeister, ein Kerl, der Geld hatte, und ein junges schlankes Fräulein, für die ich alles in der Welt hätte tun können – ja, aber der Major von Tellheim tat auch als ein rechtschaffener Mann bei ihr. Er hatte, konnte ich wohl merken, dem Fräulein die Ehe versprochen, und wollte sie auch noch gerne haben, wollte sie aber auch nicht haben, weil er unglücklich geworden war. Das junge Fräulein freuete sich herzlich, daß sie ihren Tellheim wiedergefunden hatte, und wollte ihn mit allem seinem Unglück, sie stürmte erst mit freundlichen muntern Einfällen und edler

Schalkhaftigkeit, dann mit verstelltem Unglück und einer großmütigen Entsagung auf sein Herz. O! ich kann Ihnen nicht so recht sagen, wie das alles war; aber ich will Ihr Fritz nicht sein, wenn mir nicht dreimal bei dem, was diese Leute sagten und taten, die Tränen in die Augen getreten sind. Manchmal wards mir auch grün und gelb vor den Augen, und ich dachte, es würde tote Leute geben, doch ging alles gottlob noch gut ab. Das Fräulein war aus Sachsen und hieß Minna von Barnhelm. Wenn Fräulein Eleonora von* auch nicht die eine hohe Schulter hätte, so wäre sie doch nur ein dummes Fräulein gegen die von Barnhelm. Sie war so witzig, so ungekünstelt, so sanft, kurz, wie gesagt, ein junges schlankes Fräulein, für die ich ungekannt und ohne Belohnung alles in der Welt hätte tun können. Ich habe auf meine eigene Hand Jubel gesungen, daß die Sache so nach ihrem Wunsche ablief. Nun wird sie wohl mit ihrem Tellheim schon auf ihre Güter in Sachsen gereist sein, und ich werde sie nicht wiedersehen. Mag sie doch, wenns ihr nur wohl geht.

Vetter Steffens sagte mir im Vertrauen, daß ein Mann, der Lessing heißt und der sich hier aufhalten soll, diese ganze Geschichte gemacht habe – Nun so vergebs ihm Gott, daß er dem Major und dem armen Fräulein so viel Unruhe gemacht hat. Ich will gewiß den Hut nicht vor ihm abnehmen, wenn er mir begegnet. Aber zehn Taler wollte ich darum geben, wenn ich noch einmal eine solche Geschichte mit ansehen könnte. Mir war den ganzen Abend das Herz so groß und so warm – ich hatte einen so heißen Durst nach edlen Taten – ja ich glaube wahrhaftig, wenn man solche Leute oft sähe, man könnte endlich selbst rechtschaffen und großmütig mit ihnen werden.«

Worauf der junge Fritz von seinem Vater übrigens die Zeilen erhält: »... Solltest du einmal das Fräulein von Barnhelm sprechen, so grüße sie freundlich von einem alten Manne, der nahe an seinem Grabe noch Freude und die Tugend liebhat; noch eins, wenn dir Lessing begegnet, kannst du immer den Hut vor ihm abnehmen.« Dieser Briefwechsel stammt von

Matthias Claudius; es ist die schönste Reverenz, die er Lessing erweisen konnte.

Aber die »Minna von Barnhelm« konnte auch anders angesehen werden, unter politischem Aspekt, mit mißtrauischen Augen, gewissermaßen von staatswegen. Es war ein Stück, das voller zeitkritischer Brisanz steckte, womöglich schlimmer, als die Polizei erlaubte? Die preußischen Behörden, weit besser als viele heutige Theaterleute, begriffen, daß im Rahmen dieser Lustspielhandlung auch Provokation steckte. Und Berlin, der Schauplatz, machte sich zuerst geltend als Residenz von Bedenken. Der Hamburger Uraufführung am 30. September 1767 ging das voraus, was man heute einen diplomatischen Papierkrieg nennen würde. Es kam zu einem vorsichtigen Taktieren zwischen den Behörden der Freien Hansestadt und den Berliner Hofämtern.

Es gehört zu den Merkmalen eines Zeitstücks, daß es in seinen Bezügen, noch mehr in seinen Anzüglichkeiten rasch sich abnutzt, weil niemand sie mehr versteht. Das ist der Moment, da solche Dramen entweder vergessen oder ins Zeitlos-Gültige umgedeutet werden. Schon anderthalb Jahrzehnte später deutet Christian Felix Weiße das Versickern der »Informationen« an, wenn er schreibt: »Um wieviel verliert selbst die vortreffliche Minna, wenn man nicht mit den Umständen des damaligen Krieges bekannt ist.«

Wenn schon Weiße 1783 nicht mehr die Anspielungen übersah, wie sollte dann unsere aufgeklärte Gegenwart sich auskennen? Rudolf Augstein schreibt in seinem Friedrich-Buch: »Welche Stellen der preußischen Zensur unangenehm gewesen sein könnten, darüber gibt es nur Rätselraten... War es vielleicht das Schicksal der Veteranen, das ein wenig durchschimmert? Kaum, der Wachtmeister Werner, der beim Prinzen Heraklius in Persien Dienst nehmen will, ist ein wohlhabender Mann, und Tellheim, der entlassene Major, soll ja nach dem Willen des Königs wieder eingestellt werden.« Darüber läßt sich streiten; kaum aber darüber, ob das

Schicksal der Veteranen nur »ein wenig durchschimmert«; schließlich entsteht der Konflikt des Stücks aus der Entlassungs-Situation, und der Untertitel »oder das Soldatenglück« wirkt wie eine permanente ironische Glossierung des im Stück vorgeführten Soldaten-Unglücks. Lotte Labus schreibt denn auch in ihrer Dissertation »Minna von Barnhelm auf der deutschen Bühne« mit Recht: »... liegt das Gefährliche im Stoff. Es ist die ungeheure, damals ganz ungewohnte Aktualität des Geschilderten, die Schäden aufdeckte, deren Enthüllung nicht erwünscht sein konnte.«

In den Augen des preußischen Staates und seiner Beamten konnte die »Minna« nichts anderes sein als ein Krisenbericht, als die Bühnenversion des größten wirtschaftlichen Zusammenbruchs, der dem Kriege folgte, als Erinnerung an den verheerenden Bankrott, von dem der Porzellanfabrikant J. C. Gotzkowsky im Jahre 1763, nach Kriegsende, betroffen war und durch den er nicht allein die preußischen Finanzen, die durch den Krieg ohnehin erschöpft waren, in weitere Bedrängnis brachte, sondern auch die Kaufmannschaft in Hamburg und selbst noch in Amsterdam an den Rand des Ruins führte.

Was sollte aber Gotzkowsky mit Lessings »Minna von Barnhelm« zu tun haben? Nun, der preußische Kaufmann hat in großem Stile betrieben, was der Major von Tellheim im kleinen tat: Er schoß den bedrängten sächsischen Städten und Ständen die von Friedrich geforderten Kontributionen vor. Am Jahresende 1762 hat der Rat der Stadt Leipzig für Gotzkowsky eine Art Ehrenerklärung geschrieben, in der es heißt, daß »man mit dessen Betragen in diesem und vorigen Jahren wohl zufrieden zu seyn Ursache habe, und kein uns bekannter Grund vorhanden, dessen verschiedentlich erwiesene nutzbare Dienstgeflissenheit auf eine seinem guten Namen nachtheilige Art auszulegen.« Die Bereicherung, die man Tellheim zu Unrecht vorwirft, hatte Gotzkowsky sich aber in der Tat angedeihen lassen. In seiner Untersuchung »Die

Berliner Wirtschaftskrise im Jahre 1763« stellt Stephan Skalweit dar, welche Manipulationen Gotzkowsky sich leistete: Was er vorgeschossen hatte, ließ er »sich aber in altem vollwertigen Gelde zurückbezahlen, während er selbst die betreffende Summe in schlechten Münzsorten an den König abführte, und dabei 30- bis 40 Prozent gewann«. Dennoch hat sich Gotzkowsky bei seinen Transaktionen übernommen, und just der Tag, an dem Lessing seine »Minna« in Berlin spielen läßt, der Tag der Bühnenhandlung, Montag, der 22. August 1763, ist auch jenes Datum, an dem der Bankrott Gotzkowskys komplett wird. An diesem Montag wird der Dritte Senat des Hof- und Kammergerichts in Berlin als Appellationsinstanz für alle Konkursangelegenheiten eingerichtet, nachdem zwei Tage zuvor ein Bericht des Großkanzlers Jariges an Friedrich gelangt war, in dem es hieß, im Fall Gotzkowsky helfe nur noch der Konkurs, worauf der König einigermaßen ratlos fragte: »D'ou viennent donc toutes ces banqueroutes?« Und die Frage richtete sich an eben jenen Herrn von Hecht, der sich vier Jahre später, als preußischer Resident in Hamburg, so sehr gegen die Aufführung zur Wehr setzte. Auch der an der sperrigen Korrespondenz beteiligte preußische Minister Finckenstein war 1763 einer der Männer, die den Gotzkowsky-Skandal hatten verhindern wollen und hätten verhindern sollen. Auch er konnte um Assoziationen nicht verlegen sein, als er die »Minna« zu lesen bekam.

Lessing selbst scheint über die Schwierigkeiten nicht erstaunt zu sein. »Bey Gelegenheit des Aufführens – habe ich nun nicht recht, daß man meine Minna nicht aufzuführen wagen würde? Hier ist sie auf Ansuchen des H. von Hecht zu spielen verbothen, und dieser sagt, daß er den Befehl dazu von Berlin erhalten. Haben Sie etwa was davon gehört? Der Zufall ist mir im Grund recht lieb; er hilft mir eine Lust ersticken, die mich leicht zu weit führen können.« Nicolai, dem er dies am 4. August 1767 schreibt, mag die Mißlichkeiten vorhergesehen haben, hatte er sich doch schon am 21. März desselben Jahres in einem Brief an seinen Freund Johann Nikolaus Meinhard über die »Stiche« in diesem Stück beklagt, die er, als preußischer Untertan, sich ausgetilgt wünschte. Lessing gibt aber nicht so klein bei, wie es nach den Zeilen an Nicolai scheinen könnte; er wendet sich direkt an den preußischen Minister von Hertzberg in Berlin und verteidigt sein Stück in einem »pro memoria«. Hertzberg antwortet, aus seinem Ressort stamme keinerlei Anweisung, die »Minna« betreffend. Als Hecht sich durch diese Auskunft des Ministers in die Enge getrieben sieht, bittet er in einem Schreiben an den Minister von Finckenstein ausdrücklich um die Erlaubnis zur Aufführung des Stückes. Während die Erwiderung Finckensteins auf sich warten läßt, ist ein ärgerlicher Gang Lessings zum Hamburger Senat verbürgt. Der Senat entschließt sich aber erst recht zum Verbot, nachdem er von Hecht den Bescheid bekommen hat, er könne die Aufführung auf eigene Verantwortung über die Bühne gehen lassen. Am 21. September – neun Tage vor der Aufführung – erhält Lessing dann die Nachricht, daß Finckenstein Ja gesagt habe, zwei Tage darauf beschließt auch der Hamburger Senat, »die Aufführung des gedachten Stückes auf hiesigem Theater nicht ferner zu verbieten«.

Zum aktuellen und gesellschaftlichen, ja zum politischen Fundament des Stücks gesellt sich ein ebenso fester dramaturgisch-literarischer Unterbau, der sich vielleicht am deutlichsten erkennen läßt, wenn man nach der Gestalt der Minna selbst fragt. Man hat gelegentlich Vorbilder in der Wirklichkeit erkennen wollen, hat diese und jene Zeitgenossin namhaft gemacht als Modell, ohne dies doch mit jener Plausibilität tun zu können, mit der man im Charakter Tellheims Züge Ewald von Kleists erkannt hat. Nein, die Minna hat keine sichtbare Vorgängerin, ehe sie auf die Bühne kommt. Wir begegnen ihr vielmehr im Bereich der literarischen Realität, aus der das Stück erwächst. Im September 1755 hatte Lessing, noch in Berlin, eine Komödie Thomas Otways exzerpiert, die von zwei abgedankten Soldaten handelt und den Titel »The Soldiers Fortune« hat, auf englisch also heißt wie die »Minna« im Untertitel. Der Plot hat wenig mit Lessings Handlung zu tun; aber dennoch gibt es in dem Exzerpt etwas, das nach einer Minna-Inspiration sich anhört. Lessing zitiert zunächst Otway: »I am afraid your Ladyship then is one of those dangerous Creatures they call She-Wits, who are always so mightily taken with admiring themselves, that nothing else is worth their notice«, und dann fügt er hinzu: »Eine Witzlingin; (She-wit) vielleicht, daß dieses ein Charakter wäre, welcher sich auf dem Theater nicht übel ausnehmen sollte, und auf einer ganz andern Seite geschildert werden könnte, als daß er mit den gelehrten Weibern des Molière zu vermengen wäre.«

Es kann keinen Zweifel geben, daß Lessing mit der Minna eine solche »Witzlingin« entworfen hat, wobei daran zu erinnern ist, daß Witz hier ausgestattet ist mit der weiteren Bedeutung des englischen »wit« im Sinne von Verstand, Anmut, Lebensklugheit, heiterer Gescheitheit. (»Was haben Sie denn gegen das Lachen? Kann man denn auch nicht lachend sehr ernsthaft sein? Lieber Major, das Lachen erhält uns vernünftiger als der Verdruß.«) Man spürt beinah die entwerfende Hand Lessings, wenn er Minna sagen läßt: »Franziska, wenn alle Mädchens so sind, wie ich mich jetzt fühle, so sind wir – sonderbare Dinger. – Zärtlich und stolz, tugendhaft und eitel, wollüstig und fromm. – Du wirst mich nicht verstehen. Ich verstehe mich wohl selbst nicht.« Und kurz darauf: »Ich bin eine große Liebhaberin von Vernunft, ich habe sehr viel Ehrerbietung für die Nothwendigkeit. – Aber lassen Sie mich doch hören, wie vernünftig diese Vernunft, wie nothwendig diese Nothwendigkeit ist.« Und schon hat sie die Paradoxie der Ehre bezeichnet, eine bloß konventionelle Vernünftigkeit in Frage gestellt, in ihrer Frage an Tellheim: »Eine Vernunft, eine Nothwendigkeit, die Ihnen mich zu vergessen befiehlt?«

Stärker als Otway aber ist Lessing einem Muster des Engländers George Farquhar verpflichtet, der in seinem Stück »The Constant Couple« eine Handlung liefert, die in groben Zügen der Minna-Fabel entspricht: Oberst Standard, ein entlassener Soldat, gehört zu den Verehrern der reichen Lady Lurewell, die aber mit ihm, wie mit den übrigen, nur spielt, obwohl jenseits aller Launen, die sie sich erlaubt, eine wirkliche Neigung zu ihm in ihr aufkommt. Der Männerhaß, auf den sie sich eingerichtet hat, geht zurück auf die Begegnung mit einem jungen Studenten, der vor zwölf Jahren zwei Tage lang Gast im Hause ihres Vaters gewesen und alsbald ihr geheimer Verlobter geworden, doch nach dem Verlöbnis verschollen war. Ein Ring, der die heimliche Affäre besiegelt hatte, trug die Aufschrift »Liebe und Ehre«, und Erich Schmidt hat sicherlich mit Recht betont, daß diese beiden Worte auch als Motto der »Minna von Barnhelm« gelten könnten. Durch Intrigen, die ähnlich verwickelt sind, wie Lessing sie verwickelt sein läßt, taucht der Ring nun plötzlich wieder auf, und durch ihn schließt sich der Kreis: Oberst Standard ist natürlich der Liebhaber von einst, die Lady die Jugendliebe, und das Erkennen und Bekennen hebt an.

Der Blick auf das »Beständige Paar« von Farquhar ist aber nicht so sehr interessant wegen der Parallelen, sondern wegen der Verschiedenheiten. Gerade die Ähnlichkeit des Rahmens zeigt die Diskrepanz dessen, was ins Bild gehört. Wenn Otto Ludwig ein vielzitiertes Wort der Bewunderung über die »Minna« gesagt hat, nämlich über die dramaturgische Kunst Lessings, »ein einfaches Samenkorn von Stoff so aufzuschwellen«, so zeigt der Vergleich mit dem englischen Autor, daß etwas Falscheres schwerlich gesagt werden kann. Nicht das Aufschwellen ist Lessings Leistung, sondern die Konzentration. Hier wird die Rückführung betrieben von literarischen Extravaganzen ins Reich der Wahrscheinlichkeit, in den Bereich des Alltags.

Lessing hat die Zeit der Trennung von zwölf Jahren auf ein

knappes halbes reduziert; die Verbindung ist auch in dieser Zeit nicht völlig abgerissen: wir leben im 18. Jahrhundert, die Post funktioniert! »Ach, seit dem Frieden hat er mir nur ein einziges Mal geschrieben.« Der Friedensschluß zu Hubertusburg war am 15. Februar 1763 gewesen, der Seufzer ist vom 22. August. Das Stillschweigen Tellheims nach seinem letzten Brief wird durch seine Kränkung und Erbitterung ausdrücklich und glaubhaft motiviert. Es klingt beinah wie eine ironische Erinnerung an die Möglichkeiten der älteren Komödie, wenn Minna sagt: »Wer weiß, zu welchem andern Regimente, in welche entlegene Provinz er versetzt worden.«

Auch die Vorgeschichte ist nun plausibel und nicht, wie bei Farquhar, eine schwülstige Romanze: »Ich liebte Sie um dieser That willen, ohne Sie noch gesehen zu haben«, sagt Minna in Erinnerung an die Hilfe, die Tellheim den sächsischen Ständen hat zuteil werden lassen. Daß das Paar sich wiedertrifft, ohne sich wiederzuerkennen, dieser Verstoß gegen die Psychologie, unter Liebenden zumal, wird von Lessing nicht schlechthin beseitigt, sondern auf doppelte Weise genutzt: Einmal bewahrt er ein wenig von dem Aneinandervorbei der Hauptfiguren, indem er deren Begegnung bis in den zweiten Aufzug hinein verzögert; der Bediente weiß auf die Frage Tellheims nach dem Namen seiner Herrschaft nur zu antworten: »Den habe ich noch nicht gehört, und danach zu fragen, ist meine Sache nicht.« Zum andern aber kehrt er die Technik des Einander-Nicht-Erkennens, kehrt er die äußere Unwahrscheinlichkeit um zu einer inneren Wahrheit: »Sie nennen mich Tellheim; der Name trifft ein. – Aber Sie meinen, ich sei der Tellheim, den Sie in Ihrem Vaterlande gekannt haben; der blühende Mann... Dieser Tellheim bin ich ebensowenig, – als ich mein Vater bin. Beide sind gewesen.« Nicht eigentlich, daß er die Ehre verloren habe, sondern daß er durch solchen Ehrverlust nicht mehr er selbst zu sein glaubt, treibt Tellheim in seine Haltung gewordene Verzweiflung. Der Abschied, den er so unrühmlich als Offizier bekommen hat, ist für ihn ein Abschied von sich selbst. Er ist, wie später Sosias von Merkur (im Kleistschen »Amphy-trion«), um sein Selbstverständnis, um sein Ich betrogen.

Aber die Emanzipation Lessings von den älteren Vorlagen, auch von den älteren eigenen Mustern der frühen Lustspiele, geht weiter. Lessing bringt nicht allein die Situationen ins reine, er macht auch die Randfiguren lebendig, erlöst sie aus der Stereotypie. Friedrich Schlegel hat darauf hingewiesen, daß alle Figuren des Stücks »lessingisiren«. In der Tat: Lessing demokratisiert das gesamte Komödienpersonal. Indem der Autor den Gestalten von seinem Witz, von seiner eigenen Dialektik, von seiner leidenschaftlichen Gerechtigkeit, aber auch von seiner Repliken-Lustigkeit mitgibt, überschreitet er die sozialen Grenzen und die Standesvorschriften, und damit nun auch deutlich den Comment der Komödie. Die Franziska ist eine andere, keine schlechtere Minna: benachteiligt keineswegs in ihren Äußerungen, allerdings in ihrer Funktion, und am ehesten hintangestellt und eingeordnet in den Kanon der Zeit durch ihre Bekanntschaften: sie kriegt halt nur den Wachtmeister. Der Just ist um Repliken beinah weniger verlegen als sein Herr. Auf die Vorhaltung des Wirtes etwa, ob denn beharrlicher Zorn christlich sei, gibt er pointiert zurück: »Ebenso christlich, als einen ehrlichen Mann, der nicht gleich bezahlen kann, aus dem Hause stoßen, auf die Straße werfen.« Am ehesten gehört der Wachtmeister Werner mit seiner rauhbauzigen Gutmütigkeit zum Komödien-Repertoire der Zeit. Dieser Part war denn auch, weit mehr als der Tellheims, die Erfolgsrolle im 18. Jahrhundert.

Goethe, wie Franz Mehring temperamentvoll dargelegt hat, spinnt schon an der Lessing-Legende des 19. Jahrhunderts, wenn er die »Minna« als theatralische Analogie zum politischen Friedensschluß ansieht, ja als eine Art Bühnenpropaganda für die wirkliche Befriedung zwischen Sachsen und Preußen. »Durch den politischen Frieden konnte der Friede zwischen den Gemütern nicht sogleich wieder hergestellt werden. Dieses aber sollte gedachtes Schauspiel im Bilde bewirken«, schreibt er in »Dichtung und Wahrheit«. Aber er irrt nicht, wenn er das Politische des Stückes betont: »Es ist die erste aus dem bedeutenden Leben gegriffene Theaterproduktion von spezifisch temporärem Gehalt, die deswegen auch eine nie zu berechnende Wirkung hatte...« Und er spricht von der »Minna von Barnhelm« als »der wahrsten Ausgeburt des Siebenjährigen Krieges«. Heute will sie uns als die einzig bleibende Eroberung erscheinen.

Und die Gestalt der Minna ist die erste moderne Frau in der deutschen Literatur. Da steht sie, im Gasthof zum König von Spanien in Berlin, am 22. August 1763, sich verteidigend gegen die preußische Polizei, gegen einen schnüffelnden Wirt, gegen die Gleichgültigkeit eines neuen Bedienten, gegen die selbstzerstörerische Bitterkeit Tellheims; da steht sie, für den Tag sicherer geboren als für die Nacht, eine Geliebte, eine Liebende mit Spürsinn und Witz. Eine Frau von Welt, nein mehr als das: eine Frau von dieser Welt.

Der Hamburgische Traum

Das beste an zwei Stühlen ist, daß man
zwischen ihnen sitzen kann.

Hans Kudszus

Wo stehen wir in der Zeit? Wo haben wir Lessing gelassen,
während wir dem Schicksal seines Stücks gefolgt sind, dem
Fräulein von Barnhelm den (preußischen) Hof gemacht und
der Herkunft der übrigen Figuren nachgespürt haben? Wo
holen wir Lessing wieder ein, nachdem wir knapp noch gesehen haben, wie er vom Krankenbett aufstand und die Mid-
life-Krise überwand mit dem Vorsatz, er werde demnächst
»wie neugeboren« sein. Wo finden wir den Neugeborenen
wieder, wo können wir die Renaissance beobachten? In Breslau ist er längst nicht mehr, aber auch in Kamenz nicht, wo er
im April 1765, zum ersten Male nach neun Jahren, seine Eltern wiedergesehen hat, alte verbitterte Leute, finanziell be-
drängter denn je; wir finden Lessing aber auch nicht als Bibliothekar der Königlichen Bibliothek in Berlin – eine letzte
Bewerbung um diesen Posten ist reichlich verjährt; der
»Laokoon« ist im März 1766 bei Voß erschienen, und im
Sommer des Jahres ist er einmal wieder – von Berlin aus – gereist, vorsichtshalber nicht in die Welt hinein, sondern nur
nach Pyrmont, wo er Brunnen trinkt und Justus Möser trifft,
und weiter nach Göttingen, wo er endlich den noblen Michaelis kennenlernt und Wiedersehen feiert mit seinem alten
Professor Kästner – der ist aber immer noch erst 47 Jahre –,
und auf der Heimreise hat Gleim am Wege gelegen, nun nicht
mehr als Grenadier kostümiert; und am 12. Dezember 1766
ist Professor Gottsched ohne unser Zutun gestorben; Lessings Gesicht bei der Nachricht haben wir auch nicht gesehen. Wann finden wir unsern Autor wieder?

Wir schreiben den 1. Februar 1767. Vielmehr ist es Lessing, der ihn schreibt. Es ist das Datum eines Briefes an Gleim, eines Briefes von ganz neuer Unternehmungslust, von Aufbruchsstimmung und Tatendrang, voller Projekte und voller Entschlußkraft, dieses für ihn ranzig gewordene Berlin zu verlassen. Mit einer bei ihm seltenen Hochstimmung gibt Lessing Nachricht: »Ich weis nicht, wo ich anfangen soll: so vielerley habe ich Ihnen zu melden. Ja, in Hamburg bin ich gewesen; und in neun bis zehn Wochen denke ich wiederum hinzugehen, – wahrscheinlicher Weise, um auf immer da zu bleiben. Ich hoffe, es soll mir nicht schwer fallen, Berlin zu vergeßen. Meine Freunde daselbst werden mir immer theuer werden immer meine Freunde bleiben; aber alles übrige, vom größten bis zum kleinsten – Doch ich erinnere mich, Sie hören es ungern, wenn man sein Mißvergnügen über diese Königinn der Städte verräth. – Was hatte ich auf der verzweifelten Galeere zu suchen? – Fragen Sie mich nicht: auf was ich nach Hamburg gehe? Eigentlich auf nichts. Wenn sie mir in Hamburg nur nichts nehmen, so geben sie mir eben soviel, als sie mir hier gegeben haben. Doch Ihnen brauche ich nichts zu verbergen. Ich habe allerdings mit dem dortigen neuen Theater, und den Entrepreneurs deßelben, eine Art von Abkommen getroffen, welches mir auf einige Jahre ein ruhiges und angenehmes Leben verspricht... Ich will meine theatralischen Werke, welche längst auf die letzte Hand gewartet haben, daselbst vollenden, und aufführen laßen. Solche Umstände waren nothwendig, die fast erloschene Liebe zum Theater wieder bey mir zu entzünden... – Und noch eine andere Aussicht habe ich in Hamburg. Ihnen muß ich hauptsächlich davon schreiben. – Kennen Sie einen gewißen H. Bode daselbst?... Dieser Mann legt in Hamburg eine Drukkerey an; und ich bin nicht übel in Willens, über lang oder kurz, auf eine oder die andere Weise, gemeinschaftliche Sache mit ihm zu machen. Wie wäre es, wenn Sie ihm Ihre Werke in Verlag gäben? Ich habe ihm schon vorläuffig davon gesprochen. Er ist zu allem bereit... Er ist ein ehrlicher Mann, und kein Buchhändler... Es sollte mir lieb seyn, wenn ich auf diese Weise etwas beytragen könnte, daß Sie die letzte Hand an Ihre Werke legen. Eilen Sie; wer weiß, wie lange wir athmen; wir müssen machen daß wir um so viel länger leben. Kann ein Autor den andern dringender ermuntern?«

Die glücklichste Konstellation in seinem neuen Leben, vielleicht in Lessings Leben überhaupt: eine große, unbenutzte, lebendige Stadt, eine Stadt ohne König und Regenten, eine Stadt, die ihre Unabhängigkeit schon im Namen führt: Freie Reichs- und Hansestadt. Keine Galeere wie Berlin, sondern ein Boot vor dem Wind, ein Viermaster oder, weiß der Himmel, wie diese Phönixe von Schiffen draußen im Hafen alle genannt werden, da, wo es nach Wasser und Weite schmeckt, und nach England und Shakespeare wie damals in Amsterdam. Dieser Stadt läßt sich zurufen, beschwörend, begeistert, gewinnend: »So glücklich sei Hamburg in allem, woran seinem Wohlstande und seiner Freiheit gelegen: denn es verdienet, so glücklich zu sein!«

Und dazu ein Theater, keine Klitsche, sondern eins mit dem stolzesten Namen, ein Hamburgisches Nationaltheater, und was noch besser ist: nach allen Abmachungen »sein« Theater, seine eigene Plattform; Spielraum und Diskussionsforum zugleich, Schauspielschule und kulturpolitische Instanz. Kann einer mehr wollen? Stücke schreiben und spielen lassen, den Spielplan mitbestimmen, Regie führen durch Kritik, »jeden Schritt begleiten, den die Kunst, sowohl des Dichters, als des Schauspielers hier« tun wird, und mit dieser Kritik in ein publizistisches Stadtgespräch treten, kraft einer eigenen Zeitschrift. Fehlt nur noch, daß er auch selber auftritt, als sein eigener Tellheim? Nein, nein, keine Sorge. »Ich bin weder Schauspieler, noch Dichter.« Aber 800 Taler Jahresgehalt, die läßt er sich gefallen.

Und ferner die Überlegung, wie gut es wäre, wenn man die Unternehmungslust nun komplettierte: Wenn zum eigenen Theater für die eigenen Stücke auch eine eigene Verlagsdruckkerei käme für alles das, was aus der eigenen Feder und der

der Freunde kommt. Wo man nicht immer Angst haben müßte vor der Angst der anderen Verleger, aber auch die kleine Sorge sich ersparte, daß sie einem das Wort »betauern«, das so kräftig an Trauer erinnert, in das nichtssagende »bedauern« entstellen. Und die Theaterzettel und Ankündigungen und die dramaturgische Wochenschrift wollen ja auch gedruckt werden, warum nicht in eigener Regie? »Nichts war natürlicher, als daß Bode und Lessing, die in dieser Unternehmung einen gemeinschaftlichen Mittelpunct ihrer Aussichten und Wünsche fanden, sich auch in literarischer und kaufmännischer Rücksicht vereinigten.« Und so wird Lessing denn Druckereikompagnon, schließt mit Bode einen Vertrag auf Schaden und Vorteil zu gleichen Teilen.

Gibt es einen solchen Wechsel des Glücks, eine so mit Leitplanken abgesicherte Wendung des Geschicks? Wohl nur für den, der sich frei hält. »Ich stand eben am Markte und war müßig; niemand wollte mich dingen: ohne Zweifel, weil mich niemand zu brauchen wußte... Noch sind mir in meinem Leben alle Beschäftigungen sehr gleichgültig gewesen: ich habe mich nie zu einer gedrungen, oder nur erboten; aber auch die geringfügigsten nicht von der Hand gewiesen, zu der ich mich aus einer Art von Prädilection erlesen zu sein, glauben konnte.«

Jetzt einmal die Brust ganz vollatmen mit Zukunft. Die schmeckt nun nach Theaterluft und Bleigeruch und Kaffeearoma. Nach Fisch und frischem, unbeschriebenem Papier.

Wir können schon den 22. April 1767 schreiben; vielmehr ist es wiederum Lessing, der da schreibt: »Hamburg, den 22. April, 1767«, und er hat verkündet: »Heute geschieht die Eröffnung der Bühne. Sie wird viel entscheiden; sie muß aber nicht alles entscheiden sollen. In den ersten Tagen werden sich die Urteile ziemlich durchkreuzen...«

Es ist soweit, das Hamburgische Nationaltheater wird eröffnet, kaum daß Lessing in Hamburg angekommen und ohne daß er schon richtig installiert ist in seinem Quartier beim Kommissionsrat Schmidt auf dem Brocke: »Wie steht es mit meinen Sachen«, hat er am Vortage dringlich an den Bruder Karl nach Berlin geschrieben, »Ich will doch hoffen, daß sie abgegangen sind? Ich kann weder eher in Ordnung noch in Ruhe kommen, als bis ich meine Bücher wieder um mich habe.« Die Eröffnung geschieht fast auf den Tag genau ein halbes Jahr nach der Gründung des Theaterunternehmens. Die war am 24. Oktober 1766 erfolgt. Daß es zwölf angesehene Kaufleute und Bürger gewesen seien, die sich an die Entreprise gewagt hätten, will die neuere Forschung den älteren Berichten nicht mehr abnehmen. »Die fünf namentlich bekannten Träger der Entreprise waren keineswegs Repräsentanten des hamburgischen Bürgertums, dem kaufmännische Solidität und lutherische Konfession als unabdingbare Voraussetzungen der Zugehörigkeit zur Gesellschaft galten«, schreibt Franklin Kopitzsch in seiner informativen Studie über »Lessing und Hamburg«. So hätten zwei der Zwölf, Abel Seyler und Johann Martin Tillemann, gerade erst einen Bankrott hinter sich gebracht gehabt, ein dritter, Adolph Bubbers, sei früher selbst Schauspieler gewesen und habe, als Kenner des Metiers, »keinen Heller« dazugegeben, und die Herren Pierre His und Albrecht Ochs seien zwar reich, aber reformierten Glaubens gewesen, und selbst solchen »hochgebildeten Refügiés« seien damals die Bürgerrechte verwehrt worden.

Eine Theatergründung im bürgerlich-lutherischen Hamburg war natürlich nicht das Entzücken der Obrigkeit, und nur wenige Jahre vorher hatte jemand die theaterpolitische Szene in Hamburg folgendermaßen charakterisiert: »Meldet sich ein Comödianten Trupp mit guten Zeugnissen; so läßt zwar der Senat deren Auftritt zu; aber ich bin gewiß versichert; das ernstliche Predig-Amt, und die vernünftige Stadt-Obrigkeit freuen sich beyde; wenn sie wieder fortwandern...«

Vom Eröffnungstag jetzt gibt es eine nüchterne Notiz; eine Eintragung im Hamburger Senatsprotokoll, die sich auf die

Verfügung bezieht, »daß, bey der zu vermuthenden Fre-
quence im Schauspielhause, womit in diesen Tagen, das
Theater, unter dem neuen directorio, eröfnet werden mögte,
zur Abwendung aller Feuers-Gefahr, die Schlüssel auf den
Nebenthüren des Comödienhauses in Bereitschafft seyn, und
ein Paar Sprützen zur Hand seyn mögen.«

Lessing fürchtet, aus alter Erfahrung, beinah sollte man sagen: von Haus aus, etwas anderes als Feuersgefahr. Er fürchtet die Vorurteile gegen das Theater, aber auch die Pöbeleien
im Theater. »Freilich«, schreibt er in seiner »Ankündigung« (der Hamburgischen Dramaturgie), die an diesem
22. April erscheint, »gibt es immer und überall Leute, die,
weil sie sich selbst am besten kennen, bei jedem guten Unternehmen nichts als Nebenabsichten erblicken. Glücklich der
Ort, wo diese Elenden den Ton nicht angeben; wo die größere Anzahl wohlgesinnter Bürger sie in den Schranken der
Ehrerbietung hält, und nicht verstattet, daß das Bessere des
Ganzen ein Raub ihrer Kabalen, und patriotische Absichten
ein Vorwurf ihres spöttischen Aberwitzes werden!«

Und in diesem Blatt für den ersten Abend wirbt Lessing
um das Publikum, wirbt um dessen Geduld, ja um seine
Partnerschaft. »Es komme nur, und sehe und höre, und prüfe
und richte. Seine Stimme soll nie geringschätzig verhöret,
sein Urteil soll nie ohne Unterwerfung vernommen werden!
– Nur daß sich nicht jeder kleine Kritikaster für das Publikum
halte, und derjenige, dessen Erwartungen getäuscht werden,
auch ein wenig mit sich selbst zu Rate gehe, von welcher Art
seine Erwartungen gewesen. Nicht jeder Liebhaber ist Kenner... Man hat keinen Geschmack, wenn man nur einen ein-
seitigen Geschmack hat; aber oft ist man desto parteiischer...
Der Stufen sind viel, die eine werdende Bühne bis zum Gipfel
der Vollkommenheit zu durchsteigen hat; aber eine ver-
derbte Bühne ist von dieser Höhe, natürlicher Weise, noch
weit entfernt: und ich fürchte sehr, daß die deutsche Bühne
mehr dieses als jenes ist. Alles kann folglich nicht auf einmal
geschehen. Doch was man nicht wachsen sieht, findet man

nach einiger Zeit gewachsen. Der Langsamste, der sein Ziel nur nicht aus den Augen verlieret, geht noch immer geschwinder, als der ohne Ziel herumirret.«

Die sich da ins Komödienhaus am Gänsemarkt drängen, in die Eröffnungsvorstellung des ersten deutschen »Nationaltheaters«, werden ein Trauerspiel namens »Olint und Sophronia« zu sehen bekommen, nicht gerade Lessings Wahl für die Premiere, aber doch immerhin das Werk eines deutschen Dramatikers, des früh verstorbenen Cronegk; ganz viel hält Lessing nicht von ihm und seinem Talent zur Bühne; »eigentlich gründet sich sein Ruhm mehr auf das, was er, nach dem Urteile seiner Freunde, für dieselbe noch hätte leisten können, als was er wirklich geleistet hat«. Aber es ist ja nun gute Gelegenheit, dies in aller Ruhe zu erörtern.

Wir nämlich schreiben schon den 22. Mai, da schreibt Lessing immer noch an seinem Bericht über den Eröffnungsabend vom Monat zuvor: an einer Riesen-Rezension über die Premiere mit allem ihrem Drum und Dran, ihren Pro- und Epilogen, an einer Kritik, wie sie so ausführlich keiner zweiten Vorstellung in der deutschen Theatergeschichte gewidmet worden ist. Cronegk ist nur ein Apropos. Lessing muß diese umfangreiche Analyse-Arbeit auf sieben Stücke seiner wöchentlich erscheinenden Dramaturgie verteilen (»sie sind in meiner eigenen Druckerey gedruckt«, schreibt er an Karl); denn so geht es ja nun nicht, daß er nach Jahren der Enthaltsamkeit vom Theater, nach der langen Trennung vom Bühnenmilieu, sich mit einem Kurzreferat begnügen könnte, mit einem Stenogramm der Handlung, mit Handküssen für die Spieler, daß er alles schön und gut sein lassen wollte. Nein, nun gilt es erst einmal eine Tour d'horizon, und dafür taugt Cronegk so gut wie irgendein anderer. Vielleicht sogar besser als irgendeiner sonst, weil man von ihm zur Tagesordnung, zur Theaterverfassung, zur Schauspielerbildung, zur Gesellschaft insgesamt übergehen kann.

Zum Beispiel gilt es einen Gruß, wieder einmal, an Shakespeare, und zwar an den Intimkenner der Darstellungskunst, einen Gruß, mit dem der Schauspiel-Lehrer Lessing sich auch selber meint: »Ja vielleicht hatte er über die Kunst des erstern« – des Mimen – »um so viel tiefer nachgedacht, weil er so viel weniger Genie dazu hatte.« Lektionen wie die, die Hamlet den Komödianten erteile, seien auch heute immer noch nützlich; vorsorglicher Hinweis, daß die Damen und Herren des Nationaltheaters mit Lektionen von seiten Lessings rechnen müssen.

Und dann nimmt Lessing einen Faden wieder auf, den er im »Laokoon« hatte fallen lassen, die Frage nach der Stellung der Schauspielkunst zwischen Malerei und Poesie. Jetzt wagt er sich, gestützt auf den Torso jener kunsttheoretischen Arbeit und angesichts seiner Künstler, an die damals vertagte Antwort: »Die Kunst des Schauspielers stehet hier, zwischen den bildenden Künsten und der Poesie, mitten inne. Als sichtbare Malerei muß zwar die Schönheit ihr höchstes Gesetz sein; doch als transitorische Malerei braucht sie ihren Stellungen jene Ruhe nicht immer zu geben, welche die alten Kunstwerke so imponierend macht. Sie darf sich, sie muß sich das Wilde eines Tempesta, das Freche eines Bernini öfters erlauben…« Die Mimen sollen gefälligst nicht aus Marmor sein.

Aber bitte auch keine wild sich gebärdenden Herausforderer des Beifalls. »Aber welches Beifalls? – Die Galerie ist freilich ein großer Liebhaber des Lärmenden und Tobenden, und selten wird sie ermangeln, eine gute Lunge mit lauten Händen zu erwidern. Auch das deutsche Parterre ist noch ziemlich von diesem Geschmacke, und es gibt Akteurs, die schlau genug von diesem Geschmacke Vorteil zu ziehen wissen. Der Schläfrigste rafft sich, gegen Ende der Szene, wenn er abgehen soll, zusammen, erhebet auf einmal die Stimme, und überladet die Aktion… Genug, daß er das Parterre dadurch erinnert hat, aufmerksam auf ihn zu sein, und wenn es die Güte haben will, ihm nachzuklatschen. Nachzischen sollte es ihm!«

Nachzischen? Zwischen Theorie und Galerie steckt das delikate Problem, die Frage: Wie halte ich es mit der Schauspielkritik? Der Rezensent im eigenen Haus, der Dramaturg als Kritiker, kann das denn gut gehen? Denn es sind ja berühmte Leute beschäftigt an diesem Nationaltheater, Konrad Ekhof und Frau Hensel zum Beispiel; und die Eitelkeit der Mimen ist keine Erfindung unserer Tage. Wie geht man da vor? Vielleicht erst einmal so: »Man muß mit der Vorstellung eines Stückes zufrieden sein, wenn unter vier, fünf Personen, einige vortrefflich, und die andern gut gespielt haben. Wen, in den Nebenrollen, ein Anfänger oder sonst ein Notnagel, so sehr beleidiget, daß er über das ganze die Nase rümpft, der reise nach Utopien, und besuche da die vollkommenen Theater, wo auch der Lichtputzer ein Garrick ist« – und der Engländer Garrick galt der Zeit als ein Jupiter der Schauspielkunst; Lichtenberg hat ihn meisterhaft beschrieben.

Aber Lessing mogelt sich nicht durch; er weiß, daß er mit den Leuten auskommen muß in der täglichen Arbeit, daß er sie allenfalls bilden, aber keineswegs verprellen darf; und dennoch versucht er deutsch mit ihnen zu reden: »Weg also mit diesem unbedeutenden Portebras, vornehmlich bei moralischen Stellen weg mit ihm! Reiz am unrechten Orte, ist Affektation und Grimasse; und eben derselbe Reiz, zu oft hintereinander wiederholt, wird kalt und unendlich ekel. Ich sehe einen Schulknaben sein Sprüchelchen aufsagen, wenn der Schauspieler allgemeine Betrachtungen mit der Bewegung, mit welcher man in der Menuet die Hand gibt, mir zureicht, oder seine Moral gleichsam vom Rocken spinnet.«

Der letzte *Premieren*bericht, das VII. Stück der Dramaturgie, trägt das Datum vom 22. Mai. Genau an diesem Tag aber berichtet Lessing seinem Bruder Karl, daß schon einiges im Argen liegt: »Von meinen Umständen weiß ich nicht recht, was ich Dir melden soll. Mit unserm Theater (das im Vertrauen!) gehen eine Menge Dinge vor, die mir nicht anstehn. Es ist Uneinigkeit zwischen den Entrepreneurs (also zwischen den Unternehmern), und keiner weiß, wer Koch oder Kellner ist.«

Und daß der Aufstand der Spieler, besonders der Damen im überbesetzten Ensemble, auch fällig ist, kann man dem Brief an den Bruder zwar noch nicht direkt entnehmen, aber schon ansehen. »Was ist denn die neue Actrice, die Schuch bekommen hat, für ein Ding?« fragt Lessing, und: »Wie geht es denn Schuchen? Frage ihn, ob er sonst noch ein junges Frauenzimmer haben will, das sehr große Lust zum Theater hat. Ich kann ihm eine recommandiren, die gewiß einschlagen wird. Wir würden sie selbst behalten, wenn wir nicht schon so überflüßig mit Frauenzimmern versehen wären.« Daß in einer solchen Situation, in der jeder gegen fast jeden um seine Existenz, um seinen Auftritt kämpft, der Herr Lessing als Oberschiedsrichter nicht gerade gern gesehen ist, will plausibel erscheinen; ja, es ist ganz normal. Nur aber macht solches Aufbegehren Lessings eigentliche Intention zunichte: »Meiner Absicht nach sollten diese Blätter hauptsächlich der Kritik der Schauspieler gewidmet seyn: ich sehe aber wohl, daß mit diesem Volke nichts anzufangen ist: sie nehmen Privaterinnerungen (gemeint sind kritische Ratschläge) übel, was würden sie bey einer öffentlichen Rüge thun: ich werde es also wohl die Autoren müssen entgelten lassen.« Mit dem 25. Stück der »Dramaturgie« gibt Lessing die Darstellungskritik ganz auf, hält sich nur noch an die Dramen. Genau gesagt: seine Arbeit geht in Stücke.

Gerade erst ist er mit der Premierenbeschreibung fertig, und schon sieht alles nach Derniere aus?! Das ist kaum eine Pointe. Wir schreiben den 8. Dezember 1767, und mit uns schreibt an diesem Tag Christian Boie, herzlicher Verehrer Lessings, in einem Brief an Gleim über die Entrepreneurs und den Theaterdirektor Johann Friedrich Löwen: »Sie haben noch sehr wenige von ihren patriotischen Absichten ausgeführt, und ich zweifle sehr, daß sie es thun werden, und thun können... Der Geschmack des Hamburgischen Publikums ist höchst verdorben; um einen Beweis davon zu geben, will ich nur sagen, daß Lessings Minna fast gar keinen Beifall gefunden hat; ich meine das Stück, denn Tellheims preußischen Offiziersrock hat man mit Vergnügen auf dem Theater gesehen, weil das etwas ganz neues war. Es sind in Hamburg viele halbwitzige Leute, die mit allen sich gegen das neue Institut setzen; Neid und Kabale sparen nichts, um ihm zu schaden. Eine Bande lumpichter und elender französischer Gaukler, die zu gleicher Zeit in Hamburg ist, thut ihr allen möglichen Abbruch... Um den Pöbel zu gewinnen (denn das erfordern leider! die oeconomischen Umstände der Gesellschaft...) muss ein Ekhof sich herab lassen, den Claus lustig zu machen, und vielleicht werden sie auf Weihnachten gar nach Hannover gehen.« – Was in der Tat geschieht und zu einem mehrmonatigen Gastspiel sich ausdehnt.

Wir schreiben noch einmal den 8. Dezember, aber wir schreiben ihn als ein höchst verwirrendes Datum. Denn die Hamburgische Dramaturgie ist zu einer Bizarrerie von Chronik geworden; nicht nur weil die Schauspieler weg sind und die Direktoren so gut wie pleite; sondern weil das Journal zu einem Vexierspiel mit Terminen geführt hat, das an Becketts »Watt« erinnert. »Wie Watt den Anfang seiner Geschichte nicht erstens, sondern zweitens erzählte, so erzählte er jetzt ihr Ende nicht viertens, sondern drittens. Zwei, eins, vier, drei, das war die Reihenfolge, in der Watt seine Geschichte erzählte. Die heroischen Vierzeiler sind auch nicht anders gearbeitet.« Nicht nur, daß Lessing die Theatervorstellungen nicht zu begleiten vermochte, immer weiter hinter ihnen zurückblieb; er selbst hatte die Publikation Mitte August auch, wegen der illegalen Konkurrenz zweier Nachdrucker, unterbrochen (»vermutlich, um so lange Rheinwein zu trinken«, spottet Herder liebevoll). An dem 8. Dezember nun, den wir schreiben, kommt die Dramaturgie wieder heraus, und zwar gleich mit drei Stücken, die das Datum vom 18., 21., 25. und 28. August tragen –; denn Lessing hatte ja nur die Veröffentlichung gestoppt, nicht aber seine Kolumnenarbeit, so daß erst einmal das liegengebliebene Material nachgeliefert werden muß; Kritik aber, die sich wiederum zurückbezieht auf Theaterabende vom Juli-Anfang. Und jenes Stück der Dramaturgie, in dem Lessing endlich »den 8.ten Dezember, 1767« selber schreibt, führt in aller Ausführlichkeit die Besprechung einer Aufführung vom 15. Juli 1767 weiter und erscheint im Februar 1768. Hat es ein so kurioses Theater-Tagebuch je gegeben, eine solche Apotheose des Anachronismus? Die großen Analysen brauchen Raum, die Debatte über die Poetik des Aristoteles will nun endlich einmal in aller Gründlichkeit und Spannung eines Selbstgesprächs geführt sein –, aber steckt nicht auch noch etwas anderes hinter dieser Seelenruhe, mit der Lessing sich über den ruinösen Gang der Ereignisse hinwegsetzt: nämlich Humor? Ist die Hamburgische Dramaturgie in ihrer durchtriebenen Verwicklung der Daten und Zeiten nicht eine Reverenz an jenen Schriftsteller, der die Langsamkeit, das Nachhinken, das Abschweifen und die erzählerischen Schleichwege zu einer neuen Form gebracht und zum Entzücken seiner Leser gemacht hat? Nimmt sich Lessing nicht auch ein Beispiel an Lawrence Sterne und seinem Tristram Shandy, diesem merkwürdigen Helden, der mit den Ereignissen nie zu Rande kommt? Lessing ist ein großer Liebhaber Sternes, und dessen Wort »Bücherschreiben ist nur eine andere Benennung für Konversation«, könnte auch eine Maxime Lessings sein. Der ermuntert in jener Zeit – Sterne ist am 18. März 1768 gestorben – seinen Druckereikompagnon Bode, die »Sentimental Journey through France and Italy« zu übersetzen. Und wird, da Bode schon beim ersten Wort des Titels ratlos ist, zum Wortschöpfer: »Bemerken Sie sodann, daß *sentimental* ein neues Wort ist. War es Sternen erlaubt, sich ein neues Wort zu bilden: so muß es eben darum auch seinem Übersetzer erlaubt seyn. Die Engländer hatten gar kein Adjectivum von Sentiment: wir haben von Empfindung mehr als eines. *Empfindlich, empfindbar empfindungsreich:* aber diese sagen alle etwas anders. Wagen Sie, *empfindsam!* Wenn eine mühsame Reise eine Reise heißt, bey der viel Mühe ist, so kann ja auch eine empfindsame Reise eine Reise sein, bey der viel

Empfindung war.« Und dann wieder der auf die Zeit und die Wirkung, und die Wirkung der Zeit vertrauende Lessing: »… was die Leser vors erste bey dem Worte noch nicht denken, mögen sie sich nach und nach dabey zu denken gewöhnen.«

Denn auch so ist die gewaltige Ausdauer bei der Arbeit an der Dramaturgie zu verstehen: als Vertrauen darauf, daß dies alles einmal eingelöst und verstanden werden wird. Indem Lessing so weit hinter den Ereignissen zurückbleibt, schafft er das Ereignis erst und gibt Herder recht: »Die Dramaturgie wird das Beste seyn, was wir dabey erbeuten.« Lessing schreibt nicht für eine Bühne, die es schon nicht mehr gibt, sondern für eine, die erst kommen soll, für eine Nachwelt, die daran sich zur Welt bilden kann, für eine Nation, die hier erst beschworen wird. Wie kurz auch immer das Nationaltheater bestanden hat – noch kürzer war die Spanne der Vorstellungen, über die Lessing berichtet hat: das erste Vierteljahr. Aber auch dies ist ein kennzeichnendes Merkmal für Lessings Existenz- und Arbeitsweise: Je weiter sich eine Sache verflüchtigt, um so besessener ist er bei dieser Sache, je weniger ein Betrieb ihn in Anspruch nimmt, um so ergiebiger wird seine Produktion. Je mehr er sich einspinnt, um so gesellschaftlicher wird das, was er ins Werk setzt.

Das Theater also ist um die Jahreswende 1767/68 aufgeflogen; aber es war doch nur eins von zwei Eisen, die Lessing im Feuer hatte. Was macht denn die Druckerei? Wie gehen die Geschäfte? Gleich nach Lessings Ankunft in Hamburg hatte sich Johann Joachim Bode erst einmal für ein halbes Jahr beurlaubt und den Partner mit dem Unternehmen alleingelassen. Damals hatte Lessing seinem Bruder geklagt: »Ich werde ja sehen, wie es damit geht… Soviel kannst Du mir auf mein Wort glauben, daß ich dadurch in Arbeit und Embarras gekommen, der mir nicht viel Zeit und Lust läßt, Briefe zu schreiben.« Jetzt, da die Bühne ausgefallen ist, könnte alle Energie in die Verlagsdruckrei gehen, wenn eben die nicht weitgehend auf den Aufträgen der Bühne beruht hätte.«Ein Hauptendzweck bey der Vereinigung Bode's mit Lessing war nun zwar durch den schnellen Einsturz des Tempels, den so viel vereinte Hände der deutschen Schauspielkunst zu erbauen gesucht hatten, völlig vereitelt. Allein sie ließen darum ihre Hoffnung nicht sinken. Die gemeinschaftliche Verlagshandlung und Buchdruckerey sollte durch andere Zugänge und Erwerbsmittel das zwiefach ersetzen, was hier an baarem Verlag und fröhlichen Aussichten verloren gegangen war. Der weitumfassende Plan einer Buchhandlung der Gelehrten, die, nun selbst Verleger, nicht mehr mit den Brosamen vorlieb nehmen dürften, die ihnen der vom Autorhirn gemästete Buchhändler von seiner reichbesetzten Tafel zuwürfe, war schon damals in Bode's und Lessings Seele völlig zur Reife gekommen.« Was hier, nach einem Bericht von Bode selbst, von Karl August Böttiger skizziert wird, ist die Idee dessen, was heute als Autorenbuchhandlung in deutschen Großstädten schon ständige Einrichtung geworden ist.

Finanziell hat Lessing seine ganze Hoffnung auf die Druckerei gesetzt. Er spielt mit diesem Unternehmen wie in der Lotterie: Alles oder nichts. Dem Vater in Kamenz muß er, zerrissenen Herzens, die Bitte um Geld abschlagen:»Ich habe nehmlich alles, was ich noch in Vermögen gehabt, bis auf den letzten Heller zusammengenommen, und in Gemeinschaft mit einem Freunde... allhier eine Druckerey angelegt. Der Vorschuß, den dieses Etablissement erfodert, hat mich genöthiget, den größten Theil meiner Bücher zu Gelde zu machen; aber ich hoffe, es soll mich nicht reuen. Wenn das Werk einmal in Gange ist, so hoffe ich für meinen Antheil als ein ehrlicher Mann davon leben zu können.« Und dringlicher noch, verzweifelter vertröstet er ein Vierteljahr später den Pastor:»Es geht mir durch die Seele, daß ich Ihnen, liebster Vater, unmöglich zu Ostern mit dem verlangten helffen kann. Aber zu Johannis will ich Rath schaffen, es mag herkommen woher es will. Alles was ich noch gehabt, steckt in der Entreprise, von der ich in meinem vorigen Briefe gemeldet, und zu der ich noch dazu fremdes Geld aufnehmen müssen, das mich sehr drückt. Ich bin hier fremder als an einem Orte, wo ich noch gewesen, und kann mich kaum einem oder zwey vertrauen ...« Dabei hatte Johann Gottfried Lessing am 1. Januar 1768 sein fünfzigjähriges Prediger-Jubiläum gehabt; alles was der berühmte Sohn ihm dazu schenken konnte, war »eine kleine Provision an Zucker und Wein« und eine kurze Notiz in der Hamburgischen Neuen Zeitung mit dem Text: »Der Pastor Primarius zu Kamenz in der Lausitz, Hr. M. Joh. Gottfr. Lessing, feierte am 1. Jan. dieses Jahrs sein fünfzigjähriges Amtsjubiläum in einer besonders Predigt über den Text. Ps. 71 v. 17.18 ›Gott, Du hast mich von Jugend auf gelehret‹ etc. Dieser würdige Greis ist 75 Jahre alt und hat noch ein sehr gutes Gedächtnis und muntres Gesicht.«

Auch dem Bruder Theophilus, seinem Nachfolger in Meißen, dem Wittenberger Studiengenossen und Horaz-Vergleicher, den er in Breslau einmal mit Kleidung ordentlich ausstaffiert hatte, muß er absagen auf dessen fast klägliche Bewerbung hin: »... Brauchst Du keinen Korrektor, oder sonst eine Person, die ich leicht vorstellen könnte? Eher will ich nach dergleichen greifen, als etwas thun das wider Gewißen und Ehre läuft.« Denn die Hoffnung, daß Theophilus auf die Kamenzer Kanzel kommt, die Aussicht, die doch unserm Lessing auch einmal zugedacht gewesen war, erfüllt sich nicht; der Rat von Kamenz hat sich quer gelegt: Rache an den Lessings.

Die Verlagsdruckerei von Lessing und Bode braucht keinen neuen Korrektor, sie braucht, nachdem das Theater ausgefallen ist, ein wirkliches Rückgrat, sie braucht eine Zeitschrift und dafür braucht sie Autoren. »Deutsches Museum« soll das Journal heißen; nach Lessings Plan sollte es nichts als die besten deutschen Schriftsteller versammeln und hatte es (nach dem Bericht Böttigers) »auf nicht weniger, als auf eine gänzliche Wiedergeburt der deutschen Literatur abgesehn«. Nicolai hatte später eine spöttische Erinnerung an dieses Projekt und an Lessings Vorstellung, »je mehr man von den Werken der besten Köpfe verlege, desto mehr werde man verkaufen« und amüsiert sich noch immer über den »lauter baaren Verkauf«, den Lessing im Sinne gehabt habe, wenn er jeweils zur Messe zwei oder mehrere Bände des »Museums« herausgeben werde. Ganz ernst nahm Nicolai die Pläne nie, denn Lessing reagiert einmal kurz auf »Ihre Spöttereyen über die Buchdrucker Bode und Lessing« und macht sich für sein Projekt stark: »Wir werden uns also mit unserm Journal vor keiner Bibliothek in der Welt zu fürchten haben: weder vor der Allgemeinen noch vor der Klotzischen (also weder vor Nicolais »Allgemeiner Deutscher Bibliothek« noch vor der Zeitschrift seines Widersachers Klotz, von dem gleich die Rede sein wird). Das ist doch unleidlich, was die Kerle in Halle sudeln! und in was für einem Tone!«

So vernünftig die Ziele, so plausibel der Anspruch, den Lessing für seine Zeitschrift hat – so wenig verstand er sich auf das Geschäftliche, und Bode war nicht viel versierter. »Allein zum Unglück waren beyde Männer mit dem kaufmännischen und mechanischen Gang des Buchhandels völlig unbekannt. Beyde hatten ganz eigene Vorstellungen von der Eleganz des Drucks, von der Abschaffung gewisser altfränkischer Schnörkel... Beyde liebten mit einer bis zum Steifsinn gehenden Beharrlichkeit diese Kinder ihrer Phantasie, die sie sich freylich in der Spekulation als äußerst ausführbar dachten...«

Nicolai weist Lessing vor allem auf die Schwierigkeiten des Vertriebs hin – auf das bis heute heikle Geschäft, die Bücher wirklich an den Mann (der nur erst der Käufer, nicht schon der Leser sein muß) zu bringen. Und dann sieht er wohl, bei der Vorstellung der Verlagsdruckerei Bode/Lessing, eine beträchtliche Unordnung vor sich, die er mit einem kessen Vergleich illustriert: »Ich habe keinen Brief erhalten, worin Sie meine Spöttereyen über die Buchdrucker Lessing und Bode widerlegen. Vielleicht ist es mit diesem Briefe gegangen, wie mit dem Packen Briefe und Pakete, worin 6 Exemplare von Pope ein Metaphysiker waren, das Herr Voß im Jahr 1755 an Sie nach Leipzig absenden wollte, und das vorgestern in einem Winkel seines ehemaligen Ladens unter dem Rathause ist wieder gefunden worden. Wenn Sie einmal aus Hamburg wegreisen werden, so wird mir wohl derjenige, der in Ihre Stube zieht, Ihren Brief zuschicken.«

Aber Nicolai schreibt auch: »Für Ihr neues Journal habe ich allen Respekt. Wenn Sie lauter solche Sachen einrücken, als diejenigen, die ins erste Stück kommen sollen, so wird es alle, die jemals gewesen sind, übertreffen.« Und dann folgt der auch heute noch nützliche Rat an einen Zeitschriftenherausgeber: »Befleißigen Sie sich nur auf *Vorrath* von Manuscript; und lassen Sie die besten Schriftsteller Deutschlands fein fleißig schreiben. Das ist die Hauptsache, wenn die Fortsetzung ununterbrochen folgen soll. Nehmen Sie ein Exempel an Hrn. Klotz; der hat großen Vorrath von allem, was er zu seiner Bibliothek braucht. Er macht sichs aber auch nicht so schwer als Sie; er braucht nichts als Unverschämtheit… Es freut mich schon im Voraus, zu vermuthen, daß Sie heute oder morgen einen Tanz mit ihm wagen wollen.«

Von den für die Zeitschrift geplanten Werken konnten nur Klopstocks »Herrmanns Schlacht« und Heinrich Wilhelm von Gerstenbergs »Ugolino« gedruckt, verlegt und bei dem Bremer Verleger Johann Hinrich Cramer in Kommission gegeben werden. Das »Deutsche Museum« selbst ist nie eröffnet worden.

Was immer man gegen Nicolai sagen kann, in einem hat er recht: daß Lessing lieber einen Streit als Geschäfte führt; eher ein Buch vom Zorn sich diktieren läßt als eins aus fremden Manuskripten zusammenfügt. Schriftsteller ist er, nicht Bittsteller; Schreiber, nicht Sammler. Und an Stelle des Journals gibt es den Tanz mit dem Herrn Geheimrath Klotz, und zwar nicht, wie Nicolai vermutet, »heute oder morgen«, sondern heute *und* morgen. Heute ist es ein Duett, morgen schon ein

Duell, von dem sich Klotz nicht mehr erholen wird. Heute –
das ist nur ein Zeitungsartikel unter der Überschrift »Kriegserklärung an Hrn. Klotz«, der am 20. Juni 1768 in der »Hamburgischen Neuen Zeitung« steht (zwei Tage darauf noch
einmal im »Correspondenten«); morgen – das ist dann eine
furiose Kriegs*geschichte,* die ein gutes Jahr später, im September 1769, erscheint, in Buchform und unter dem eher be-
schwichtigenden Titel »Briefe, antiquarischen Inhalts, Zweiter Teil«.

Heute – das ist nur eine kurze Nachhilfestunde in Sachen publizistischen Anstands; ein paar Sätze, in denen Lessing einem
Gegner wieder einmal das Einmaleins der wahren Polemik
vorrechnet, und die zunächst keiner weiteren Erklärung bedürfen: »Herr Klotz soll mich eines unverzeihlichen Fehlers,
in seinem Buch von *den alten geschnittenen Steinen* überwiesen
haben. Das hat ein Rezensent dieses Buches für nötig gehalten, mit anzumerken. Mich eines Fehlers? das kann sehr
leicht sein. Aber eines unverzeihlichen? das sollte mir leid
tun. Zwar nicht sowohl meinetwegen, der ich ihn begangen hätte: als derentwegen, die ihn mir nicht verzeihen
wollen.
    Denn es wäre ja doch nur ein Fehler. Fehler schließen Vor-
satz und Tücke aus; und daher müssen alle Fehler allen zu
verzeihen sein.
    Doch gewisse Rezensenten haben ihre eigene Sprache.
Unverzeihlich heißt bei ihnen alles, worüber sie sich nicht
enthalten können, die Zähne zu fletschen…
    Herr Klotz hat in seinem Buche mir viermal die Ehre er-
wiesen, mich anzuführen, um mich viermal eines Besseren zu
belehren. Ich wollte nicht gern, daß ein Mensch in der Welt
wäre, der sich lieber belehren ließe, als ich. Aber –
    So viel ist gewiß, er streitet alle viermal nicht mit mir, son-
dern ich weiß selbst nicht mit wem. Mit einem, dem er meinen Namen gibt, den er zu einem großen Ignoranten und zugleich zu einem unsrer besten Kunstrichter macht. Wahrhaf-

tig, ich kenne mich zu gut, als daß ich mich für das eine, oder für das andere halten sollte.«

Schon hier (und heute) der Ansatz zu dem, was Lessings Polemiken allemal und vor allem sind: Selbstprüfungen, Temperamentsvergewisserungen, Ich-Dramatisierungen. Lessing-Lüste. Und der Gegner? Dieser Christian Adolf Klotz war ein komischer Vogel, er bestand fast nur aus Gefieder. Dabei hatte er fast dieselbe Herkunft. Auch er war ein Oberlausitzer (in Bischofswerda geboren), auch er war in St. Afra zur Schule gegangen; aber dann hatte er sich nicht wie Lessing an die eigenwillige Arbeit gemacht, sondern an eine tentakelhafte Karriere: Albert von Schirnding beschreibt diesen Senkrechtstart: »Klotz hatte sich bald nach seiner Immatrikulation in Leipzig (1758) durch seine unermüdliche Vielschreiberei und das betriebsame Anknüpfen weitreichender Verbindungen einen Namen gemacht; schon 1761, mit 23 Jahren, war er nicht nur Magister, sondern auch poeta laureatus der Universität Wittenberg, ein Jahr später außerordentlicher, und nach einem weiteren Jahr ordentlicher Professor in Göttingen, wieder nach zwei Jahren (1763) auf einem Lehrstuhl für klassische Philologie in Halle; bald darauf wurde er der jüngste preußische Geheimrat. Als wichtigstes Mittel zur Beförderung seiner Karriere und zur Festigung der erreichten Machtposition dienten ihm drei Zeitschriften, die er herausgab, vor allem die 1767 gegründete ›Deutsche Bibliothek der schönen Wissenschaften‹.«

Für Lessing war Klotz der Inbegriff des Blenders, des Bluffers; umgeben von Cliquen und Clacquen; einer, der von Anfang an nicht die Wahrheit, sondern den Einfluß suchte; der das Schreiben vor allem als Abschreiben, die Rede als Nachrede betrieb und Publizistik als ein Arsenal für Gefälligkeiten einerseits, für Erpressungen und Verleumdungen andererseits benutzte. Lessing hatte im »Laokoon« einmal kurz gegen Klotz Stellung genommen, der ein Mann »von sonst sehr richtigem und feinem Geschmacke« sei, hatte dann aber auf eine liebedienerische Rezension des »Laokoon« nicht reagiert und Klotz einen Sommer lang – 1766 – auf seinen Besuch in Halle warten lassen: und nun hatte er den Klotz nicht mehr als Verehrer, sondern als blinden Hasser am Bein. Und da die Gangster des Geistes unfähig sind zu verstehen, daß nicht alle Schriftsteller in einem Syndikat organisiert sein müssen, daß gelegentlich einer am liebsten auf eigene Faust arbeitet, sah Klotz in Lessing den Führer der Gegenpartei, den Drahtzieher hinter Nicolais »Allgemeiner Deutscher Bibliothek«. Und an dieser Vorstellung war Lessing alles zuwider: vor allem, daß Herr Klotz ihn für seinesgleichen hielt; aber auch, daß er den Kampagnen des immer großflächiger operierenden Nicolai zugerechnet wurde; ja letztlich nur, daß man ihm unterstellte, er sei Partei, wo er doch keinen Ehrgeiz kannte, als seinen Kopf für sich zu haben.

Morgen – das sind alle die zweihundert Seiten eines Zwistes über Steine, Edelsteine, antike Statuen. Über mehr als fünfzig solcher »antiquarischen Briefe« hinweg kommen wir zu Lessings Abfuhr, die er in eine Szene aus dem Don Quichotte verwandelt. Denn er sieht im Geiste den Herrn Klotz sich an die Spitze derer stellen, die aufbegehren gegen »eine Berlinische Literaturschule«, zu deren Stiftern er, Lessing gehöre«, und die in den verschiedenen Journalen »den unerträglichsten Despotismus« übe. Und Lessing spottet im Gedanken an Cervantes: »Aber möchte ein freundlicher Genius die Augen dieser Helden, wenigstens nur in Absicht auf mich erleuchten. Ich bin wahrlich nur eine Mühle, und kein Riese. Da stehe ich auf meinem Platz, ganz außer dem Dorfe, auf einem Sandhügel allein, und komme zu niemanden, und helfe niemanden und lasse mir von niemanden helfen. Wenn ich meinen Steinen etwas aufzuschütten habe, so mahle ich es ab, es mag sein, mit welchem Winde es sei. Alle zwei und dreißig Winde sind meine Freunde. Von der ganzen weiten Atmosphäre verlange ich nicht einen Fingerbreit mehr, als gerade meine Flügel zu ihrem Umlaufe brauchen. Nur diesen Umlauf lasse man ihnen frei. Mücken können dazwischen hin schwärmen: aber mutwillige Buben müssen nicht alle Augenblicke sich darunter durchjagen wollen; noch weniger muß sie eine Hand hemmen wollen, die nicht stärker ist, als der Wind, der mich umtreibt. Wen meine Flügel mit in die Luft schleudern, der hat es sich selbst anzuschreiben: auch kann ich ihn nicht sanfter niedersetzen, als er fällt...«

Welch ein Bild! Welch stabiler Stolz! Welch ein Triumph der Unnahbarkeit! Welch ein hinreißendes Beispiel für Produktivität! Kein Wirbel mehr, sondern das lautlose Kreisen der Flügel. – Die Gegner laufen Sturm, aber sie laufen leer. Der Klotz rammt die Mühle nicht. Er versucht es noch ein paarmal. Zwei Jahre später, am 31. Dezember 1771, stirbt er.

In der Polemik siegen – das kann Lessing. Aber einmal im Alltag die Oberhand behalten – warum kann er das nicht? Im Herbst 1768 trennt er sich ganz von dem Theaterunternehmen und dessen Direktor, halb von Bode (der sein Freund bleibt) und von der dahinkümmernden Druckerei. Und dabei fühlt er sich fast wie ein Hans im Glück, der aller Bürden ledig ist. Einmal hat er schon dem Bruder Karl gesagt: »Gott sey Dank, bald kommt die Zeit wieder, daß ich keinen Pfennig in der Welt mein nennen kann, als den, den ich erst verdienen soll.« Allerdings: »Ich bin unglücklich, wenn es mit Schreiben geschehen muß.«

Wie aber, wenn wir wieder einmal ein frisches, zukunftsames Datum schreiben wollten in Lessings Hamburger Zeit, einen Tag mit weiter Aussicht, neuer Perspektive, einen erwartungsvollen Moment? Viel Auswahl gibt es da nicht. Wir schreiben, Lessing schreibt, den 28. September 1768. Der Brief geht an Nicolai, und den Spott wegen des Journals zahlt Lessing nun mit aufbruchsbereitem Übermut heim; denn jetzt geht es in den Süden, und die Sache ist wieder einmal – gewiß.

»Ich gehe künftigen Februar von Hamburg weg. Und wohin? Geraden Weges nach Rom. Sie lachen; aber Sie können gewiß glauben, daß es geschieht... Was ich in Rom will, werde ich Ihnen aus Rom schreiben. Von hier aus kann ich Ihnen nur soviel sagen, daß ich in Rom wenigstens eben so viel zu suchen und zu erwarten habe, als an einem Orte in Deutschland. Hier kann ich des Jahres nicht für 800 Rthlr. leben; aber in Rom für 300 Rthlr. So viel kann ich ungefähr noch mit hinbringen, um ein Jahr da zu leben; wenn das alle ist, nun so wäre es auch hier alle, und ich bin gewiß versichert, daß es sich lustiger und erbaulicher in Rom muß hungern lassen, als in Deutschland... Zu Ersparung der Kosten bin ich entschlossen, von hier nach Livorno zu Schiffe zu gehen. Es ist also gewiß, daß wir einander so bald nicht wieder zu sprechen bekommen dürften, wenn Sie nicht noch nach Hamburg kommen. Ich dächte Sie kämen, um zugleich auch noch unser Theater zu sehen, welches auf Ostern gleichfalls auffliegt. Die besten Acteurs gehen alle ab: denn Ackermann übernimmt es wieder. Damit wäre es also auch vorbey. – Von meiner Verbindung mit Bode habe ich mich auch bereits losgesagt, und nichts in der Welt kann mich länger hier halten. Alle Umstände scheinen es so einzuleiten, daß meine Geschichte die Geschichte von Salomons Katze werden soll, die sich alle Tage ein wenig weiter von ihrem Hause wagte, bis sie endlich gar nicht wieder kam. – Indeß habe ich noch viel zu thun. Ich muß meine Dramaturgie noch fertig machen...«

Lessing nach Rom? Das gab damals Gesprächsstoff. »Aber wißen Sie, was mich ärgert?« schreibt er Johann Arnold Ebert nach Braunschweig: »Daß alle, denen ich sage, ›ich reise nach Rom‹ sogleich auf Winkelmann verfallen. Was hat Winkelmann, und der Plan, den sich Winkelmann in Italien machte, mit meiner Reise zu thun? Niemand kann den Mann höher schätzen als ich: aber dennoch möchte ich eben so ungern Winkelmann seyn, als ich oft Lessing bin!«

Die »Dramaturgie« ist, im April 1769, fertig und gedruckt und publiziert, da hält sich Lessing immer noch in Hamburg auf; Mitte des Jahres gibt es einen neuen Hinderungsgrund:

»Meine Abreise verzieht sich ohnedies von einer Woche bis zur andern; besonders habe ich versprochen, noch gewisse Dinge aus Wien erst mit abzuwarten.« Gewisse Dinge aus Wien – das bezieht sich auf Pläne, in die Klopstock ihn hinein-reden möchte; Klopstock, der immer noch in Kopenhagen ist, aber gern und oft nach Hamburg kommt; Klopstock, auf dessen Mitarbeit beim »Deutschen Museum« man so drin-gend gerechnet hatte; Klopstock, der von den Hamburger Mädchen umschwärmte Schlittschuhläufer; Klopstock, den Lessing nun aber auch näher kennenlernt und von dem er nach Berlin meldet: »Klopstock ist hier gewesen, und ich hätte manch angenehme Stunde mit ihm haben können, wenn ich sie zu genießen gewußt. Ich fand, daß er mir besser gefallen müßte als jemals.« Klopstock, der Lessing immer wieder von den kulturellen Reformplänen des österreichi-schen Hofes vorgeschwärmt und von der Absicht Josephs II. berichtet hatte, in Wien eine Akademie der Wissenschaft und Künste zu gründen; Klopstock, der im April 1768 dem Für-sten Kaunitz ein »Fragment aus einem Geschichtsschreiber des neunzehnten Jahrhunderts« geschickt hatte, ein als Retro-spektive chiffriertes Programm, das zum Beispiel Lessing und Gerstenberg als Intendanten und Dramaturgen eines neuen Nationaltheaters, einer wirklichen staatlichen Bil-dungsanstalt, vorsah.

Und wieder spottet Nicolai, dem Lessing von der Sache er-zählt hatte; er hoffe nur, daß mit der Akademie »auch zugleich Freyheit zu denken daselbst eingeführt werde«. Es ist diese Flapsigkeit, die Lessings bösestes Wort über Berlin hervorruft: »Sagen Sie mir von Ihrer Berlinischen Freyheit zu denken und zu schreiben ja nichts. Sie reduciert sich einzig und allein auf die Freyheit, gegen die Religion so viel Sottisen zu Markte zu bringen, als man will… Lassen Sie einen in Berlin auftreten, der für die Rechte der Unterthanen, der gegen Aussaugung und Despotismus seine Stimme erheben wollte… und Sie werden bald die Erfahrung haben, welches Land bis auf den heutigen Tag das sklavischste Land von Europa ist.«

Aber so wie Lessing zwanzig Jahre vorher nicht nach Wien, Hamburg oder Hannover gegangen ist, so geht er nun von Hamburg aus nicht nach Wien und nicht nach Rom; seine nächste Station heißt anders und ist ganz und gar nicht großstädtisch: Wolfenbüttel.

Will er da hin? Eigentlich nicht. Doch, ja. Er nimmt es nicht fatalistisch, er nimmt es mit der hochgespannten Gelassenheits-Virtuosität des Spielers, als ein Stück Lebens-Lotterie: »Das Rad ist lange gedrehet worden; und siehe, endlich kömmt eine Zahl heraus, von der ich mir nie etwas versprochen hatte. Aber die Freundschaft hatte sie für mich besetzt. Kurz, mein lieber Gleim, es ist wahr, was Sie gehört und gelesen haben. Ich habe die Bibliothekariatsstelle in Wolfenbüttel angenommen, mit der Versicherung, daß meine Reise nach Italien dadurch nicht rückgängig, sondern nur so lange verschoben werden soll, bis ich meinen Platz hinlänglich kennen lernen.« Es war Ebert, der Professor am Carolineum in Braunschweig, der die Position vermittelt und den Braunschweiger Erbprinzen begierig gemacht hatte, den berühmten Lessing für die Bibliothek und als intellektuelle Zierde des Hofes zu gewinnen. Im Dezember 1769 war Lessing schon einmal kurz nach Braunschweig gereist, »um dem Erbprinzen in Person für die Gnade zu danken, die er für mich haben will; es mag davon so viel oder so wenig wirklich werden, als kann«. Sein Vertrag sieht 600 Taler jährlich, freie Wohnung und die Aussicht auf eine Gelehrten-Reise durch Italien vor.

Aber jetzt, da Lessing Hamburg verlassen soll, wird ihm der Abschied schwer; nachdem alle Unternehmungen nicht sowohl gescheitert als versickert sind, wird für ihn beim Aufbruch sichtbar, was der Hamburgische Traum eigentlich gewesen ist: der Umgang mit gebildeten und aufgeklärten Leuten. Nicht die Entreprise, nicht die Druckerei waren die Realität dieser drei Jahre: sondern die Gesellschaft von Menschen, der lebendige Alltag, das dauernde Rendezvous mit der Weltoffenheit, allen Orthodoxen zum Trotz. Schon vor der Stippvisite am Braunschweiger Hof hatte Lessing etwas von der Schwierigkeit dieses Adieus gespürt: »Ich bin leider hier so tief eingenistet, daß ich mich gemächlich losreißen muß, wenn nicht hier und da ein Stück Haut mit sitzen bleiben soll.« Denn er hat gute Freunde gefunden in Hamburg; die deshalb so gute Freunde sind, weil sie auch kritische und scharfsinnige Köpfe sind wie die Familie Reimarus; weil sie auch herzlich-herzhafte Charaktere sind wie dieser Matthias Claudius, der das Haus und den Kopf voll hat mit Frau und Kindern und über Lessing staunt: »Zerstreuter ist in dieser Gegend kein Mensch als er«; weil sie auch Wiedersehens-Freunde sind wie Karl Philipp Emanuel Bach, der aus Berlin nach Hamburg gekommen ist; weil sie auch schutzbedürftige Freunde sind wie diese Eva König, deren Mann soeben in Venedig gestorben ist und die nun mit ihren vier Kindern allein dasteht (das jüngste heißt Fritz, und Lessing hat Pate gestanden). Und dann reisen in Hamburg ja auch immer angenehme Leute durch; zum Beispiel dieser Mann aus dem fernen Riga, der alles weiß, spürt und kommen sieht: Johann Gottfried Herder, der auf dem Weg nach Frankreich in diesem Frühjahr 1770 in Hamburg Station macht, und auf der Rückreise auch. »Mit Lessing habe ich 14 vergnügte Tage gehabt und wacker umhergeschwärmt.« So empfindet Herder die Begegnung.

Und nun verschiebt Lessing die Reise nach Braunschweig, den Dienstbeginn in Wolfenbüttel, immer wieder; wie ein durchtriebener Schüler hält er mit immer neuen Entschuldigungen den nervös werdenden Ebert hin, der wiederum den Erbprinzen beruhigen muß. »Bereiten Sie meine Entschuldigung bey unserm Erbprinzen ja vor. Die schlimmen Wege, die so unvermuthet einfielen, und mein darauf folgendes Fieber sind in der That und Wahrheit eigentlich Schuld, daß ich über die Zeit ausgeblieben. Hamburg, ob es gleich Ihr unvergleichliches göttliches einziges Hamburg ist, würde mich nicht allein gehalten haben. *Nicht allein,* sage ich. Denn im Grunde will (ich) es Ihnen doch nur gestehen, daß ich verschiedene Freunde hier sehr ungern verlaße; und noch ungerner verlaßen würde, wenn ich nicht ihresgleichen wieder zu finden hoffen dürfte.« Das schreibt Lessing in seinem letzten Brief aus Hamburg, am 15. April 1770, fast auf den Tag genau drei Jahre nach seiner Ankunft in der Stadt. Der Koffer ist schon fort, das große Gepäck seit Tagen unterwegs, nur die geliebte Bibliothek bleibt an Ort und Stelle, weil Lessing so arm dran ist, daß er nur durch den Verkauf der Bücher den allerschlimmsten Ruin verhindern kann. Da sitzt er, »aller Bedürfnisse entblößt«, im ausgeräumten Zimmer, und muß das tun, was er in einer englischen Sprichwörtersammlung als den »größten Schritt« definiert gefunden hat: »den Schritt aus der Türe«.

Aber so sang- und klang- und wortlos kommt uns Lessing nicht nach Wolfenbüttel davon. Am Ende des Hamburgischen Traums (das der Beginn des Traums von Hamburg ist) spielen wir, auch einmal, das Vexierspiel mit Daten selbst. Im April 1770 schreiben wir noch einmal den April 1767 mit jenen Worten, die Lessing unter dem Datum des 19. April 1768 im April 1769 geschrieben hat; mit jenem triumphalen Seufzer, der in den Schlußpassagen der Dramaturgie den Anfang beschwört: »Wenn das Publikum fragt; was ist denn nun geschehen? und mit einem höhnischen Nichts sich selbst antwortet: so frage ich wiederum; und was hat denn das Publikum getan, damit etwas geschehen könnte? Auch nichts; ja noch etwas schlimmers, als nichts. Nicht genug, daß es das Werk nicht allein nicht befördert; es hat ihm nicht einmal seinen natürlichen Lauf gelassen. – Über den gutherzigen Einfall, den Deutschen ein Nationaltheater zu verschaffen, da wir Deutsche noch keine Nation sind! Ich rede nicht von der politischen Verfassung, sondern bloß von dem sittlichen Charakter. Fast sollte man sagen, dieser sei: keinen eigenen haben zu wollen.«

STELLUNG NEHMEN
oder:
Immer Ärger mit den Großen

Tote Gesellschafter – zum Leben erweckt

> Er war allein fortgegangen, um sich niemandem anvertrauen zu müssen. Unter den Bäumen versteckt, konnte er das Schloß und die schneebedeckten Berge sehen. Er wartete, bis es vollkommen Nacht war; jetzt konnte er handeln... Vor dem Eingang des Wachraums, der nur wenige Meter von ihm entfernt lag, hatte man eine Tür aus Brettern gestellt. Da seine Augen an die Dunkelheit gewöhnt waren, konnte er sie erkennen. Er schlich auf die Tür zu und löste behutsam seinen Mantel, um ihn um seinen linken Arm zu wickeln; dann stieß er mit dem Fuß die Tür auf. Schwer fiel sie auf den Boden und wirbelte eine Staubwolke hoch, die sich plötzlich legte. Er trat ein. Der unermeßlich große Saal war leer.
>
> *René Magritte*

Und da ist nun dieses Wolfenbüttel, und siehe, es ist gar nicht da. In Wolfenbüttel sich einrichten? Aber Wolfenbüttel gibt es doch gar nicht mehr, der Ort ist ausgestorben. Der Stadt ist alles abhanden gekommen, was sie zur Stadt machte, und wenn die Oker sich moderig und müde hindurchwindet, ist sie weniger ein Fluß als ein Mäanderzeichen der Schlappe, die die Zeit diesem Platz beigebracht hat. Einmal vorher hat Lessing hier ja Halt gemacht, auf der Reise mit Winkler, mit den flüchtigen Augen des Durchreisenden; das war im frühen Sommer 1756. Jetzt aber, beim Versuch, bei der Nötigung, Fuß zu fassen, zeigt sich: Dies Wolfenbüttel ist nur noch für

Durchreisende, für die Durchreise gemacht. Es liegt unaufdringlich am Wege. Aber zum Aufenthalt? Zur Bleibe? Zur Ausdauer?

Der Residenzstadt ist die Residenz verlorengegangen – das heißt Leute und Leben. Das große schöne Schloß – verlassen, seit der Hof vor anderthalb Jahrzehnten samt Herzog, Herzogin, Mätressen, Musikanten und Hofbeamten und allem sonstigen Personal ins größere und lebhaftere Braunschweig gezogen ist. Das Kleine Schloß nebenan, die alte Ritterakademie, ist längst außer Betrieb, seit die jungen Leute ihren Drill und ihre Allüren woanders bekommen. Dieses Wolfenbüttel, noch dazu im Siebenjährigen Krieg von vierzehntausend Einwohnern auf gerade siebentausend ausgeblutet, ist kaum mehr als ein großes abgestandenes Dorf aus leeren Häusern, gähnenden Kirchen, unwirtlichen Plätzen und Bäumen, die noch Schatten werfen, aber ihn kaum einem mehr spenden. Wolfenbüttel ist, als Lessing ankommt, von allen guten Geistern verlassen, ein ödes Nest.

Ist das nicht zu schwarz gesehen? Zu tot, zu gruftig, zu ausgeweidet? Aber es sind Lessings Briefe selbst aus Wolfenbüttel, seine eigenen Nachrichten, die den Tenor solcher Beschreibung bestimmen. Lebenszeichen kann man sie nicht nennen; Sterbenswörtchen schon eher. Wie schwer Lessing der letzte Schritt, der kurze Weg von Braunschweig in die Einsamkeit Wolfenbüttel geworden ist, sagt schon der erste Gruß, den er an Johann Arnold Ebert schreibt; als wenn einer sich wenn schon nicht Trost, so doch Sarkasmus zusprechen möchte: »Ich bin Ihnen unter den Händen weggekommen. Aber es verlohnt auch wohl der Mühe, daß man Abschied nimmt, wenn man stirbt – oder von Braunschweig nach Wolfenbüttel reiset! – Denken Sie ja nicht, weil ich dieses beides zusammensetze, daß ich mich gestorben zu seyn glaube. Man kan nicht ruhiger und zufriedner *leben,* als ich diese drey Tage gelebt habe. Euch Schwärmern, die Ihr alle Tage hofieret, alle Tage zu Gaste seyd, muß freylich ein solches Leben Tod dünken. Ruft immer mit jenem französischen Bedienten: es lebe das Leben! Ich rufe: es lebe der Tod! – sollte es auch nur seyn, um mit keinem französischen Bedienten etwas gemein zu haben.«

In einem Brief an Nicolai beschreibt Lessing seine Unterbringung: »Ich wohne in einem großen verlaßenen Schloße ganz allein: und der Abfall von dem Zirkel, in welchem ich in Hamburg herumschwärmte, auf meine gegenwärtige Einsamkeit ist groß, und würde jedem unerträglich seyn, der nicht alle Veränderung von Schwarz in Weiß so sehr liebt als ich.« Und den Mut, den er sich einredet: »Ich habe alle Gründe zu hoffen, daß ich hier recht glücklich leben werde« – diesen Mut versetzt er gleich auch mit einem Schuß Resignation: »Auf Jahr und Tag werde ich sogar meine Reise aus den Gedanken verlieren; denn ich sehe so viel andere Nahrung vor (= für) mich, daß ich kaum weiß worauf ich zuerst fallen soll. Vors erste werde ich ganz Buridans Esel spielen.«

Von seinem Gemütszustand in den ersten Wolfenbütteler Wochen spricht er nur zu Eva König; der Hamburger Kaufmanns-Witwe, seiner späteren Frau, meldet er nach gut (oder schlecht) einem Monat in Wolfenbüttel: »Ich bin den ganzen Tag unruhig, wenn ich nach Hamburg schreibe, und drey Tage vergehen, ehe mir alles hier wieder so recht gefällt, als es mir gefallen soll. Sie dürfen zwar nicht meinen, als ob ich nicht vergnügt hier wäre. Nur wenn man sich erinnert, daß man anderswo oft sehr vergnügt gewesen, kann man sich kaum überreden, daß man es noch ist... Sie, mit Ihrer Familie, befinden sich doch wohl? und recht wohl? Was macht Malchen, und was macht mein Pathe? Es ist itzt alles so weitläuftig und öde um mich, daß ich zu mancher Stunde gern wie viel darum geben wollte, wenigstens von meinen kleinen Gesellschaftern in Hamburg etwas um mich zu haben.«

Abwechslung aber kann er auch verzeichnen; er tut es mit kokettem Mißmut: »Können Sie glauben, daß Ackermann nun auch in Wolfenbüttel spielen will? Übermorgen fängt er hier an; das Theater ist auf dem Schlosse (also dort, wo auch Lessings Wohnung ist) und ich habe es so nahe, als ich es noch nie gehabt habe. Mir ist es gar nicht gelegen, und ich glaube, der Teufel hat sein Spiel, daß mir die Komödie immer auf den Hacken bleibt.«

Das Wolfenbüttel, das es damals nicht mehr gab, gibt es auch heute noch. Wolfenbüttel ist die erste Station (und die letzte), wo wir Lessing in seiner Umgebung einholen und uns vorstellen können, in einer alten intakten Umgebung. Allen anderen Orten, den Lessingschen Großstädten Leipzig, Berlin, Hamburg, haben Zerstörung und Entwicklung, Krieg und Friedensübermut, hat die Geschichte den Rest gegeben; Kamenz ist noch einmal im vergangenen Jahrhundert vom Feuer heimgesucht worden; einzig Wolfenbüttel blieb verschont: von Bomben und Bauwut, von Wandel und Handel, vom 19. Jahrhundert und fast ganz vom zwanzigsten. Hier gibt es noch die alten Gassen mit den meist schmalen, kaum einmal patrizisch sich breit machenden Fachwerkhäusern, hier gibt es noch den Stadtmarkt mit dem jungen Gemüse, einen der schönsten Plätze im Norden Deutschlands, und was ihn ziert, ist kein Lessing-Monument, sondern ein Reiterdenkmal, das den Reiter neben dem Pferd zeigt.

In Wolfenbüttel ist die Geschichte gleichsam eingeschlafen, und der sie erweckt hat, ist paradoxerweise Lessing. Die Stadt hat sich inzwischen neu begriffen und begründet als Lessing-Stadt. Seit Wolfenbüttel sich auf das Jahrzehnt mit Lessing besonnen hat, ist es eine Stadt dieses Jahrhunderts geworden. Seit es, dank der Initiative des heutigen Bibliothekars Paul Raabe, die Vergangenheit entdeckt hat, hat es Lust und Anspruch auf Aktualität: »Eine Lessingstadt steht im Dienst der Geschichte, in dem Bemühen, in einer geschichtslos werdenden Zeit für das Geschichtsbewußtsein und für Menschlichkeit unablässig zu wirken.«

Aber Wolfenbüttel ist für Lessing ja nicht nur die Bleibe, auch der Beruf. »Ich wünschte in meinem Leben noch das Vergnügen zu haben, Sie hier herum führen zu können, da ich weis was für ein großer Liebhaber und Kenner Sie von allen Arten von Büchern sind.« Lessing schreibt das, im Sommer 1770, an seinen Vater, und wozu er ihn einlädt, ist ein Besuch in der Bibliothek, deren Leiter er nun geworden ist. Denn so unbedeutend der Ort selbst ist, so wichtig ist die intellektuelle Enklave. Indem Lessing Herr ist über einen Bücherschatz, der noch um die Wende des Jahrhunderts seinesgleichen nicht hatte in der Welt und gar als das achte Weltwunder bezeichnet worden war, sitzt er in der Zentrale eines Kommunikationssystems, das ihn mit Gelehrten und Schriftstellern aus allen Gebieten des Wissens, aus allen Regionen des damaligen Deutschland, ja auch mit zahlreichen Kapitalen des Auslands verbindet.

Die Wolfenbütteler Bibliothek – das ist nicht nur eine düstere und gelehrte Klausur, sondern in jenem Jahrhundert der Geschichtsentdeckung und der Vergangenheitserfahrung auch ein Vorsprung an Information, eine Fundgrube für den, der zu suchen und zu fragen und zu finden weiß. Lessing hat nie ein kleines Fürstentum besessen wie Voltaire mit seinem Ferney, er hat keine Arbeitsresidenz wie der alte Haller in Roche gehabt, auch nie die langjährige königliche Zuflucht erfahren wie Klopstock in Kopenhagen –, aber er hat mit dieser Bibliothek doch zum erstenmal in seinem Leben nicht nur eine Stellung, sondern auch festen Stand. Diese Büchersammlung ist für den Schriftsteller und Polemiker und Eigensinner Lessing weniger ein Refugium als ein Hauptquartier für Fehden und Feldzüge, ein Arsenal an Argumenten. Vor allem für den Kämpfer Lessing ist diese Bibliothek, was für die frommen Lutheraner Gott ist: ein' feste Burg. Diese Position ist auch Bastion.

Worauf Lessing sich stützen kann, ist die Bücherleidenschaft mehrerer Generationen des braunschweigischen Herzoghauses, ist der Sammeleifer, der schon früh eingesetzt und vor allem die Schriften des Mittelalters zusammengetragen hatte. Schon die Herzöge Julius (der von 1568 bis 1589 regierte) und Heinrich Julius (1589 bis 1613) waren auf Bücher aus gewesen; die hatte aber Herzog Friedrich Ulrich (1613 bis 1634) alle der Universität Helmstedt, die zum Herzogtum gehörte, vermacht. Erst Herzog August, der zweiunddreißig Jahre lang an der Regierung war, von 1634 bis 1666, stellte die Bücher wieder selbst in die Regale: Er war nicht nur ein Sammler unter den Fürsten, sondern auch ein Fürst unter den Sammlern und hatte sich schon auf seinem Schloß in Hitzakker eine reiche Privatbibliothek mit wertvollen Pergamenten und Handschriften angelegt. Nach diesem Herzog, der mitten im Dreißigjährigen Krieg der friedlichsten Beschäftigung nachging, heißt die Bibliothek Herzog August Bibliothek, Bibliotheca Augustana.

Ist es so verwunderlich, daß einer, der so mit den Büchern lebt wie dieser Herzog August, dafür kein eigenes Haus gebaut hat? Erst sein Sohn Anton Ulrich ließ ein Gebäude aufführen; vier Jahre lang, von 1706 bis 1710, wurde daran gearbeitet. Es wurde ein immenser Kuppelbau, die sogenannte Rotunde, das, was wir heute als Mehrzweckhalle bezeichnen würden. Denn der mehr an eine Zirkusarena als an eine der klassischen Bibliotheken erinnernde Bau war auch als Marstall gedacht. Oben sollten die Bücher stehen, während »in dessen unterem Teil eine Reitbahn« war. Der Marstall als Bibliothek – das war keine banausisch-braunschweigische Spezialität. Auch in Berlin hatte man die 1696 gegründete Akademie der Wissenschaften zunächst einmal im alten Marstall neben dem Schloß untergebracht, und Leibniz hatte das spöttische Motto »Mulis et Musis« in Umlauf gebracht – für die Esel und für die Musen. Leibniz war es, der um die Wende vom 17. zum 18. Jahrhundert der Wolfenbütteler Bibliothek vorstand, sechsundzwanzig Jahre lang, von 1690 bis 1716. Aber er hat sich sehr gehütet, je nach Wolfenbüttel zu ziehen; er hat sein Amt von Hannover aus verwaltet; vermutlich hat ihn die Wiederkehr des Mulis et Musis angewidert; erst drei Jahre vor seinem Tod, dreizehn Jahre nach Fertigstellung des Gebäudes, ist die Bibliothek in die Rotunde eingeräumt worden. Wie nun aber andererseits eine Büchersammlung bei abwesendem Bibliothekar ausgesehen haben mag, kann man sich für das 18. Jahrhundert sicher genau so gut vorstellen wie für das zwanzigste. Es waren denn auch später eher biedere Hofbeamte, die da zu tun bekamen, und ehe Lessing seinen Auftritt hatte, gab es in Wolfenbüttel einen Klosterrat namens Hugo, der das sicher auch noch länger gemacht hätte, wenn man ihn gelassen hätte.

Lessing schreibt in dem Brief vom 27. Juli 1770 an seinen Vater, »daß die Stelle des Bibliothekars, welche gar nicht leer war, für mich eigentlich leer gemacht ward«, und er erklärt ihm seine Verpflichtungen: »Eigentliche Amtsgeschäfte habe ich dabey keine andere, als die ich mir selbst machen will. Ich darf mich rühmen, daß der Erbprintz mehr darauf gesehen, daß ich die Bibliothek, als daß die Bibliothek mich nutzen soll.«

Die Bibliothek aber kann Lessing dem Vater nicht mehr zeigen; der Pastor primarius stirbt am 22. August 1770 im Alter von 77 Jahren; stirbt mit dem beruhigten Gefühl, vier seiner Söhne nun versorgt zu wissen: Karl Gotthelf ist Assistent des Berliner Münzdirektors geworden, Theophilus Konrektor in Pirna und Gottlob »an mehr denn einem Orthe Justitiarius« in Schlesien. Nun also hat auch der Lieblingssohn sein Auskommen als Bibliothekar und wird sich hoffentlich seiner Verbindlichkeit gegenüber dem Kamenzer Elternhaus wieder einmal erinnern; auch wenn er schon wieder abwinkend geschrieben hat: »Daß Carl eine Versorgung erhalten, bey der er nun nicht mehr nötig hat, vom Schreiben zu leben, ist ein großes Glück für ihn. Er hat, wie er mir geschrieben, ebenfalls 600 Rthlr. jährlichen Gehalt und kann damit weiter kommen, als ich, da er den Aufwand nicht zu machen braucht, den ich machen muß.«

In diesem letzten Brief an den Vater meldet ihm Lessing seinen ersten Fund in der Bibliothek; er tut es wohl mit dem besonderen Eifer des gehorsamen Sohnes, aber er tut es auch nicht ohne eigene Erregung: »Gleich Anfangs habe ich unter den hiesigen Manuskripten, deren an 6000 vorhanden, eine

Entdeckung gemacht, welche sehr wichtig ist, und in die Theologische Gelehrsamkeit einschlägt. Sie kennen den Berengarius, welcher sich in dem XI^{ten} Jahrhunderte der Lehre der Transsubstantion widersetzte. Von diesem habe ich nun ein Werk aufgefunden, von dem ich sagen darf, daß noch kein Mensch etwas weis; ja deßen Existenz die Katholiken schlechterdings geleugnet haben...«

Schon bei dieser ersten Lessingschen Entdeckung in der Bibliothek zeigen sich jene drei Begleitumstände, die für die künftige Arbeit inmitten der Bücher und Manuskripte kennzeichnend sein werden: Das erste Charakteristikum ist der Streit der Gelehrten, den Lessing entfacht und zu entfachen sucht (»Ich sehe voraus, wie unendlich verschieden die Urteile hierüber ausfallen werden...«); das andere ist die Sorge, ob auch der Hof gute Miene zum publizistischen Stöbern und Stochern mache (»Ein so guter und weiser Fürst ist zu sehr überzeugt, daß auch solche Schätze keine Schätze sind, wenn sie nicht jeder nutzen kann, der ihrer bedarf.«); und zum dritten ist es die Aufputschung solcher Funde durch Lessings Kommentar, der eine alte Schrift ja nicht nur mit ein paar unverbindlichen Zeilen als Reliquie oder Relikt einführt, sondern sofort deren Aktualität erkennt und aufs neue freisetzt. »Die Bücher, die toten Gesellschafter!« hatte die erste Lessingsche Lisette ausgerufen; aber eben das sind sie für Lessing nicht; schon gar nicht in Wolfenbüttel.

Das eben ist das Aufregende an Lessings Umgang mit Texten: Er findet eine alte Schrift, und er entdeckt einen Menschen. Er gerät an ein theologisches Problem des Mittelalters (das auch für seine Gegenwart, ja bis in unsere Zeit, akut ist), aber was ihn vor allem interessiert, ist der Charakter des Mannes, der darin, bis zur Gefährdung der leiblichen Existenz, verstrickt ist. Lessing fragt: Wie verhält sich einer, dessen Leben aus Streit besteht, aus Aufsässigkeit, aus Kritiklust. Wie Lessing in seinen Polemiken, in der Auseinandersetzung mit Gegnern seine Ich-Dramatisierungen, seine Selbst-Inszenierungen betreibt, so übt er sich mit den »Rettungen« in der Porträtierung verwandter Naturen, ähnlicher Charakte-re, kritisch-insistierender Köpfe.

Und ohne daß wir viel von Berengarius wissen müßten, von diesem Abt des Klosters Tours, der sich wegen seiner »ketzerischen« Haltung in der Abendmahlslehre gleich mit zwei Päpsten und der gesamten Kirchen-Ideologie überwor-fen hat, packen uns die knappen Sätze, mit denen Lessing vom Umgang mit der Wahrheit spricht: »Ich weiß nicht, ob es Pflicht ist, Glück und Leben der Wahrheit aufzuopfern; wenigstens sind Mut und Entschlossenheit, welche dazu ge-hören, keine Gaben, die wir uns selbst geben können. Aber das, weiß ich, ist Pflicht, wenn man Wahrheit lehren will, sie ganz, oder gar nicht, zu lehren; sie klar und rund, ohne Rätsel, ohne Zurückhaltung, ohne Mißtrauen in ihre Kraft und Nützlichkeit zu lehren: und die Gaben, welche dazu erfordert werden, stehen in unserer Gewalt. Wer die nicht erwerben, oder, wenn er sie erworben, nicht brauchen will, der macht sich um den menschlichen Verstand nur schlecht verdient, wenn er grobe Irrtümer uns benimmt, die volle Wahrheit aber vorenthält, und mit einem Mitteldinge von Wahrheit und Lüge uns befriedigen will. Denn je gröber der Irrtum, desto kürzer und gerader der Weg zur Wahrheit, dahingegen der verfeinerte Irrtum uns auf ewig von der Wahrheit ent-fernt halten kann, je schwerer uns einleuchtet, daß er Irrtum ist.«

Berengarius war ein unbequemer Mann, und seine Thesen gegen die Transsubstantion hatten die päpstliche Orthodoxie auf den Plan gerufen. Man lud den Unbotmäßigen nach Rom, wo er unter Nicolaus II. gezwungen wurde, seine Mei-nung zu widerrufen und eine Glaubensformel, eine Art Wohlverhaltensklausel, zu unterzeichnen. »Aber kaum war er aus den Händen seiner Feinde, als er alles wieder zurück-nahm, was er, aus Furcht vor dem Tode, gegen die Wahrheit geredet und geschrieben hatte.« Diesen in Rom sich unter-werfenden Abt nimmt Lessing ausdrücklich in Schutz: »Weil Berengarius schwach war, muß er darum mit Vorsatz falsch gewesen sein? Weil ich ihn beklagen muß, soll ich ihn auch verachten müssen? Der Mann, der, bei drohenden Gefahren, der Wahrheit untreu wird, kann die Wahrheit doch sehr lieben, und die Wahrheit vergibt ihm seine Untreue, um seiner Liebe willen.«

Als Berengarius, zurück in Tours, den römischen Kniefall aufhebt und seine alte Meinung aufs neue bekräftigt, wird der berühmte Theologe Lanfrancus gegen ihn aufgeboten, der spätere Erzbischof von Canterbury. Der leuchtet dem Ketzer nun mit einer Philippika heim, die auch für Lessing nichts anderes ist »als ein niederdonnerndes Werk, voll der triumphierendsten Gründe«. Und dermaßen niedergedonnert, gibt der aufsässige Berengarius keinen Ton mehr von sich, ist sprachlos, fassungslos, mundtot gemacht. Ist er das wirklich? Gibt sich ein Mann von Rang und Temperament so geschlagen?

Mitnichten. Lessing sagt nein. Er würde aus solidarischem Aufbegehren nein sagen, aber nun kann er das Nein belegen. Denn der Fund, den er in seiner neuen Bibliothek gemacht hat, erweist sich als das Dokument des weiteren Aufbäumens, eines tapferen Trotzes, mit dem sich Berengarius auch gegen den Donner des Lanfrancus zur Wehr gesetzt hat. Es triumphiert nicht der Theologe Lessing, nicht der Bibliothekar, sondern der wahrheitsbesessene Polemiker: »Kurz, ich fand, was ich gesagt habe: ein Werk, worin Berengarius dem Lanfrancus Schritt vor Schritt folget, und auf jedes seiner Argumente und Einwendungen nach der nämlichen Methode antwortet, welche sein Gegner wider ihn gebraucht hatte…«

Wieder einmal beschreibt Lessing eine Emanzipation. Wieder einmal macht er sich stark für einen, der sich selbst stark gemacht hat; Berengarius steht nur Modell für die Tapferkeit des Mündigwerdens; für die Anstrengung, solche Mündigkeit durchzuhalten, ein Leben lang: »Ein Mann, wie Berengarius, hätte die Wahrheit gesucht; hätte die gesuchte Wahrheit in einem Alter, in welchem sein Verstand alle ihm mögliche Reife haben mußte, zu finden geglaubt; hätte die gefundene Wahrheit mutig bekannt, und mit Gründen andere gelehret; wäre bei der bekannten und gelehrten Wahrheit, Trotz allen Gefahren, Trotz seiner eignen Furchtsamkeit vor diesen Gefahren, dreissig, vierzig Jahre, beharret; und auf einmal, in eben dem Augenblicke, da unter allen erworbenen Schätzen, dem Menschen keine werter sein müssen, als die Schätze der Wahrheit, die einzigen, die er mit sich zu nehmen Hoffnung hat, – eben da, auf einmal, hätte seine Seele so umgekehrt werden können, daß Wahrheit für ihn Wahrheit zu sein aufhörte? – Wer mich dieses bereden könnte, der hätte mich zugleich beredet, allen Untersuchungen der Wahrheit von nun an zu entsagen. Denn wozu diese fruchtlosen Untersuchungen, wenn sich über die Vorurteile unserer ersten Erziehung doch kein dauerhafter Sieg erhalten läßt? wenn diese nie auszurotten, sondern höchstens nur in eine kürzere oder längere Flucht zu bringen sind, aus welcher sie wiederum auf uns zurück stürzen... Nein, nein, einen so grausamen Spott treibt der Schöpfer mit uns nicht.«

Lessing ist mit solchen Sätzen kaum noch bei Berengarius, längst nicht mehr im Mittelalter. Er ist ganz bei sich, und mitten in seiner Zeit, die die Erlösung vom Übel des Vorurteils als die entscheidende Leistung der Vernunft begreift; ja er ist schon mitten in unserer Gegenwart, die den Vätern mehr brüskes als gründliches Adieu zu sagen scheint. Lessing übt sich abermals in dem lebenslangen Abschied vom Kamenzer Trauma, aber er übt auch uns ein in die Geistesgegenwart freien, unkorrumpierten Denkens: »Die Begriffe, die uns von Wahrheit und Unwahrheit in unserer Kindheit beigebracht worden, sind gerade die allerflachsten, die sich am allerleichtesten durch selbst erworbene Begriffe auf ewig überstreichen lassen: und diejenigen, bei denen sie in einem späteren Alter wieder zum Vorschein kommen, legen dadurch wider sich selbst das Zeugnis ab, daß die Begriffe, unter welche sie jene begraben wollen, noch flacher, noch seichter, noch weniger ihr Eigentum gewesen, als die Begriffe ihrer Kindheit.

Nur von solchen Menschen können also auch die gräßlichen Erzählungen von plötzlichen Rückfällen in längst abgelegte Irrtümer auf dem Todbette wahr sein, mit welchen man jeden kleinmütigern Freund der Wahrheit zur Verzweiflung bringen könnte.«

Wenn Lessing auch seinen Berengarius-Kommentar kokett-bescheiden für nichts anderes angesehen wissen will »als für die Arbeit eines Bibliothekars, die mit dem Staubabkehren in einer Klasse steht«, so weiß er doch, daß er mit diesen hundert Seiten einer leidenschaftlich-intuitiven Parteinahme ein altes Feld mit neuer Entschiedenheit betreten hat: die Theologie; sie wird ihn in Wolfenbüttel nicht mehr loslassen; nur von christlicher Nächstenliebe wird er nicht viel dabei verspüren.

Adressat der »Briefe« über den Berengarius ist der Theologe Professor Konrad Arnold Schmid, Professor am Collegium Carolinum, einer Art Hoch- und Hofschule, die, halb Gymnasium, halb Universität, einen ausgezeichneten Ruf genoß. Im Umkreis dieses Collegiums fand Lessing die Männer, mit denen er im Wolfenbütteler Jahrzehnt freundschaftlich korrespondieren oder verkehren konnte: Leiter dieses Instituts, das der Regierende Herzog Karl I. im Jahr 1745 ins Leben gerufen hatte, war der Abt Jerusalem, dem Lessing mit großer Achtung begegnete. Weitere Lehrer dort waren Johann Arnold Ebert, der Lessing an die Bibliothek geholt hatte, Justus Friedrich Wilhelm Zachariä und Karl Christian Gärtner, und nicht zuletzt der junge Eschenburg, der bald darauf die Tochter Schmids heiratete und nicht nur als Shakespeare-Übersetzer Lessings besondere Aufmerksamkeit hatte. Sie alle waren oder wurden Lessings Freunde und Vertraute, seine Helfer und Anreger, seine Zech- und Weggenossen, sie wurden zu den Menschen, die er traf und sprach, denn in Wolfenbüttel selbst hat er, mit einer Ausnahme (von der noch die Rede ist), kaum Bekannte gehabt.

Der erste Besucher aus der Berliner Zeit ist Moses Mendelssohn, der im Oktober 1770 nach Wolfenbüttel kommt und natürlich von Lessing in seine Bibliothek geführt wird. »Aber der Verfasser des Phädon war, als er hineintrat, wie vor Verwunderung versteinert, und rief nach einer Pause aus: Welche erstaunliche Menge von Büchern, und wie wenig weiß man! Dem Bibliothekar mochte diese Betrachtung wohl nicht willkommner seyn, als dem Lustwandler der Kirchhof; aber der Freund erkannte daran seinen Philosophen, zumal da er noch hinzusetzte: Ich bin zu Ihnen nicht darum, sondern um Ihretwillen gekommen. Nur Ihre Meynungen will ich wissen, nicht was in diesen schönen Särgen ist.« Es ist Karl Lessing, der das berichtet.

Der Mann, mit dem Lessing es nun in der großen Bücherhalle all die Jahre aushalten muß, mit dem allein – von einem Pedell und einem Diener abgesehen – er es zu tun haben wird, ist nicht einmal ein Gesprächspartner, sondern nur ein Ärgernis. Es ist der Bibliothekssekretär Karl Johann Anton von Cichin, der mit der subalternen Beharrlichkeit und mit der ausdauernden Intriganz des ewigen Zweiten, der aber den Laden schon kennt (er war fünfunddreißig Jahre lang, von 1758 bis 1793, im Amt), Lessing das eigentliche Bibliotheksgeschäft mehr verleidet als erleichtert. Denn Lessing macht sich nicht nur an Entdeckungen, er will auch Ordnung schaffen, eine neue Katalogisierung durchführen. Es ist eine langwierige Arbeit, und sie wird bei Lessings Tod noch nicht abgeschlossen sein; so daß lange die Meinung vorherrschte, Lessing sei ein ziemlich schlampiger Bibliothekar gewesen. Eine Meinung, gegen die zuerst Erich Schmidt sich gewandt hat und mit der besonders liebevoll der Lessingforscher Heinrich Schneider aufgeräumt hat, der selbst einmal Bibliothekar in Wolfenbüttel gewesen ist. Schneider spricht von »einer entsagungsvollen Hingabe an die oft ins Kleinliche sich erstreckenden Pflichten des bibliothekarischen Berufs«.

Daß Cichin Lessing nicht verstand – wie könnte es anders sein; daß Cichin Lessing nicht liebte – wer wollte ihm das verargen. Daß Cichin ihn aber förmlich hinterging, daß er

Lessings Anweisungen sabotierte, sie mit bösen denunziatorischen Randbemerkungen versah – ein paar dieser Armutszeugnisse haben sich erhalten –, das macht ihn zu einer wenn nicht schurkischen, so doch lästigen Kreatur. Wie das Verhältnis zwischen dem Bibliothekar und seinem Sekretär war, kann man aus dem infamsten Kommentar ersehen, mit dem Cichin, elf Jahre später, bei Lessings Tod, einen Nachruf versah, der so begann: »Frey und erlöset ist Lessing von den Banden der Erde«. Dazu der Sekretär: »Auch der Jude Aaron, Forstmeister v. Rauen und 100000 auf der ganzen Welt!«

Ein feiner Helfer in der Bibliothek! Und im Winter wird es dort so kalt sein, daß man nicht schreiben kann. Die Tinte gefriert in den Fässern!

Das provokante Geschenk:
»Emilia Galotti«

Meynen Sie nicht, daß ich der Mädchen endlich
zu viel mache? Sara! Minna! Emilia!
Lessing an Johann Wilhelm Ludwig Gleim

Aber dann ist da ja noch der Hof, das Herzog-Haus derer zu
Braunschweig und Lüneburg, ein Luxus-Etablissement mit
höchsten Ansprüchen und allerhöchsten Launen, mit spen-
dablen Geldausgaben und peniblen Geldsorgen, ein Leben
nach Pariser Muster mit preußischem Einschlag in eine Landschaft eingebettet, in der Solidität gedeiht und eine schöne
Bedächtigkeit; hier lebt der Fürst sichtbar auf Kosten, nicht
inmitten seines Landes; seit 1754 ist die Residenz in Braunschweig.

Lessings oberster Dienstherr, seine eigentliche und
schwierigste Adresse, ist Herzog Karl I., der von 1735 bis
1780 regiert, ein Mann, den Eduard Vehse in seiner »Geschichte der deutschen Höfe« als »prächtig, kunstliebend,
leidenschaftlich, unruhig, vielgeschäftig, verschwenderisch,
leichtsinnig« beschreibt. Wenn man das unbefangen liest, ist
es eher die Charakteristik eines temperamentvollen als eines
tyrannischen Mannes; eher eines Lebemanns als eines Böse-
wichts; keineswegs das Muster jenes Fürsten, den Friedrich
in seinem »Antimachiavell« als den beispielhaften Regenten
der Aufklärung ansah, aber auch so menschenverachtend
nicht, wie Friedrich sich dann als Sieger des Siebenjährigen
Krieges stilisierte. Karl war, in manchem Sinne des Wortes,
ein Liebhaber: der Kunst, der Wissenschaft, der Liebe. Seines

flachen Landes nicht, und auch nicht seiner dörflichen Landeskinder. 1776 verkaufte er 5 700 seiner jungen Untertanen an die Engländer, die im Krieg mit ihren amerikanischen Kolonien lagen, mit den sich begründenden Vereinigten Staaten von Amerika. Dreitausend dieser verschacherten jungen Menschen fielen dort, Opfer eines Krieges, den sie noch weniger begriffen als sonst Soldaten Kriege begreifen.

Verheiratet war Karl mit einer Schwester Friedrichs von Preußen, Charlotte Philippine, und die Familien-Bande zwischen den Braunschweigern und den Berlinern funktionierten vom Kriege gefördert und vom Frieden kaum verstört. Der Erbprinz Karl Wilhelm Ferdinand tat sich in Friedrichs langem Krieg hervor, teilte mit ihm im übrigen die Liebe zur französischen Aufklärung und war auch in Sanssouci ein gern gesehener jugendlicher Gast. Er galt für schön, verführerisch, brillant. Anders als sein Onkel Friedrich war er ein homme à femme. »Estimé, aimé et recherché de tout le monde«, berichtet der doch eher republikanisch eingestellte D'Alembert an Friedrich, nachdem er Ferdinand in Paris kennengelernt hat.

Der Erbprinz ist ein Mann, der es jedem recht machen, jedem gefallen möchte. Ein Mann, der allen schön tut, tut am Ende allen weh, und auch sich selbst nichts Gutes. Mirabeau sagt von ihm, er sei »höflich bis zur Affektation«, und Goethe, der 1784 kurz am Hofe war, schreibt auf Französisch an Frau von Stein: »Il sait flatter chacun à sa facon… enfin c'est un oiseleur qui connait ses oiseaux.« – ein Vogelsteller, der seine Vögel kennt.

Den seltsamen Vogel Lessing kannte der Prinz nicht; er hatte einen angelockt, der alle Flugkünste beherrschte; der starke, schwache, kleine, schnelle Flügel hatte, je nachdem er sie brauchte; der kurz vor der Reise nach Wolfenbüttel geschrieben hatte: »Das Sperlingsleben auf dem Dach, ist nur recht gut, wenn man ihm kein Ende abzusehen braucht. Wenn es nicht immer dauern kann, dauert es jeden Tag zu lange.« Angetan war auch Lessing wohl zunächst von diesem

Prinzen, wenn er von ihm, nach seiner Ankunft in Wolfenbüttel, sagte: »Schade, daß der Erbprinz Prinz ist, und in diese
Klasse nicht so recht paßt.« Paul Rilla, der Porträtist eines marxistischen Lessingbildes, meint sicher zu Recht, daß
dieses »Schade!« gesprochen sei von »Lessings Klassenbewußtsein«, verkennt aber wohl die Subtilität der Formulierung, wenn er den Satz doppelt ausbeuten und in dem Sinn
verstanden wissen will, »daß man vor ›dieser Klasse‹ auf der
Hut sein müsse«.

Wie die gescheiten Höflinge über Lessing urteilten, dafür
gibt die Tagebucheintragung eines Hofrates mit Namen
Ernst Daniel von Liebhaber Auskunft, eines Justizbeamten,
der sich auf Ambivalenz verstand: »Ein tüchtiger Gelehrter
wird Lessing sein; ansehn kann man es ihm freilich nicht…
Was machte er doch für einen Eindruck auf mich? Wie soll ich
sagen?… Ein Gelehrter gewöhnlichen Schlages ist er nicht;
das habe ich weg. Er hat überhaupt etwas Ungewöhnliches
an sich, etwas Festes. Ich sähe ihn lieber in einer Uniform als
in der Bibliothek. Ob der wohl lange hier bleibt? Ein vorzüg-
licher Mensch im Umgang scheint er zu sein. Ob er am Hofe
verkehren wird? Vielleicht mit dem Erbprinzen.«

Dieser Braunschweiger Hof hat ein Theater. Der Herzog hat
es noch im Jahr seines Regierungsantritts, 1735, gegründet.
Hier hatte die Neuberin 1740 ihr Debüt, und pro Jahr werden
70000 Taler für das Etablissement ausgegeben, so leer die
Staatskasse auch immer sein mag. Und Lessing ist zwar als
Bibliothekar verpflichtet; aber so ungebildet ist man in
Braunschweig nicht, daß man nicht wüßte, wen man so
preiswert eingekauft hat. Der Wolfenbütteler Bibliothekar ist
doch auch der renommierte Hamburgische Dramaturgist,
und der müßte doch etwas für die Bühne parat haben, etwas
Neues, das dem Kunstsinn des Hofes alle Ehre macht, ein
Trauerspiel womöglich, nicht unbedingt eine tragédie dome-
stique, aber Fürstliches und Bürgerliches vermischt, Spannung und Tränen, und die geschliffenen Dialoge, für die der

Herr Lessing doch so berühmt ist? Denn die Herzogin hat am 13. März 1772 Geburtstag, und sie möchte doch gern ein besonderes Divertissement haben. Ihr Bruder zwar, der König von Preußen, nimmt diesen Lessing beharrlich nicht zur Kenntnis oder spricht allenfalls von ihm als »le singe«, dem Affen; aber ist es nicht dennoch eine hübsche Sache, ihm, in aller gehörigen Bewunderung, doch als Strafe dafür, daß er die Schwester Wilhelmine in Bayreuth vorzieht, eins auszuwischen und ihm zu schreiben: Zum Geburtstag hat mir Lessing ein Stück spendiert? (Den literarisch-mäzenatischen Zug finden wir bei ihrer Tochter Anna wieder, die, als früh verwitwete Herzogin von Sachsen-Weimar, jetzt schon begonnen hat, in Weimar deutsche Genies zu versammeln.)

Am Heiligen Abend des Jahres 1771 schreibt Lessing an seinen Verleger Voß in Berlin, den er vorher dringend um einen beträchtlichen Vorschuß gebeten hat (»daß mich gegen Weihnachten nicht meine Schulden wild machen«): »Mit meinem neuen Stücke hätte ich vor, es auf dem Geburtstag unserer Herzogin, welches der 10te März ist, von Döbblinen hier zum erstenmale aufführen zu lassen. Nicht Döbblinen zu Gefallen, wie Sie wohl denken können, sondern der Herzogin, die mich, so oft sie mich noch gesehen, um eine neue Tragödie gequält hat. In diesem Fall müßte ich Sie aber bitten, es zu verhindern, daß Koch sie nicht etwa vor besagtem 10tn März spielte. Denn sonst würde das Kompliment allen seinen Wert verlieren.«

Das Stück, von dem Lessing spricht, ist die »Emilia Galotti«, und es wird tatsächlich zum Geburtstag der »Lottine« (wie die Herzogin von ihrem Bruder genannt wird) gespielt. Der Autor ist bei der Premiere nicht anwesend; er schreibt an Eva König: »Ich bin aber nicht bei der Aufführung gewesen; denn ich habe seit acht Tagen so rasende Zahnschmerzen, daß ich mich bey der eingefallenen strengen Kälte nicht herüber getraut habe... Morgen wird es zum zweytenmal gespielt, aber ich glaube schwerlich, daß ich es werde sehen können, ob ich schon ausdrückliche Einladung erhalten habe.«

An Johann Arnold Ebert, der auch Lessings Mittler zum Prinzen ist, schickt er zwei Exemplare des eben frisch gedruckten Trauerspiels; das eine als Dank für einen überschwenglichen Brief Eberts, das andere für Karl Wilhelm Ferdinand: »Das zweyte Exemplar haben Sie die Güte, des Erbprinzen Durchlaucht zu überreichen. Wie angenehm mir sein geringster Beyfall seyn würde, versteht sich von selbst. Dazu würde ich mich gegen ihn wegen einer Arbeit entschuldigen müssen, die itzt meine Arbeit nicht seyn sollte: und ich entschuldige mich so ungern! Gelegentlich werden Sie ihm wohl sagen, daß es wirklich eine Arbeit ist, die schon vor einigen Jahren größten Theils gethan war, und an die ich itzt nur die letzte Hand gelegt. – Auch heute kann und mag ich das Stück noch nicht spielen sehen. Kann nicht: weil ich krank bin. Mag nicht: weil mir der Kopf davon noch warm ist, und es mir erst wieder fremd werden muß, wenn mir das Sehen etwas nützen soll.«

In diesem letzten Satz hat man wieder den ganzen dialektischen Lessing: Da ist die Distanz, die er aus leidenschaftlichem Engagement wahrt, da ist die Intensität, die sich auf Äußerlichkeit noch nicht einlassen will, die Karesse, um derentwillen er sich das Genießen verbietet, und da ist die Ökonomie, die Neugier und Nutzen in der Balance hält. Ökonomie – das ist ein wichtiges Stichwort der Lessingschen Produktivität überhaupt. Der Mann, der scheinbar so aufs Geratewohl lebt, arbeitet mit unentwegter Zielstrebigkeit. Er läßt wohl einmal einen Stoff fallen, aber kaum einmal verliert er einen aus den Augen. Die wichtigsten Themen nimmt er sich immer wieder vor. Er reist ja mit leichtem Gepäck (und hat die meisten seiner Bücher in Hamburg lassen und versteigern müssen); aber seine zentralen Aufgaben und Vorsätze behält er immer bei sich. Die großen Pläne sind auch immer die Kern-Stücke seiner Existenz, fundamentale Prozesse unterhalb der sichtbaren und äußeren Lebensbedingungen. In diesen Stoffen ist Lessing zuletzt ganz und gar zu Hause: Das gibt ihm die große Souveränität einer im deutschen

Drama bis dahin nicht gekannten Gestaltungsfreiheit und Figuren-Väterlichkeit. So war es – früh genug – schon im »Jungen Gelehrten« gewesen, so war es exemplarisch in der »Minna von Barnhelm«, so wird es auch wieder im »Nathan« sein. Und so gilt es nun für die »Emilia Galotti«.

Der Titel kommt schon in einem Brief vom 21. Januar 1758 vor; damals schreibt Lessing aus Leipzig an Nicolai, nachdem er schon Wochen vorher zweimal einen »jungen Tragicus« erwähnt hatte, der an einem Trauerspiel arbeite: »Unterdeß würde mein junger Tragicus fertig, von dem ich mir, nach meiner Eitelkeit, viel Gutes verspreche; denn er arbeitet ziemlich wie ich. Er macht alle sieben Tage sieben Zeilen; erweitert unaufhörlich seinen Plan, und streicht unaufhörlich etwas von dem schon Ausgearbeiteten wieder aus. Sein jetziges Sujet ist eine bürgerliche Virginia, der er den Titel Emilia Galotti gegeben. Er hat nehmlich die Geschichte der römischen Virginia von allem dem abgesondert, was sie für den ganzen Staat interessant machte; er hat geglaubt, daß das Schicksal einer Tochter, die von ihrem Vater umgebracht wird, dem ihre Tugend werther ist, als ihr Leben, für sich schon tragisch genug, und fähig genug sey, die ganze Seele zu erschüttern, wenn auch gleich kein Umsturz der ganzen Staatsverfassung darauf folgte.«

Aus der Briefstelle geht hervor, daß Lessing den Virginia-Stoff parat hatte, daß er sich schon früher damit beschäftigt haben mußte. So hatte er die Leser seiner »Theatralischen Bibliothek« 1754 mit der vier Jahre zuvor entstandenen »Virginia«-Tragödie des Spaniers Montiano y Luyando in einem kurzen Abriß bekannt gemacht und 1756 den Anfang zu einem Stück »Das befreite Rom« gemacht. Die »Emilia«, die Lessing in Leipzig vorhat und die also zwischen der »Sara« und dem »Philotas« zu denken wäre, besteht noch aus nur drei Akten, und nach Nicolais späterem Zeugnis kommt die Rolle der Gräfin Orsina noch nicht vor; daß sie ein Porträt der offenbar bemerkenswerten Mätresse des braunschweigischen Erbprinzen wäre, der Branconi, ist demnach nicht ohne Plausibilität, zumal die Namen eine anagrammatische Nähe haben.

Was passiert? Die kürzeste Inhaltsangabe stammt aus Wolfenbüttel selbst, von Gymnasiasten der sogenannten Großen Schule, die im Sommer 1978 Lessing spielend und spielerisch vorgeführt und ihren Zuschauern eine Lektion im unbefangenen Umgang mit diesem unbefangenen Autor erteilt haben. Da heißt es: »Emilia Galotti. Der Prinz des Landes begehrt die Tochter von Odoardo Galotti, muß aber feststellen, daß diese einen anderen heiraten soll. Daraufhin sieht er keinen anderen Ausweg, als Emilia zu entführen, wobei jedoch der Bräutigam ermordet wird. Die Exgeliebte des Prinzen weiht auf dem Schloß den Vater Emilias, Odoardo, in die Machenschaften ein. Um der Schande zu entgehen, stirbt Emilia.«

Um der Schande zu entgehen, stirbt Emilia. Dieser letzte Satz vibriert bis in die Grammatik hinein vor Hilflosigkeit, und ist dennoch die genaueste Bezeichnung für die Unbeschreiblichkeit dieses Bühnentodes, der kürzeste Nenner, auf den seit zwei Jahrhunderten die Analysen der Philologen und Psychologen, die Einfälle der Rezensenten und Dramaturgen, die Bestürzungen und Emotionen der Zuschauer gebracht worden sind. Um der Schande zu entgehen, stirbt Emilia – das ist der sprachlose Ausdruck für das durchtriebenste Remis in einem Spiel auf Leben und Tod, das prekärste Remis, das bis dahin auf einer deutschen Bühne gespielt worden ist. Lessing hat das auf dem Theater Unerhörte versucht: die Grenze zwischen Mord und Selbstmord nicht nur psychologisch, sondern auch nahezu gestisch zu verwischen.

Denn um es ganz klar zu sagen: Emilia stirbt nicht einfach, sie wird erstochen, und zwar von ihrem Vater, und zwar mit einem Dolch, den ihm die abgelebte Mätresse des Prinzen Hettore Gonzaga aufgedrängt hat, damit er den Prinzen selbst, als den Mörder seines zukünftigen Schwiegersohns, umbringe. Aber den Prinzen trifft der Dolch nicht, sondern die Tochter. Aber warum »es niemand wagen will, eine Figur wie den alten Galotti tatsächlich als den Mörder seiner Tochter zu denunzieren, den rasenden Bürgersmann, den die Fürchterlichkeit nur knapp vor der Lächerlichkeit rettet«, hängt damit zusammen, daß es nicht die Wahrheit wäre, oder zumindest nur die halbe: Der Vater will, in diesem mörderischen Moment des Stücks, den Tod seiner Tochter gar nicht, will ihn im Gegenteil verhindern. Sie allein, Emilia, ist entschlossen zu sterben und allenfalls in diesem Entschluß das Opfer ihres Vaters, weil sie in seiner Strenge erzogen wurde; aber wenn der alte Galotti ihr in den Arm fällt, um sie davor zu bewahren, sich mit einer Haarnadel selbst zu töten, so tut er es allen panischen Ernstes; ein Lebensretter, der nur noch Sterbehilfe leistet, weil er die Todesschuld der Tochter nicht aufbürden will. Aber Lessings Figuren haben bis heute keinen besseren Interpreten als ihren Autor selbst, indem er sie auf der Bühne handeln läßt; hier die entscheidende Stelle des Stücks:

Emilia: … Mir, mein Vater, mir geben Sie diesen Dolch.
Odoardo: Kind, es ist keine Haarnadel.
Emilia: So werde die Haarnadel zum Dolche! – Gleich viel.
Odoardo: Was? Dahin wäre es gekommen. Nicht doch; nicht doch! Besinne dich. – Auch du hast nur *ein* Leben zu verlieren.
Emilia: Und nur *eine* Unschuld!
Odoardo: Die über alle Gewalt erhaben ist. –
Emilia: Aber nicht über alle Verführung. – Gewalt! Gewalt! wer kann der Gewalt nicht trotzen? Was Gewalt heißt, ist nichts: Verführung ist die wahre Gewalt. – Ich habe Blut, mein Vater; so jugendliches, so warmes Blut, als eine. Auch meine Sinne, sind Sinne. Ich stehe für nichts gut. Ich kenne das Haus der Grimaldi. Es ist das Haus der Freunde. Eine Stunde da, unter den

Augen meiner Mutter; – und es erhob sich so mancher Tumult in meiner Seele, den die strengsten Übungen der Religion kaum in Wochen besänftigen konnten. – Der Religion! Und welcher Religion? – Nichts Schlimmers zu vermeiden, sprangen Tausende in die Fluten, und sind Heilige! – Geben Sie mir, mein Vater, geben Sie mir diesen Dolch.

Odoardo: Und wenn du ihn kenntest diesen Dolch. –

Emilia: Wenn ich ihn auch nicht kenne! – Ein unbekannter Freund ist auch ein Freund. – Geben Sie mir ihn, mein Vater; geben Sie mir ihn.

Odoardo: Wenn ich dir ihn nun gebe – Da! *(gibt ihr ihn)*

Emilia: Und da! *(im Begriffe sich damit zu durchstoßen, reißt der Vater ihr ihn wieder aus der Hand)*

Odoardo: Sieh, wie rasch! – Nein, das ist nicht für deine Hand.

Emilia: Es ist wahr, mit einer Haarnadel soll ich – *(sie fährt mit der Hand nach dem Haare, eine zu suchen, und bekommt die Rose zu fassen)* Du noch hier? – Herunter mit dir! Du gehörest nicht in das Haar einer, – wie mein Vater will, daß ich werden soll!

Odoardo: O, meine Tochter! –

Emilia: O, mein Vater, wenn ich Sie erriete! – Doch nein; das wollen Sie auch nicht. Warum zauderten Sie sonst? – *(in einem bittern Tone, während daß sie die Rose zerpflückt)* Ehedem wohl gab es einen Vater, der seine Tochter von der Schande zu retten, ihr den ersten den besten Stahl in das Herz senkte – ihr zum zweiten das Leben gab. Aber alle solche Taten sind von ehedem! Solcher Väter gibt es keinen mehr!

Odoardo: Doch, meine Tochter, doch! *(indem er sie durchsticht)* – Gott, was hab' ich getan! *(sie will sinken, und er faßt sie in seine Arme)*

351

Emilia:	Eine Rose gebrochen, ehe der Sturm sie entblät- tert. – Lassen Sie mich sie küssen, diese väterli- che Hand.

(Achter Auftritt)
(Der Prinz, Marinelli, die Vorigen)

Der Prinz:	*(im Hereintreten)* Was ist das? – Ist Emilien nicht wohl?
Odoardo:	Sehr wohl; sehr wohl!
Der Prinz:	*(indem er näher kömmt)* Was seh ich? – Entsetzen!
Marinelli:	Weh mir!
Der Prinz:	Grausamer Vater, was haben Sie getan!
Odoardo:	Eine Rose gebrochen, ehe der Sturm sie entblät- tert. – War es nicht so, meine Tochter?
Emilia:	Nicht Sie mein Vater – Ich selbst – ich selbst –
Odoardo:	Nicht du, meine Tochter; – nicht du! – Geh mit keiner Unwahrheit aus der Welt. Nicht du, meine Tochter! Dein Vater, dein unglücklicher Vater!
Emilia:	Ah, – mein Vater – *(sie stirbt, und er legt sie sanft* *auf den Boden.)*

Peter Horst Neumann hat in seinem Buch über den Vater-
konflikt in den Dramen Lessings diese Situation theatralisch
beleuchtet: »In Lessings Trauerspielen fällt am Ende der
Vorhang über die Leichen der Kinder. Hinter ihnen stehen
die Väter. Vom Licht einer Vater-Idee getroffen, werfen sie
Schatten, die größer sind als ihre Gestalt.« Aber der Schweizer Germanist schreibt auch über die eben herbeigeholte Szene: »Was hier geschieht, läßt sich nur mühsam begründen.«
Dabei begründet Neumann es auf die vielfältigste Weise, bis
hin zu der Erinnerung daran, daß zum alten römischen Recht
(und auf ein altes römisches Vorbild geht ja die Emilia als
Virginia-Paraphrase zurück) auch das Recht des Vaters gehörte, »über Tod und Leben seines Kindes zu verfügen (ius
vitae ac necis)… Wegen Kindestötung konnte kein römi-

scher Vater gerichtlich belangt werden. Im Raum der familia war die potestas des Herrn und Vaters uneingeschränkt«.

Aber aus einem archaischen Rechtstitel hätte Lessing selbstverständlich keinen aktuellen dramaturgischen Tod begehen lassen wollen. Ein anderes Argument, das Neumann anführt, ist da viel wichtiger. Es ist das Moment der Verführbarkeit; denn wenn irgend der Vater Odoardo der Mörder ist, so hätte ihn seine Tochter dazu gemacht; nicht sowohl unter dem Eindruck seiner langjährigen Autorität, sondern mit der Handhabung jener jähen Verführungskraft, über die sie verfügt, seit sie deren Macht an sich selbst verspürt hat. »Verführung ist die wahre Gewalt.« Das ist der Schlüsselsatz des Dramas und einer jener Lessing-Sätze, deren Wahrheit unser Jahrhundert immer wieder so beschämend erlebt; Verführung ist die wahre Gewalt – auch wenn Schiller in seinen Anfängen, die ja auch ein fortwährendes dramatisches Duell mit Lessing sind, dagegen sich wehrt, und den Befund, im »Fiesco«, grob umkehren will mit dem Zynismus: »Gewalt ist die beste Beredsamkeit.« Verführung ist die wahre Gewalt, und nachdem Emilia die eigene Verführbarkeit so deutlich erfahren hat, verführt sie nun den Vater mit dem schon zitierten Satz: »Ehedem wohl gab es einen Vater, der seine Tochter von der Schande zu retten, ihr den ersten den besten Stahl in das Herz senkte – ihr zum zweiten das Leben gab. Aber alle solche Taten sind von ehedem! Solcher Väter gibt es keinen mehr!« Und erst so betäumelt, erst so zu einem panischen Widerspruch aufgeregt, erst so auf ein altes archaisches Vorbild hingemartert, läßt sich Odoardo Galotti zu der mörderischen Handreichung herbei.

Aber was hat er auch erleben müssen; Überfall, Intrige, Wegelagerei, Mord; den Zusammenbruch seiner Welt. Und Sätze, die den Kopf sprengen. Da hat die Gräfin Orsina zu ihm gesagt: »Und glauben Sie, glauben Sie mir: wer über gewisse Dinge den Verstand nicht verlieret, der hat keinen zu verlieren«, und er hat, als die Mätresse, um ihn wider den Prinzen aufzubringen, von den Schauergeschichten weitererzählt, Einhalt zu gebieten versucht: »Ha, Frau, das ist wider die Abrede. Sie wollten mich um den Verstand bringen: und sie brechen mir das Herz.« Aber nicht das zerbrochene Herz fühlt er, im äußersten Konflikt mehr, sondern nur das andere: »Wer über gewisse Dinge seinen Verstand nicht verlieret, der hat keinen zu verlieren.«

Ein gemütlicher Abend kann diese Uraufführung am Braunschweiger Hoftheater kaum gewesen sein. Man stelle sich nur einmal die Szene zwischen dem Intriganten Marinelli und der zu allem entschlossenen Orsina (im fünften Auftritt des vierten Aktes) vor, man stelle sich den Aufschrei der Schauspielerin mitten hinein in die Geburtstagsstimmung des Hofes vor: »Der Prinz ist ein Mörder!«

Und spricht nicht Marinelli geradezu das Entsetzen des Publikums aus, wenn er sagt: »Gräfin, – Gräfin, sind Sie ganz von Sinnen?«

Und liegt nicht Skandal in der Luft, wenn die Orsina ihre Hellsicht weitertreibt: »... der Prinz ist ein Mörder! des Grafen Appiani Mörder! – Den haben nicht Räuber, den haben Helfershelfer des Prinzen, den hat der Prinz umgebracht!«

Und wird nicht abermals eine politische Warnung laut, wenn Marinelli noch einmal Einhalt zu gebieten versucht: »Gräfin, Sie würden sich um den Hals reden –«?

Und sieht sich nicht das ganze Braunschweiger Hofpublikum nach der Herzogin um und ob sie wohl das Theater in der äußersten Empörung verläßt, wenn die Orsina nun weitertobt auf der Bühne: »Wenn ich das mehrern sagte? – Desto besser, desto besser! – Morgen will ich es auf dem Markte ausrufen. – Und wer mir widerspricht – wer mir widerspricht, der war des Mörders Spießgeselle.«?

Und die Höflinge sind schockiert: »Emilia Galotti bringt mich auf den Gedanken, unser Lessing breche es gar zu grün ab. Wer am Hofe lebt und vom Hofe abhängt, der muß sich weniger delicate themata wählen. Die Moral ist gar zu laut

gepredigt; und die Ohren der großen sind immer zu zart, als
daß sie so eindringende Töne, und Töne aus dem Dur, leiden
könnten.«

Werthers Leiden, Lessings Verdruß

> Der Kerl ist ein Genie, aber ein Genie ist ein
> schlechter Nachbar.
>
> *Friedrich Nicolai über Goethe*

»Das Haus, die Nachbarschaft, die Stadt kam in Aufruhr. Albert trat herein. Werthern hatte man auf's Bett gelegt, die Stirne verbunden, sein Gesicht schon wie eines Todten, er rührte kein Glied, die Lunge röchelte noch bald schwach bald stärker, man erwartete sein Ende.

Von dem Weine hatte er nur ein Glas getrunken. Emilia Galotti lag auf dem Pulte aufgeschlagen.«

Das ist ein ganz und gar bewegender Moment der deutschen Literaturgeschichte. In dem Satz: »Emilia Galotti lag auf dem Pulte aufgeschlagen« begegnen sich Goethe und Lessing zum ersten Male; die genialsten Geister treffen sich – auf frischer Tat. Goethe beschreibt den jungen Werther, der sich erschossen hat, um seiner Liebe und seinem Leiden an ihr ein Ende zu machen, und er fügt als Requisit Lessings »Emilia« dazu, die von einem anderen Opfer der Liebe handelt. Der berühmteste deutsche Roman des 18. Jahrhunderts zitiert das bis dahin berühmteste deutsche Drama herbei. Goethe nimmt Lessing zum Alibi. Der schwärmerische Jüngling Werther, der sich in den Kopf schießt, hat sich wohl den Sterbensmut geholt bei der aufgehenden Frau Emilia, die auch nicht mehr leben wollte. Was anderes kann Werther in der »Emilia« gesucht haben als die Freiheit zum Tode? Was anderes der neue deutsche Jüngling in der Italianità Emilias als die Kraft, dem Leben abzusagen?

Aber die Begegnung ist mehr Rencontre als Rendezvous. Goethe trifft Lessing im Gruselkabinett. Ist es denn ein Kompliment für einen Autor, wenn man seine Arbeiten zur Dekoration von Selbstmord-Szenen verwendet? Zur Ausstaffierung von Makaberwitz? Zur Garnierung eines herausgetriebenen Gehirns? Hat das nicht sogar etwas von jener Infamie, die Albrecht von Haller widerfahren war, als ihm 1749 La Mettrie, der verrückte Leibarzt des Königs von Preußen, das Buch »L'Homme machine« (Der Maschinenmensch) gewidmet hatte; ein durchaus atheistisch-materialistisches Werk einem Manne, der zwar Arzt und Anatom war, aber aus ganzer Seele gottesfürchtig und fromm! – Und Lessing jetzt als Beistand zu einem melancholischen Geniestreich Goethes? Als Tatbeteiligter gewissermaßen?

Eschenburg ist es, der Lessing »Die Leiden des jungen Werthers«, gleich nach dem Erscheinen, im Herbst 1774 zuschickt. Schon am 26. Oktober antwortet Lessing mit Voltairescher Zweideutigkeit:

»Mein lieber Herr Eschenburg,
Haben Sie tausend Dank für das Vergnügen, welches Sie mir durch Mittheilung des Göthischen Romans gemacht haben. Ich schicke ihn noch einen Tag früher zurück, damit auch andere dieses Vergnügen je eher je lieber genießen können.

Wenn aber ein so warmes Produkt nicht mehr Unheil als Gutes stiften soll: meinen Sie nicht, daß es noch eine kleine kalte Schlußrede haben müßte? Ein Paar Winke hinterher, wie Werther zu einem so abentheuerlichen Charakter gekommen; wie ein andrer Jüngling, dem die Natur eine ähnliche Anlage gegeben, sich dafür zu bewahren habe. Denn ein solcher dürfte die poetische Schönheit leicht für die moralische nehmen, und glauben, daß der *gut* gewesen seyn müsse, der unsere Theilnehmung so stark beschäftigt. Und das war er doch wahrlich nicht; ja, wenn unseres J**s Geist völlig in dieser Lage gewesen wäre, so müßte ich ihn fast verachten. Glauben Sie wohl, daß je ein römischer oder griechischer

Jüngling sich *so und darum* das Leben genommen? Gewiß nicht. Die wußten sich vor der Schwärmerey der Liebe ganz anders zu schützen... Solche kleingroße, verächtlich schätzbare Originale hervorzubringen, war nur der christlichen Erziehung vorbehalten, die ein körperliches Bedürfniß so schön in eine geistige Vollkommenheit zu verwandeln weiß. Also, lieber Göthe, noch ein Kapitelchen zum Schluße: und je cynischer je beßer!«

Die Chiffre J** steht für Jerusalem und macht kenntlich, daß die Werther-Affäre so literarisch gar nicht ist. Lessing war von den »Leiden des jungen Werthers« noch viel direkter und intimer betroffen denn nur als ein in den Text verwickelter Autor. Denn dieser Werther, der da von eigener Hand stirbt, hat wirklich gelebt, und Lessing hatte ihn gekannt. Dieser Original-Werther heißt Karl Wilhelm Jerusalem, und er war der Sohn jenes Abtes Jerusalem, den Lessing als Leiter des Braunschweiger Karls-Kollegiums kannte und schätzte. Der junge Jerusalem, am 21. März 1747 geboren, hatte den Erbprinzen zum Paten und genoß von früher Jugend an eine beträchtliche Protektion. Er hatte in Leipzig und Göttingen studiert und wurde Jurist (mit vielen Neigungen nebenher), und hatte dann, im Sommer 1769, eine beträchtliche Lebenserwartung, von der der Vater stolz Nachricht gab: »Um Michaelis kommt Wilhelm nach Haus, worauf wir uns Alle sehr freuen. Diesen Winter bleibt er bei uns, und um Ostern schickt ihn der Prinz entweder nach England oder nach Wien.« Aus beiden Missionen wurde jedoch nichts; statt dessen wurde Jerusalem just zu der Zeit, als Lessing sein Amt antrat, Assessor an der Wolfenbütteler Justizkanzlei. Und in der Einöde der kleinen Stadt wurde der dreiundzwanzigjährige intellektuell wache Jurist für den Bibliothekar bald ein willkommener Gesprächspartner. »Der junge Mann«, schreibt Lessing, »als er hier in Wolfenbüttel sein bürgerliches Leben antrat, schenkte mir seine Freundschaft. Ich genoß sie nicht viel über Jahr und Tag; aber gleichwohl wüßte ich nicht, daß ich einen Menschen in Jahr und Tag lieber gewonnen hätte, als ihn.«

In Jahr und Tag – denn schon im September 1771 wurde Jerusalem nach Wetzlar beordert, wo er das Amt eines Sekretärs der braunschweigischen Gesandtschaft am Reichskammergericht übernahm, eine Position, die als besondere Auszeichnung gedacht war. Aber während sein Vater am Anfang des Jahres 1772 noch schreiben konnte: »Wilhelm befindet sich in Wetzlar sehr vergnügt« –, war es mit diesem Vergnügen längst nicht mehr weit her. Der junge Mann, an die Behütung durch seine Familie und an die Aufmerksamkeiten von seiten des Hofes gewöhnt, fühlte sich allein und vernachlässigt, und obendrein kam er mit seinem Vorgesetzten, dem Gesandten von Höfer, nicht zurecht. Hinzu kam ein beträchtlicher gesellschaftlicher Ehrgeiz; so der Wunsch, zur Tafel des Gerichtspräsidenten, des Grafen von Bassenheim, zugelassen zu werden, was wiederum den Neid der übrigen Kollegen nach sich zog.

Zu denen gehörte seit Mai 1772 auch Goethe, von dem ein anderer dieser Wetzlarer Gesandtschaftssekretäre, Johann Christian Kestner, nach kurzer Bekanntschaft urteilte: »Im Frühjahr kam hier ein gewisser Goethe aus Frankfurt, seiner Handthierung nach Dr. Juris, 23 Jahre alt, einziger Sohn eines sehr reichen Vaters, um sich hier – dieß war seines Vaters Absicht – in Praxi umzusehen, der seinigen nach aber, den Homer, Pindar und anderes zu studieren, und was sein Genie, seine Denkungsart und sein Herz ihm weiter für Beschäftigungen eingeben würden… Er geht nicht in die Kirche, auch nicht zum Abendmahl, betet auch selten. Denn sagt er, ich bin dazu nicht genug Lügner…«

Und wie sich Goethe nun bald nach der Ankunft in Wetzlar in die Verlobte Kestners verliebt, in die neunzehnjährige Charlotte Buff, die ihn bei einer Ball-Bekanntschaft sofort und völlig hinreißt, so verstrickt sich auch Jerusalem in eine große Liebe: Aber seine Elisabeth Herd ist nicht nur verlobt, sondern schon verheiratet, und als Frau des kurpfälzischen

Gesandtschaftssekretärs gehört sie ebenfalls zur diplomatisch-juristischen Gesellschaft Wetzlars. Der Klatsch will von einer heftigen Liebesszene im Hause der Herds wissen: »Jerusalem habe sich vor ihr auf die Knie geworfen und ihr eine förmliche Liebeserklärung thun wollen. Sie sey natürlicher Weise darüber aufgebracht worden und hätte ihm viele Vorwürfe gemacht etc. etc. Sie verlange nun, daß ihr Mann ihm, dem Jerusalem, das Haus verbieten solle, denn sie könne und wolle nichts weiter von ihm hören noch sehen.«

Während aber Goethe seiner Liebe zu Charlotte Buff sich durch jähe Abreise – am 11. September 1772 – in dem Augenblick entzieht, da Kestner drauf und dran ist, ihm seine Braut freizugeben, geht Jerusalem an seiner unglücklichen Leidenschaft zugrunde. Und die Verkettung beider Geschichten könnte dramatisch-düsterer gar nicht sein: Die Pistole, mit der sich Jerusalem in der Nacht vom 29. auf den 30. Oktober erschoß, hat er sich von eben diesem Kestner ausgeliehen.

Kestner hatte sich nichts dabei gedacht, als er von Jerusalem ein Billett mit der knappen Bitte bekam: »Dürfte ich Ew. Wohlgeb. wohl zu einer vorhabenden Reise um Ihre Pistolen gehorsamst ersuchen? J.« Kestner zitiert das in einem ausführlichen Bericht über die Umstände des Selbstmordes; in einem Bericht, den Goethe geradezu dringend von ihm verlangt hatte; der wittert, voll noch von der eigenen Liebeserfahrung, in der traurigen Geschichte des anderen die dramatische Pointe. Und so läßt er sich von Kestner ganz minutiös die letzten Stunden Jerusalems schildern, wie der noch einen Spaziergang gemacht, eine Zeitlang am Fluß gestanden habe, wie er noch zwei Briefe geschrieben und sich einen Schoppen Wein auf sein Zimmer bestellt habe; und dann wörtlich:

»Nach diesen Vorbereitungen, etwa gegen 1 Uhr, hat er sich dann über das rechte Auge hinein durch den Kopf geschossen. Man findet die Kugel nirgends. Niemand im Hause hat den Schuß gehört; sondern der Franciskaner Pater Guardian, der auch den Blitz von Pulver gesehen, weil es aber still geworden, nicht darauf geachtet hat… Es scheint sitzend im Lehnstuhl vor seinem Schreibtisch geschehen zu seyn. Der Stuhl hinten im Sitz war blutig, auch die Armlehnen. Darauf ist er vom Stuhle heruntergesunken, auf der Erde war noch viel Blut. Er muß sich auf der Erde in seinem Blute gewälzt haben; erst beym Stuhle war eine große Stelle von Blut; die Weste vorn ist auch blutig; – er scheint auf dem Gesicht gelegen zu haben; dann ist er weiter, um den Stuhl herum, nach dem Fenster gekommen, wo wieder viel Blut gestanden, und er auf dem Rücken entkräftet gelegen hat. (Er war in völliger Kleidung, gestiefelt, im blauen Rock mit gelber Weste).« Diese Kleidung wird dann, durch Goethe, zur Werther-Mode, mehrere Jahre lang.

Und nach noch mehr Blut und ausgespritztem Gehirn berichtet Kestner weiter: »Das Gerücht von dieser Begebenheit verbreitete sich schnell; die ganze Stadt war in Schrecken und Aufruhr. Ich hörte es erst um 9 Uhr, meine Pistolen fielen mir ein, und ich weiß nicht, daß ich kurzens so erschrocken bin. Ich zog mich an und gieng hin. Er war auf das Bette gelegt, die Stirne bedeckt, sein Gesicht schon wie eines Todten, er rührte kein Glied mehr, nur die Lunge war noch in Bewegung, und röchelte fürchterlich, bald schwach, bald stärker, man erwartete sein Ende. – Von dem Wein hatte er nur ein Glas getrunken. Hin und wieder lagen Bücher und von seinen eigenen schriftlichen Aufsätzen. Emilia Galotti lag auf einem Pult am Fenster aufgeschlagen; daneben ein Manuscript ohngefähr Fingerdick in Quart, philosophischen Inhalts, der erste Theil oder Brief war überschrieben: *Von der Freyheit*, es war darin von der moralischen Freyheit die Rede… Ich blätterte zwar darin, um zu sehen, ob der Inhalt auf seine letzte Handlung einen Bezug habe, fand es aber nicht; ich war aber so bewegt und consternirt, daß ich mich nichts daraus besinne, noch die Scene, welche von der Emilia aufgeschlagen war, weiß, ohngeachtet ich mit Fleiß darnach sah. Gegen 12 Uhr starb er. Abends ³/4 11 Uhr ward er auf dem gewöhnlichen Kirchhof begraben… Barbiergesellen haben ihn getragen; kein Geistlicher hat ihn begleitet.«

Diese letzten Sätze hat also Goethe, zum Teil wörtlich, für seinen »Werther« übernommen. Die aufgeschlagene »Emilia Galotti« ist authentisch. Das mindert die literarische Bezüglichkeit, ja Anzüglichkeit nicht. – Dem Vater Jerusalems verschweigt man lange die Todesursache. Daß er vom Selbstmord seines Sohnes erst aus dem »Werther«, also zwei Jahre später, erfahren habe, ist Legende; wahr aber ist, daß er diesen Tod nie hat verwinden können.

»Den Verlust eines *solchen* Sohnes, kann jeder Vater fühlen. Aber ihm nicht unterliegen, kann nur ein *solcher* Vater.« Das schreibt Lessing in einer Ehrenrettung für Jerusalem, die zugleich auch eine Zurechtweisung Goethes ist. Denn weit mehr, als der Brief an Eschenburg erkennen läßt, ist Lessing aufgebracht über den Goetheschen »Werther«, den er eben doch nur als Schlüssel-, ja als Schlüssellochroman verstehen kann. Als er im Frühjahr 1775 seinen alten Leipziger Theaterkumpan Christian Felix Weiße wiedertrifft, hat sein Zorn wohl den Zenit erreicht: »Höchst aufgebracht war er (Lessing) gegen die Leiden des jungen Werther und behauptete, der Charakter des jungen Jerusalem wäre ganz verfehlt; er sei niemals der empfindsame Narr, sondern ein wahrer nachdenkender Philosoph gewesen. Er selbst besäße einige sehr scharfsinnige Abhandlungen von ihm, die er über die Unsterblichkeit der Seele, die Bestimmung des Menschen usw. bei Gelegenheit des Phaedon von Moses aufgesetzt und die er nächstens mit einer Vorrede herausgeben wolle; er habe deswegen bereits an den Vater geschrieben und dazu die Erlaubnis erhalten, doch soll noch kein Mensch etwas davon wissen.«

Vielleicht in keinem anderen Punkt zeigt sich der väterliche Lessing so deutlich wie bei diesem Projekt. Er schreibt keine Satire wie Nicolai, der mit seinen faden »Freuden des jungen Werthers« doch mehr Spott auf sich zieht als er loswird; Lessing macht sich zwar an einen Entwurf mit dem Titel »Werther der Bessere«, bricht aber schon nach wenigen Zeilen ab. Was ihm wichtiger erscheint, ist ein Gegenbild, eine Dokumentation des intellektuellen Charakters seines jungen unglücklichen Freundes. Er gibt ihm, über den Tod hinaus, das letzte Wort.

Lessing porträtiert Jerusalem, wie er Jahre vorher Berengarius beschrieben hatte: mit Liebe. Er rühmt ihm nach »... die Neigung zu deutlicher Erkenntnis; das Talent, die Wahrheit bis in ihre letzte Schlupfwinkel zu verfolgen. Es war der Geist der kalten Betrachtung. Aber ein warmer Geist, und so viel schätzbarer; der sich nicht abschrecken ließ, wenn ihm die Wahrheit auf seinen Verfolgungen öfters entwischte; nicht an ihrer Mitteilbarkeit verzweifelte, weil sie sich in Abwege vor ihm verlor, wohin er schlechterdings nicht folgen konnte.«

Die Aufsätze Jerusalems, die Lessing zusammengestellt hat, sind jetzt wieder nachzulesen. Es sind Zeugnisse eines philosophischen, aber vor allem eines sehr sinnlichen Kopfes. Temperamentvoll setzt er sich zum Beispiel mit Mendelssohns Theorie vom sinnlichen Vergnügen auseinander; und in plastischen Beispielen erläuterte er seine eigenen Vorstellungen: So »das Vergnügen des Trunkenen, im ersten Anfange der Betäubung – Seine Glieder gehorchen ihm nicht mehr; seiner Sprache, seiner Sinne ist er nicht mehr mächtig; und dennoch reizt ihn der Wein im Glase, und gewährt ihm Vergnügen – Kann bei diesem Vergnügen die Vorstellung einer verbesserten Leibesbeschaffenheit, einer Vollkommenheit des Körpers (die Mendelssohn behauptet hatte) zum Grunde liegen? und ist der Zustand, in welchem der Trunkene sich befindet, ein solcher, der ihm eine längere Fortdauer, eine wirksamere Realität verspricht? – Nichts weniger – Er fühlt die Unvollkommenheit seines Körpers, die aus der sinnlichen Lust entspringet, unmittelbar«. Und zum Wein fügt Jerusalem die Leidenschaft, »das Vergnügen des Wollüstlings. Er weiß – traurige Erfahrungen haben es ihn gelehrt – was für ein Gift der übermäßige Genuß seiner Lüste seinem Körper bereitet. Er weiß, daß sie seine Gebeine zernagen, seine Kräfte verzehren – er weiß es deutlich. Dieser Gedanke kann ihn selbst mitten in dem Genuß der Wollust begleiten, und dennoch tötet er das Vergnügen derselben nicht«.

Nein, ein blasser und bleicher Melancholiker ist dieser Karl Wilhelm Jerusalem nicht gewesen; eher vielleicht ein lustvoller Selbstzerstörer, ein junger Mann mit beträchtlicher Schadenfreude am eigenen Leib.

Wie aber, wenn Lessing gewußt oder deutlicher gespürt hätte, daß im »Werther« viel mehr von den Leiden des jungen Goethe die Rede ist als von den Verstrickungen Jerusalems? Wenn er das kleine Buch, diesen Briefroman, als eine hochdurchtriebene Fiktion am Rande von Seelenwirklichkeit und Sensationswirklichkeit hätte lesen können, als einen genialen Akt von Befreiung, Überlebenskunst? Als ein Bravourstück rettender Disziplin, das noch einmal mit allem Raffinement der Disziplinlosigkeit arbeitet? Als einen Text, dessen geheimes Motto der erste Satz des ersten Briefes ist: »Wie froh bin ich, daß ich weg bin!« Ob sich die Begegnung Goethe – Lessing nicht doch anders abgespielt hätte; nicht unter einer so verqueren Optik; nicht aus einem so schiefen Winkel: freier, enthusiastischer, zukunftsneugieriger? So aber wiederholt sich zwischen Lessing und Goethe jener Einbruch von ärgerlicher Reserve, wie er sich fast 25 Jahre vorher zwischen Voltaire und Lessing ereignet hatte, als der mit dessen neuem Buch das Weite suchte.

Wie hatte Lessing in dem Brief an Eschenburg gefordert? »Also lieber Göthe, noch ein Kapitelchen zum Schluße: und je cynischer je beßer!« An Zynismus fehlte es diesem Johann Wolfgang Goethe wahrlich nicht, und nichts könnte das besser belegen als das drastische Gedicht, das er »Nicolai auf Werthers Grabe« nennt, das aber auch zeigt, wie sehr er sich selbst aus der ganzen Werther-Affäre herausgehalten hat, zuguterletzt:

> Ein junger Mensch, ich weiß nicht wie,
> Starb einst an der Hypochondrie

Und ward denn auch begraben.
Da kam ein schöner Geist herbei,
Der hatte seinen Stuhlgang frei,
Wie's denn so Leute haben.
Der setzt notdürftig sich aufs Grab
Und legte da sein Häuflein ab,
Beschaute freundlich seinen Dreck,
Ging wohl eratmet wieder weg
Und sprach zu sich bedächtiglich:
»Der gute Mensch, wie hat er sich verdorben!
Hätt er geschissen so wie ich,
Er wäre nicht gestorben!

Rechnungen, Abrechnungen

> Wieder verging Zeit. Ich weiß nicht, wieviel.
> Ich hatte keine Uhr. Aber die Art Zeit wird so-
> wieso nicht in Uhren fabriziert.
>
> *Raymond Chandler*

Dieses Wolfenbüttel ist zwar nicht da, aber es dauert. Und Lessing hat gut reden, wenn er von griechischen und römischen Jünglingen spricht, die sich die Liebe nicht zu Herzen genommen hätten und schön am Leben geblieben wären. Der Tod Jerusalems, so merkwürdig es klingt und so wenig Lessing es zugibt, ist ihm selbst aus der Seele geschehen; er hat, um dieselbe Zeit, da sich Jerusalem Kestners Kugel in die Stirn hämmert, das Leben satt. Nicht eigentlich seins, sondern das in Wolfenbüttel. Und er würde keinen Liebestod sterben, sondern einen aus jener Form der Langeweile, die die Franzosen ennui nennen und die am ehesten einem Brechreiz vor der Zeit gleichzusetzen ist.

In jenem Sommer, der der letzte des Jerusalem ist, schreibt Lessing an Eva König: »Mir aber ist itzt nicht selten das ganze Leben so ekel – so ekel! Ich verträume meine Tage mehr, als daß ich sie verlebe. Eine anhaltende Arbeit, die mich abmattet, ohne mich zu vergnügen; ein Aufenthalt, der mir durch den gänzlichen Mangel alles Umgangs – (denn der Umgang, welchen ich haben könnte, den mag ich nicht haben) – unerträglich wird; eine Aussicht in das ewige liebe Einerley – das alles sind Dinge, die einen so nachteiligen Einfluß auf meine Seele, und von der auf meinen Körper haben, daß ich nicht weiß, ob ich krank oder gesund bin. Wer mich sieht,

366

der macht mir ein Kompliment wegen meines gesunden Aussehens: und ich möchte dieses Kompliment lieber immer mit einer Ohrfeige beantworten. Denn was hilft es, daß ich noch so gesund aussehe, wenn ich mich zu allen Verrichtungen eines gesunden Menschen unfähig fühle?... Mein Trost ist, daß dieser Zustand unmöglich anhalten kann...«

Aber der Zustand hält an, und er wird schlimmer. Am 26. Oktober 1772 verschärfen sich die Klagen bei gleichbleibenden Beschwerden, bei fast identischem Vokabular: »Ich bin schlimmer als krank gewesen; mißvergnügt, ärgerlich, wild; wider mich, und wider die ganze Welt aufgebracht; Sie allein ausgenommen.« – Damit ist wieder Eva König gemeint: »Sie wissen, meine Liebe, was ich Ihnen oft gestanden habe: daß ich es auf die Länge hier unmöglich aushalten kann. Ich werde in der Einsamkeit, in der ich hier leben muß, von Tag zu Tag dümmer und schlimmer. Ich muß wieder unter Menschen, von denen ich hier so gut als gänzlich abgesondert bin. Denn was hilft es mir, daß ich hier und in Braunschweig diesen oder jenen besuchen kann? Besuche sind kein Umgang; und ich fühle es, daß ich nothwendig Umgang mit Leuten haben muß, die mir nicht gleichgültig sind, wenn noch ein Funken Gutes an mir bleiben soll. Ohne Umgang schlafe ich ein, und erwache blos dann und wann, um eine Sottise zu begehen.«

Schon im ersten Wolfenbütteler Herbst, im November 1770, hatte sich Lessing ein zweites Quartier in Braunschweig zugelegt; er wohnte dort bei dem Weinhändler Angott am Ägidienmarkt; es wurde nicht bloß ein »Absteigequartier«; sondern immer mehr auch Zuflucht, Rettung vor den großen Räumen des »verwünschten Schloßes«. Aber wenn er da denn doch sitzt, auf den leeren Schloßplatz sieht, oder in der Bibliothek auf den widerwilligen und widerwärtigen Cichin, oder in seine gelegentlichen Gläser mit Pyrmonter Brunnenwasser, mit denen er die auch vom Wein befeuerte Schwermut unlustig zu kurieren versucht, wenn er da hockt und weiß nicht mehr warum, kommen die Briefe aus

Kamenz, und dort sieht man ihn ganz anders: Da ist er der große Emporkömmling, der reich und undankbar gewordene Sohn und Bruder, dem die Schwester vornörgelt: »... aber wie sehr schmertzt uns das das Du auch nicht das geringste zum Andenken des Selligen Vaters schreibst da Du in der Welt so viel geschrieben«. Da ist er der Mann, der in einem Schloß wohnt und bei Hofe verkehrt, der berühmte Lessing, der doch wohl mit allen irdischen Gütern gesegnet ist und dennoch nichts übrig hat für seine arme alte Mutter und seine arme bedürftige Schwester. Da meldet sich wieder die gute Justine Salome und dreht dem Sohn, Mitte Dezember 1772, den Gewissensdolch in der Seele herum:

»Mein lieber Sohn
Ich wunder mich recht von Hertzen das ich auf meinen Brief von 22 Aujust mit sehnlicher Bitte geschrieben keine Antwort noch sonst nach deinem guten versprechen etwas erhalten habe du must gewis der Meinung seyn ich bin gestorben solche bekimmernis habe ich mir manchmhal in werenter Zeit gemacht weil ich gar nichts von Dir erfahre habe... Ich lebe Gott sey Dank noch aber in großer Sorge und bekümmernis da ich mir weder zurahten noch zuhelffen weis es wirt dir wohl in gedächtnis seyn das ich seyd Ostern von dir nichts erhalten habe und die große Theurung die bey uns in sachsen ist wirt dir auch wohl bekand seyn... Aber mein Lieber Sohn wie kanstu das über dein gutes Hertze bringen du wirst dich doch nicht geäntert haben in deiner guten gesinnung ich wils nicht hoffen... Mein Lieber Sohn wenn du dein versprechen so ordenglich als der Bruder in Perlin so könte ich mit beßern nutzen haushalten und könte auch von schulten etwas abgezahlet werden ich dächte doch das deine Station so wird seyn das du dein versprechen in der that wirst erfüllen und alle viertel Jahre mir das schicken das du mir aus liebe und zur Ehre deines seeligen Vaters versprochen hast ich weis wohl das dir mein schreiben wird höchst unangenehm seyn ich kann mir aber nicht helffen die höchste Noht treibt mich ich

wolde wünschen das ich es nicht thun dürffte ich bitte dich
mein Lieber Sohn recht herzlich und laß mich nicht länger in
solcher ängstlichen Sorge… es kommen mir so fiele gedank-
ken ein wie denn die Schulden sollen bezahlt werden wenn
ich werde gestorben seyn wie wird des Seeligen Vaters Ehre
erhalten werden und wie soll es denn der armen Schwester
gehn die so fiel hat als ich wenn mir die Bücher könten verkaufen aber wer fragt darnach niemand und um deßenwillen
mus ich ein größer Logi haben wenn es Gold oder Silber were
so könte ich mich mit retten und dürfft mich nicht so ängsti-
gen wenn mangel da ist aber so weis es der Liebe Gott wie ich
beschaffen bin ich bitte dich noch mahl noch mahl mein Lieber Sohn hertzinniglich las mich nicht länger vergeblich warten ich mus Hauszins der Magt Lohn Brod und Holz bezahlen und habe auch noch Geld müßen borgen… der Herr Vetter ist manchmahl gantz unwillich und es geht mir sehr
schwer ein wenn ich mir etwas bey ihm borgen mus weil
an das alte gar nicht kann gedacht werden er meinde neulich
es wunderte ihm doch das du mich so vergeßen köntest du
wistests doch das ich sonst nichts hätt wofon ich leben
solte…

Deine treue Mutter
Justina Salome Leßingin«

Lessing weiß, und weiß es besonders bitter bei solchen Briefen aus Kamenz, daß er mehr Geld braucht, oder seinen Abschied. Er ist zu letzterem so gut wie entschlossen, da gibt es
im Frühjahr 1773 einen Lichtblick. Der Erbprinz bittet ihn zu
einer Audienz und bietet ihm, zusätzlich zur Bibliothekslei-
tung, die Stelle eines Hofarchivars an, bei selbstverständlich
aufgebessertem Gehalt. Lessing, der schon im Begriff stand,
die Wiener Pläne, die auf gut österreichisch noch immer Pläne, aber auch nicht vergessen sind, näher zu prüfen, nimmt
die Offerte ernst und entscheidet sich, in Wolfenbüttel zu
bleiben. Aber das Angebot erweist sich alsbald als Fata mor-
gana: Weder der Prinz noch der dafür zuständige Hofbeamte

kommt darauf zurück. Lessings Zorn ist groß, und es wird ein langer Zorn.

»Möchte ich nun nicht rasend werden!« schreibt er am 3. April 1773 an Eva König. »Ohne die geringste Veranlassung von meiner Seite, läßt man mich ausdrücklich kommen, thut, wer weiß wie schön mit mir, schmiert mir das Maul voll, und hernach thut man gar nicht, als ob jemals von etwas die Rede gewesen wäre. Ich bin zweymal seitdem wieder in Braunschweig gewesen, habe mich sehen lassen, und verlangt zu wissen, woran ich wäre. Aber keine oder doch so gut wie keine Antwort! Nun bin ich wieder hier, und habe es verschworen, den Fuß nicht eher wieder nach Braunschweig zu setzen, bis man eben so von freyen Stücken die Sache zu Ende bringt, als man sie angefangen hat. Bringt man sie aber nicht bald zu Ende, und läßt man mich erst hier in der Bibliothek und mit gewissen Arbeiten fertig werden…: so soll mich sodann auch nichts in der Welt hier zu halten vermögend seyn. Ich denke überall soviel wieder zu finden, als ich hier verlasse. Und wenn ich es auch nicht wieder fände. Lieber betteln gegangen, als so mit sich handeln lassen!«

Die Sache zieht sich nicht einmal hin; sie wird glatterdings vergessen; Lessings Stolz und die Schlamperei des Braunschweiger Hofes summieren sich zu einer Kafka-Situation; der kühne, freie Lessing wird beinah zu einem Josef K. Am Ende des Jahres 1773 meldet er sich: »Noch immer die alte Leier: Ich bin mißvergnügt, ärgerlich, hypochondrisch, und in so einem Grade, daß mir noch nie das Leben so zuwider gewesen. Soll ich fortfahren, Ihnen das so recht zu beschreiben? Ich bin seit vier Monaten so gut wie gar nicht aus meinem verwünschten Schloße gekommen. Ich bin nur zweimal auf ein paar Stunden in Braunschweig gewesen, denn ich habe es verredet, in meiner gegenwärtigen Lage niemals wieder eine Nacht in dem Braunschweig zu bleiben, wo man sich gegen mich (Sie wissen wer) auf eine Art, die ich zu anderer Zeit, unter andern Umständen, um alles in der Welt so lange nich ertragen hätte. Ich will ihm (Lessing meint den Erbprinzen) daher schlechterdings nicht in die Augen zu kommen Gefahr laufen. Wenn er mich bei der Nase geführt haben will, so hab er es! Aber ich werde es ihm in meinem Leben nicht vergessen. Künftigen Januar wird es ein Jahr, daß er mir den ersten Antrag eigenhändig tat. So lange warte ich nur noch, um ihm alsdenn meine Meinung so bitter zu schreiben, als sie gewiß noch keinem Prinzen geschrieben worden.«

Aber die Erbitterung, die Rage ist ja noch Aktivität gegenüber der anderen Reaktion, die ihm alle Tätigkeit verleidet: »Was kann ich aber indess tun, als mich unter meine Bücher vergraben, um unter ihnen, wo möglich, alle Aussicht in die Zukunft zu vergessen? Ich habe auch nun weit länger als an Sie, meine Liebe, an keinen Menschen in der Welt geschrieben; weder an meine Brüder, noch an meine Mutter, noch an sonst jemanden. Ich antworte auch keinem Menschen, der in irgendeiner Sache an mich schreibt, als in Sachen der Bibliothek... Am besten würde ich tun, wenn ich an alle meine Bekannte... ein Circulare ergehen ließe, mich für tot zu achten.«

Und am 8. April 1774 der bitterste Seufzer: »Hier ist es länger nicht auszuhalten. Es wird von Tag zu Tag schlimmer. Von dem Erbprinzen, wie ich ihn nunmehr kenne, wenn er heute oder morgen zur Regierung kommen sollte, kann ich mir gewiß versprechen, daß er die ganze Bibliothek mit samt dem Bibliothekar lieber verkaufen wird, so bald sich nur ein Käufer dazu findet.«

Lessing macht mit dem Braunschweiger Hof jetzt Erfahrungen, die denen Voltaires zu Beginn der fünfziger Jahre in Potsdam und Berlin ähneln; er macht sie, was man von Voltaire damals nicht sagen kann, in aller Unschuld; aber diese Voltairesche Lektion käme Lessing jetzt zustatten; der berühmte französische Schriftsteller könnte ihm kaum noch Vorbild sein als Polemiker, erst recht nicht als Dramatiker; aber als einer, der über den ärgerlichen Umgang mit den Fürsten gründlich Bescheid weiß. Wie viel Zorn könnte sich Lessing nun von der Seele laden, wenn er den bitterbösen Brief kennte, den Voltaire am 18. Dezember 1752 an seine Nichte nach Paris geschrieben hatte:

»Nicht, als ob ich an Ihre alte Prophezeiung glaubte, der König von Preußen würde mich totärgern. Ich fühle mich nicht bei Laune, eines so blöden Todes zu sterben... Ich werde mir, zu meinem eigenen Gebrauch, ein kleines Wörterbuch für den Umgang mit Königen anlegen: Mein Freund bedeutet *mein Sklave*. Mein lieber Freund soll heißen: *Sie sind mir mehr als gleichgültig*. Ich werde Sie glücklich machen besagt nichts weiter als: *Ich werde Sie so lange ertragen, wie ich Sie brauche*. Speisen Sie heute abend mit mir? meint nur: *Ich werde mich heute abend über Sie lustig machen*.«

Die Hinhaltungen des Braunschweiger Hofes werden noch länger als zwei Jahre dauern; die in der Schwebe gelassenen Versprechungen einer Erweiterung der Lessingschen Kompetenzen und einer Aufbesserung seines Gehalts werden auch das folgende Kapitel, aus anderer Optik, beschäftigen. Aber den schärfsten Konflikt jener Jahre hat er nicht mit seinem Herzog, nicht mit dem Erbprinzen, sondern mit einer Obrigkeit, die ihn zunächst wenig angeht. Im Frühjahr des Jahres 1777, noch im elend kalten Januar, ist er nach Mannheim gereist, wo im Jahr zuvor ein Nationaltheater ins Leben gerufen worden war. Ein Nationaltheater und Lessing, das schien damals in Deutschland, trotz der Hamburger Pleite, aber eben wegen der Hamburgischen Dramaturgie, so etwas wie ein einziger Gedanke: Lessing mußte also her. Aber als er dann da war, fand er sich alsbald in eine so wüste Folge von Intrigen und Neid, von Hofkabalen und Professoren-Eitelkeit verstrickt, daß er wenig Neigung mehr hatte, die Mannheimer Offerte ernst zu nehmen, ja daß er das Gefühl haben mußte, man habe ihn aus lauter Hohn auf diese winterliche Reise gelotst.

Der Mannheimer Buchhändler und Verleger Christian Friedrich Schwan hat darüber berichtet: »Wie nun das alles in der Folge gegangen und was für seltene Auftritte dabei vorgefallen, davon könnte ich ein eigenes Buch schreiben, welches dem damaligen Ministerio in Mannheim nicht viel Ehre machen würde, ob ich gleich dem Kurfürsten selbst, sowie dem damaligen Minister, Herrn von Hompesch, dabei am wenigsten zur Last legen würde. Ersterer wollte immer das Gute und war jederzeit bereit, zu Aufführung desselben alles Mögliche beizutragen; aber er hatte bekanntlich nicht Selbständigkeit genug, etwas gegen den Willen seiner Minister oder anderer Leute, die ein Gewicht bei ihm hatten, durchzusetzen. Der Herr von Hompesch war allein zu ohnmächtig, den Cabalen seiner Herren Collegen im Ministerium zu widerstehen. Und so nahm denn die ganze Geschichte mit des Herrn Lessings Berufung eine so schiefe Wendung, und ein so lahmes Ende, daß auch sogar von den 600 Gulden, die ihm doch ohne Rücksicht auf das Theater, bloß als ordentliches Mitglied der Akademie der Wissenschaften... versichert waren, in der Folge keine Rede mehr war und er nie einen Kreuzer davon wirklich bezogen.«

Lessing kann viel wegstecken; er schreit nicht jede Kränkung laut heraus; aber das faule Theater, das man in Mannheim mit ihm zu spielen versucht hat, fordert seinen äußersten Zorn heraus, zeitigt einen seiner vehementesten Briefe. Nach seiner Rückkehr setzt er sich, Anfang April, hin und liest dem Minister, Franz Karl Freiherrn von Hompesch, die Leviten; solche Post hat die Exzellenz wohl noch nie im Leben bekommen: Zunächst verwahrt Lessing sich dagegen, daß man ihn wie ein Kind behandelt. »Denn nur einem Kinde, dem man ein gethanes Versprechen nicht gern halten möchte, dreht man das Wort im Munde um, um es glauben zu machen, daß es uns nunmehr ja selbst freywillig von diesem Versprechen lossage. Das Kind fühlt das Unrecht wohl; allein weil es ein Kind ist, weiß es das Unrecht nicht auseinander zu setzen. – Wenn mich denn aber Ew. Exzellenz nur für kein *solches* Kind halten: so bin ich schon zufrieden. Ich werde mich auch wohl hüten, mit Auseinandersetzung eines so geringfügigen Handels jemanden beschwerlich zu fallen. Nur eins muß ich mir dabey vorbehalten...

Da zur Zeit so manches von dem Deutschen Theater geschrieben wird; da in Kalendern und Journalen der neuen Einrichtung des Mannheimischen Theaters, ohne mich dabey zu vergessen, bereits gedacht worden: so kann es nicht fehlen, daß man der Fortsetzung derselben nicht ferner gedenken und mich dabey ins Spiel bringen dürfte.

Hier muß ich Ewr. Excellenz meine Schwäche gestehen. Ich vergebe tausend gesprochene Worte, ehe ich Ein gedrucktes vergebe. Auf die erste Sylbe, die sich jemand über meinen Antheil an dem Mannheimer Theater gedruckt und *anders* entfallen läßt, *als es sich in der Wahrheit verhält,* sage ich dem Publico alles rein heraus.

Denn darin belieben Ew. Exzellenz doch wohl nur mit mir zu scherzen, *daß ich demohngeachtet die Manheimer Bühne nicht ganz ihrem Schicksale überlassen und von Zeit zu Zeit besuchen würde.* Ich dränge mich zu nichts; und mich Leuten, die, ungeachtet sie mich zuerst gesucht, mir dennoch nicht zum besten begegnen wollen oder können – mich solchen Leuten wieder an den Kopf zu werfen, würde mir ganz unmöglich seyn.«

Aber als nun der Mittelsmann Friedrich Müller, der »Maler« Müller, alles noch einmal einzurenken versucht und Lessing über Hompesch hinweg direkt mit dem Kurfürsten in einen Briefwechsel bringen will, erntet er drastischen Bescheid: »Sehr gern, mein lieber Müller, will ich thun, was Sie verlangen. Ich will an den Churfürsten schreiben, und der Churfürst soll wahrlich noch wenige Briefe von der Art erhalten haben – Aber wird er meinen Brief auch wirklich erhalten? – Da wir eine so große Kabale wider uns haben: wird man den Brief nicht unterschlagen? – Er ist ja wohl der Mann nicht, gegen den man so etwas nicht wagen dürfte! – Also auf freyer Post darf ich es doch nicht thun? – Soll ich Ihnen oder Seilern den Brief schicken? Doch wenn Seiler sein Memorial nicht einmal anbringen können, wie will er einen Brief von mir anbringen? Ihnen aber die Übergebung desselben zuzumuten, wäre unfreundschaftlich.«

Lessing meint damit nichts weniger, als daß eine solche Mission gefährlich wäre; gefährlich für den Überbringer. Und ein paar Worte widmet er in seinem Schreiben an Müller noch dem Freiherrn von Hompesch: »Aber gegen mich hat er doch von Anfang an, als ein kleiner kriechender Minister agirt, und darüber soll er die Wahrheit von mir noch hören. Und wenn er sie nicht geschrieben lesen will, soll er sie gedruckt lesen...«

Mit der Mannheimer Affäre ist für Lessing aber mehr erledigt als nur das dortige Projekt, als nur ein kriechender Minister, als ein Kurfürst, der sich nicht einmal selbst regieren kann. Eine ganze Klasse hat für ihn ausgespielt. »Sie sind sehr gütig«, schreibt er in jenen Tagen in einem Brief, »daß Sie mich auch für den Mann halten, den die Großen zu besitzen wünschten. – Ich bin nichts weniger als dieses; und ein Großer und ich merken es sehr bald, daß keiner für den andern gemacht ist.«

Nein, Lessing sucht nicht die Großen, hat sie nie gesucht. Er sucht etwas anderes; er sucht, längst, ein ganz normales Glück.

Aber leider gehört auch das Glück zu den Großen.

Über weite Strecken: Liebe

In der Liebe ist alles wahr, ist alles falsch. Es gibt
nichts Absurdes in der Liebe.

Nicolas Chamfort

Weiße Bohnen habe ich für Sie bereits.

Lessing an Eva

»Ich wollte es auch einmal so gut haben, wie andere Menschen. Aber es ist mir schlecht bekommen.« Das ist Lessings
Seufzer, als seine Frau im Sterben liegt, als der Sohn Traugott, der nur wenige Stunden gelebt hat, schon begraben ist,
und als er im kleinen Eckzimmer des heute so genannten Les-
sing-Hauses, in Evas Zimmer, neben ihr sitzt und gramvoll
ihren Fieberphantasien zuhört und den bewußtlosen Vor-
würfen, »daß er sie mit unglücklichen Meinungen angesteckt
habe«. »Ich wollte es auch einmal so gut haben, wie andere
Menschen«, das ist, im Hinblick, auf eine Frau gesprochen,
für Lessing eine beträchtliche Liebeserklärung; der Nachsatz
jedoch, dieses: »...aber es ist mir schlecht bekommen«, ist
schon nicht mehr nur Larmoyanz und Verzweiflung, sondern fast wieder ein Ruf zur Ordnung, zur eigenen, strengen,
einsamen, Bekenntnis zu dem Gesetz, nach dem er angetreten: Ein Mann allein, ein Kopf für sich.

Lessing und Eva König – das ist ein so schwieriges Kapitel
in Lessings Leben, daß es in einem Ansatz gar nicht zu erzählen, nicht zu erfassen ist. Die Umstände dieser Liebes-, Le-
bens- und Leidensgeschichte sind, vor allem durch die Zer-
mürbungstechniken von Zeit und Entfernung, gelegentlich
so grotesk, daß man es fast mit einem Stück absurden Thea-

ters oder mit einer Romanze im Zauberberg zu tun zu haben glaubt. Lessings Zeit mit Eva – das ist vor allem Lessings Zeit ohne Eva, und fatalerweise auch über große Strecken hinweg Lessings Zeit ohne Lessing. Nie vorher war er so gefangen, so verdrossen ortsansässig, in einen so ohnmächtigen Wartestand versetzt. Ja, noch heute spürt man das Irritierende einer Situation, die erst nach sechs Jahren so weit sich geklärt hat, daß eine Frau und ein Mann heiraten und sich um so praktische Dinge wie Möbel, Magd und Bettwäsche kümmern können. Die Verführung ist groß, diese wirre Zeit erst einmal im alla breve zu durcheilen:

Zeitraffer II

Kaufmannsfamilie König (mit vier Kindern). Diese Familie gehörte zu Lessings Hamburger Freundeskreis, die Königs waren ihm beinah die liebsten und vertrautesten. Im Herbst 1769 war Engelbert König zuerst nach Wien gereist, wo er zwei Fabriken für Seiden und Tapeten aufgebaut hatte, dann weiter nach Italien. In Venedig erkrankte er, und er starb wenige Tage später; am 21. Dezember wurde er auf dem Friedhof St. Christoforo begraben. Eine Königsche Familienüberlieferung besagt, König habe sich beim Abschied von Hamburg mit der Bitte an Lessing gewandt, er möge sich, falls ihm etwas zustoße auf der Reise, um seine Familie kümmern. Lessing war auch schon zum Paten des jüngsten Kindes, Friedrich, gebeten worden. Am 7. Mai 1770 war Lessing in sein neues Amt als Bibliothekar in Wolfenbüttel eingeführt worden; am 10. Juni schreibt er den ersten Brief an Eva König nach Hamburg; Mitte August trifft sie ihn in Braunschweig und Wolfenbüttel auf einer Reise nach Wien, die sie unternimmt, um sich dort nach dem Tode ihres Mannes um die Geschäfte zu kümmern. Sie bleibt mehrere Monate fort. Im Februar 1771 reist sie aus Wien wieder ab und kehrt über Heidelberg, wo sie Verwandte besucht, und über Braunschweig, wo sie Lessing wiedersieht, nach Hamburg und zu den Kindern zurück. Am 31. August 1771 folgt ihr Lessing dorthin; Anfang September verlobt er sich mit Eva; das ist kein glanzvolles Ereignis, sondern eine vollkommen diskrete Absprache; nicht einmal die engsten Freunde werden eingeweiht. Im Frühjahr 1772 muß sich Eva König zum zweiten Male auf den Weg nach Wien machen. Es wird ein Abschied für mehr als drei Jahre: So lange zieht sich dort die Abwicklung der Geschäfte, der Verkauf der Fabriken hin: Eva König möchte sich, vor allem im Blick auf die Zukunft ihrer Kinder (die sie aber in all dieser Zeit nicht bei sich hat) nicht übereilen, nicht übervorteilen lassen. Als es im Frühjahr 1775 endlich ein Wiedersehen der Verlobten gibt – Lessing ist nach Wien gereist und wird dort als Dramatiker gefeiert –, wird er als Reisebegleiter des Prinzen Leopold nach Italien beordert. Diese Reise, für wenige Wochen geplant, zieht sich ein Dreivierteljahr hin. Im Sommer 1776 erst erhält Lessing von seinem Herzog die seit langem versprochene Gehaltsaufbesserung: 800 Taler jährlich statt bisher 600, die nicht einmal für ihn allein reichten. Jetzt endlich kann die fünf Jahre vorher verabredete Ehe geschlossen werden.

Sie haben sich Briefe geschrieben in all diesen Jahren, und die meisten sind erhalten: Von ihr etwa hundert, und rund achtzig von ihm. Als »freundschaftlicher Briefwechsel zwischen Gotthold Ephraim Lessing und seiner Frau« erschien diese Korrespondenz schon im Jahre 1789, herausgegeben von Karl Gotthelf Lessing. Zu diesem Titel ist zweierlei zu sagen: Erstens handelt es sich nicht um den Briefwechsel zwischen Lessing und seiner Frau, denn als Eva König endlich Frau Lessing wurde, hörte die Korrespondenz, aus den natürlichsten Gründen dieser Welt, auf und machte der Wolfenbütteler Häuslichkeit Platz. Und zweitens ist doch sehr die Frage, ob denn eine lediglich freundschaftliche Korrespondenz zu einer Ehe, selbst zu einer Verlobung hat führen können, und andererseits, ob denn eine so monströs lange Hinhaltung immer nur freundschaftliche Briefe erlaubt haben soll.

Ganz sicher aber ist mit diesem Wort vom »freundschaftlichen Briefwechsel« eine der entscheidenden und emphatischsten Erfahrungen im Leben Lessings trivialisiert und temperiert worden, frühzeitig und dauerhaft. Freundschaftlicher Briefwechsel: der Buchtitel von damals bestimmt bis heute die Lesart: eher Lottogemeinschaft als große Liebe, eher Gedankenaustausch als das Hin und Her sehnsüchtiger Gefühle.

In diesem Sinn liest etwa Charlotte von Lengefeld diese Korrespondenz. Sie schreibt darüber an ihren Verlobten, Friedrich Schiller, der sie offenbar zur Lektüre angeregt hatte: »Ich habe Lessings Briefwechsel mit seiner Frau auch gelesen, und er hat mir viel Freude gemacht. Lessings Geist ist mir sehr interessant und ist es mir noch mehr geworden, er hat so eine gewisse Feinheit gegen seine Frau; auch ihre Briefe haben mir gefallen, sie muß erstaunend viel Thätigkeit gehabt haben und vielen Verstand. Ich möchte mit jemandem über die beiden Menschen sprechen, der sie genau gekannt hat, und recht viel von ihnen hören.« Der letzte Satz der späteren Lotte Schiller ist immerhin von einer klugen Neugier, von einem instinktiven Nachspürsinn und verrät etwas vom Dilemma allen Lessing-Interesses: Was immer man von ihm weiß, stets hat man das Gefühl, es seien nur die äußeren Umrisse eines Porträts; was immer man von ihm liest, scheint gerade eben die immensen Ausbrüche zwischen den Zeilen zu bändigen.

Hegel wars zufrieden, die Korrespondenz als besänftigende Erbaulichkeit zu genießen: Er bekennt »Interesse mit Vergnügen und Wehmut vermischt; nach einem langen Romanlesen kann nichts erwünschter kommen als so eine ganz aus dem wirklichen Leben genommene Unterhaltung. Man ist immer auf die Entwicklung begierig; obgleich keine Intrige und große Hindernisse die Entwicklung aufhalten..., so fehlt doch das Interesse nie und ist um soviel herzlicher und teilnehmender, weil die Umstände so ganz natürlich und menschlich sind.«

Eine freundschaftliche Korrespondenz? Gewiß, Freundschaft gehört zu ihrem Akkord. Freundschaftlichkeit bestimmt die Tonlage gleich des ersten Briefes aus Wolfenbüttel, der mit dem Satz schließt: »Leben Sie recht wohl, meine liebe Freundin; und bedenken Sie fein, daß der Mensch nicht bloß von geräuchertem Fleisch und Spargel, sondern, was mehr ist, von einem freundlichen Gespräche, mündlich oder schriftlich, lebet.« Aber auch in diesem ersten Brief gibt es schon einen anderen Klang. Keine Leidenschaft zwar, kein Überschwang, aber Anlehnungsbedürfnis: »Ich gehe nun schon heute den ganzen Abend in Gedanken mit Ihnen spazieren; und wenn es wirklich geschähe, was hätte ich Sie nicht alles zu fragen!« Mit anderen Worten: diese Frau sitzt Lessing im Kopf, er kann sie nicht vergessen.

Gedanken-Fürsorge auch bei ihrer ersten Reise nach Wien: »Wenn Sie noch keinen Brief von mir haben, so denken Sie nur immer, daß einer unter Wegens ist. Sie werden sich meistens nicht irren: und sollte es ja kein Brief sein, so sind es doch meine Gedanken und Wünsche, die gewiß den Weg Ihnen nach nicht leer lassen.« Freundschaftlich gewiß auch der Umstand, ja geradezu eine Kumpanei, daß beide sich, während des ersten Aufenthaltes von Eva in Wien, zu einer Spielgemeinschaft zusammentun, Lotterie spielen, daß sie sich Glückszahlen aufschreiben, daß sie Einsätze verabreden, daß sie trotz der Entfernung so etwas wie gemeinsame Sache machen.

»Wenn ich noch einmal setze, so bleiben sie Compagnon«, schreibt Eva am 19. Dezember 1770 aus Wien. »Ich glaube aber schwerlich! Denn ich habe eine so zuversichtliche Ahndung, daß ich mein Glück in der Lotterie nicht mache, sondern vielmehr zur Arbeit bestimmt bin, und mit diesem Loos bin ich völlig zufrieden, wenn es mit der Gesundheit begleitet ist...« Aber nicht nur spirituelles Rendezvous bedeutet die Lotterie, sondern unter Umständen die Möglichkeit eines rascheren Wiedersehens. »Das häßliche Wien, daß es so weit weg ist!« seufzt Lessing in jenen Tagen, und er schreibt mit dem übermütigen Gedanken an einen Hauptgewinn: »Wenn wir alle fünf Quaternen, und was denen anhängig gewinnen (das wäre gewissermaßen das große Los oder sechs Richtige heute) so komme ich Ihnen bis Mannheim entgegen.« Und von dieser Entgegen-Reise ist in den folgenden Briefen so oft die Rede, daß es scheint, als habe Lessing mit einer solchen Unternehmung zwar nicht gerechnet, sie aber doch herbei-gesehnt.

Freundschaft ist aber auch das ausdrückliche Stichwort noch nach einem Jahr der Korrespondenz: Als Lessing von Eva nach einem Rezept, »wie man den Kitt, um das Porcel-lain zu leimen, macht?" gefragt wird, antwortet er erst ganz praktisch: »Der Kitt zum Porcellain bestehet aus geronnener Milch und gelöschtem Kalke; nur muß jene ganz ohne Rahm sein, und durch ein Tuch rein ausgedruckt werden. Sodann nehmen Sie drei Teile dieser geronnenen Milch, und ein Teil von dem gelöschten Kalke, streichen es mit der Messerspitze gut durcheinander, und leimen damit, was Sie leimen wol-len.« Und dann setzt Lessing hinzu: »Wenn es so lange hält, als unsere Freundschaft halten soll, so ist es ein Kitt, den wir loben wollen.«

Aber in diesem Mai 1771 kommt deutlich ein dringlicherer Ton bei Eva auf, den sie zwar gelegentlich ins Burschikose abzuwenden versucht (»Mein lieber Freund, machen Sie daß Sie bald kommen, sonst kommt eine ganze Wagenladung Frauenzimmer, um Sie abzuholen«), der sich aber auch unge-niert aussprechen kann: »Aber nun im Ernste: Wann kom-men Sie denn? Sie müssen es mir wirklich schreiben. Ich ver-spreche Ihnen nicht entgegen zu kommen, wenn Sie es nicht haben wollen, und es auch keinem Menschen zu sagen. Ich wollte es nur wissen, um mich auf den gewissen Tag recht freuen zu können. – Ob Sie bei mir logieren wollen, stelle ich in ihren Willen. Sie können Ursache haben, warum Sie es nicht tun wollen. Ich habe keine, die mich abhält, es zu wünschen.« Könnte man Sehnsucht lessingscher ausdrücken, zärtlicher in eine Antithese spannen? Diese Frau ist von seiner Art, und sie gibt ihm gelegentlich sogar seine Sätze, seine eigenen Ratschläge zurück: »Die Schwermut ist eine mutwillige Krankheit sagten sie einmal zu einer Frau (so hatte Lessing sie in einem Brief nach Wien aufzumuntern versucht). Ist sie dieses bei einem so schwachen Geschöpfe, was sollte sie denn nicht bei einem Mann von Ihrer Art sein.« Und im gleichen Brief, vom 7. Mai 1771, schreibt sie: »Mit der heutigen Post schicke ich Ihnen Ihren Pelz, den ich lange genug vergessen hatte.«

Der Pelz, ja der Pelz! Man kann das erste Jahr dieser Brief->Freundschaft«, kann die simmernde Sinnlichkeit dieser ersten Trennungs-Nähe nicht erkennen, wenn man nicht auch von diesem Pelz spricht. Lessing hatte Eva König, bei ihrer Durchreise nach Wien, seinen Pelz aufgehalst, und sie hatte das in ihrem Tagebuch vermerkt: »Herr Lessing war so gütig und ließ mir seinen Pelz aus der Stadt holen, den ich mitnahm. Der, wenn ich ihn nicht wieder brächte, ihm erstattet werden muß.« Verrät die Notiz wirklich nur »die eigentumsbewußte Unternehmerfrau, die nichts annimmt und nichts weggibt, ohne darüber Buch zu führen«? Spürt Eva nicht, daß die Umhüllung auch wie eine dauerhafte Beschützung ist, ja beinah eine Umarmung? Immer wieder erwähnt sie den Pelz; es mache sie unruhig, schreibt sie, daß sie ihn nun über so lange Zeit bei sich habe, denn er werde sicher völlig ruiniert. Und sogar nachts deckt sie sich damit zu: »Ohne ihn wäre ich noch hier erfroren, weil die Betten ganz elend sind.«

Die Anreden in den Briefen sprechen von der wachsenden Zuneigung:

»Mein lieber, liebster Freund!«

»Meine liebste, beste, einzige Freundin!«

»Mein lieber Lessing!«

»Meine Liebe!«

Lessings passioniertester Brief ist aus den Tagen nach dem

Verlobungsbesuch in Hamburg. Er hat Eva aufzurichten, deren Mutter gestorben ist, und er sagt ihr: »Doch ich bin nicht klug, Sie mit kalten Betrachtungen trösten zu wollen. Wollte nur der Himmel, dass Ihnen die Versicherung, bey dem allen noch *eine* Person in der Welt zu wissen, die Sie über alles liebt, zu einigem Troste gereichen könnte! Diese Person erwartet alle Glückseligkeit, die ihr hier noch beschieden ist, nur allein von ihnen, und sie beschwört Sie, um dieser Glückseligkeit willen, sich allem Kummer über das Vergangene zu entreißen, und Ihre Augen lediglich auf eine Zukunft zu richten, in welcher es mein einziges Bestreben sein soll, Ihnen neue Ruhe, neues von Tag zu Tag wachsendes Vergnügen zu schaffen. Machen Sie ja, meine Liebe, daß ich Sie nicht niedergeschlagener finde, als ich Sie verlassen habe! Wie gern wäre ich eher wieder bey Ihnen gewesen; wie gerne wäre ich bey Ihnen geblieben, wenn diese Berlinische Reise nicht so notwendig gewesen wäre… Leben Sie indeß recht wohl! Ich umarme und küsse Sie tausendmal, meine liebste, beste, einzige Freundin!«

Aber als er sie dann besucht hat, als er in Braunschweig ist und zurück in die Bibliothek muß, als er sich selbst ein deutlich forciertes »Und alsdenn willkommen in mein liebes einsames Wolfenbüttel!« zugerufen hat wie einer, der sich Mut zusprechen muß –, da tritt zum erstenmal dieses merkwürdige Phänomen einer Zukunft in Erscheinung, einer Zukunft, die nicht beginnen will. »Ich sage Ihnen von unsern eigentlichen Angelegenheiten nichts; und werde Ihnen auch in meinen folgenden Briefen nur wenig davon sagen. Sie glauben nicht, wie viel ich auf ein einziges Wort von Ihnen baue, und wie überzeugt ich bin, daß so ein einziges Wort bey Ihnen auf immer gilt. Bleiben Sie dieses auch nur von mir überzeugt, und ich bin gewiß, es wird sich endlich alles nach unsern Wünschen bestimmen.« Aber als er in Wolfenbüttel ankommt, findet er Post von Eva vor, wie sie sich leidenschaftlich-beherzter kein Mann wünschen kann: »Nicht wahr? Sie sind überzeugt, ob Sie gleich zuweilen daran zu zweifeln scheinen, daß ich Sie über alles liebe, über alles hochschätze, und kein Glück für mich in der Welt ist, wenn ich es nicht mit Ihnen theilen soll. Möchten doch alle die Hindernisse, die uns trennen, gehoben werden können, wie wollte ich der Vorsehung mit freudigem Herzen danken… Eben da ich zu Bette gehen wollte, fiel mir ein, daß morgen früh die Post abgehet. Ich schließe diesen Brief also in der Nacht um zwölf Uhr, wo ich Sie mir, ermüdet von der Reise, im tiefsten Schlafe gedenke, und Ihnen von ganzem Herzen die angenehmste Ruhe wünsche; mir aber die baldige Versicherung, daß Sie sich von den Fatiguen der Reise erhohlet, recht gesund und vergnügt befinden. Sie können dem noch wohl etwas hinzufügen, was mir eben nicht zuwider seyn wird. Aber! Aber! es müssen lauter Worte seyn, die aus Ihrem Herzen kommen..«

Nein, das ist schon mehr als ein freundschaftlicher Briefwechsel; das sind Liebesbriefe, die da hin und her gehen. Aber bis zu diesem Zeitpunkt Ende 1771 ist es noch eine normale Geschichte: Sympathie, die in Zuneigung übergeht, Zuneigung, die ein Verlobungsversprechen zeitigt, ein Zukunftsja, das auch Worte und Beteuerungen und Empfindungen von Leidenschaft nach sich zieht, und natürlich: Pläne voraus. Die aber sind schon zwiespältig: »Wie glücklich sind sie«, schreibt Eva, »daß Sie in Ihrem einsamen Wolfenbüttel sind; und wie glücklich würde ich mich schätzen, wenn ich auch erst da wäre« – und im selben Atemzuge kündigt sich schon das zweite Kapitel an, das ein tristes ist: »oder wenn ich nur wenigstens hoffen könnte, einmal dorthin zu kommen; aber auch die Hoffnung verläßt mich sehr oft.«

»Obgleich keine Intrige oder große Hindernisse die Entwicklung aufhalten« – O großer Hegel, der du den Weltgeist spürest, und spürest doch keinen Hauch von der verzweifelten Dramatik des Stillstands, von dieser schleichendsten aller Intrigen, einer gegen zwei Leute, die sich verabredet haben, verrinnenden Zeit, und hast keinen Begriff für jenes große Hindernis, das ein Leben zu zweit ist ohne ein *Leben* zu zweit, für diese lähmende Partie, die längst remis steht und von neuem begonnen werden müßte. Denn während sie alles ins reine bringen wollen, die eine ihre Fabriken auflösen oder einer soliden Führung anvertrauen, der andere, unser Lessing, seine Position in Wolfenbüttel verbessern und ausweiten oder Wolfenbüttel verlassen und nach Wien ziehen, während sie ihre Probleme zu »heben« versuchen, werden sie sich noch gegenseitig zu Last und Ballast, so daß Lessing nicht nur einmal seufzt: »Wenn ich noch der alte Sperling auf dem Dache wäre...«

Während sie, die eine so, der andere so, ihre Zukunft zu sichern glauben, haben sie sich längst verloren, zum ersten Male, das nicht auch das letzte sein wird. So nämlich sieht diese Geschichte, diese »freundschaftliche« Beziehung auch (und in Wahrheit) aus: Eine Frau, die ihren zukünftigen Mann drei Jahre lang warten läßt – so lang dauert der zweite Aufenthalt Evas in Wien –, hat ihn, man kann es nicht anders sagen, sitzen lassen. Und ein Mann, der seiner Verlobten in einem ganzen Jahr (1774) ein einziges Mal schreibt, sagt ihr mit jedem Tag, an dem sie vergeblich zur Post schickt, Ade. Er verliert sie erst aus den Augen, aus den Erinnerungen, aus dem Gefühl, aus dem Interesse, am wenigsten aus der Existenz: Warum steckt Lessing denn noch in Wolfenbüttel, warum und für wen hält er denn hier eigentlich noch die Stellung, warum ist er nicht längst auf und davon? Die beiden sind, als Evas Geschäfte in Wien zum Abschluß kommen, geschiedene Leute. Lessing bringt, als die Verbindung brieflich wieder anknüpft, um die Jahreswende 1774/75, keine seiner berühmten antithetischen Tröstungen mehr fertig, er rettet sich in ein psychoanalytisches Bild; und es ist, als komme er selbst aus einer langen Trance, wenn er ihr schreibt: »Gott sei Dank, daß ich Sie allmählich wieder auf dem Weg zur Ruhe weiß. Diese drei Jahre waren ein garstiger Traum für Sie; aber wirklich, man muß selbst so gut sein als Sie, und ebenso guten Leuten angehören wie Sie; wenn das Schlimmste endlich doch nur ein Traum gewesen sein soll.«

Wie stark das Gefühl der Entfremdung zu jener Zeit war, welche tiefe Kluft aus Entfernung und Schweigen sich zwischen den beiden aufgetan hatte, davon legt Lessings Brief vom 10. Januar 1775 ein geradezu brüskes Zeugnis ab. Da heißt es freundlich, aber distanziert: »Entziehen Sie mir nur, meine Liebe, Ihre gute Meynung nicht: und wenn ich das nehmliche auch noch von einigen andern Personen, die ich schätze und liebe, hoffen darf: so bin ich zu allem sehr gefaßt.« Eva nimmt nun, das wird ihr drastisch klar gemacht, keine privilegierte, keine intime Position mehr ein; sie hat den gleichen Rang nun »auch noch von einigen andern Personen«. Und lässig der Schluß: »Aber Sie melden es mir doch noch, wenn Sie hier durchzukommen gedenken! sonst könnte es leicht kommen, daß ich abwesend wäre.« Und wie wenn er in der Tat zumindest geistesabwesend wäre, verabschiedet er sich mit der Grußformel: »Ihr ganz ergebenster L.« Wie anders der Gruß des folgenden Briefes an Eva, nur zwei Monate später, geschrieben am 7. März in Berlin: »Wie sehr ich mich freue, Sie endlich wieder zu sehen, meine Liebe, brauche ich Ihnen nicht zu sagen. Gott gebe nur, daß ich Sie recht gesund finde! Ich umarme Sie auf das innigste, und bin Zeitlebens, wie es auch immer mit mir werden mag, einzig der Ihrige L.«

Der Fühlloseste muß merken, daß zwischen beiden Briefen, dem vom 10. Januar und dem vom 7. März, mit Lessing etwas passiert ist, und zwar mehr passiert als die Aussicht bewirken könnte, Eva demnächst in Wien wiederzusehen. Es ist etwas passiert, das in ihm überhaupt erst den dringenden Wunsch wieder erweckt, sie zu sehen und noch vor ihrer Abreise in Wien zu treffen.

Die Wahrheit, in diesem Fall, ist für Lessingsche Verhältnisse nicht nur konkret, sondern auch trivial: Lessing hat sich im Frühjahr 1775 eine andere Frau aus dem Kopf geschlagen, eine andere Liebe versagt oder verbeten, eine mit heftigerer Leidenschaft ausgestattete Verbindung abgebrochen. Er war, zwischen den oben genannten Terminen, in Leipzig zu Be-

386

such bei seiner vehementesten Verehrerin, und die Vermutung ist statthaft, daß er sie zu vehement fand. Er hatte ein Wiedersehen mit einer Dame, die seit der ersten Begegnung mit Lessing nur noch gewünscht hatte, seine Frau zu sein, und die bis an ihr Lebensende die Bitterkeit darüber nicht losgeworden ist, daß sie es nicht wurde. Die Frau heißt Ernestine Christine Reiske, sie ist keine Spottfigur, und die Geschichte ist nicht zum Lachen.

Intermezzo I

Im Sommer des Jahres 1771 hatte Lessing, der zu Eva König nach Hamburg reisen und die Verlobung verabreden wollte, ihr eine Verzögerung seines Aufbruchs mitteilen müssen: »Ich muß zu Anfang des Julius, noch erst einen Besuch aus Leipzig abwarten; der zwar nicht eigentlich mir, sondern der Bibliothek gilt, dem ich aber eben auch darum um so weniger aus dem Wege reisen darf.« Der da seine Anreise gemeldet hatte, war der Leipziger Orientalist und Graecist Johann Jacob Reiske, ein hochberühmter Mann, eine europäische Kapazität, ein tüchtig zerstreuter Professor. Es wird denn auch Anfang August, ehe Reiske nach Wolfenbüttel kommt, und er bringt seine Frau mit; beide tragen sich am 10. August ins Gästebuch der Bibliothek ein. Reiske ist Mitte fünfzig, seine Frau zwanzig Jahre jünger. Die beiden sind seit sieben Jahren verheiratet; die Pfarrerstochter aus Kemberg hatte sich in ihrer Ehe in die Wissenschaften und Sprachen ihres Mannes einzuarbeiten versucht und mit wahrem Feuereifer an seinen Studien beteiligt; sie half ihm bei der Vergleichung von Handschriften und beim Korrekturenlesen. Als seine Augen immer schlechter wurden, übernahm sie fast die gesamte Korrespondenz. »Die Aufgabe ist gelöset, ob ein Gelehrter heiraten soll, wenn es viele Personen ihres Geschlechtes gibt«, hat Lessing einmal komplimentierend an die Reiskes geschrieben.

Und nun, in Wolfenbüttel, wird es, von ihrer Seite, Liebe auf den ersten Blick, nein mehr: Es ist schon eine Liebe im vorhinein, eine geradezu vorsätzliche Leidenschaft, auf die sich die Professorengattin kapriziert. »Meine Frau«, hat Reiske noch vor dem Aufbruch nach Wolfenbüttel an Lessing geschrieben, »läßt Euer Wohlgeboren ihre Hochachtung versichern. Sie hauptsächlich ist an dieser Reise schuld. Sie freuet sich darauf, wie ein Kind auf den heiligen Christ. Sie hat mich bei dem Entschlusse dazu erhalten.« Eine Frau, die so auf einen Mann zukommt, kann nicht von ihm enttäuscht sein, und ganz ohne Eindruck wird sie auch für ihn nicht bleiben. Müßig, sich vorzustellen, wie die Begegnung tatsächlich aussah, aber daß sie nicht nur aus einseitigem Entzücken bestanden haben kann, sieht man aus Briefen, die der Leipziger Gelehrte etliche Zeit später an Lessing schreibt.

»Meine Frau denkt oft an Sie, und betrachtet Ihr Porträt von Bause, ob es Ihnen gleich wenig ähnlich sieht«, sagt Reiske Ende 1772 scheinbar amüsiert, aber Anfang Februar 1773 beherrscht er sich nur noch mühsam und weist, kaum noch im Scherz, Lessing zurecht: »Ihnen ins Ohr gesagt, liebster Lessing, Sie stehen bei meiner Frau sehr wohl angeschrieben. Sie bekennt es Ihnen ja selber, daß sie Sie liebet. Was wollen Sie mehr? Ich werde darüber nicht eifersüchtig. Hier hat es allemal nichts zu bedeuten. Und Sie dürfen nicht eben sehr stolz auf diese Zuneigung sein. Das Ding hat Absichten. Durch Sie und unter Ihrer Maske liebt sie sich selber. Eine Hand wäscht die andere. Doch vielleicht thue ich der guten Frau Unrecht…Meine Frau hat freylich, wie leicht zu denken ist, wider Ihre Flatterien nichts einzuwenden, ich aber dagegen desto mehr. Ich habe Ursache, darüber zu zürnen, und auf Sie zu schmählen. Denn Sie verderben und verführen mir meine Frau. Unangemessene Lobsprüche rücken immer gerne dem Frauenzimmer den Kopf von der rechten Seite weg.«

Darauf scheint Lessing pikiert, nämlich überhaupt nicht reagiert zu haben, denn in einem Brief vom Sommer 1773

388

schreibt Reiske verdrossen an Ebert: »...ich mag mich nicht selber mit einer Anfrage ihm nähern... Denn wer kann ihn fragen: Was machst Du, und was habe ich Dir gethan, daß Du mir zu antworten hartnäckig verweigerst?«

Reiske starb am 14. August 1774, und es scheint nun, als habe Ernestine die Korrespondenz mit Lessing sofort wieder aufleben lassen (so schickte sie am 14. Oktober Manuskripte und andere Papiere ihres verstorbenen Mannes nach Wolfenbüttel); in den Konvoluten mit gelehrtem Material verbarg sich nur schlecht der Wunsch, ihn wiederzusehen. Und dieses Wiedersehen fand just in jenem Frühjahr 1775 statt.

Wie sah es aus? Ernestine hat Ebert geradezu taumelnd Bericht erstattet: »Recht unerwartet und angenehm war mir die Ankunft des mir so sehr theuren Freundes. Allein nun ist meine Glückseligkeit wieder aus. Was hilft es mir nun, daß ich einige Augenblicke höchst seelig *war*? Ich war es nur, und bin es nicht mehr. Meine Freude, meine herzinnige Freude war nur ein schöner Traum. Nun bin ich erwacht und beweine die Vergänglichkeit der irdischen Freuden. Den Freund zu sehen, den man über alles schätzt, welch Entzükken muß nicht ein zärtliches Herz da fühlen! allein sich auch sogleich wieder von ihm zu trennen, welcher Schmerz! Was bleibt alsdenn noch übrig? Nichts als eine verschmachtende Sehnsucht nach einem Gute, das uns auf immer versagt ist. Wäre es nicht besser, man hätte die Vortrefflichkeit eines Gutes, das man nie besitzen kann, nicht kennen lernen?... Vergeben Sie, Werthester Herr Professor, meinen Klagen. Sie kennen den Freund, der sich meinen Augen nur zeigte, und sogleich wieder verschwand. Kan man ihn wohl zu sehr lieben? Übersteigt nicht sein Werth alles was sich nur Schätzbares denken läßt? Doch gnug mein Herz.-«

Lessings Visite bei Frau Reiske während seines Leipziger Aufenthaltes blieb keineswegs geheim. Der eben zitierte Brief ist vom 24. Februar, und vier Tage vorher schreibt ein Bekannter Lessings an Johann Heinrich Voß in Hamburg: »Lessing ist seit dem Donnerstag hier, und geht morgen wie-

der ab. Er sieht gut aus, lebhafter und jünger als im Porträt...
Man sagt, er heyrathe die Mad. Reisken; doch das ist wol nur
Mähre.« Und einen Tag später notiert derselbe Korrespondent: »Heute sah ich Lessing noch einmal in Hillers Concert;
er sieht gar pfiffig aus, aber doch sehr angenehm. Hiller sagt,
daß er sich aus der Musik nichts mache. Alle sprechen ihm
auch den geringsten Grad von Freundschaft und Empfindung ab. Er geht nach Berlin u. kommt in einigen
Wochen wieder hierher.« Daß Lessing noch einmal nach
Leipzig zurückkehren wolle, bezeugen auch Mitteilungen
anderer, vor allem Weißes. Wenn er aber, auf der Reise von
Berlin nach Dresden und weiter nach Wien, dann Leipzig geradezu umging, so kann das kaum etwas anderes heißen, als
daß er Frau Reiske nicht noch einmal treffen, daß er nun Eva
sehen wollte, daß er die Wiederbegegnung riskierte. Aus
Dresden kommt der für Lessing geradezu ungestüme Satz:
»Und wenn ich doch nun fliegen könnte!«

Euphorische Wochen in Wien, Riesenehrungen für den großen Lessing: Er weiß offenbar vor lauter Wolfenbüttel gar
nicht, wie berühmt er inzwischen ist, eine europäische Zele-
brität, eine Art Jupiter fürs anhimmelnde Österreich, im
Theater schreien sie sich den Hals nach ihm aus, und manchmal bekommt Eva ihn vor lauter Audienzen und Einladun-
gen nicht zu Gesicht. Aber dennoch sind, nach ihrem Bekenntnis, die Tage mit Lessing »die einzigen vergnügten gewesen«, die sie überhaupt in all der Zeit in Wien gehabt hat.
Aber schöner als die Tage selbst sind die Aussichten auf die
gemeinsame Rückreise, die zwar noch keine gemeinsame
Heimfahrt sein kann, aber doch schon in jene Richtung führt,
wo auch das Ende der Wirrsal abzusehen ist. Und das ge-
schwätzige Wien zerreißt sich schon das Maul über die nunmehr offenkundige Verbindung der beiden und über eine be-
vorstehende Heirat.
Und dann wieder ein Akt herzoglicher Barbarei. Hier tobt

sie sich nicht an wehr- und rechtlosen Bauernjungen aus, die nach Amerika verschachert werden, hier zeigt sie sich als skrupellose Individualwillkür, als terroristische Gedankenlosigkeit. Wie das von den Wienern beurteilt wurde, die Lessings Ruhm denn doch auch mit scheelen Augen ansahen und nicht gern eine Gelegenheit zur Schadenfreude ausließen, zeigt dieser Brief eines Herrn Taube an einen Herrn Büsching: »Als Lessing nach Braunschweig zurücke gehen wollte, empfing der Prinz Leopold von Braunschweig, der hier war, den Befehl von Hause, nach Padua zu reisen, und Leßing zu seinem Gefährten mit zu nehmen, welches auch am Tage darauf geschahe. Der Prinz kommt mit ihm in diesem Sommer wieder nach Wien. Aus der Heirath, von welcher ich neulich schrieb, wird wohl nichts werden, weil Madame König vorgestern nach Hamburg zurückgekehrt ist, und ihrem Buchhalter Hornbostel aus Hamburg ihre hiesige Manufactur eingeräumt hat...«

Und während in Wien der böse Traum endlich vorbei zu sein schien und das heiterste Erwachen an der Tagesordnung, zeitigen diese Reise und ihre Begleitumstände eine Zerstörung der Harmonie, ein Trennungsgefühl, das gründlicher und dramatischer ist als das während der dreijährigen Abwesenheit Evas. Diesmal fürchtet jeder, den anderen verloren zu haben, fühlt sich jeder vom anderen verlassen. Lessing bekommt, seit Livorno, das heißt von Mitte Juli an, von Eva keine Post mehr, bleibt also ein halbes Jahr lang ohne irgendeine Nachricht von ihr; und seine Antwort darauf ist, daß er, fassungslos und tief verstimmt, ihr nicht mehr schreibt. Was er nicht wissen kann und erst zu spät argwöhnt, ist, daß ihre Briefe, die über zwei Wiener Nachsende-Adressen laufen sollten, dort durch schiere Nachlässigkeit und Bequemlichkeit der Vermittler liegen geblieben sind. Aber Briefe, die nicht kommen, sind böse Nachrichten, und im Grunde hat jeder der beiden in diesen Monaten mit dem Bruch, mit der Geschiedenheit gerechnet.

Noch zwar gibt sich Eva mit dem Gedanken an eine

Krankheit bekümmert zufrieden: »Ich kann gar nicht begreifen, warum ich so lange nichts von Ihnen höre, und mache mir tausend und tausend sorgenvolle Gedanken, ob Sie nicht gar in einem elenden Orte krank liegen, weil Sie Venedig schon nicht allzuwohl verlassen haben.« (In Venedig hatte Lessing das Grab Engelbert Königs aufgesucht und Eva davon Mitteilung gemacht.) Und Drastischeres noch dachte Lessing, wie er ihr später gesteht: »Was konnte ich, was durfte ich anders glauben, ohne Ihnen Unrecht zu tun, als daß Sie tot, oder wenigstens so krank sein müßten, daß Sie mir unmöglich einige Nachricht von sich zukommen lassen können?« Ohne Ihnen Unrecht zu tun: das heißt, lieber denkt Lessing doch noch, Eva sei gestorben, als daß sie sich anders entschieden habe.

Und sie, in der Tat, kann kaum etwas anderes von ihm mutmaßen, wenn sie hört, daß er zwar an seinen Bruder schreibt, nicht aber an seine zukünftige Frau: »Sie böser Mann!« fährt sie ihn einmal regelrecht an, »zuletzt wird die ganze Welt über Sie schimpfen, und ich werde nicht schimpfen aber weinen. Gewiß, wenn Sie wüßten, wie sehr Sie mich durch Ihr Stillschweigen quälen, Sie würden sich dem größten Vergnügen entziehen, um sich mit mir zu unterhalten, und mich zu beruhigen. Das kann ja mit so wenig Worten geschehen. Sagen Sie mir nur: Ich bin gesund, und Ihr Freund, so bin ich zufrieden.« Mit flatternden Nerven, mit Kopfweh und tief bestürzt schreibt sie diesen Brief; und wenige Zeilen vorher hat sie das anzudeuten gewagt, was sie so außer Fassung bringt und sich mit seinem Schweigen nur allzu gut zusammenreimen läßt: »In Paranthese muß ich Sie doch fragen: ob die Neuigkeit wahr ist«, die sie aus Leipzig gehört habe: »Die allgemeine Sage dorten sey: Ein gewisser Mann, den Sie leicht errathen werden – heyrathe die Wittib von P. R.« Und damit ist niemand anders als die Witwe des Professors Reiske gemeint, und mit dem leicht zu erratenden Mann – Lessing selbst.

Intermezzo II

Denn was nur als eine kurze Reise von wenigen Wochen gedacht ist, wird zu einer nicht endenwollenden Irrfahrt, zu einem planlos scheinenden Hin und Her in Italien. Die Route,
auf eine Karte gezeichnet, sieht wie eine Choreographie der
Ziellosigkeit aus. Zuerst bleibt man eine Woche in Mailand,
dann gut zehn Tage in Venedig, und über Bologna und Flo-
renz reist man nach Rom, wo man die zweite Juni-Hälfte
verbringt. Dann geht es wieder gen Norden, zunächst über
Pisa nach Livorno. Von da an hat Lessing die Stationen der
Reise selber sarkastisch skizziert: »Mein letzter Brief an Sie,
meine Liebe, war aus Livorno, in welchem ich Ihnen meldete,
daß, gewißer Umstände wegen, der Prinz noch nicht zu-
rückgehen könne, und daß wir indeß eine Reise nach Korsika
machen, und von Korsika über Genua nach Turin gehen
würden. Als wir nach Turin kamen, war das Schicksal des
Prinzen noch nicht entschieden; wir gingen also von Turin
über Bologna und Loretto nach Rom; von Rom nach Neapel,
und von Neapel wieder zurück nach Rom, wo endlich der
Prinz Befehl von seinem Vater erhielt, so schleunigst als
möglich zurückzukommen... Wie alles zusammenhängt,
kann ich Ihnen nur mündlich erklären.«

Für den 23 Jahre alten Prinzen Leopold war diese Reise das,
was man im heutigen Luftfahrtjargon eine »Warteschleife«
nennt; sie sollte kaschieren, daß man am Braunschweiger
Hof sich nicht darüber schlüssig werden konnte, ob der Prinz
einer Einladung Maria Theresias folgen und in die österrei-
chische Armee eintreten oder ob er eine preußische Karriere
machen sollte. (Er kommt in der Tat zu den Preußen; bringt es
bis zum Generalmajor, läßt in Frankfurt (Oder) eine Schule
für Soldatenkinder errichten und stirbt fast auf den Tag genau zehn Jahre nach der Abfahrt aus Wien, am 27. April 1785;
er ertrinkt in der Oder, als er bei einem Hochwasser bedrängten Uferbewohnern zu Hilfe kommen will.)

Für Lessing war es kaum eine Reise durch das so lange ersehnte Italien; diese Monate hatten mehr von einer Fahrt auf einer Galeere. Und die wenigen Notizen, die als »Tagebuch der italienischen Reise« erst 82 Jahre später publiziert worden sind, sind weit entfernt von dem Vorsatz, mit dem Goethe nur ein gutes Jahrzehnt danach seine »Italienische Reise« zu beschreiben beginnt: »Aus diesem Bändchen wird niemand viel lernen, aber Gegenstände, Menschen und Reisende werden dem Leser lebendig entgegentreten…« Lessings Tagebuch umfaßt auch nicht die ganze Reisezeit, sondern setzt erst Ende August in Turin ein und gibt schon bald die Datierung auf. Diese Eintragungen lesen sich wie – ach, sie lassen sich beinah nicht lesen, sie verführen selbst dann, wenn man die Situation Lessings bedenkt, wenn man die zunehmende Irritation unter der eigenen Haut zu spüren meint, wenn man seinen Mißmut für allzu gerecht hält, – sie verführen selbst dann noch zu dem Appell: »Aber Lessing, so mach doch wenigstens einmal die Augen auf!«

Und wenn er sich tatsächlich einmal im italienischen Alltag umschaut, so geschieht es nicht aus eigenem Antrieb, sondern weil er in einem Bücherkonflikt Partei nehmen will. Ein Reiseschriftsteller hatte bei den Norditalienern der Turiner Gegend den Mangel an Fröhlichkeit beklagt und war natürlich bei den Einheimischen auf Protest gestoßen. Nun also blickt auch Lessing einmal auf die Straße: »Es ist allerdings sonderbar, daß… Baretti so vielen Reiseschreibern gerade widerspricht, welche alle die Piemonteser sehr lustig gefunden haben. Und dennoch glaube ich selbst angemerkt zu haben, daß wenigstens in Turin das gemeine Volk weit ernster und zurückhaltender ist, als in andern Städten Italiens. Auf ihrem Markte, der mit Liedersängern, Gauklern, Improvisatoren angefüllt ist, versammeln sie sich zwar um sie, aber ohne die Teilnehmung, die man anderwärts in Italien findet. Ihre Spaziergänge sind Sonntags und Festtage zwar sehr voll, aber alles geht ruhig auf und ab, und man sieht das Gewühle ohne es zu hören. Dieses mußten mir (Lessing nennt zwei seiner Gewährsleute) selbst zugestehn, sie sagten aber, daß dieses bloß von Turin gelte, wo die Nähe des Hofes, und die Menge der Anbringer, besonders unter voriger Regierung, alle sorgsam und scheu gemacht habe, und zum Teil noch mache.«

Im übrigen hakt Lessing Besichtigungen ab, wie es eine bildungsbeflissene Engländerin im 18. Jahrhundert, ein reisewütiger Amerikaner im 19. und ein deutscher Fotografier-Tourist der Gegenwart nicht viel anders machen würden: »Zu Parma besehen 1. die Maler-Akademie, wo eben ein junger englischer Maler Cowper beschäftigt war, den ›Tag‹ des Corregio zu kopieren... 2. die Bibliothek, welche Paciaudi zu sammeln angefangen und schon sehr vortrefflich ist... 3. das Theater, das große und kleine... 4. den Dom, und die Kirchen S. Giovanni, und S. Sepolcro, wegen der Gemälde des Corregio.« Und ähnlich in Rom: »Diesen Tag (es ist der 26. September 1775) angefangen zu besehen: 1. Die Peterskirche..., 2. hinter der Peterskirche die Fabrik der Mosaischen Gemälde... 3. die Villa Medici, 4. das Museum Clementinum, welches der vorige Papst angelegt, und welches noch gar nicht beschrieben ist.« Es folgen aus Rom noch ein paar trockene touristische Eintragungen (»den 28. Septbr. Besehen 1. Das übrige der Peterskirche, die Grüfte, das Dach und die Kuppel«), und kurz darauf macht Lessing nur noch Stichwort-Notizen.

»Zu den Sitten der Italiener überhaupt« fällt ihm aber nicht mehr ein als der Hinweis auf den Ritus eines Freudenfeuers und auf die Trinkgewohnheiten: »Von der Mäßigkeit der Italiener ist gewissermassen mit ein Beweis, daß sie nicht einmal ein eignes Wort für *saufen* haben, sondern für bere assai unser deutsches trinken brauchen. Trincare, und daher Trinca oder Trincone ein Säufer nicht Trincatore, wie Cramer hat.«

Und in Neapel staunt Lessing nicht über die Stadt, nicht über den Vesuv, nicht über den Anblick der sonnenflirrenden Bucht, nicht über diese Dreieinigkeit aus Süden, Wasser und Zivilisation: Er schreibt sich – Kochrezepte auf. Hätte man es nicht schwarz auf weiß, man könnte es für einen Handstreich seiner Gegner halten: »Gnocco, Gnocchi sind eine Art von Mehlknöteln, die, wenn sie etwas besser, wie gewöhnlich sein sollen, aus Reismehl und Milch gemacht, und sodann in Brühe gekocht werden. Das Wörterbuch della Crusca erklärt es falsch... (Biscioni) sagt, daß das Wort neapolitanisch sei, und von dem Schalle gemacht, che fanno coloro, che con particular gusto ed appetenza gli mangiano« – daß der Name dem Geschmatz der Esser nachgebildet sei. Und eine Redensart gewinnt Lessing seinen Mehlknöteln noch ab: »Von diesen gnocchi ist noch das Sprichwort zu merken, welches auch Lippi an dem angeführten Orte braucht: ›Ch'ognun può far della sua pasta gnocchi!‹« – es solle jeder seine Knödel aus dem eigenen Teig machen.

Kochrezepte und Kriminalstatistik: »In zwei Jahren, sagte mir der Gr. V. sind wenigstens ein paar hundert Morde in Neapel geschehen, und kein einziger ist hingerichtet worden. Gegenwärtig ist seit Jahr und Tag sogar der Scharfrichter gestorben, und dessen Stelle noch nicht wieder besetzt worden.« Eine andere Notiz: »Parco ma da Soveranno« – klein aber fein – »sagte der itzige Papst als man ihn fragte, wie seine Tafel beschaffen sein sollte, womit er zugleich seinen Vorgänger anstach, der seine Tafel auf die 25 Pauli herabgesetzt hatte (und endlich auf noch weniger) die seinem Vorgänger die bloßen Feigen gekostet hatten.«

Wie konstrastiert das Tagebuch zu den ruhmvollen Nachrichten, die in deutschen Zeitungen über Lessings Reise zu lesen waren oder bei Tischgesellschaften die Runde machten! Welch geradezu grotesker Widerspruch zwischen dieser Eintragung über den mäßigen aber feinschmeckerischen Papst und dem, was das deutsche Publikum über Lessings Umgang mit dem Papst las und glauben mochte: »Der Papst unterhielt sich viel mit Herrn Lessing«, schreibt Christian David Ade, »und soll in teutscher Sprache mit ihm gesprochen, ihn auch aufgefordert haben, eine Beschreibung von Rom und den Merkwürdigkeiten dieser Stadt aufzusetzen. Herr Lessing, als ein Kenner der Menschen, spricht jetzt mit den größten

Lobsprüchen von Ihro Heiligkeit.« Ähnlich liest man es auch in Schubarts »Deutscher Chronik«, die am 11. Dezember 1775 das Projekt eines Rom-Reiseführers mit den Worten kommentiert: »Wer da weiß, mit welchen Augen Lessing sieht, und wie einzig sein Stil sey, der wird gewiß viel von dieser Topographie erwarten.« Und in der folgenden Nummer dieses Journals wird die Papst-Audienz fast zur Freundschaft zweier Büchernarren hochstilisiert: »Der Papst, der sehr gut deutsch spricht, hat die besten deutschen Schriftsteller in seiner Privatbibliothek. Neulich ließ er den großen deutschen Gelehrten zu sich kommen, und ersuchte ihn um einige seiner Schriften, die ihm noch abgiengen. Durch sein Ansehen hat es Lessing dahin gebracht, daß das Nachgraben in der Tyber, welches seit einiger Zeit eingestellt war, wieder aufs Neue vor sich geht. Mit dem tiefen Forschgeiste, der Lessingen eigen ist, durchwühlt er jetzt die Schätze des Vatikans; auch die Heidelbergische Bibliothek, die leider! durch undeutsche Sorglosigkeit unsrer Vorfahren nach Rom kam, steht ihm offen, und er soll da bereits ganz besondere Aufschlüsse der verworrensten Begebenheiten in der alten und mittleren deutsche Geschichte gefunden haben. Wie vieles läßt sich von einem Manne erwarten, der beynahe den Kreis des menschlichen Wissens ausmaß!«

Aber hat nicht ein Mann auch Anspruch auf die rühmenden Gerüchte, die sich ihm an die Fersen heften? Sagt nicht die luxuriöse Legende, die seine Gegenwart von ihm sich bildet, Genaueres über ihn als die Wortkargheit des eigenen Unwillens? Sieht nicht das Bild, das die anderen von ihm sich machen, ihm doch ähnlicher als die dürre Skizze, mit der er diese Lebensspanne eher verkritzelt? Lessing, so muß man wohl sagen, war in jenen Monaten nicht bei sich; um so mehr waren seine Bewunderer in Gedanken bei ihm und führten seine Existenz weiter. Es galt ja für diese Reise gerade nicht, was Schubart schon im Juni geschrieben hatte: »Solche Männer sollten reisen wie Lessing: denn die nehmen doch auch den Kopf mit«, aber daß einer das schreiben konnte, und gewiß im Namen vieler schrieb, machte den Satz, über die Kopflosigkeit Lessings hinweg, doch fast wieder wahr. Wie die Leute sich Lessing auf der Reise durch Italien vorstellten, so wäre er sicher gereist bei den früheren Gelegenheiten: ein zweiter Winckelmann zwar nicht, und auch nicht ein vorzeitiger Goethe, aber eben doch als der Entdecker Lessing, der geniale Frager und Aufspürer, der Archäologe des Lebendigen, der aus der Vergangenheit Zukunft zu gewinnen wußte, ein Tisch- und Zeitgenosse. Die Gnocchi wären aus anderem Teig gewesen.

Schubarts deutsche Chronik dementierte ihren eigenen Überschwang am 11. Januar 1776, als der Reisende selbst sich geäußert hatte, in einer Fußnote: »Leßing ist schon in Wien... Er lachte sehr über die Nachrichten, die man von ihm in Teutschland verbreitete; 's war meistens Wind. Den Pabst hat er zwar gesprochen; aber sein Gespräch war sehr unerheblich.«

Und wieder ein Neubeginn! In Wien findet Lessing die Briefe Evas vor, und nachdem er seinen Zorn auf die säumigen Vermittler hinter sich gebracht hatte, schreibt er ohne Umschweife: »Ich brenne vor Verlangen, es von Ihnen selbst zu erfahren, daß Sie sich gesund und wohl befinden, und mir Ihre Liebe, trotz der fatalen Reise, nach wie vor schenken.« Am 11. Februar 1776 – die Rückreise hat Lessing nun schon bis Berlin geführt – versichert er ihr: »Das eigentlich Wichtige für uns, muß sich die ersten Tage in Braunschweig entscheiden. Und dann trauen Sie mir doch zu, meine Liebe, daß ich keinen Augenblick versäumen werde, Ihnen davon Nachricht zu geben? Wenn ich dann, wenn ich eigentlich weiß, was und wie ich Ihnen schreiben kann, Ihnen zu schreiben verschiebe, wenn ich dann nachläßig bin: so sollen Sie mir es nie vergeben – so will ich mir selbst es nie vergeben – so will ich mich selbst *verachten* – was ich wahrlich jetzt noch nicht thun kann, weil ich es doch am besten wissen muß, wie viel es mich kostet, wie nahe es mir geht, wenn ich schlechter *scheinen* muß, als ich bin.«

Wovon Lessing hier spricht, ist die längst fällige Neuregelung seiner Position in Wolfenbüttel und Braunschweig. Er muß erst seinen Abschied aus den Diensten des Herzogs fordern, ehe es, Anfang Juni, zu der von Lessing verlangten Aussprache mit dem Erbprinzen kommt. Die führt aber zur Erfüllung aller Forderungen und Erfordernisse; Lessings Gehalt wird auf 800 Taler erhöht, seine Kompetenz wird, wie drei Jahre zuvor versprochen (!), erweitert, und den Titel eines Hofrates muß er sich auch noch gefallen lassen.

Nun endlich, sechs Jahre nach dem ersten Brief, kann man von Hochzeit reden!

Wie couragiert, wie entschlossen, wie zupackend und bestimmend-leidenschaftlich Eva König war, hat sie besonders deutlich gezeigt in den Wochen vor der Heirat. Die Auflösung ihrer Fabriken, die schwierige Erbschaftsregelung für ihre Kinder, die irrwitzigen Zwischenfälle auf den großen Reisen – dies alles erforderte wohl soviel Nerven nicht wie nun diese knurrigen, kurzangebundenen, unlustigen, ja beinah lustlosen Briefe, die aus Wolfenbüttel kommen. Lessing ist nicht nur vom Normal-Schwindel eines Bräutigams gepackt, er sieht offenbar auf einmal seine ganze Lebensform bedroht, und vor der Vision einer Haushalts-Lawine, in Gedanken an die vier Kinder, die demnächst um ihn herumschwirren werden, setzt bei ihm nichts weniger als Panik ein.

»Es geht meines Erachtens mit der Ehe, wie mit der Badstube. Wer draussen ist, will hinein. Wer drinnen ist, will hinaus. Lessing, wenn ich ihn recht kenne, würde übel tun, wenn er dem Beispiel… nachfolgte. Das würde für ihn so gut als Gift oder Dolch sein.« So hatte, vor Jahren, der inzwischen verstorbene Reiske an Johann Arnold Ebert geschrieben, als der sich verheiratete, und mit dem Stichwort Gift oder Dolch weckt er für uns eine kuriose Erinnerung, erlaubt er eine pointierte Reminiszenz. Gift oder Dolch: das waren ja die mörderischen Mittel in der »Sara«; wie, wenn wir uns Lessing in dem merkwürdig zerrissenen Zustand seines Mellefont dächten: »Was für ein Rätsel bin ich mir selbst! Wofür soll ich mich halten? Für einen Toren? oder für einen Bösewicht? – oder für beides. – Herz, was für ein Schalk bist du!… Wie soll ich es begreifen? – Und doch fürchte ich mich vor dem Augenblicke, der sie auf ewig, vor dem Angesicht der Welt, zu der Meinigen machen wird. – Er ist nun nicht zu vermeiden… Auch weit hinaus werde ich ihn nicht schieben können… Die Verzögerung desselben hat mir schon schmerzhafte Vorwürfe genug zugezogen. So schmerzhaft sie aber waren, so waren sie mir doch erträglicher, als der melancholische Gedanke, auf Zeit Lebens gefesselt zu sein. – …Sara Sampson, meine Geliebte! Wieviel Seligkeiten liegen in diesen Worten! Sara Sampson, meine Ehegattin! – Die Hälfte dieser Seligkeiten ist verschwunden! und die andere Hälfte – wird verschwinden.«

Ist es zulässig, den Konflikt einer frühen Figur gut zwei Jahrzehnte danach dem Autor zu unterstellen? Wohl kaum, wenn nur die Briefe Lessings in jenen Tagen nicht so verteufelt mellefontisch klängen: Zum Beispiel verbittet er sich jegliche größere Hochzeitsgesellschaft: »Ich verlasse mich nun auch völlig darauf, das Madame Schuback (in deren Haus die Hochzeit gefeiert werden soll) keine Umstände machen und schlechterdings keine Gäste und Zeugen dazu bitten wird, ausser ihren dortigen Anverwandten… Nach geschehener Verbindung müssen wir uns so kurz als möglich aufhalten: oder, wenn Sie meine Liebe, noch ein paar Tage dort bleiben können und wollen, so gehe ich allein wieder voraus und komme Ihnen bis Zelle wiederum entgegen…, weil es sonst mit unserem hiesigen Empfange ein wenig konfus zugehen möchte.«

Da platzt der Eva König nun aber doch der Kragen, und sie fährt ihren Lessing förmlich an: »Es ist doch wohl nicht ihr wahrer Ernst, wenn sie vorschlagen, vor mir abreisen zu wollen. Was sollte mich wohl in York halten, wenn Sie nicht mehr da wären! Der confuse Empfang schreckt mich auch nicht. Ich bin nun beinahe sieben Jahre an ein confuses Leben gewöhnt, so daß ich es auch noch wohl eine Weile aushalten kann...«

Und noch einmal hält er es für nötig, darauf zu bestehen, daß er »unserer Abrede gemäß keine fremde Gesellschaft auf dem York finde. Denn ich muß Ihnen bekennen, daß ich mir auch nicht einmal einen neuen Rock machen lassen. Ich komme gerade, wie Sie mich in Hamburg gesehen«.

Die Frau fährt nicht aus der Haut, schreibt nicht, er solle bleiben wo der Pfeffer wächst, sondern sie antwortet sanftbeherzt, einen neuen Rock brauche er ja auch nicht. Aber: »Eine neue Weste und Beinkleider finden Sie vor. Malchen hat zwar sehr gebeten, es Ihnen nicht zu schreiben; ich tue es aber wenn Sie allenfalls noch einen neuen Rock wollten machen oder die Knöpfe müßten ändern lassen. Denn ich weiß nicht mehr, ob Gold oder Silber darauf war – ich sah Ihnen nicht nach dem Kleide.«

Der Lessing-Biograph Waldemar Oehlke hat diese Wochen vor der Hochzeit freilich in ganz anderem Licht gesehen; er schreibt: »Nun beginnt ein frohes, geschäftiges Vorbereiten, in das, soweit Lessing in Frage kommt, am besten seine eigenen Zeilen... einen ergötzlichen Blick tun lassen. Unser Dichter und Denker schreibt mit großer Vernunft am 10. September der Braut« – und nun wollen wir mit Oehlke den ergötzlichen Blick auf Lessings Wolfenbütteler Quartierbemühungen tun: »Mein angewiesenes Haus wird nur erst vor Michaelis leer, und alles wohl überlegt, habe ich für das Beste befunden, gleich da hinein zu ziehen, als sich erst in einem fremden Haus herumzusielen. In Ordnung, sobald es leer ist, soll es bald sein. Denn da es jetzt auch sehr gut meubliert und mit Hausgerät versehen ist, so ist meine Meinung, alles, was wir ungefähr nötig haben, aus der Auktion zu erstehen: Spiegel, Stühle, Schränke, kurz alles was gut und nicht eben teurer ist, als wenn man es neu anschaffte. Auf eine gute Köchin stelle ich überall aus, und gestern ist mir eine vorgeschlagen worden, die sehr gut sein soll, aber dreißig Taler verlangt. Wenn ich nicht bald eine ebensogute wohlfeiler finde, so miete ich sie. Einem Mädchen pflegt man hier zehn bis zwölf Taler und vier bis fünf Taler Biergeld, auch, wenn sie sich gut aufführt, einen heiligen Christ zu geben.«

Eine freundschaftliche Korrespondenz? Wenn es etwas gibt, das dieser Legende den Rest geben sollte, ist es der Schluß von Evas zweitletztem Brief vor der Hochzeit: »Ich kann mir nicht helfen: Mein Blut ist in solcher Wallung, daß mir die Hände wie ein Espenlaub zittern. Ich bin jetzo eine fatale Kreatur, die nicht viel ausrichten kann… Meine Kinder küssen Ihnen die Hand, und ich umarme Sie tausendmal in Gedanken und sehne mich recht sehr nach dem Tage, da ich es wirklich tun kann.«

Nein, eine Vernunftehe geht sie nicht ein. Sie sehnt sich voller Leidenschaft nach Ruhe, auch nach jener Ruhe, die aus endlich erfüllter Leidenschaft kommt.

Am 8. Oktober 1776 wird geheiratet. Die Eintragung im Kirchenbuch zu York im sogenannten Alten Lande bei Hamburg lautet (und verrät die teils notwendige, teils auch übersprungene Bürokratie einer so prominenten Eheschließung):

»den 8ten Oct: Herr Gotthold Ephraim Leßing Herzoglich Braunschweig.-Lüneb(urgischer) Hof-Rath und Bibliothekarius zu Wolfenbüttel und Frau Eva Catharina Koenig geb: v. Hahn aus der Ofaltz weil(and): Herrn Engelbert Koenigs Kaufmanns in Hamburg nachgelassene Wittwe. Im Hause copulirt.

Nota. Die Copulation ist mit Genehmigung des zeitigen Pastoris und Pastoris Adjuncti hieselbst von dem Herrn Pastore Webber zum Borstel in des Kaufmanns Johann Schuback Hause in der hiesigen Bürgerschaft verrichtet worden. Und hat gedachter Herr Pastor Webber versichert, daß die nöthigen Conceßiones zu dieser Copulation vom Königlichen Consistorio in Stade, vom Braunschweigischen Hofe und dem Hamburgischen Rathe gehörig beigebracht worden.«

Und allen Unkenrufen zum Trotz, etwa dem der Elise

Reimarus – »Daß Lessing sich verheiratet, wird Ihnen vermutlich ebenso besonders vorkommen, als daß Jerusalem sich erschoß« – wird diese Ehe glücklich. Der beobachtsame Johann Joachim Eschenburg schreibt schon am 26. Oktober an Nicolai nach Berlin: »Unser Lessing ist, wie Sie vermutlich wissen, seit vierzehn Tagen Ehemann. Ich weiß nicht, ob Sie seine Frau, die gewesene Madam König, persönlich kennen; wenn das ist, so darf ichs Ihnen nicht erst sagen, daß sie eine sehr verehrungswürdige Frau ist. Sie hat ihm fünf Kinder zugebracht (in Wahrheit vier), wovon der drey bei sich hat. Ich weissage ihm nach allem Anschein ein glückliches Leben.«

Die Weissagung scheint sich zu erfüllen. Das provisorische Domizil in einer großen Etage des Hauses Schloßplatz 2 – heute Finanzamt – wird zur Wohnung für ein ganzes Jahr, für »mein glücklichstes Jahr«, wie Lessing sich später besinnt.

Es gibt den Bericht eines geradezu hingerissenen Besuchers, des jungen Ludwig Timotheus Spittler. Er schreibt: »In Wolfenbüttel war ich fast 3 Wochen, und es waren 3 der glücklichsten und lehrreichsten meines Lebens, da mir Lessing einen völlig freyen Zutritt in sein Haus und einen ebenso völlig ungehinderten Gebrauch der dasigen Bibliothek gestattete. Ich weiß nicht, ob Sie Lessing persönlich kennen. Ich darf Sie versichern, daß er der größte Menschenfreund, der thätigste Beförderer aller Gelehrsamkeit, der hülfreichste und herablassendste Gönner ist. Man wird unvermerkt so vertraut mit ihm, daß man schlechterdings vergessen muß, mit welch großem Manne man umgeht; und, wenn's möglich wäre, mehr Menschenliebe, mehr thätiges Wohlwollen irgend wo anzutreffen, als bey Lessing, – so wär's bey Lessing's Gattin. Eine solche Frau hoffe ich nimmermehr kennen zu lernen. Die unstudirte Güte des Herzens; immer voll der göttlichen Seelenruhe, die sie auch durch die bezauberndste Sympathie allen mitteilt, welche mit ihr umzugehen das Glück haben. Das Beyspiel dieser großen würdigen Frau hat meine Begriffe von ihrem Geschlechte unendlich erhöht; und vielleicht bin ich noch viel zu kurz in W. gewesen, um sie nach allen ihren Vorzügen kennen zu lernen.«

Und der verehrungsvolle familienfrohe Mendelssohn, der sich seit langem Sorgen um Lessing gemacht hat, schreibt ihm im November 1777 erleichtert: »Sie scheinen mir itzt in einer ruhigen zufriedenen Lage zu seyn, die mit meiner Denkungsart unendlich besser harmonirt, als jene geistreiche, aber auch etwas bittere Laune, die ich an Ihnen vor einigen Jahren bemerkt zu haben glaubte. Ich war nicht stark genug, das Aufbrausen dieser Laune niederzuschlagen, aber ich habe es herzlich gewünscht, daß es Zeit und Umstände, und Ihre eigene Vernunft thun möchten. Mich dünkt, und alles was ich von Ihnen höre und sehe, bestätigt mich in diesem angenehmen Dünken; mich dünkt, mein Wunsch sey nunmehr erfüllt. Ich muß Sie in dieser bessern Lage Ihres Gemüths nothwendig sprechen, wäre es auch nur, um mich zu belehren, was am meisten zu dieser Besänftigung beygetragen: die Frau oder die Freymäurerey? bessere Vernunft oder reifere Jahre?«

Um die Zeit, da Mendelssohn dies schreibt, Ende 1777, ist Umzug bei Lessings; so lang hat es gedauert, bis man in ein neues, vom Erbprinzen zugesagtes Quartier, einziehen kann; es ist, nachdem der Vormieter vom Hof zum Auszug gedrängt worden war, mit beträchtlichem Aufwand – für mehr als tausend Taler – renoviert, der große Garten hinter dem Haus mit neuen Obstbäumen bepflanzt worden. Dieses Haus, vierzig Jahre vorher für den Oberkammerdiener des Herzogs gebaut, ist ein Miniaturschlößchen, dessen Grundriß das meiste an heutiger Familienhaus-Architektur in jenen Grund und Boden beschämt, den sie verschandelt. Es hat die Form eines rechteckigen U, und die drei rechtwinklig verbundenen Trakte bilden einen kleinen idyllischen Innenhof. Zum Atrium fehlt diesem Gebäude genau das, was im Süden Sonnenschutz, in unseren Gegenden aber Abkapselung wäre: die vierte Front. Statt eines solchen Abschlusses gibt es hier ein einladendes Tor. Ein schönes und praktisches Haus, von geradezu paradoxen Dimensionen: Denn während es von außen eher klein, knapp, wie aus dem Lande Lilliput aussieht, geht man, indem man es betritt, wie durch ein Vergrößerungsglas: Dies ist ein großzügiges, weites Domizil, und aufs herrlichste gegliedert: Hier, auf der einen Seite, kann man in Ruhe schreiben, dort drüben, im andern Flügel, kann das Personal wirtschaften, können die Kinder sich ausbreiten, kann die Frau, die beim Einzug hochschwanger ist, das Regiment führen und den Mann abschirmen, aber auf dem Weg zu ihm auch selber Ruhe finden; und einen Saal für die Geselligkeit mit Besuchern – die stellen sich immer ein, und nicht alle so anmutig wie Spittler – gibt es auch. Dies ist ein Haus, in dem sich leben läßt.

Es wird aber zuerst nur gestorben. Am ersten Weihnachtstag kommt der Sohn Traugott zur Welt, am Tage darauf ist er schon tot. Bösartig vor Schmerz schreibt Lessing an Eschenburg:

»Mein lieber Eschenburg,
Ich ergreife den Augenblick, da meine Frau ganz ohne Besonnenheit liegt, um Ihnen für Ihren gütigen Antheil zu danken. Meine Freude war nur kurz: Und ich verlor ihn so ungern, diesen Sohn! denn er hatte so viel Verstand! so viel Verstand! – Glauben Sie nicht, daß die wenigen Stunden meiner Vaterschaft, mich schon zu so einem Affen von Vater gemacht haben! Ich weiß, was ich sage. – War es nicht Verstand, daß man ihn mit eisern Zangen auf die Welt ziehen mußte? daß er sobald Unrath merkte? – War es nicht Verstand, daß er die erste Gelegenheit ergriff, sich wieder davon zu machen? – Freylich zerrt mir der kleine Ruschelkopf auch die Mutter mit fort! – Denn noch ist wenig Hoffnung, daß ich sie behalten werde. – Ich wollte es auch einmal so gut haben, wie andere Menschen. Aber es ist mir schlecht bekommen.
Lessing. «

Am 10. Januar 1778 ist dann auch Eva tot, gestorben am Kindbettfieber, an den Folgen der robusten Entbindung; gestorben nach all den müßigen und mißlichen Jahren des Warte-Wirrwarrs, nach dem einen guten Jahr der Ehe. Und Lessing schreibt jenen kurzen Brief an Eschenburg, der bis heute in die deutsche Sprache hineinragt wie ein eisiger Zacken:

»Lieber Eschenburg,
Meine Frau ist todt: und diese Erfahrung habe ich nun auch gemacht. Ich freue mich, daß mir viel dergleichen Erfahrungen nicht mehr übrig seyn können zu machen; und bin ganz leicht. – Auch thut es mir wohl, daß ich mich Ihres, und unserer übrigen Freunde in Braunschweig, Beyleids versichert halten darf.

Der Ihrige
Lessing.«

WEITERDENKEN
oder:
Gott und die Welt und die Zukunft

Der brennende Palast

Denn nie hat er so aus dem tiefsten Selbst geschrieben, als in diesen Explosionen, die ihm
die Hitze des Kampfes entriß, und in denen der
Adel seines Gemüts im reinsten Glanz so un-
zweideutig hervorstrahlt.

Friedrich Schlegel

Die Frau ist tot, das Kind ist tot, und alle Hoffnung dahin, es
auch einmal so gut zu haben wie andere Menschen. Aber
wenn auf das Herz nicht Verlaß ist, muß es anderen Trost geben: »Galle ist doch das beste, was wir haben«, hat Elise Reimarus von Lessing überliefert. Wenn die Zärtlichkeit nicht
Platz nehmen will im Leben, dann muß man sich an den alten
Genossen halten, den Zorn. Wenn die Liebe so deutlich dem
Tod unterworfen wird, bleibt als Lebendigstes die Fehde.
Wenn die Umarmungen dahin sind, muß man sich eben an
der Welt reiben.

Der Streit, in den Lessing sich im Frühjahr 1778 hineinbe-
gibt, ist zunächst wohl mehr Ablenkung, mehr der Versuch,
die Bücher, die toten Gesellschafter, wieder zu einer lebendigen Versammlung zu machen, die Leere zu bannen, die
jetzt das Haus aushöhlt, abzusehen von den Grüften der
Zimmer und sich wieder hinauszubegeben in die frische Luft
öffentlicher Auseinandersetzung. Die Fragen? Hat er nicht
seine liebsten Schützlinge, die Fragen, vernachlässigt vor der
Harmonie der Familiarität? So viele Fragen! Und die Päpste
der Antwort machen sich breit in ihrer Sicherheit, mit ihrer
Strenge und ihren von Zweifeln ungeplagten Gesichtern.

Aber der Streit wird zur Schlacht, die Schlacht zum Krieg, und der Krieg zur Verwüstung. Das ist nicht mehr nur Polemik, wie Lessing sie gegen den Pastor Lange betrieben, wie er sie gegen den schleimigen Klotz genossen hatte. Das bleibt nicht bei jener Streitlust, die er im 70. Stück der »Dramaturgie« noch einmal im Gedanken an Voltaire beschrieben hatte: »Ein kritischer Schriftsteller… suche sich nur erst jemanden, mit dem er streiten kann: so kömmt er nach und nach in die Materie, und das übrige findet sich.«

Diesmal bleibt es nicht, wie bei allen Polemiken zuvor, beim Kampf um Ehre und Gewissen, Genauigkeit und Klarheit. Diesmal geht es um Tod und Teufel, Glaube und Gott, innere Wahrheit und Offenbarung. Diesmal geht es nicht mehr um das bessere Latein, um den größeren philologischen und menschlichen Anstand, schon gar nicht um die Kenntnis von den alten geschnittenen Steinen. Diesmal geht es um die Frage: Wie verhält sich der Mensch zu seiner Vernunft, wenn er fromm ist oder besser: fromm sein will? Es sind Dinge, die sich nicht kommandieren lassen, aber von einer orthodoxen Kirche verordnet werden: Glaubensvernunft gegen Vernunftglaube. Oder auch: Wie revolutionär ist es, wenn ich meinen Verstand gebrauche, über alle früheren Einrichtungen hinweg? Es geht auch um die Frage: Bleibt die Kirche im Dorf, oder will sie immer noch graue Eminenz sein an den Höfen, in den Palästen?

Auf dem Höhepunkt des Streites werden wir lesen: »Wahrlich, Herr Leßing muß wissen, daß sein Vorrat an Stinktöpfen unerschöpflich sey, daß er sich kein Bedenken macht, in einem einzigen Bogen soviel davon auf einmal zu verschießen.« Dagegen von Lessing selbst: »Itzt ist mein Bogen voll, und mehr als einen Bogen sollen Sie nicht auf einmal von mir erhalten. Es ist erlaubt, Ihnen den Eimer faulenden Wassers, in welchem Sie mich ersäufen wollen, tropfenweise auf den entblößten Schädel fallen zu lassen.«

Auf den entblößten Schädel: Das meint die handgreifliche Lust Lessings, diesem neuesten, bösesten und einflußreichsten Gegner die gewaltige Perücke herunterzureißen, die ihn, wie ein zeitgenössischer Stich zeigt, mächtig umwallt; diesem Hamburger Hauptpastor Johann Melchior Goeze, Prediger an der Katharinenkirche und Oberaufseher über das gesamte Schulwesen im nördlichen Deutschland, diesem Erzengel der Orthodoxie. Und leider ist er auch, was Lessing zu spüren bekommt, ein brillanter Theologe, und was für ihn alleiniges Evangelium ist, konnte auch in unseren Tagen noch zum Bestseller-Titel werden: »Und die Bibel hat doch recht.«

Was die Kontroverse so aufwühlend macht für Lessing ist nicht zuletzt dies: Er kennt ja diesen Goeze, kennt ihn aus seiner Hamburger Zeit; sie hatten wohl nie herzlichen, kaum freundschaftlichen Umgang; wohl aber Respekt voreinander. Lessing hatte sich damals, im Januar 1769, notiert: »... habe ich den Senior Götze zu erst persönlich kennen lernen. Ich besuchte ihn auf seine wiederholte Einladung und habe einen in seinem Betragen sehr natürlichen und in Betracht seiner Kenntnisse gar nicht unebnen Mann an ihm gefunden... Goetze hat eine vortreffliche Sammlung von Bibeln; und besonders die ersten Ausgaben von Luthers Übersetzung.« Und einmal, zu Beginn der siebziger Jahre, hatte Lessing an Eva nach Hamburg geschrieben: »Ich darf nicht besorgen, daß Sie mich fragen, was gehen mich die Leute an? denn wie gesagt, es sind recht sehr gute Leute; und alle gute Leute gehen einander an. Und nicht wahr, aus der nämlichen Ursache sind Sie, und der schwedische Gesandtschaftsprediger auch um meinen ehrlichen Goetzen so sehr besorgt?« Und es folgt die kurze Schilderung eines Vorfalls, bei dem Goetze sich gegenüber der Obrigkeit fest, wenn auch trutzig, verhalten hat, eines Vorfalls, der für unsern Zusammenhang nur soviel zur Sache tut, daß er den Pastor als einen Mann zeigt, der seine Meinung nicht zu ändern gewohnt ist.

Wie aber kann, aus solchem Respekt, aus solcher achtbaren und achtsamen Distanz, ein so wüster Konflikt sich entwikkeln, der mit Titeln wie »Anti-Goeze« einerseits und »Les-

sings Schwächen« andererseits, der mit Stinktöpfen und Ei-
mern faulen Wassers zum Gipfel der schmähenden Literatur
des 18. Jahrhunderts wird? Vom Regen in die Traufe, vom
Jauchzer in die Jauche – und das, weil für den einen Gott auf
dem Spiel steht, für den andern der mündige Mensch?

Der Konflikt kommt nicht von ungefähr, und er kam auch
nicht plötzlich. Die böse Affäre hat eine lange Vorgeschichte.
Schon im Oktober des Jahres 1774 hatte Lessing im dritten
der Beiträge »Zur Geschichte und Literatur« unter dem Titel
»Von Duldung der Deisten: Fragment eines Ungenannten«
höchst aufregende Sätze publiziert, die mit dem orthodoxen
Luthertum durchaus unorthodox umgingen und die Bibel
einer kritischen Durchsicht unterzogen. Fast zweieinhalb
Jahre später – Anfang 77 – hatte er die Publikation »Aus den
Papieren des Ungenannten« fortgesetzt und mit Themen
wie: »Von Verschreiung der Vernunft auf den Kanzeln« den
Funken gelegt, der zur Explosion führen sollte.

Lessing betreibt, als er die erste große Passage veröffentlicht, ein Vexierspiel: Er stellt sich unwissend: »Es sind, sage
ich, Fragmente eines Werks: aber ich kann nicht bestimmen,
ob eines wirklich einmal vollendet gewesenen und zerstör-
ten, oder eines niemals zu Stande gekommenen Werks. Denn
sie haben keine allgemeine Aufschrift; ihr Urheber wird nirgends angegeben; auch habe ich auf keine Weise erfahren
können, wie und wenn sie in unsere Bibliothek gekommen.
Sie sind mit der äussersten Freimütigkeit, zugleich aber mit
dem äussersten Ernste geschrieben.« Und zur weiteren Tar-
nung gibt Lessing noch die Vermutung aus, es könne sich um
die Arbeit eines Bibelübersetzers namens Schmid handeln,
der vor dreißig Jahren in Wolfenbüttel gelebt habe.

Lessing flunkert. Seine Sätze sind nichts als Camouflage.
Er kennt den Verfasser, er hat das Manuskript nicht in der
Bibliothek gefunden, sondern erst dahin gebracht, er weiß,
daß es sich um ein riesiges Konvolut von zweitausend eng be-
schriebenen Seiten handelt, um das geheime Lebenswerk eines Mannes, der bis zu seinem Tode im Jahre 1768 in Ham-

burg als Schulmann in höchstem Ansehen gestanden hat: Hermann Samuel Reimarus. Das provokante Werk hat den Titel »Apologie oder Schutzschrift für die vernünftigen Verehrer Gottes«; und es ist erst fast zweihundert Jahre nach dem Konflikt, den es entfachen sollte, vollständig erschienen, in einer vorbildlichen Ausgabe, die Gerhard Alexander im Auftrag der Joachim-Jungius-Gesellschaft für den Insel-Verlag gemacht hat.

Reimarus selbst sei hier mit einem Beispiel für seine kritisch-ironische Schreibweise vorgestellt; so glossiert er die Berichte vom Durchzug der Israeliten durchs Rote Meer: »Sehet denn ein Meer, das schroffe und felsige Ufer hat voller Inseln, verborgenen Klippen, Korallen-Stauden, und auf dem Boden teils mit Schlamm, Moos und Schilf, teils mit Triebsand bedeckt, und über eine deutsche Meile breit ist. Davor steht ein ganzes Volk mit Weibern, Kindern, Alten, Kranken, Lahmen, Blinden, bei drei Millionen Seelen; mit zehntausend Frachtwagen, worauf sie ihre Gezelte, Geräte und alle Habseligkeiten gepackt haben; mit Triften von 300 000 Rindern, und 600 000 Schafen; hinter ihnen das zahlreiche Heer der Ägypter mit 600 auserlesnen Wagen und den übrigen gemeinen Streitwagen, nebst Reiterei und Fußvölkern des Landes, in einer Strecke, die von dem Ufer noch 2 á 3 Meilen entfernt ist. Die sollen alle in einer finsteren Nacht, ja in einer einzigen Nachtwache, teils wohlbehalten ganz hinüber, teils zu ihrem Verderben mitten hinein geführt werden. Es kommt ein starker Wind, der macht ihnen quer durch einen Weg trocken, daß das Wasser zu beiden Seiten als Mauer steht. Gut. Wehet er ihnen denn nicht das Wasser gerade entgegen, daß es da über die Ufer treten muß, wo sie hineingehen wollen?... Clericus aber hat hier noch keine Anstöße, weder von den Ziehenden noch von dem Weg in seiner Vorstellung. Er gedenkt sich lauter Leute, die geschwinde laufen können, und einen ebenen breiten Weg... Auf die Art bringt er seine muntern Israeliten mit geschwinden Schritten, in breiten Reihen, innerhalb wenig Stunden wohlbehalten hinüber, und alles Heer des Pharao jagt ihnen ungestört mitten in den Gang des roten Meeres auf dem Fusse nach. – Nun aber soll der arme Pharao ersaufen... Kurz, die wiederkommende Flut übereilt sie, und sie müssen alle elendig ertrinken. Mein! Ist denn der Boden des Meeres nun erst im Augenblick unwegsam, rauh und höckrig geworden, seit dem die frommen Israeliten den breiten Weg so ungehindert und geschwinde hinüber gelaufen sind? Hat der Wind nun erst so vielen Sand und Schlamm dahingeführt? Sind die Klippen und Korallen-Stauden, wie die Schwämme, in der letzten Nachtwache erst hervorgewachsen? Ist es nun erst finster geworden?«

Als Lessing sich der Schrift von Reimarus annimmt, »des Hauptwerkes der deutschen Aufklärung«, wie Hans Blumenberg es emphatisch nennt, macht er es vor allem kenntlich als ein Plädoyer für den Gebrauch der Vernunft. Und Vernünftigkeit ist auch das Stichwort, mit dem Lessing seine Auszüge beginnen läßt: »Wenn kein vernünftiges Christentum... heutiges Tages mehr geduldet werden will: was haben diejenigen zu hoffen, welche sich bloß an die gesunde Vernunft in der Erkenntnis und Verehrung Gottes halten?... Die reine Lehre Christi, welche aus seinem eigenen Mund geflossen ist, so fern dieselbe nicht besonders in das Judentum einschlägt, sondern allgemein werden kann, enthält nichts als eine vernünftige practische Religion. Folglich würde ein jeder vernünftiger Mensch, wenn es einer Benennung der Religion brauchte, sich von Herzen christlich nennen...«

So wird Reimarus zu einem frühen »Künder von irdischen Himmeln« (Majakowski): Das Leben kein Jammertal, sondern die Möglichkeit zum Paradies hier und jetzt. Die Blindgläubigkeit macht ihn fuchtig, weil sie den Menschen ohnmächtig erscheinen läßt. »Eine solche Lebensart würde alle edleren Kräfte der Menschen einschläfern und ersticken, daß sie auf keine Künste und Wissenschaften dächten... Eine Arbeit hingegen ist seinem natürlichen Bemühen gemäß und vergnügt ihn, wenn sie gerät und Nutzen schafft, ja, desto mehr, je mehr Schwierigkeiten dabei zu überwinden sind, und je mehr Kunst, Witz, Nachdenken, Vorsicht, Wissenschaft dabei angewandt werden.«

Lessing, indem er die »Fragmente« veröffentlichte, wußte, was er tat. Er mußte es wissen, seit er sieben Jahre vorher das Manuskript einmal an Mendelssohn nach Berlin geschickt und zur Antwort bekommen hatte: »Es scheint mir, als wenn der Verf. zuweilen unbillig wäre... Er leitet alles aus bösen, grausamen, menschenfeindlichen Absichten her, da doch der Anführer einer Räuberbande selbst gute Absichten mit den bösen verbinden muß.« Lessing legte bewußt Sprengstoff, nicht so sehr theologischen, als intellektuellen, als politischen; aber er suchte ihn gut zu verpacken. Was er in der Folge herausgab (»Ein Mehreres aus den Papieren des Ungenannten«) waren Stücke mit so brisanten Themen wie »Von Verschreiung der Vernunft auf den Kanzeln«, »Unmöglichkeit einer Offenbarung, die alle Menschen auf eine gegründete Art glauben könnten«, »Daß die Bücher Altes Testament nicht geschrieben worden, eine Religion zu offenbaren«.

Lessing distanzierte sich vorsichtig von den Thesen des »Ungenannten«, über dessen wahre Identität alsbald nicht nur gerätselt, nach der geradezu gefahndet wurde: »Der Buchstabe ist nicht der Geist; und die Bibel ist nicht die Religion. Folglich sind Einwürfe gegen den Buchstaben und gegen die Bibel nicht eben auch Einwürfe gegen den Geist und gegen die Religion. Das Christentum war, ehe Evangelisten und Apostel geschrieben hatten. Es verlief eine geraume Zeit, ehe der erste von ihnen schrieb; und eine sehr beachtliche, ehe der ganze Kanon zustande kam. Es mag also von diesen Schriften noch so viel abhängen; so kann doch unmöglich die ganze Wahrheit der Religion auf ihnen beruhen.«

Aber nicht die Fragmente, sondern Lessings Kommentar rufen den Hamburger Hauptpastor auf den Plan; einige andere Theologen hatten sich schon vorher an Widerlegungen versucht.

Goeze meldet sich nun zuerst mit einer Schrift zu Wort, die sich wie eine Inschrift schon im Titel liest:

ETWAS VORLÄUFIGES
gegen des Herrn Hofrats Lessings
mittelbare und unmittelbare feindselige Angriffe
auf unsre allerheiligste Religion
und auf den einigen Lehrgrund derselben,
die heilige Schrift,
von Johann Melchior Goeze,
Hauptpastor an der St. Katharinen-Kirche
in Hamburg.

Und er kommt prompt und streng zur Sache; nachdem er Lessings Behauptung, der Buchstabe sei nicht der Geist und die Bibel nicht die Religion, zitiert hat: »Ich finde in dieser ganzen Stelle auch keinen einzigen Satz, den ich in der Verbindung, in welcher er hier stehet, für richtig erkennen könnte. Der Herausgeber hat sie zwar alle als lauter Axiomen dahin gepflanzet, aber einige davon bedürfen allerdings noch einen sehr starken Beweis, die übrigen, und das sind die meisten, sind erweislich falsch.«

Es werden in diesem Frühjahr 1778, noch mehr Worte gewechselt, kritisiert, für unwahr erklärt. Aber Lessing bleibt zunächst noch ganz gemäßigt. Es liegt auch ein Zögern in der Art, wie er die Polemik angeht; ein Zögern gegenüber dem Mann (»ich würde ehrwürdiger Freund sagen, wenn ich der Mensch wäre, der durch öffentliche Berufung auf seine Freundschaften ein günstiges Vorurteil für sich zu erschleichen gedächte«); ein Zögern aber wohl auch angesichts der Vorahnung, daß ihm da einer den Himmel erklären will und statt dessen die Hölle heiß macht.

Und so geht er, Mitte März des Jahres, die Sache sachte an, und sehr nobel: »Ein anderes ist ein Pastor: ein anderes ein Bibliothekar. So verschieden klingen ihre Benennungen nicht, als verschieden ihre Pflichten sind... Ich bin Aufseher von Bücherschätzen... Wenn ich nun unter den mir anvertrauten Schätzen etwas finde, von dem ich glaube, daß es nicht bekannt ist: so zeige ich es an. Vors erste in unseren Katalogen; und dann nach und nach, so wie ich lerne, daß es diese oder jene Lücke füllen, dieses oder jenes berichtigen hilft, auch öffentlich: und bin ganz gleichgültig dabei, ob es dieser für wichtig, oder jener für unwichtig erklärt, ob es dem einen frommt oder dem andern schadet. Nützlich und verderblich, sind ebenso relative Begriffe als groß und klein...

Sie hingegen, Ehrwürdiger Mann, würdigen alle literarischen Schätze nur nach dem Einflusse, die sie auf Ihre Gemeinde haben können, und wollen lieber zu besorglich als zu fahrlässig seyn. Was geht es Sie an, ob etwas bekannt, oder nicht bekannt ist? Wenn es nur Einen von den Kleinsten ärgern könnte, die Ihrer geistlichen Aufsicht anvertraut sind... Recht gut! Ich lobe Sie darum, Ehrwürdiger Mann. Aber weil ich Sie lobe, daß Sie Ihre Pflicht tun: so schelten Sie mich nicht, daß ich die meinige thue; – oder, welches einerley ist, zu thun glaube!«

Das ist ja im trivialen Sinne wahr: da streiten zwei verschiedene Berufe um ihren Arbeitsraum. ›Erkenntnis und Interesse‹ sind bei Lessing und bei Goeze völlig verschieden gewichtet. Der Streit ist, wie das meiste, worüber Lessing in Streit geriet, ein aktueller. Helmut Thielicke hat ihn vor einigen Jahren nicht zu schlichten, aber auseinanderzudividieren versucht, und er hat theologisch geurteilt: »Wer so wie Goeze ohne Rücksicht auf Verluste für die Wahrheit stritt, konnte das nur deshalb tun, weil er sich dem Anspruch dieser seiner Wahrheit übereignet, sich ihr gefangen gegeben und seine Existenz mit ihr identifiziert hatte... Das Wort Gottes mußte grundsätzlich unüberholbar sein. Die Vernunft konnte sich nicht einfach von ihm abnabeln, sie konnte sich nicht von ihm emanzipieren... So verschlingen sich erkenntnistheoretische und existenzielle Gefährdungen bei der Begegnung des Menschen mit der Geschichte – und das alles in der äußersten Potenz, wenn das Christentum eben diese Geschichte ist, die mir begegnet… Wann wird man also aufhören, die Unbedingtheit des Glaubens auf das Bedingte zu gründen?«

Natürlich nie, weil der Mensch das Unbedingte ja nicht wie einen Jodler ins Gebirge rufen und loswerden kann. Und Willi Oelmüller wendet sich denn auch gegen Thielicke und seine Geburtshilfe (»Die Nabelschnur der Wahrheit zum geschichtlichen Mutterboden kann gleichsam durchgeschnitten werden, denn die Wahrheit ist aus sich selber lebensfähig.«), erinnert selbst nur höflich daran, daß, nach Lessings Meinung, kein Mensch »aus sich eine richtige und begründete Vorstellung von der inneren Wahrheit der Offenbarung habe«, und zitiert, wie nun auch wir, erleichtert und plastisch, Lessing selbst: »Die innere Wahrheit ist keine wächserne Nase, die sich jeder Schelm nach seinem Gesichte bossieren kann, wie er will.«

Doch letztlich ging es damals um Politik. Die immer empörtere Argumentation Goezes gibt nicht nur Auskunft über die Entrüstbarkeit eines strengen Lutheraners, sondern auch einen Begriff davon, daß Gottesgnadentum, daß die irdische Ordnung – elf Jahre vor dem Sturm auf die Bastille – mitbedacht werden mußten: »Die Fragmente eines Ungenannten, welche der Herr Hofrath Lessing durch den Druck der Welt mitgetheilet, sonderlich das fünfte unter denselben, in welchem der Verfasser die Wahrheit der Auferstehung Christi zu stürzen und die Apostel als die ärgsten Betrüger und Lügner darzustellen sucht, sind gewiß das ärgste, das man denken kann. Nur derjenige kann Unternehmungen von dieser Art als etwas Gleichgültiges ansehen, der die christliche Religion entweder für ein leeres Hirngespinst oder gar für einen schädlichen Aberglauben hält, und der nicht eingesehen hat, daß die ganze Glückseligkeit der bürgerlichen Verfassung unmittelbar auf derselben beruhe, oder der den Grundsatz hat: *so bald ein Volk sich einig wird, Republik seyn zu wollen, so darf es,* folglich die biblischen Aussprüche, auf welchen die Rechte der Obrigkeit beruhen, als Irrthümer verwirft.«

Geht es dem Herrn Hauptpastor in Wahrheit überhaupt um den Glauben, um die Bibel, um die christliche Religion? Spricht nicht überall der Diener des Staates mit, der getreue Untertan? Zumindest sieht er gleichermaßen theologisches Terrain wie weltliche Herrschaft gefährdet, wenn er unumwunden schreibt: »Wird nicht mit der Ehrerbietung gegen die heilige Schrift und Religion, auch zugleich die Bereitwilligkeit ihren Oberherren den schuldigen Gehorsam zu leisten, und der Abscheu gegen Religion, in ihren Herzen ausgelöscht werden, wenn es jedem Witzlinge und Narren frey steht, mit der christlichen Religion und mit der Bibel vor den Augen des ganzen christlichen Publici das dollkühnste Gespötte zu treiben?«

Und immer wieder, bei Goeze, die Rebellionsfurcht, die Angst vor einem Umsturz, die Panik, es könne der großen Koalition aus Gott und Gesetz etwas zustoßen: »Ich habe die Hoffnung zu Gotte, daß die Zeit nahe sey, welche diesem unsinnigen Unfuge ein Ende machen wird, und daß große Herren, um ihrer eigenen Sicherheit willen, oder wenigstens zu verhüten, daß sie, als Gottes Stathalter, als Liebhaber des Lebens, nicht nöthig haben mögen, Schwerdt und Rad, zur Rache über die Übeltäter gebrauchen zu dürfen, solchen Thoren und den verwegenen Ausbrüchen ihres Unsinns, Grenzen setzen werden.«

Kritik ja, aber leise und auf lateinisch, »und der angreifende Theil müßte die Freyheit nicht haben, die heiligen Männer Gottes, von welchen die ganze Christenheit glaubt, daß sie geredet und geschrieben haben, getrieben von dem heiligen Geiste, als Dummköpfe, als Bösewichter, als Leichenräuber zu lästern«.

Lessing nimmt diese Bedenken höhnisch auf: »Also: wer gegen die Religion schreiben will, soll nicht anders, als Lateinisch schreiben dürfen; damit der gemeine Mann nicht geärgert werde… Ich müßte zugeben, daß ein Reichsgesetz darüber gemacht werden könne und dürfe. Denn ein geringeres Verboth als ein Reichsgesetz, würde nichts fruchten. Der Kopf, oder wenigstens ewige Gefangenschaft bei Wasser und Brod, und ohne Tinte und Feder, müßte im ganzen heiligen römischen Reich darauf stehen, wenn jemand wider heilige Sachen anders als römisch schriebe.« Aber Lessing nimmt seinen eigenen Sarkasmus zurück, die Sache ist ihm zu wichtig; er fährt als Aufklärer, als Demokrat fort: »Kann überhaupt ein Gesetz billig sein, das eben so viel unfähige Leute zu etwas berechtigen, als fähige davon ausschließen würde?... Ist kein gewissenhafter, nachdenklicher Mann ohne Latein möglich? Giebt es keinen Dummkopf, keinen Narren *mit* Latein?«

Doch Lessing zieht die Fesseln seiner Fragen noch enger; er wendet sich gegen Goezes Formulierung von den »verständigen und gesetzten Männern«: »Aber von wem soll die Entscheidung abhangen, wer ein gesetzter und verständiger Mann ist? Ist der blos ein verständiger Mann, der Verstand genug hat, die Verfolgung zu erwägen, die er sich durch seine Freymüthigkeit zuziehen würde? Ist der bloß ein gesetzter Mann, der gern in dem bequemen Lehnstuhle, in den ihn sein Amt gesetzt hat, ruhig sitzen bliebe, und daher herzlich wünscht, daß auch andre, wenn sie schon so weich nicht sitzen, dennoch ebenso ruhig sitzen bleiben möchten? Sind nur das bescheidene Einwürfe, die sich bescheiden, der Sache nicht ans Leben zu kommen? die sich bescheiden, nur so weit sich zu entwickeln, als ohngefehr noch eine Antwort abzusehen ist?«

Welch ein Arsenal aufklärerischer Fragen, couragierter Vorstöße in eine neue Gesellschaft, welch eine Reihe von Bravourakten, die auch der Leisetreterei unserer Gesellschaft noch böse in den Ohren klingen. Und noch etwas hat Lessing wider den Geistlichen vorzubringen: »Oder meynen Sie auch, Herr Pastor, daß es gleich viel ist, was die Verständigen im Verborgenen glauben; wenn nur der Pöbel, der liebe Pöbel, fein in dem Gleise bleibt, in welchem allein, ihn die Geistlichen zu leiten verstehen? Meynen Sie?«

Aber die wiederholten Hinweise Goezes auf die Gefahr der Rebellion, die mit der Kritik an der Religion gegeben sei, auf die umstürzlerischen Gelüste, die von der Lust an der Bibelkritik nicht zu trennen seien, auf die Zerfaserung des Gehorsams vor Gott und den Großen, hatten nun allmählich ihr Ziel erreicht; das war nicht theologisch, das war taktisch; das beschwor nicht das Argument, sondern die Zensur. Lessings Herzog war alarmiert.

Ob er in dem Streit recht behielt oder nicht; in der Handhabung des längeren Hebels war Goeze Lessing überlegen. Der Braunschweiger Fürst reagierte nach dem »Elften Anti-Goeze« mit einer brüsken Maßnahme gegen seinen Wolfenbütteler Bibliothekar: Er erließ einen Kabinettsbefehl an den Direktor der Braunschweiger Waisenhausbuchhandlung, in der alle Anti-Goeze-Schriften Lessings erschienen waren: die Zensurfreiheit, die Lessing sechseinhalb Jahre vorher eingeräumt worden war, wurde damit widerrufen.

Lessing läßt sich das nicht gefallen; er schreibt am 11. Juli 1778 einen vehementen Brief an Herzog Karl; von den Fragmenten wolle er gar nicht groß reden; aber man könne ihm doch nicht mitten in einer Streitigkeit, »die ich unmöglich so abbrechen und liegen lassen kann«, den Mund verbieten. »Ich bin von einem Manne angegriffen worden, von dem es genugsam bekannt ist, wie intolerant er gegen die unschuldigsten Meynungen ist, sobald es nicht vollkommen seine Meynungen sind. Ich bin von ihm mit einer Wuth angegriffen worden, gegen welche das Bitterste, was ich ihm noch zur Zeit geantwortet habe, nur Komplimente sind.« Und gewiß habe der Herzog nur deshalb so gehandelt, weil er anderes zu tun habe, als »sich um die eigentlichen Umstände eines Schulgezänks zu bekümmern«. Lessing wiederholt seinen Einspruch am 20. Juli und erhält am 3. August die herzogliche Resolution, es hätten künftig alle von Lessing publizierten Schriften, fremde so gut wie eigene, die Zensur zu passieren. Am 17. August wurde die Zensurpflicht noch dahin erweitert, daß sie für alle seine religiösen Schriften, gleichgültig wo Lessing sie drucken lasse, ebenfalls gelte. Er hat an diesem Hofe vieles mitgemacht, vieles nicht mitgemacht: Dies ist die äußerste Entwürdigung. Vor lauter Zorn über den Herzog verblaßt sogar das Bild des Widersachers Goeze. Lessing mundtot! Er beißt sich auf die Lippen, bringt ein Echo seines Zorns zu Papier:

»Nun wohlan, meine liebe Irascibilität! Wo bist Du? wo steckst du? du hast freies Feld. Brich nur los! tummle dich brav. Spitzbübin! So? du willst mich nur überraschen? und weil du mich hier nicht erreichen kannst, weil ich dich selbst hetze, selbst sporne: willst du mir zum Trotz faul und stetisch sein.

Nun mach bald, was du machen willst, knirsch mir die Zähne, schlage mich vor die Stirne, beiß mich in die Unterlippe! Indem tue ich das Letztere wirklich, und sogleich steht er vor mir, wie er leibte und lebte – mein Vater seliger. Das war seine Gewohnheit, wenn ihn etwas zu wurmen anfing; und so oft ich mir ihn einmal recht lebhaft vorstellen will, darf ich mir nur auf die nämliche Art in die Unterlippe beißen. So wie, wenn ich mir ihn auf Veranlassung eines andern Dinges recht lebhaft denke, ich gewiß sein kann, daß die Zähne sogleich auf meiner Lippe sitzen.

Gut, alter Knabe, gut. Ich versteh dich. Du warst ein so guter Mann, und zugleich so ein hitziger Mann. Wie oft hast du mir es selbst geklagt, mit einer männlichen Träne in dem Auge geklagt, daß du so leicht dich erhitzest, so leicht in der Hitze dich übereiltest. Wie oft sagtest du mir: Gotthold! ich bitte dich, nimm ein Exempel an mir: sei auf deiner Hut. Denn ich fürchte, ich fürchte – und ich möchte mich doch wenigstens in dir gebessert haben. Ja wohl, Alter, ja wohl. Ich fühle es noch oft genug.

Und doch will ich es heute nicht fühlen, so gern ich es auch heute fühlen möchte. Ich bin bei der verwünschten Nachricht so ruhig – so kalt...«

Hatte er nicht eigentlich alles schon gesagt am Beginn der

Fehde? Hatte er mit dem Bild vom Palast nicht ein Modell besserer Einsicht entworfen? Hatte er mit seiner großen Parabel nicht alle Möglichkeiten der Interpretation eröffnet, alle Zugänge zum Mißverstehen gezeigt, hatte er das große Gebäude der Wahrheit nicht fest genug beschrieben, damit niemand es mehr mit dem Überbau von Ideologien verwechseln konnte? Genügte denn der Welt dieses eine Gleichnis nicht, wie er gründlicher noch keins erfunden hatte; ironischer nicht, warnender nicht, aber auch liebevoller und einleuchtender nicht? Der Palast, so hatte Lessing ihn beschrieben, war von ganz besonderer Architektur, unermeßlich in seinem Umfang, und dauerhaft und bequem: »Der ganze Palast stand nach vielen vielen Jahren noch in eben der Reinlichkeit und Vollständigkeit da, mit welcher die Baumeister die letzte Hand angelegt hatten: von außen ein wenig unverständlich; von innen überall Licht und Zusammenhang.« Und viel Verwunderung bei den Kennern: »Man begriff nicht, wie durch so wenige Fenster in so viele Gemächer genugsames Licht kommen könne.« Und: »Man begriff nicht, wozu so viele und vielerlei Eingänge nötig wären, da ein großes Portal auf jeder Seite ja wohl schicklicher wäre, und eben die Dienste tun würde. Denn daß durch die mehreren kleinen Eingänge ein jeder, der in den Palast gerufen würde, auf dem kürzesten und unfehlbarsten Wege, gerade dahin gelangen solle, wo man seiner bedürfe, wollte den wenigsten zu Sinne.« Und aus der Verwunderung der Kenner entsteht Kritik, aus der Kritik Meinungsverschiedenheit, aus der Meinungsverschiedenheit vielfältige Rechthaberei: »Man glaubte nämlich verschiedene alte Grundrisse zu haben, die sich von den ersten Baumeistern des Palastes herschreiben sollten: und diese Grundrisse fanden sich mit Worten und Zeichen bemerkt, deren Sprache und Charakteristik so gut als verloren war. Ein jeder erklärte sich daher diese Worte und Zeichen nach eigenem Gefallen.« Und da schwor nun ein jeder auf seinen Grundriß, und hielt nicht nur die andern für falsch, sondern auch jeden schon für einen Attentäter, der sich diese Grundrisse überhaupt nur näher ansehen wollte. (So wie der Ungenannte die Bibel sich näher angesehen hatte!)

Aber nun wird es dramatisch: »Einsmals, als der Streit über die Grundrisse nicht sowohl beigelegt, als eingeschlummert war, – einsmals um Mitternacht erscholl plötzlich die Stimme der Wächter: Feuer! Feuer in dem Palaste!

Und was geschah? Da fuhr jeder von seinem Lager auf; und jeder, als wäre das Feuer nicht in dem Palaste, sondern in seinem eignen Hause, lief nach dem Kostbarsten, was er zu haben glaubte, – nach seinem Grundrisse. ›Laßt uns den nur retten! dachte jeder. Der Palast kann dort nicht eigentlicher verbrennen, als er hier stehet!‹

Und so lief ein jeder mit seinem Grundrisse auf die Straße, wo, anstatt dem Palaste zu Hülfe zu eilen, einer dem andern es vorher in seinem Grundrisse zeigen wollte, wo der Palast vermutlich brenne. ›Sieh, Nachbar! hier brennt er! Hier ist dem Feuer am besten beizukommen. – Oder hier vielmehr, Nachbar; hier! – Wo denkt ihr beide hin? Er brennt hier! – Was hätt es für Not, wenn er da brennte? Aber er brennt gewiß hier! – Lösch ihn hier, wer da will. Ich lösch ihn hier nicht. – Und ich hier nicht! – Und ich hier nicht! –

Über diese geschäftigen Zänker hätte er denn auch wirklich abbrennen können, der Palast; wenn er gebrannt hätte. – Aber die erschrocknen Wächter hatten ein Nordlicht für eine Feuersbrunst gehalten.«

Vieles im Fragmenten-Streit spricht für Goeze; aber wenn auch nur soviel gegen ihn spräche, daß er sich von diesem Wunder einer Parabel, von diesem biblischen Gleichnis nicht lachend und betroffen hat geschlagen gegeben, – dann spricht alles gegen ihn. Für uns heute ist die Geschichte vom brennenden Palast längst mehr als ein Modell für den Irrwitz von Religionsstreitigkeiten; sie ist eine immerwährende Glosse jeglichen ideologischen Fehlverhaltens. Und historisch konkret ist sie die treffendste Vorausbeschreibung des Untergangs der Weimarer Republik; da brannte am Ende wirklich der Palast; aber aus keinem andern Grund: »Keiner von Euch hat Deutschland geliebt, keiner von Euch hat Deutschland geliebt, keiner, keiner.« (Carl von Ossietzky)

Ein besonnener Staatsfeind

> Nach langen langen Jahren kam wieder einmal
> ein Königssohn in das Land und hörte, wie ein
> alter Mann von der Dornenhecke erzählte, es
> sollte ein Schloß dahinter stehen...
>
> *Dornröschen*

Da bleibt es nun aber in Wolfenbüttel nicht bei einsamen
Zornesausbrüchen und öffentlichen Parabeln. Da werden
merkwürdige Gespräche geführt, verschwörerische Plan-
spiele angestellt, es ergeben sich aufsässige Diskussionen.
Fast scheint es, als werde das kleine zierliche Haus neben der
Bibliothek in eine konspirative Wohnung verwandelt. Ge-
heuer ist nicht, was da vorgeht, und wer da mithört, könnte
selbst heute noch seinen Ohren nicht trauen. Sind die Daten
gespeichert, die Namen bekannt? In einem Fall, leider, haben
wir nur Initialen, die Herren nennen sich A und B. Und
trauen einander wohl gegenseitig nicht über den Weg:

A. – – – – – – –*(Das Mikrophon ist noch nicht eingeschaltet).*
B. Du willst sagen: daß es weit mehr Soldaten gibt als Mönche.
A. Nein, nein, mehr Mönche als Soldaten.
B. In dem und jenem Lande von Europa magst du Recht haben. Aber in Europa überhaupt? Wenn der Landmann
seine Saat von Schnecken und Mäusen vernichtet siehet:
was ist ihm dabei das Schreckliche? daß der Schnecken
mehr sind als der Mäuse? Oder daß es der Schnecken oder
der Mäuse so viel gibt?

A. Das versteh ich nicht.

B. Weil du nicht willst. – Was sind denn Soldaten?

A. Beschützer des Staats.

B. Und Mönche sind Stützen der Kirche.

A. Mit eurer Kirche!

B. Mit eurem Staate!

A. Träumst du? der Staat! der Staat! das Glück welches der Staat jedem einzelnen Gliede in diesem Leben gewährt.

B. Die Seligkeit, welche die Kirche jedem Menschen nach diesem Leben verheißt.

A. Verheißt!

B. Gimpel!

Und dann sind da die Herren Ernst und Falk; der erstere etwas jünger, fragender, bohrender; Falk dagegen skeptischer, ironischer, böserwissend; eine Personenbeschreibung von ihm besagt, es sei schwer, »die Assoziationen eines Turmfalken und seines ungerührten Vogelblicks zu vermeiden«. Diese beiden scheinen nun aber auch gar kein Blatt vor den Mund zu nehmen im Herzogtum Braunschweig und Lüneburg, im Einfluß- und Respektsbereich Friedrichs, der nun der Große heißt, im absolutistischen Deutschland, wo weit und breit an keine Staatsumwälzung zu denken ist, geschweige denn an republikanische Zustände. Die beiden aber stellen nicht nur Fragen, sie stellen auch in Frage:

Falk: Glaubst du, daß die Menschen für die Staaten erschaffen werden? Oder daß die Staaten für die Menschen sind?

Ernst: Jenes scheinen einige behaupten zu wollen. Dieses aber mag wohl das Wahre sein.

Falk: So denke ich auch. – Die Staaten vereinigen die Menschen damit durch diese und in dieser Vereinigung jeder einzelne Mensch seinen Teil von Glückseligkeit desto besser und sicherer genießen könne. – Das Totale der einzelnen Glückseligkeiten aller

Glieder ist die Glückseligkeit des Staates. Außer dieser gibt es gar keine. Jede andere Glückseligkeit des Staats, bei welcher auch noch so wenig einzelne Glieder leiden und leiden *müssen*, ist Bemäntelung der Tyrannei. Anders nicht!

An dieser Stelle erschrecken beide ob der Verwegenheit der Argumentation; die geht aber weiter:

Falk: Setze die beste Staatsverfassung, die sich nur denken läßt, schon erfunden; setze, daß alle Menschen in der ganzen Welt diese beste Staatsverfassung angenommen haben: meinst du nicht, daß auch dann noch, selbst aus dieser besten Staatsverfassung, Dinge entspringen müssen, welche der menschlichen Glückseligkeit höchst nachteilig sind, und wovon der Mensch in dem Stande der Natur schlechterdings nichts gewußt hätte?

Ernst: Ich meine, wenn dergleichen Dinge aus der besten Staatsverfassung entsprängen, daß es sodann die beste Staatsverfassung nicht wäre.

Falk: Und eine bessere möglich wäre? – Nun so nehme ich diese bessere als die *beste* an: und frage das nämliche… wir nehmen an, daß alle Menschen in der Welt in dieser besten Staatsverfassung leben: würden deswegen alle Menschen in der Welt nur einen Staat ausmachen?

Ernst: Wohl schwerlich. Ein so ungeheurer Staat würde keiner Verwaltung fähig sein. Er müßte sich also in mehrere kleine Staaten verteilen, die alle nach den nämlichen Gesetzen verwaltet würden.

Falk: Das ist, die Menschen würden auch dann noch Deutsche und Franzosen, Holländer und Spanier, Russen und Schweden sein; oder wie sie sonst heißen würden.

Ernst: Ganz gewiß!

Falk: Nun, da haben wir ja schon *eines*. Denn, nicht wahr,
          jeder dieser kleinern Staaten hätte sein eignes Inter-
          esse? und jedes Glied derselben hätte das Interesse
          seines Staates?
Ernst: Wie anders?

Noch sprechen die beiden eine Weile lang weiter von Deutschen, Franzosen, Engländern, die einander nicht nur als
Menschen, sondern eben als Staats-Angehörige, Staats-Be-
frachtete, gar Staats-Beschädigte begegnen, »die ihrer verschiednen Tendenz sich bewußt sind, welches sie gegeneinander kalt, zurückhaltend, mißtrauisch macht, noch ehe sie
für ihre einzelne Person das geringste miteinander zu schaffen
und zu teilen haben«. Aber nun scheinen sie sogar hineinzu-
geraten in eine Erörterung heutiger ideologischer Verhältnisse, in ein deutsch-deutsches Podiumsgespräch, in eine denk-
würdig aktuelle Argumentation über die Notwendigkeit von
Abgrenzungen, Sperrmaßnahmen, Mauerbau. Weiß man
denn im Wolfenbütteler Bibliothekarshaus über alles Bescheid, selbst über die Nöte eines in sich geteilten Landes?

Falk: Nun, so ist es denn auch wahr, daß das Mittel, wel-
          ches die Menschen vereiniget, um sie durch diese
          Vereinigung ihres Glücks zu versichern, die Men-
          schen zugleich trennet.
Ernst: Wenn du es so verstehst.
Falk: ... Nun sieh da das zweite Unheil, welches die bür-
          gerliche Gesellschaft, ganz ihrer Absicht entgegen,
          verursacht. Sie kann die Menschen nicht vereini-
          gen, ohne sie zu trennen; nicht trennen, ohne Klüfte
          zwischen ihnen zu befestigen, ohne *Scheidemau-
          ern* durch sie hinzuziehen.
Ernst: Und wie schrecklich diese Klüfte sind! wie unüber-
          steiglich oft diese Scheidemauern!

Daß wir die Mauer so wörtlich nehmen müssen, gehört, wie

auch beim »Philotas«, zu den Attentaten der Aktualität, die Lessings Texte gelegentlich verüben. Selbstverständlich sind mit den Scheidemauern nicht nur konkrete Trennungen, nicht nur die Endmoränen der Ideologie gemeint, sondern soziale Klüfte, unübersteigbare Barrieren zwischen den Ständen, die Ungleichheit unter den Menschen. Aber Lessing weiß noch mehr. Einmal rät Ernst zum Flüsterton:

Ernst: Ich möchte das nicht so laut sagen.
Falk: Warum nicht?
Ernst: Eine Wahrheit, die jeder nach seiner eigenen Lage beurteilet, kann leicht mißbraucht werden.
Falk: Weißt du Freund, daß du schon ein halber Freimaurer bist?
Ernst: Ich?
Falk: Du. Denn du erkennst ja schon Wahrheiten, die man besser verschweigt.
Ernst: Aber doch sagen *könnte*.
Falk: Der Weise *kann* nicht sagen, was er besser verschweigt.

Welch eine Wendung! Welch hochgewitzter Skrupel! Welch behutsamer Umgang mit dem Sprengstoff Erkenntnis! Je älter Lessing wird, je später seine Einsichten, je subtiler seine Bedenken, um so weniger möchte man ihm ins Wort fallen, um so ausgiebiger ihn selbst reden lassen, nicht nur für sich und über seine Zeit, sondern für unsere Gegenwart und uns ins Gewissen.

Diese eben zitierten Diskurse entstammen einer Arbeit, deren Titel fast zwei Jahrhunderte lang über ihre Explosivität hinweggetäuscht hat: »Ernst und Falk – Gespräche für Freimäurer«. Es sind insgesamt fünf; die hier zitierten Passagen sind alle dem zweiten entnommen. Das gesamte Manuskript hatte Lessing schon im November 1777 – noch zu Lebzeiten

Evas – in Abschriften an seine engsten und interessiertesten
Freunde geschickt: so natürlich an Moses Mendelssohn, aber
auch an Matthias Claudius und Bode, die selbst Freimaurer
waren, und auch an Lichtenberg in Göttingen. Gedruckt aber
wurden im Herbst 1778 nur die ersten drei Gespräche. Sie
waren mit einer, wohl salvatorischen, Widmung an den Bruder des Regierenden Herzogs versehen; der einzigen Widmung (wie Dolf Sternberger angemerkt hat), die Lessing einem seiner Werke vorangesetzt hat; aber nicht nur der Rarität
wegen sei sie hier zitiert:

Sr. Durchlaucht dem Herzoge Ferdinand
Durchlauchtigster Herzog,
Auch ich war an der Quelle der Wahrheit und schöpfte.
Wie tief ich geschöpft, kann nur der beurteilen, von
dem ich die Erlaubnis erwarte, noch tiefer zu schöpfen. –
Das Volk lechzet schon lange und vergehet vor Durst. –

Ewr. Durchlaucht
untertänigster Knecht

Die Widmung fand wenig Gegenliebe; man kann sagen: ver-
ständlicherweise. Während die Forschung fast zwei Jahrhunderte lang diese Gespräche eher als eine freimaurerische In-
tern-Argumentation angesehen hat, als einen esoterischen
Dialog für Eingeweihte, konnte der Herzog die politischen
Implikationen nicht übersehen, ja nicht einmal den Wid-
mungs-Satz »Das Volk lechzet schon lange und vergehet vor
Durst« als poetisches Bild hingehen lassen. Denn er war nicht
nur als ein dem Range nach hoher Freimaurer betroffen (»der
Hohepriester ihres Nichts«, hat Herder gespottet), sondern
auch als Fürst. Unwirsch schreibt er an Lessing: »Legen Sie
mir es aber ja nicht vor Stolz und Besorgnis aus, wenn ich gewünscht hätte, daß Sie vorher meine Beistimmung zu dem
öffentlichen Drucke gefragt hätten… Besorgnis, von dieser,
ich gestehe es Ihnen aufrichtig, bin ich nicht ganz frei; ich
überlasse diesen Ausdruck Ihrer eigenen tiefen Einsicht und

Auflösung: Sie wissen, da ich Sie selbst für einen Freimaurer, sie mögen regelmäßig oder nicht regelmäßig aufgenommen sein, halte, wie freiwillig und feierlich sich ein solcher verpflichtet, nichts von denen wesentlichen Kenntnissen der Gesellschaft drucken zu lassen. Sie tun es −...«

Lessing war im Herbst 1771 Freimaurer geworden. Schon 1767 hatte er der Loge Absalom in Hamburg beitreten wollen, der auch sein Freund und damaliger Druckerei-Compagnon Johann Joachim Christoph Bode angehörte. Der aber kannte seinen Lessing und wehrte ab: »Ich wüßte keinen Mann, den ich lieber zum Bruder hätte, als Sie. Aber, ich muß es Ihnen platterdings abraten, sich aufnehmen zu lassen, weil die Fortschritte in unserm System zu langsam für Ihr Alter und für Ihren feurigen Charakter sind.« Aber Lessing gab sich damit nicht zufrieden, sondern trat Mitte Oktober 1771 einer anderen Hamburger Loge, der »Zu den drei Rosen« bei, wo er alsbald den Grad eines Meisters vom Stuhl erhielt. Ein charakteristischer Dialog wird aus den Tagen seiner ersten Einblicke überliefert. Auf die Frage: »Nun, Sie sehen doch, daß ich die Wahrheit gesagt! Sie haben doch nichts wider die Religion oder den Staat gefunden?« soll Lessing geantwortet haben: »Ha! Ich wollte, ich hätte dergleichen gefunden, das sollte mir lieber sein!« Immerhin spricht er den Hamburgern von einem Plan, in Wolfenbüttel selbst eine Loge zu gründen, da »sie in Braunschweig nichts réeles besitzen«, und er kündigt ein Interesse an, das sich mit den ersten zeremoniellen Eindrücken nicht begnügen will. »Sie können leicht schließen, daß ein Mann von seinen Kenntnissen weiter dringen wird«, schreibt der Hamburger Freimaurer Rosenberg an seinen Landesgroßmeister Zinnendorf in Berlin. Der reagiert mit einem prompten und präzeptoralen Brief vom 19. Oktober und verbittet sich jegliche Form von Ausplauderei: »Suchen Sie diesem nach, bitte ich aldort zuvörderst Derjenige zu werden, welcher Socrates ehedem den Atheniensiern war; allein, dem widrigen Schicksahle zu entgehen, welches leider seine Tage verkürzte, müssen Sie den Zirkel nicht überschreiten, den Ihnen die Freymaurerei jedesmal vorzeichnet und jederzeit eingedenk bleiben, daß wir nur hinter verschlossenen Thüren... von der Freymaurerei reden... dürfen.«

Erst die neuere Forschung hat die eminente aufklärerische Funktion der Freimaurerei im 18. Jahrhundert einerseits und andererseits Lessings politisches Interesse daran, mithin die revolutionäre Bedeutung der Freimaurergespräche erkannt. »Lessings Ernst und Falk ist eine politische Schrift von hohem staatsphilosophischen Rang«, schreibt Ion Contiades in seiner Edition dieses Werks, und er beruft sich mit diesem Urteil wiederum auf Reinhard Koselleck, dem die eigentliche »›Rettung‹ von Ernst und Falk als politischer Schrift« zu danken sei. Koselleck hat in seiner Studie »Kritik und Krise« dargelegt, daß die Freimaurerei, als einzige bürgerliche Institution im 18. Jahrhundert, sich dem Herrschaftsanspruch des absolutistischen Staates zu entziehen versucht habe. Sie tat es um den Preis der absoluten Klausur, aber diese Klausur erlaubt andererseits die Ausbildung einer tatsächlichen Unabhängigkeitsposition. »Die Schweigsamkeit, die Bindung an ein Geheimnis waren für die Maurer verpflichtend, sie haben das Wesen ihrer Gesellschaft bestimmt. Das Geheimnis, dieses dem Zeitalter der Aufklärung scheinbar so widersprechende Element,... führt in das Zentrum der Dialektik von Moral und Politik.« Und ein Kernsatz Kosellecks lautet: »Die Freiheit im Geheimen wird zum Geheimnis der Freiheit.«

Und dieses Geheimnis erfragt, erkundet, debattiert – und nützt Lessing. »Die verdeckte Wendung von Innen nach Außen, von der moralischen Freiheit zur politischen Freiheit, konnte Lessing, dem scharfen politischen Beobachter und Protagonisten der Aufklärung, nicht verborgen bleiben«, (so Contiades). Das ist milde ausgedrückt; es war doch wohl diese Wendung, die Lessing überhaupt interessiert und die er dann kenntlich gemacht und wider alle freimaurerische Spielregel befördert hat, indem er eine Freimaurerei auf eigene Faust betrieb, als eine ideale Gesellschaft Lessingscher

Prägung, deren Ursprung er bei den Tempelherren des Mittelalters vermutete.

»Ihrem Wesen nach ist die Freimaurerei ebenso alt als die bürgerliche Gesellschaft. Beide konnten nicht anders als miteinander entstehen – wenn nicht gar die bürgerliche Gesellschaft nur ein Sproß der Freimaurerei ist«, schreibt Lessing wie zur Bekräftigung eines schon vorher gesagten Satzes: »Die Freimaurerei ist nichts Willkürliches, nicht Entbehrliches: sondern etwas Notwendiges, das in dem Wesen des Menschen und der bürgerlichen Gesellschaft gegründet ist.« Und die Freimaurerei, darauf vor allem pocht Lessing, ist keine passive Angelegenheit, kein Meditationskult, sondern höchste Aktivität: »Wie konnten Sie mir nicht gleich einfallen diese Taten, diese sprechende Taten! Fast möchte ich sie schreiende nennen. Nicht genug, daß sich die Freimaurer einer den andern unterstützen, auf das kräftigste unterstützen: denn das wäre nur die notwendige Eigenschaften einer jeden Bande. Was tun sie nicht für das gesamte Publikum eines jeden Staates, dessen Glieder sie sind!« So läßt er Ernst sprechen.

Aber schreiende Taten sind, zum Beispiel, soziale Taten, keine Gewaltakte. Das Thema der Gewalt wird im fünften Gespräch, im Hinblick auf die amerikanischen Unabhängigkeitskriege, debattiert und verworfen. Lessing teilt die Empörung seiner selbstgeschaffenen Gesprächspartner über den Mann »mit der Warze am Kinn«, der in Europa für die freien Amerikaner werben will und die Grille hat, »daß der Kongreß eine Loge ist; daß da endlich die Freimaurer ihr Reich mit gewaffneter Hand gründen«.

»Was Blut kostet, ist gewiß kein Blut wert.« Das ist nicht nur einer der Schlüsselsätze dieser Freimaurergespräche, es ist auch ein Kernsatz der Lessingschen Humanität. Doch: »Diese Ablehnung und Verurteilung der Revolution bedeutet bei Lessing aber nicht die Absage an ein gesellschaftsveränderndes Handeln. Im Gegenteil, ›die wahren Thaten der Freymäurer‹... sind auf die Abschaffung des Staates ausgerichtet. Auf der höchsten Stufe ihrer Entwicklung, wenn die absolute Herrschaft der Vernunft und die Glückseligkeit aller Menschen verwirklicht worden sind und der Mensch ›das Gute thun wird, weil es das Gute ist‹ erübrigen sich der Staat und seine gesellschaftliche Ordnung.« So umschreibt Eberhard Bahr die politische Haltung des späten Lessing, und er leitet damit hinüber zu jenem sensationellen Satz, den Friedrich Heinrich Jacobi überliefert hat: »In einer Unterredung, die ich mit ihm hatte, kam er einmal so sehr in Eifer, daß er behauptete, die bürgerliche Gesellschaft müsse noch ganz aufgehoben werden; und so toll dies klingt, so nah ist es dennoch der Wahrheit. Die Menschen werden erst dann gut regiert werden, wenn sie keiner Regierung mehr bedürfen.«

Bahr folgert: »In diesem Sinne erweist sich Lessing revolutionärer als alle Revolutionäre seiner Zeit, indem er das Modell einer konkreten Utopie aufstellt und den Kurs einer permanenten und aktiven Staatskritik entwirft, die eine internationale, überkonfessionelle und klassenlose Gesellschaft zum Ziel hat.«

Aber Lessing ist deswegen der seltenste Typ des Revolutionärs, weil er die rarste revolutionäre Tugend hat: Geduld. Er läßt den Dingen Zeit; nicht weil er ein Trödler, nicht, weil er kein Temperament wäre; sondern weil er von der gewaltigen Kraft der Zeit innig überzeugt ist. Von diesem Zeit-Vertrauen, von dieser Entwicklungszuversicht handeln die einhundert Paragraphen der »Erziehung des Menschengeschlechts«. Wir greifen nur wenige heraus:

§ 90 ... Der Schwärmer tut oft sehr richtige Blicke in die Zukunft: aber er kann diese Zukunft nur nicht erwarten. Er wünscht diese Zukunft beschleuniget; und wünscht, daß sie durch ihn beschleuniget werde. Wozu sich die Natur Jahrtausende Zeit nimmt, soll in dem Augenblicke seines Daseins reifen. Denn was hat er davon, wenn das, was er für das Bessere erkennt, nicht noch bei seinen Lebzeiten das Bessere wird?...

§ 91 Geh deinen unmerklichen Schritt, ewige Vorsehung! Nur laß mich dieser Unmerklichkeit wegen an dir nicht verzweifeln. – Laß mich an dir nicht verzweifeln, wenn selbst deine Schritte mir scheinen sollten, zurück zu gehen! – Es ist nicht wahr, daß die kürzeste Linie immer die gerade ist.

§ 98 Warum sollte ich nicht so oft wiederkommen, als ich neue Kenntnisse, neue Fertigkeiten zu erlangen geschickt bin? Bringe ich auf einmal so viel weg, daß es der Mühe wieder zu kommen etwa nicht lohnet?

§ 100 Oder, weil zu viel Zeit für mich verloren gehen würde? – Verloren? – Und was habe ich denn zu versäumen? Ist nicht die ganze Ewigkeit mein?

Als die kluge Elise Reimarus in Hamburg dieses Paragraphenwerk liest, schreibt sie an Lessing: »Meine Lieblingsstellen gehen von § 76 an bis zu Ende. Ich habe bei einigen laut aufweinen müssen. Überhaupt sind Sie der einzige Philosoph, den ich kenne, der Wahrheiten auf diese Art, wie durch einen elektrischen Schlag, fühlbar zu machen und durch Mark und Bein zu führen weiß.«

Kann man Lessings Stil überhaupt besser charakterisieren?

Lessings letztes Jahr

Dans un si grand revers que vous reste-t-il? –
Moi.

Pierre Corneille, Medea

Bei weitem nicht alle Gesprächspartner sind erdacht. Lessing
ist über fünfzig, und die ihn besuchen kommen, sind neben
den gelehrten Bibliotheksbenutzern immer mehr junge Leute, sind Dichter, Philosophen oder schlicht Bewunderer. Er
ist der berühmteste Schriftsteller im Lande, der große Rebell
wider jegliche Orthodoxie, der hellste Kopf; nur die Augen
lassen ihn im Stich: »Der Seel. brauchte schon seit 3 Jahren einen Brill, und klagte immer, daß er durch keinen scharf sehen
konnte«, schreibt hämisch sein Sekretär Cichin als weitere
Randnotiz zu jenem schon zitierten Nachruf, der auch Lessings scharfes Auge lobt. Und die da nun kommen, zu Besuch nach Wolfenbüttel oder als Begleiter in Braunschweig,
sind keineswegs nur Andächtige und Jünger; sie wollen reden
mit ihm, sich aussprechen, den eigenen Scharfsinn ausprobieren, ihre Jugend vorführen, die bei ihm in die Schule des er-
hobenen Hauptes gegangen ist.

Einer davon ist Johann Anton Leisewitz aus Hannover, der
sich 1775 als Rechtsanwalt in Braunschweig niedergelassen
hat und den Lessing im Jahr darauf, als einen jungen Mann
von 24 Jahren kennen lernt, oder besser gesagt: erstmals zur
Kenntnis nimmt. Denn Leisewitz selbst hat frühere Erinnerungen: »Ich lernte ihn (also Lessing) 1770 in Wolfenbüttel
kennen, da er sich aber aus mir, wie aus einem jungen Menschen, der von Schulen kam, nicht viel zu machen schien. –

Einige Jahre hernach sahe ich ihn einmahl bei Zachariä in Braunschweig, wo wir uns schon näher kamen, allein unsre eigentliche Bekanntschaft ging erst recht an, als ich mein Trauerspiel herausgab, wobey er sich auf eine so edelmüthige Art betrug.« Gemeint ist der »Julius von Tarent«, den Lessing zuerst für ein Werk Goethes hielt; als Eschenburg dessen Autorschaft anzweifelt, ruft er aus: »Desto besser! so giebt es außer Göthen noch Ein Genie, das so etwas machen kann.«

Diesem Leisewitz, einem kräftigen Zielstreber, der gewissermaßen im Nebenberuf Genie war, verdanken wir ein paar private Details, einige Einblicke in die letzte Lebenszeit Lessings, Tagebuchnotizen, die auch den Alltag unseres Autors erhellen. Es sind knappe Eintragungen, die sich aber doch in ihrer trockenen Kontinuität zu einiger Intimität der Beobachtung verdichten. Sie lesen sich zum Beispiel so:

1779 Aug. 10. Nach Tische ging ich auf der Meße, wo ich Leßingen in einem Gewölbe seines Verwandten antraf. Wir gingen noch etwas herzu und darauf nach meinem Hause, wo Lessing Caffee trank. Paradoxa, wie gewöhnlich und die gewöhnlichen.

1779 Oct. 28. Nach Tische war ich etwas bey Schmids – und weil ich da hörte, daß Lessing bey Davesons sey, ging ich dahin. Wir lachten, schwatzten und spielten Piquet: ich nur ein paar Spiele. – Lessing kann es gar nicht vergessen, daß ich einmal zu ihm sagte, es käme mir vor, als wenn man als ein Schwein in die Welt hinein lebte, wenn man kein Tagebuch hielte.

Einen Tag im Leben Lessings beschreibt Leisewitz ausführlicher. Am 17. Juli 1780 macht er die etwa anderthalbstündige Fahrt nach Wolfenbüttel, wo er lange Zeit nicht gewesen war (alle anderen Begegnungen hatten sich in Braunschweig abgespielt). »Ich stand heute nicht sehr früh auf und ließ Postpferde bestellen, um nach Wolfenbüttel zu fahren – – Ich bekam erst nahe bey Wolfenbüttel etwas Muth wieder. Ich kam

da um 10 Uhr an, nachdem es gerade 3 Jahre seyn wird, daß
ich da gewesen bin, und nachdem ich mir diesen Spatzier-
gang sehr oft vorgenommen habe. – Wir fuhren zwar des Po-
stillons und der Pferde wegen, vor den goldenen Engel vor,
gingen aber, ohne einmahl in das Haus zu treten, obgleich
nicht auf dem kürzesten Wege, so unbekannt war mir Wolfenbüttel geworden, zu Lessingen. Wir trafen ihn bey dem
frisiren an, und gingen kurz darauf mit einander auf die Bibliothek. Langer war da (der dann Nachfolger Lessings als
Bibliothekar werden wird) und nachher kamen der Hofge-
richtsassessor von Brocks, Kalm und Schleitz aus Braunschweig und aus Hamburg hin. Sie schienen mir alle ziemlich
leer, ich hingegen brillirte.

Thaer (ein junger Arzt, den Leisewitz mitgebracht hatte)
und Lessing gingen um die Gallerie – ich konnte für
Schwindel nicht mit und blieb in der Thür sitzen. – Wir gingen wieder zu Lessing, wo bald hernach Langer hinkam, wir
waren einige Zeit auf dem Hofe und vor der Thür – aßen im
Garten-Saale. Die Conversation war sehr angenehm. Eine
saillie (Bonmot) von Lessing, Langer und mir holte die andere… Nach Tische ward Caffee getrunken und Taback geraucht, theils im Garten, theils im Saale.«

Und noch zwei Eintragungen Leisewitzens seien zitiert,
weil sie Hinweise enthalten auf die Rankünen, denen Lessing
in Folge des Fragmenten-Streits immer noch ausgesetzt war,
ja daß er gerade jetzt gerichtliche Schritte zu befürchten hatte:

1780. Nov. 22. Ich war mit Kuntschen eine zeitlang allein, da
er mir erzählte, Lessing sei von dem Chur-Sächsischen
Gesandten bey dem Reichstage verklagt – ich sah
gleich, daß von dem corpore Evangelicorum die Rede
sey, und ward ungemein besorgt. Unsere Gesellschaft
bestand aus Lessing, Schmid, mir und Kuntsch. Wir
waren ungemein aufgeräumt, raddotirten, lachten,
philosophirten, seladisirten und verbanden die beiden

439

letzten Dinge in einem Discours über die Liebe. Ich behauptete, Alles bey der eigentlichen Liebe laufe auf physische Bedürfniße heraus. Leßing war anderer Meynung. – Leßingen, der in den Clubb ging, bis auf das Kohlmarkt begleitet, und von dort zu meiner Schwester.

1780. Nov. 23. Zu Hause und im Club –, wo ich Lessingen antraf, mit dem ich wegen des Corporis Evangelicorum sprach; der Herzog hatte ihn rufen lassen und davon gesagt. Lessing hatte sich die einzige Gnade ausgebeten, daß der Herzog als Reichsstand, wie es sein Ministerium wolle, handele, und ihn – Lessingen – seine Sache allein ausmachen zu lassen. Ich suchte ihn davon abzubringen, und es schien, als wenn es etwas fruchtete.

Die nähere Charakterisierung Lessings, die wir in den Tagebuch-Notizen von Leisewitz vermissen, hat er später, auf Wunsch Georg Christoph Lichtenbergs, nachgeholt; er beschreibt Lessing in einem schlimmen Zustand: »Lessing bemerkte schon seit langer Zeit eine Abnahme seiner Gesundheit und die ersten Schwachheiten liessen einen Schlagfluß befürchten. Er fühlte eine gewisse der Lähmung nahe Schwere, eine unnatürliche Neigung zum Schlafe die ihn oft in Gesellschaften, wenn er noch den letzten Bissen oder das letzte Wort im Munde hatte überfiel. Zuweilen konnte er das Wort das er suchte nicht finden, sagte unwillkürlich ein anderes und zuweilen kam ihm sogar ein Buchstaben statt eines anderen in die Feder. Lessing war in gewissen Augenblicken nicht im Stande, zwey Zeilen orthographisch zu schreiben. – Unterdessen waren das lange Zeit Übel eines einzigen Augenblicks und blos cörperliche Uebel, sein Geist blieb noch immer so sehr derselbe, daß verschiedne seiner vertrautesten Freunde seine Krankheit für Einbildung hielten.«

War es Einsamkeit oder Hilfsbereitschaft, Skurrilität oder Alterslaune – er hielt es jetzt auch mit merkwürdigen Gestalten. Einmal nahm er für fast ein halbes Jahr, den Winter 79/80 über, einen philosophischen Landstreicher bei sich auf, eine ziemlich heruntergekommene Figur. Als Lessing ihn fragte, wer er sei, gab er zur Antwort »Ich bin ein Philosoph«, zog ein Manuskript aus seiner Jacke und sagte ungeniert: »Ich arbeite hier an einer Schrift, über die höhere Bestimmung des Menschen, die ich gern vollenden möchte; aber ich habe kein Dach und Fach, und habe kein Brodt. Geben Sie mir eine Kammer in Ihrem Hause, und geben Sie mir Brodt; ich will mein Buch hier fertig schreiben.« Der Mann kam aus Livland, hieß Könemann, und er schrieb, ohne richtig Deutsch zu können, aber das focht ihn nicht an: »Das weiß ich, aber das kann man ja in der Vorrede mit wenigen Worten anzeigen, daß ich diese Dinge nicht verstehe.« Der verlotterte Könemann war übrigens nicht allein, sondern brachte auch noch einen großen schmutzigen Hund mit, der auch bei Tisch nicht von der Seite seines Herrn wich. Die Geschichte dieses Hundes erklärte Lessing seinen verwunderten Besuchern dann so: »Der Hund ist eine Zierde des Philosophen. Auf seinen Wanderungen traf der Philosoph diesen Hund entkräftet und beinah verschmachtet am Wege liegen. Der Philosoph hatte zwei Wecke in der Tasche. Er warf dem Hunde *einen* davon hin, den dieser heißhungrig verschlang; und von diesem Augenblick verließ der Hund den Philosophen nie. Überlegen Sie, daß in dem Augenblick, die beiden Wecke der ganze Vorrath an Lebensmitteln war, die der arme Wanderer besaß. Er theilte redlich. So lange ich noch einen Weck habe, soll der Philosoph einen davon haben.«

So unverhofft Könemann in der Tür gestanden hatte, so brüsk brach er auch wieder auf. »Morgen früh werd ich abreisen«, sagte er eines Frühlingstages nach dem Abendessen; er bekam noch ein Reisegeld; am nächsten Morgen hatte er das Haus schon in aller Frühe verlassen.

Der Bericht über diesen merkwürdigen Gast stammt von einem Mann, der selbst die Protektion, genauer gesagt: die schützende Hand Lessings erfahren hatte: Alexander Dave-

son. Daveson, Sohn eines Braunschweiger »Schutzjuden«
namens Alexander David, war, ähnlich wie seinerzeit Hirschel in Berlin, bei Geschäften mit dem Hofe in Schwierigkeiten geraten. Der Fünfundzwanzigjährige hatte offenbar
Juwelenwünsche des Herzogs Karl immer noch ausgeführt
(obwohl der nach einem Schlaganfall im Jahr 1776 die Regie-
rungsgeschäfte aus der Hand gegeben und sein Sohn solche
Kostspieligkeiten untersagt hatte). Als der alte Herzog am
26. März 1780 starb, ließ der neue Regent den jungen Juden ins
Gefängnis werfen; erst auf den Einspruch Lessings hin, der
für ihn bürgte und ihn zunächst bei sich unterbrachte, setzte
man ihn auf freien Fuß. Das Tagebuch von Leisewitz nennt
Daveson häufig in der Gesellschaft Lessings, und als der
junge Mann Ende 1780 Braunschweig verlassen will, wird er
bei Moses Mendelssohn in Berlin angekündigt: »Er will von
Ihnen nichts, lieber Moses, als daß Sie ihm den kürzesten und
sichersten Weg nach dem Europäischen Lande vorschlagen,
wo es weder Christen noch Juden gibt. Ich verliere ihn ungern; aber sobald er glücklich da angelangt ist, bin ich der erste, der ihm folgt.« (Aber Lessing erlebt nicht, daß Daveson
abreist; statt dessen ist Daveson dabei, als Lessing seine letzte
Reise tut: am Totenbett.)

Aber Lessings liebster Umgang in seinem letzten Jahr ist
seine Stieftochter Amalie König, genannt Malchen. Sie ist
jetzt, 1780, gerade sechzehn Jahre alt, und da es kein Jugend-
bildnis von ihr gibt, können wir sie uns so schön und heiter,
so quick und herzlich, so zärtlich und anmutig vorstellen wie
wir wollen, vielleicht ein wenig molliger als die Mutter (denn
ein Altersporträt Amaliens zeigt sie in schöner Kompaktheit
und Lebensfülle). Von den anderen Kindern Evas, den drei
Söhnen, ist nur noch Lessings Patensohn Fritz, nun zwölf
Jahre alt, im Haus; im Sommer 1780 widerfährt ihm ein Mißgeschick, von dem Lessing berichtet: »Fritze befindet sich
wohl, außer, daß ihm ein großes Unglück begegnet, welches
ihm viel Thränen gekostet, und mich fast zu lachen gemacht
hat. Sein rother Rock ist ihm, wie vom Leibe, gestohlen wor-

den.« Der 1757 geborene Theodor Heinrich war nicht, wie Lessing es gern gesehen hätte, in die braunschweigische Armee aufgenommen worden, sondern hatte sich 1778 in Wien um einen Posten beim österreichischen Militär beworben; er soll später Kaufmann in Hamburg gewesen und dort 1809 im Wahnsinn geendet sein. Auch sein acht Jahre jüngerer Bruder Johann Engelbert wohnte nicht bei Lessing im Haus, sondern war in der Pension des Kantors Stegmann in Wolfenbüttel untergebracht worden: ein schwer erziehbares Kind; auch dieser Junge ging später nach Österreich, trat dort in die Armee ein; auch er soll geisteskrank geworden und in einem Wiener Irrenhaus gestorben sein. (Die Schwermut ist also doch nicht nur eine *mutwillige* Krankheit, wie Lessing einmal an Eva geschrieben und wie sie ihm einmal aufmunternd zurückgegeben hatte.)

Wie lieb aber ist Lessing der Umgang mit Malchen wirklich, und ist da nur väterliche Zuneigung wach? In Wolfenbüttel raunt man tolle Dinge, in Braunschweig schüttelt man die klugen Köpfe, und selbst nach Hamburg dringt das Gerücht, der 51 Jahre alte Mann habe sich in seine junge Stieftochter verliebt. Ende 1779 schreibt Elise Reimarus mit der ihr eigenen intelligenten Direktheit: »Sehn Sie, lieber Lessing, so lohnt sich doch das Jahr, das Sie einst teuer erkauft hießen (gemeint ist die Ehezeit mit Eva) noch mit einigen Zinsen.« Ein halbes Jahr später zeigt sich Lessing verwundert, »daß ein solch Gerede seiner Ruchbarkeit wegen, endlich auch bey Ihnen Glauben gefunden?«

Dieser lange schöne Brief vom 7. Mai 1780 dürfte wohl auch dann der Brief eines Liebenden genannt werden, wenn nur die Zeilen dastünden und nichts zwischen ihnen: »Und womit beweiset man es, daß ich in meine Stieftochter verliebt bin? Weil ich mich nicht von ihr trennen will? Nun, womit beweiset man denn, daß ich mich nicht von ihr trennen *will*? Weil ich sie noch nicht von mir *gestoßen* habe? Denn, wahrlich, nicht viel weniger als von mir stoßen hätte ich sie müssen, wenn ich sie dem kalten Anerbieten ihrer Anverwandten sofort hätte überlassen wollen!

Oder weis man es etwa, daß ich Ursache bin, daß sie meinetwegen bereits eine Partie ausgeschlagen? Kann seyn, daß sie an einem lustigen Tage in Hamburg schon mehrmalen versprochen worden, worüber man den Gecken von Stiefvater in äusserster Verzweiflung zu sehen geglaubt! Hier ist uns so was noch nicht vorgekommen. Kurz, liebste Freundin, denn ich plaisantire nicht gern über etwas, worüber sich so leicht plaisantieren läßt – kurz, schaffen Sie dem armen guten Mädgen einen Mann; oder machen Sie, daß derjenige ihrer mütterlichen Anverwandten, den sie kennt und liebt, sie zu sich verlangt; oder auch, daß eine verständige und gefällige Freundin in Hamburg sie bey sich zu haben wünscht: und sehen Sie, wie ich dann handeln werde! Nur antragen soll sie mit meinem Willen sich Keinem von diesen; und ich will es durchaus nicht seyn, der sie nöthiget sich stockfremden Leuten in die Arme zu werfen, oder ihre Zuflucht in ein Land zu nehmen, wohin ihre Mutter, aus sehr guten Gründen, so ungern zurück wollte. Wer diese meine Gesinnung gegen sie Liebe nennen will, der kann seine Worte brauchen, wie er will! Auch ist es allerdings Liebe, und ich gestehe gern, daß mir das Mädgen diese Liebe auf alle Art, die ich nur wünschen kann, erwiedert.

Ich habe Ihnen, meine Beste, so viel ich mich erinnere, bereits auch unaufgefordert gestanden, daß ihre häusliche Tugenden es allein sind, die mir das Leben, das ich leider so fort führen muß, noch erträglich machen. Ich hätte hinzufügen können, wenn ich es nicht gethan habe, daß ich vor dem Augenblick zittere, der sie von mir nehmen wird, ob ich ihn schon meines eigenen Nutzens wegen, keinen Augenblick verschieben will. Denn ich werde in eine schreckliche Einsamkeit zurückfallen, in die ich mich schwerlich mehr so gut möchte finden können, als ehedem, und der ich also zu entgehen, mich leicht auf das andre Ende werfen könnte; so daß ich mein Leben beschlösse, wie ich es angefangen habe; als ein

Landstreicher, und als ein weit ärgerer, als ehedem, indem mich die Lust zum Studiren auch nicht einmahl so lange mehr an einem Orte halten würde, als sie in meiner Jugend, in der Neugierde und Ehrgeiz alles über mich vermochten, gethan hat. – Nun gut! werden Sie mir in's Wort fallen, … denken Sie doch an das Mädgen selbst! – Ich habe daran gedacht, meine Beste! – Und sehen Sie, da hat sich ein Zufall meiner Tugend angenommen, und hat mich auch hier in dem Glauben bestärkt, daß sich der Zufall immer der Tugend eines Mannes annimmt, der mit Gewalt kein Schurke sein will. Ich bin nehmlich hinter ein Geheimniß ihres kleinen Herzens gekommen, aus welchem ihr 53jähriger Stiefvater zur äussersten Kränkung freylich seiner Eitelkeit ersehen, daß er es nun ganz und gar nicht ist, der ihr gefährlich werden könnte…

Lassen Sie mich also nur noch mit einem Worte das Ding auch von der dritten Seite betrachten, von der es betrachtet werden könnte. – Diese dritte Seite ist das Publikum, in dessen Augen das Mädgen doch immer verlieren könnte. Denn was ich darinn verlieren kann, will nicht viel sagen. Von mir ist es doch nur schon das Schlimmste zu glauben geneigt, und nun erst anzufangen, mich nach seinen Capricen zu richten, würde mir nur eine schwache Seite mehr geben. – Also das Mädgen, dem ich so wohl will! – Ach, meine Freundin! Ein Mädgen ist bestimmt, ihr Glück durch die Augen eines Einzigen, nicht durch die Stimme des Publicums zu machen, und was die Augen dieses Einzigen nicht sehen, das hören Sie nicht. Wir sehen nur mit unsern Ohren, wenn wir für alle Liebe untauglich zu werden anfangen.

Aber bin ich nicht ein Thor, liebe Freundin, daß ich vergessen zu haben scheine, die schlimmste Anklage sey in gewissen Dingen eigene Vertheidigung?«

Aber als Malchen dann doch im Sommer 1780 Wolfenbüttel verläßt und zu Verwandten nach Eschweiler reist, ist Lessing so verzweifelt, wie er es befürchtet hatte. Friedrich Heinrich Jacobi findet ihn, als er im August durch Wolfenbüttel kommt, in tiefem Kummer. »Er klagte mir«, berichtet Jacobi nach Lessings Tod wiederum an Elise Reimarus, »daß ihn alles verließe. Selbst eine gewisse Person, die ihm seit Jahren mit der innigsten Freunschaft zugethan gewesen, und von der er gewiß wäre, daß sie ihm sogar ihre Hand nicht versagt haben würde, auch diese entferne sich jetzt von ihm.« Demnach wäre Lessing doch mit dem Gedanken umgegangen, Malchen, Evas Tochter, zur Frau zu nehmen.

Gleichviel: Schon die Abwesenheit Amalies ist ein Schock für ihn. In einem andern Bericht Jacobis heißt es: »Beym gute Nacht geben bat mich Lessing, ihn am folgenden Morgen in seinem Absteigequartier zu besuchen, damit wir gewiß ungestört blieben. Ich fand ihn sehr bewegt. Er erzählte mir seine Lage, was er, seit dem Streit über die Fragmente, von Menschen erfahren habe, wie sein Gemüth davon angegriffen, das Leben ihm verekelt worden. Bey zwei Zügen besonders, die er mir erzählte, veränderte sich sein Gesicht auf eine Weise, die mir unvergeßlich bleiben wird – des edlen Mannes Herz ist gebrochen.«

Die Gespräche, die Jacobi schon bei einem früheren Besuch mit Lessing geführt hat und die er nach dessen Tod als Gedächtnisprotokoll veröffentlicht, werden am Ende des 18. Jahrhunderts zu einer Sensation (von der dieses Buch sich dispensiert): Lessing ein Spinozist, ein Mann, der den Pantheismus glaubt, das griechische Ein und Alles, der Gott sieht in allem was kreucht und fleucht! »Einmal«, so Jacobi, »sagte Lessing, mit halbem Lächeln: Er selbst wäre vielleicht das höchste Wesen...« Und als Jacobi ihn nun, Mitte August 1780, mitnimmt zu Gleim nach Halberstadt, als man nach Tisch hinauswill in den Garten und ein Regen losprasselt, soll Lessing gesagt haben: »Jacobi, Sie wissen, das tue *ich* vielleicht.«

Ist es mehr als eine Schnurre, die dem plötzlichen Übergang von der Einsamkeit in die Gesellschaft entspringt? Sind diese Gesprächsnotizen und die anschließende Debatte darüber (Mendelssohn fährt zornig dazwischen) in der Tat, mehr als Kants »Kritik der reinen Vernunft«, der Beginn der

Religionsphilosophie der Goethe-Zeit, wie eine neuere Studie behauptet? Wir schreiben hier Lessing-Zeit.

Eine letzte Reise führt Lessing, im Oktober 1780, nach Hamburg. Elise Reimarus hat, nach den letzten Nachrichten über ihn, Angst vor der Begegnung: »Alle Welt, die ihn in Braunschweig seit einem Jahr gesehen, sagt er sey sehr verändert – und so graut mir ihn zu sehen. Ich wüßte nichts, was mich so traurig macht, als die Ruinen eines großen Mannes zu sehn.« Erleichterung aber, als sie ihn dann trifft: »– er ist fast ganz der Alte.« Nur wie lange? Hamburg tut ihm sicherlich gut, aber die Befürchtung ist groß, »daß er in seinen Seelenschlaf zurückfällt, so bald das ewige Einerley seiner Lage in Wolfenbüttel wiederkömmt, und dazu seine Bequemlichkeit: nichts zu thun, was ihn aus dieser Lage reißt. Es ist nicht wahr, daß sein Kopf nicht ganz der alte ist, so bald er will – aber sein Wille ist schläfrig.«

Und Elise Reimarus überliefert aus diesen Hamburger Tagen eine denkwürdige, bewegende Anekdote. Sie liest Lessing aus einem Brief Jacobis vor; aber schon nach den Worten: »Ich selbst lebte lang nicht mehr, wenn es keine Büsche und Bäume...« unterbricht er sie brüsk und sagt: »Die gehören nun zu meinem Leben nicht!« Doch sie setzt neu ein und führt den Satz zu Ende: »...und keine Kinder und Kindesgleichen gäbe. Aber da herum ist so was frommes und seeliges das Genügen bereitet, aus dem Handthieren damit entspinnt sich ein Hang der nicht nachläßt und der allem Ekel widersteht...« Und die gewiß nicht rührselige, die ganz und gar erdenfeste Elise Reimarus berichtet: »Da hob ich meine Augen auf und sah – was ich kaum an Lessing zu sehn hoffen durfte, sein Gesicht war feuerroth und seine Augen schwammen in Thränen!«

Lessing ist am Ende, und niemand weiß es zuletzt genauer als er selbst. Er ist todesmutig und todesunmutig zugleich; was er am 19. Dezember 1780 seinem getreuen Mendelssohn nach Berlin schreibt, klingt so, als ließe ein großer Theatermann den Vorhang über der eigenen Existenz fallen:

»Ich glaube nicht, daß Sie mich als einen Menschen kennen, der nach Lobe heißhungrig ist. Aber die Kälte, mit der die Welt gewissen Leuten zu bezeugen pflegt, daß sie ihr auch gar nichts recht machen, ist, wenn nicht tödtend, so doch erstarrend. Daß *Ihnen nicht alles* gefallen, was ich seit einiger Zeit geschrieben, das wundert mich gar nicht. Ihnen hätte gar nichts gefallen müssen; denn für Sie war nichts geschrieben. Höchstens hat Sie die Zurückerinnerung an unsere beßern Tage, noch etwa bey der und jener Stelle täuschen können. Auch ich war damals ein gesundes schlankes Bäumchen; und bin itzt ein so fauler knorrichter Stamm! Ach, lieber Freund! diese Scene ist aus! Gern möchte ich Sie freylich noch einmal sprechen!«

Lessing stirbt am 15. Februar 1781 in seinem Braunschweiger Quartier im Haus des Weinhändlers Angott; mit im Zimmer ist der junge Mann, dem er geholfen hat, Daveson; in seiner Nähe ist das junge Mädchen, das ihm nicht mehr helfen konnte: Amalie. Der Tod hatte sich vierzehn Tage vorher angekündigt, als Lessing bei den Davesons zu Besuch ist und ihm dort plötzlich übel wird; er erleidet einen Stickfluß, kann eine Zeitlang nicht sprechen; man bringt ihn in sein Quartier und läßt am nächsten Tag Malchen aus Wolfenbüttel rufen. Verschiedene Ärzte probieren verschiedene Mittel. Lessings Befinden wechselt. Der Mann, der den Tod den Bruder des Schlafs genannt hat, lernt den Schlaf nun noch als den Bruder des Todes kennen. »Sein Tod hat ihm einigermaßen geahndet«, lautet ein Bericht, »denn als an seinem Sterbemorgen Herr Justizrath von Ungar begraben wurde, und sein Lohnlaquai bey diesem Begräbnis gebraucht wurde, sagte ihm Lessing des Nachmittags, er solte machen, daß er mit seinem Begräbniß fertig würde, damit er seines ausrichten könnte. Einige Stunden darauf ließ er ihn nochmals rufen, und sagte, es wäre gut, daß er fertig wäre.«

Was tut er in seiner letzten Stunde? Er läßt sich vorlesen, natürlich Theologisches, natürlich eine Streitigkeit. Ist heiter, wirkt gekräftigt dabei, springt aus dem Bett, geht aus dem Zimmer, kommt taumelnd zurück, lehnt seinen Kopf an den Türpfosten, die Haare sind verschwitzt. Amalie steht wie gelähmt dabei. Lessing geht allein zum Bett, legt sich hin, beruhigt das Mädchen und schickt sie hinaus: »Sey ruhig, Malchen.«

Daveson liest ihm noch ein wenig vor; kurz nach acht Uhr abends stirbt Lessing, »entschlossen, ruhig, voll Besinnung bis in den letzten Augenblick«.

In den Zeitungen erscheint eine Todesanzeige, die nicht nur von Trauer zeugt, sondern auch von einer verstörten Liebe und einer Einsamkeit, die vaterseelenallein genannt werden kann:

»In der äussersten Bestürzung über den unersetzlichen Verlust meines geliebtesten Stiefvaters, des Herrn Hofrathes und Bibliothekars, Gotthold Ephraim Lessing, der am 15ten Februar, Abends zwischen acht und neun Uhr, im 53sten Lebensjahre, der Welt durch einen Steckfluß entrissen wurde, ertheile ich Ew. Wolgeb. die traurige Nachricht von diesem, gewiß auch Ihnen schmerzhaften Todesfall, mit der festen Erwartung eines Beyleids, welches die Allgemeinheit und Grösse dieses Verlustes schon sehr lebhaft erwecken, und die nähere Verbindung, worin Ew. Wolgeb. mit einem unvergeßlichen Vater standen, noch lebhafter und herzlicher machen muß. Mit vollkommenster Hochachtung und Ergebenheit habe ich die Ehre zu seyn. Ew. Wolgeb. ergebenste Dienerin

Amalia König.
Braunschweig, den 16. Februar, 1781
Die Antwort wird verbeten.«

Obduktion I und II

Obduktion I

Zergliederung des Leichnams. Äusserlich war nichts am Körper zu sehen, ausser daß sich auf dem Rücken einige blaue Flekken befanden, die durch das Liegen nach dem Tode entstanden waren. Die Haut selbst war wenigstens 3 Linien dicke. – Merkwürdig war eine dicke und starke Fettstreiffe, die längst der weissen Linie bis zum Schaambeine heruntergieng, oberwärts breiter und nach unten allmählig schmähler zulief... Diese Fettstreiffe war zwischen dem schwerdförmigen Knorpel und dem Nabel, besonders feste mit dem übrigen Bauchfelle verwachsen, unterhalb dem Nabel aber freyer und für sich bestehend...

Die dünnen Gedärme waren gröstentheils leer und entzündet, das Ileum (Krummdarm) aber am mehrsten. So war auch an dem Grimdarme eine nicht geringe Entzündung warzunehmen.

Der linke heruntersteigende Grimmdarm war äusserst dünne, weit dünner als die sogenannten dünnen Gedärme und aus seiner Lage weg in das Becken gepreßt.

Der Magen war weit und dünne, links nach seinem Grunde stark entzündet und enthielt eine mäsige Menge vorher genossener dünner Speisen.

Die Leber schien auch entzündet zu seyn, der vordere Rand derselben war sehr dünne.

Die Gallenblase ragte mit ihren Grunde fast auf einen Zoll über diesen Rand hervor und enthielt sehr wenig rother safranfarbiger Galle.

Die Urinblase war klein und zusammengezogen, und die Nieren, so wie auch die übrigen Theile des Unterleibes, als Milz, Pancreas etc. gesund.

Bei Eröffnung der Brusthöhle fand man folgendes:

Die Rippenknorpel waren alle durchaus verknöchert und mussten durchgesägt werden.

An der 1ten rechten wahren Rippe und an der 6ten linken waren da wo die Knochen sonst mit den Rippen vereinigt sind, spitzige Knochenauswüchse.

Der schwerdförmige Knorpel war ebenfalls Knochen und unbiegsam. Auf beiden Seiten waren 8 wahre Rippen.

Das Mediastinum (Mittelfell) war sehr fett.

In jeder Brusthöhle befand sich eine grosse Menge röthlichten Wassers, das man fast zu einem hiesigen Quartier (etwa zu 12 Unzen) anschlagen konnte.

Die linke Lunge war vorzüglich entzündet, mit einem schäumichten Blute angefüllt, die rechte war es weniger. Sie waren nicht mit dem Brustfelle verwachsen, auch frey von Eitergeschwüren. Im Herzbeutel befanden sich wohl 2 Unzen röthlichten Wassers. Die vordere Seite des Herzens war besonders mit Fett bewachsen. In der rechten Herzkammer befand sich etwas polipöses (Tumorartiges), das sich bis in die Lungenschlagader erstreckte, sonst war sie von Blute leer. Die rechte enthielt auch kaum 1 Theelöffel voll Blut.

Die grossen Gefässe des Herzens waren alle von Blut entlediget. *(Aus dem Obduktionsbericht von Johann Christoph Sommer)*

Obduktion II

Der »Nathan« und die Deutschen. Ein Lessing-Buch, in dem das Hauptstück des Werkes fehlt, »Nathan der Weise«? Das Leben Lessings erzählen und jenen mannhaften Moment nicht, da der Herzog ihn im Streit gegen Goeze mundtot gemacht hat und er daran geht, nun erst recht zu sprechen? Die Biographie einer Emanzipation schreiben ohne jenen Punkt der äußersten Emanzipation: als Lessing einen Zorn überwindet, der nur Ohnmacht wäre, eine Rage bezähmt, die nur zur Resignation ermüden könnte, ein Aufbäumen sich versagt, das nur zu rasch in Niedergeschlagenheit verkümmern würde? Vom kühnen, kämpferischen Lessing sprechen und just von jener äußersten Kühnheit nicht, mit der er, mitten in einer Schlacht auf Ehre, Glaube und Gewissen, die Waffen gewechselt hat? Keine Rede auf diesen vielen Seiten von der kaltblütigen List, mit der er, Rücken zur Wand, sich wehrend gegen Gott und die Welt, gegen Pastoren und Fürsten, gegen Dogma und Zensur, gegen Feige und Intriganten, auf einmal dennoch – Spielraum gewinnt? Nicht vorführen, wie einer aus einer publizistischen Not eine dramatische Tugend macht; wie einer, so nah er ihn doch hätte, nicht in den Schmollwinkel sich setzt, sondern »ins Werk«? Diesem Gotthold Ephraim Lessing seinen energischen Vorsatz verwehren: »Ich muß versuchen, ob man mich auf meiner alten Kanzel, auf dem Theater wenigstens noch ungestört will predigen lassen.« Warum kein »Nathan«?

Einige Wendungen des Obduktionsberichts kommen bei der Erklärung zu Hilfe: *Äußerlich war nichts am Körper zu sehen, außer daß sich auf dem Rücken einige blaue Flecken befanden.* Nein, am Zustand unserer Gesellschaft ist nichts von einem »Nathan« zu erkennen, an der Oberfläche so wenig wie in ih-

rem Innenleben, das meist durch bloße Zugeknöpftheit zu-
sammengehalten wird. Und wie sollte denn die Rede sein
von einem Werk, das sich gar nicht findet bei der Autopsie
einer Nation? Soll man uns Deutschen nachsagen dürfen, es
hätte dieses »dramatische Gedicht« gegeben und wir hätten
dennoch eine solche Geschichte gemacht? Soll man uns, die
wir doch so viel mitgemacht haben und eben dadurch so viel
»mitgemacht«, nun auch noch mit dem Fingerzeig kommen,
wir hätten es alles besser wissen können, fast so früh wie die
freiheitlichen Amerikaner, zehn Jahre früher als die republi-
kanischen Franzosen? Wir sollten blamiert werden dürfen
vor unserer eigenen Gegenwart mit dem Hinweis, daß wir
seit zweihundert Jahren so etwas wie die erste deutsche Verfassung hätten, einen allgemeinen Vorschlag zur Güte, einen
märchenhaften Gesellschaftsentwurf, dazu noch das gewitzte
ökonomische Modell einer »Verknüpfung von Geld und
Weisheit« (Göbel)? Auf Deutsch wäre, vor zwei Jahrhunderten, eine Anleitung zum argumentierenden Umgang miteinander erschienen, eine Schutzschrift des Inhalts, daß Juden
gesellschaftsfähig und Christen christlich, Leute leutselig,
Reiche uneigennützig und Mächtige gute Verlierer sind oder
doch werden können? Und wir hätten nichts davon begriffen? Was sollte denn wohl eher möglich sein: daß ein
Buch ein Land widerlegt oder das Land ein Buch?

Also kein »Nathan«?

Im Gegenteil! *In der rechten Herzkammer befand sich etwas Polipöses.* Das Land hat den »Nathan« doch geradezu in seine
Seele aufgenommen, hat das Stück als Abendunterhaltung in
Besitz genommen und zum Bühnenweihfestspiel erhoben
und alle Skepsis beiseitebewundert, mit der Lessing der Zukunft des Werkes entgegensah: »Es kann wohl sein, daß mein
Nathan im Ganzen wenig Wirkung tun würde, wenn er auf
das Theater käme, welches wohl nie geschehen wird...« Das
Publikum ist äußerst begierig auf eine theatralische Festivität,
die einem alles gibt: Erbauung und Witz, Rührung und
Weisheit, Humor und eine herrliche, versfedernde Sprache,

Leichtigkeit und höchsten Ernst, Familienszenen und politische Verwicklung, neue Liebe und alte Verwandtschaften, Geschäftstüchtigkeit und ironische Güte. Da hat man einen Theaterabend, in den man heiter hineingeht und der einen animiert entläßt, halb Lehrstück, halb Märchenkomödie, und allenfalls bleibt zu wünschen übrig, daß Mozart eine Musik dafür geschrieben hätte. – Und der Nathan selbst, Nathan der Weise: welch eine Rolle für jene Schauspieler, die man Darsteller nennt, besser noch Menschendarsteller; für die Großen der Bühne: Unvergeßlich die leichte Kauzigkeit, mit der sich Erich Ponto in die Figur gleichsam einknurrte, wie er ihre Überlegungen und Überlegenheiten mit Oboenhumor hören ließ. Unvergeßlich die hochgereckte Gestalt des Ernst Deutsch, ein Monument der Menschlichkeit, dem Zeigefinger, bei erhobener Hand, leistete der Mittelfinger Gesellschaft, so daß manche Gebärde halb Schwur, halb Belehrung war; unvergeßlich aber auch Wolfgang Heinz, der Nathan den Gewitzten spielte, sehr durchtrieben, den jüdischen Humor der Figur ganz ausschöpfend, ganz sich einverleibend; und mit Virtuosität führte er die Hinhaltetricks der Ringparabel vor.

Denn der »Nathan« hat ja seine große Stelle, beinah eine Arie, eine Baritonpartie der Vernunft, und »angenehme und rührende Schauer laufen dem schulgebildeten deutschen Bürger den Rücken entlang« (Göbel), wenn die nun einsetzt, diese Argumentationskantilene von den drei Ringen, die die drei großen Religionen der Erde symbolisieren:

Vor grauen Jahren lebt' ein Mann in Osten,
Der einen Ring von unschätzbarem Wert'
Aus lieber Hand besaß. Der Stein war ein
Opal, der hundert schöne Farben spielte,
Und hatte die geheime Kraft, vor Gott
Und Menschen angenehm zu machen, wer
In dieser Zuversicht ihn trug…

Wahrlich, das kennt man so gut wie auswendig, geradezu »by heart«, das ist nationales Kulturgut, unzerstörbar, unver-

lierbar, das gehört zum geistigen Bestand. Mögen unsere
Städte zerstört werden von Kriegen und Kaufhäusern, mag
unser Land geteilt sein in Ost und West und Nord und Süd –
die Ringparabel kann uns keiner nehmen.

Nur manchmal können wir sie nicht hören; gelegentlich ist
das deutsche Publikum nicht so begierig auf den »Nathan«
und die Worte des weisen Juden: Dann sind die berühmten
jüdischen Schauspieler, die diese Rolle gespielt hätten, außer
Landes, wenn sie rechtzeitig haben fliehen können; dann liegt
der Text brav in den Archiven der Theater, dann ist die ganze
Thematik der Menschen-Behutsamkeit, des Religions-Re-
spekts, der Vernunftlust und -list geächtet und geschändet,
und auf einmal tragen alle Juden, wie auf Verabredung, gelbe
Sterne. Und schlimmer noch (und deshalb weigert sich dieses
Buch, vom »Nathan« zu reden wie von irgendeinem Stück):
Gerade dann, wenn das deutsche Publikum nicht so begierig
auf den »Nathan« ist, passieren im Lande Dinge wie die, die
der Jude Nathan erlebt, knapp überlebt hat:

Nathan: Ihr wißt wohl aber nicht, daß wenig Tage
           Zuvor, in Gath die Christen alle Juden
           Mit Weib und Kind ermordet hatten; wißt
           Wohl nicht, daß unter diesen meine Frau
           Mit sieben hoffnungsvollen Söhnen sich
           Befunden, die in meines Bruders Hause,
           Zu dem ich sie geflüchtet, insgesamt
           Verbrennen müssen.
Klosterbruder: Allgerechter!
Nathan: Als
           Ihr kamt, hatt' ich drei Tag' und Nächt' in Asch'
           Und Staub vor Gott gelegen, und geweint. –
           Geweint? Beiher mit Gott auch wohl gerechtet,
           Gezürnt, getobt, mich und die Welt verwünscht;
           Der Christenheit den unversöhnlichsten
           Haß zugeschworen –
Klosterbruder: Ach! Ich glaubs Euch wohl!

Nathan: Doch nun kam die Vernunft allmählich wieder.
Sie sprach mit sanfter Stimm': ›und doch ist Gott!
Doch war auch Gottes Ratschluß das! Wohlan!
Komm! übe, was du längst begriffen hast;
Was sicherlich zu üben schwerer nicht,
Als zu begreifen ist, wenn du nur willst.
Steh auf!‹ – Ich stand! und rief zu Gott: Ich will!
Willst du nur, daß ich will!

Können denn solche Szenen vorausgeschrieben worden sein
in einem Land, daß die »Endlösung« dann dennoch betrieb
oder doch zuließ? *Die großen Gefäße des Herzens waren alle von
Blut entlediget.* Wie soll man verstehen, daß die Deutschen erst
bei »Holocaust« begreifen, was ihnen schon beim »Nathan«
hätte Angst machen müssen? Das, wessen sie leider auch
fähig sind: Aufhetzbarkeit, hysterische Parteinahme und Be-
griffsstutzigkeit gegenüber der eigenen Gegenwart.

Nicht nur im Blick zurück aus unserer Erfahrung, auch bei
genauerer Lektüre der Vor-Gänge bis zu Nathans Auftritt
beim Sultan Saladin, erkennen wir, daß die Ringparabel ein
Scheherezade-Text ist und eine Angstpartie nur deshalb
nicht, weil Nathan keine Angst mehr kennt. Das Stichwort
immerhin wird gleich gegeben, von Saladin:
»Tritt näher! – Näher – Nur ganz her! –
Nur ohne Furcht!«
Die Furcht also, die der Sultan so beiseite setzt, setzt er
immerhin voraus und in der Regel wohl auch ein, und Na-
thans Antwort zieht das in Betracht:
»Die bleibe deinem Feinde!«
Und immerhin ist dem Auftritt Nathans – der ja kein Be-
such ist, sondern auf Kommando geschieht – auch dieser
Wortwechsel zwischen dem Sultan und seiner kapriziösen
Schwester Sittah vorausgegangen:

Saladin: Du willst ihm aber doch das Seine mit
Gewalt nicht nehmen, Schwester?

Sittah: Ja, was heißt
        Bei Dir Gewalt? Mit Feu'r und Schwert? Nein, nein,
        Was braucht es mit den Schwachen für Gewalt,
        Als ihre Schwäche?

Aber so wie Nathan als Feind nicht kommt, so kommt er
auch nicht als ein Schwacher; das macht das Risiko, das er mit
jedem Satz läuft, nicht geringer; bringt eher deutlicher zum
Vorschein, was an Macht und Willkür in den Gemächern des
Sultans auf der Lauer liegt.

Friedrich Schiller hat, in seiner Bearbeitung des »Nathan«
für das Weimarer Nationaltheater, die dialektische Behutsamkeit der Schach- und Winkelzüge, mit denen die »La-
dung« Nathans von Lessing vorbereitet wird, drastisch verkürzt und verschärft, hat damit gewiß auch Saladin und Sittah in ein grelleres, böser konturierendes Licht gestellt; aber
zugleich die Gefahr genauer ausgeleuchtet, die mit der Ringparabel erst gebannt werden wird; so spricht die Schwester
des Sultans bei Schiller:

        Der Jude will ein Weiser heißen; diesmal
        Soll er doch in die Klemme. Frag ihn ernstlich:
        Welch einen Glauben er den besten preist,
        Des Juden, Christen oder Muselmanns.
        Antwort' er, wie er will; er wird gestraft.
        Sagt er: des Juden! das muß dich beleidigen,
        Des Muselmanns! warum ist er ein Jud'?
        Den Christen wird er ohnehin nicht loben.
        Spricht er aufrichtig; straf ihn tüchtig ab,
        Und schmeichelt er; so straf ihn doppelt. Sieh,
        Wofür hat er sein Geld, als daß er's zolle.
        Nur zu!

Die deutsche Geschichte ist ein viel drastischerer Dramaturg
gewesen, und sie hat die Figur des Nathan oft bis zur Un-

kenntlichkeit entstellt, die Ringparabel bis zur Wortlosigkeit oder bis zum Schrei verkürzt. Denn auch dies ist ein Auftritt, der dem Juden Nathan widerfahren ist:

»Nach zehn Minuten kamen zwei SS-Leute, die einen kleinen Mann mehr schleppten und trugen als heranführten. Ein zitterndes, totenblasses Etwas, ein Wesen, das gefühllos zu sein schien, ein Auge verschwollen, die Zähne anscheinend eingeschlagen, er schleppte ein gebrochenes, schlecht geheiltes Bein.

Ich ging ihm entgegen, reichte ihm die Hand, die er nicht ergriff. ›Melden!‹ – schrie Loritz.

Ein unartikulierter, leiser Laut kam aus der Kehle des Gemarterten.

Ich zu Loritz: ›Zurück!‹

›Herr von Ossietzky‹, sprach ich ihn an, – ›ich bringe Ihnen Grüße Ihrer Freunde, ich bin der Vertreter des Internationalen Komitees vom Roten Kreuz, ich bin hier, um Ihnen, soweit das uns möglich ist, zu helfen.‹

Nichts. Vor mir, gerade noch lebend, stand ein Mensch, der an der äußersten Grenze des Tragbaren angelangt war. Kein Wort der Erwiderung. Ich trat näher. Jetzt füllte sich das noch sehende Auge mit Tränen, lispelnd unter Schluchzen sagte er: ›Danke, sagen Sie den Freunden, ich sei am Ende, es ist bald vorüber, bald aus, das ist gut.‹ Und dann noch ganz leise: ›Danke, ich habe einmal Nachrichten erhalten, meine Frau war einmal hier; ich wollte den Frieden.‹« – So berichtet Carl Jacob Burckhardt über seine Begegnung mit Carl von Ossietzky, dem weisen Nathan der Weimarer Republik, im Konzentrationslager Esterwegen.

Und die Ringparabel ist endlich zur »Todesfuge« geworden; Paul Celans Gedicht beginnt so:

Schwarze Milch der Frühe wir trinken sie abends
wir trinken sie mittags und morgens wir trinken sie nachts
wir trinken und trinken
wir schaufeln ein Grab in den Lüften da liegt man nicht eng

Ein Mann wohnt im Haus der spielt mit den Schlangen der
                                                        schreibt
der schreibt wenn es dunkelt nach Deutschland dein
                            goldenes Haar Margarete
er schreibt es und tritt vor das Haus und es blitzen die
                                                        Sterne
er pfeift seine Rüden herbei
er pfeift seine Juden hervor läßt schaufeln ein Grab in der
                                                        Erde
er befiehlt uns spielt auf nun zum Tanz

Wer trägt die Schuld, daß der »Nathan« (wie Helmut Göbel
schreibt) nur »als zeitgemäß supranationales Wiedergutma-
chungsstück« gespielt wird, also jeweils zu spät, und nicht als
Gutmachungsstück, also beizeiten gelesen, verstanden, be-
herzigt wird? Die »durchschlagende Wirkungslosigkeit eines
Klassikers« (so Max Frisch über Brecht) oder die bis zum
Durchschlagen hochgeputschte deutsche Seele? Die Literatur
oder die Lethargie? Lessing oder wir? Die Spannung ist nicht
aufzuheben, Hugo von Hofmannsthal hat sie am genauesten
bezeichnet: »Er war von einem anderen Geschlecht; er zeigte
eine Möglichkeit deutschen Wesens, die ohne Nachfolge
blieb... Seine Bedeutung für die Nation liegt in seinem Widerspruch zu ihr. Innerhalb eines Volkes, dessen größte Gefahr der gemachte Charakter ist, war er ein echter Charakter.«

Kein »Nathan«? Keine Ringparabel? Und nicht einmal die
schöne Deutung, die Walter Jens jüngst der Figur gegeben
hat, indem er Lessing sprechen läßt: »Ich wollte den Wucherer Shylock mit seinem Opfer versöhnen – mit Antonio, dem
Kaufmann, aus dessen Leib sich der Jud sein Pfund Fleisch
herausschneiden möchte... Diese beiden in einer einzigen Figur zu vereinen – einem Menschen-Bürger, der für alle steht,
die guten Willens sind. Am Beispiel Nathans, des erlösten
Shylock, eine Welt vorwegzunehmen, in der Jud so viel wie

461

Christ gilt, Frau so viel wie Mann. Das Zauberreich der Toleranz. Vorschein einer Welt, die gerecht... und menschlich ist. Aber ich hab's nicht geschafft. Familiarität und blutiger Haß, Wirklichkeit und Utopie... das wollte sich einfach nicht fügen. Das ging nicht zusammen.«

Soll dieses Buch ganz ohne den weisen Nathan auskommen, ausgehen? Der Hinweis auf eine Passage sei denn doch erlaubt, auf eine Stelle, die im Stück gar nicht vorkommt: Nathan auf dem Weg zum Sultan - unerschrocken, gefaßt und die Fragen bedenkend, die auch als Fallen gestellt werden können, die Wahrheiten übergehend, die nur Fußangeln sind, die Kleinmütigkeiten abwehrend, die immer am Wege lagern, und vor allem darauf bedacht, mit sich selbst im reinen zu bleiben. So wie Nathan zum Saladin geht, so ist Lessing durch seine Zeit gegangen: Ein Mann allein – so hatte er es am liebsten, so wußte er sich am stärksten. Der Einzelgang war der erste Schritt seines Selbstbewußtseins; er bestimmte bis zuletzt die Laufbahn dieses Gotthold Ephraim Lessing. Er ist sich selber treu geblieben. Das ist sein Lebenswerk und sein Überlebensrisiko, sein Luxus und sein Beispiel.

Und Lessing ist immer noch unterwegs: »Nicht die Wahrheit, in deren Besitz irgendein Mensch ist, oder zu sein vermeinet, sondern die aufrichtige Mühe, die er angewandt hat, hinter die Wahrheit zu kommen, macht den Wert des Menschen. Denn nicht durch den Besitz, sondern durch die Nachforschung der Wahrheit erweitern sich seine Kräfte, worin allein seine immer wachsende Vollkommenheit bestehet. Der Besitz macht ruhig, träge und stolz –«

Wenn wir nichts von Lessing lernen, als wie man zum Sultan geht, nichts vom Nathan begreifen als diesen schweren immerwährenden Weg, dann wird dies ein anderes, ein glücklicheres Land.

462

ANHANG

Zeittafel

Lessing, Leben und Werk   *Zeitgenossen, Zeitereignisse*

Ich sagen (1729–48)

1729
Gotthold Ephraim Lessing wird am 22. Januar als Sohn des Pfarrers Johann Gottfried Lessing und seiner Ehefrau Justine Salome im oberlausitzischen Kamenz geboren. Er ist das dritte Kind von insgesamt zwölf, das zweite von sieben, die über die ersten Jahre hinauskommen, er ist der älteste überlebende Sohn.

1729
Moses Mendelssohn als Sohn des jüdischen Gemeindeschreibers Mendel Heimann in Dessau geboren.
Katharina von Anhalt-Zerbst, die spätere Zarin Katharina II., geboren.
Johann Sebastian Bach »Die Matthäus-Passion«.

1736
Eva Catharina Hahn, Lessings spätere Frau, wird am 22. März in Heidelberg geboren. In ihrer ersten Ehe mit dem Kaufmann Engelbert König bringt sie sieben Kinder zur Welt, von denen vier am Leben bleiben.

1730
Johann Christoph Gottsched »Versuch einer Critischen Dichtkunst für die Deutschen«.

1733
Friedrich Nicolai und Christoph Martin Wieland geboren.

1740
Karl Gotthelf Lessing geboren, Lessings brüderlicher Bewunderer und allzu fantasievoller Biograph (»Lessings Leben«)

1740
Beginn der Herrschaft Friedrichs II., der seinen ein Jahr früher publizierten »Antimachiavell« aus dem Verkehr zu ziehen versucht. Erste Begegnung mit Voltaire.

465

1741–46

Schulzeit auf der Fürstenschule
St. Afra in Meißen. Lessing ver-
läßt das renommierte Internat
ein Jahr früher als üblich. Erste
Schreibversuche (Entwurf zum
»Jungen Gelehrten«).

1742

Georg Christoph Lichtenberg
geboren.

1744

Johann Gottfried Herder geboren.

1746–48

Lessing in Leipzig. Ein Stipendium seiner Heimatstadt ist für
das Studium der Theologie gedacht; das gibt Lessing aber bald
auf zugunsten anderer Fächer
(darunter Medizin). Vor allem
aber entdeckt er das Theater,
und das Theater ihn.

1748

Uraufführung des »Jungen Gelehrten« durch die Truppe der
Neuberin in Leipzig. Im Sommer des Jahres Flucht vor den
Gläubigern; eine Krankheit
zwingt Lessing zu längerem
Aufenthalt in Wittenberg. November 1748 Ankunft in Berlin,
karges Quartier bei dem bohe-
mienhaften Christlob Mylius.

1748

Montesquieu »Über den Geist
der Gesetze«.
Von Gottlieb Friedrich Klopstock erscheinen die ersten Gesänge des »Messias«, der erst 25
Jahre später vollendet sein wird.

Berühmt werden (1749–55)

1749
Lessing versucht, in Berlin Fuß zu fassen; beschreibt, zwei Tage vor seinem 20. Geburtstag in einem Brief an die Mutter seinen bisherigen Lebensweg; dem Vater meldet er seinen Ehrgeiz, ein deutscher Molière zu werden. In »Samuel Henzi« (Fragment) behandelt er ein aktuelles politisches Ereignis, eine Verschwörung in Bern. Das Lustspiel »Die Juden« warnt vor der Torheit des Antisemitismus.

1749
Johann Wolfgang Goethe geboren.

1750
Journalistische Arbeiten vor allem für die »Berlinische Privilegirte Zeitung« (die spätere »Voßische«), zunächst noch als Einspringer für Mylius. Weitere Zeitungsprojekte.

1750
Voltaire in Potsdam angekommen. Rousseaus Diskurs (»Zurück zur Natur«) von der Akademie in Dijon preisgekrönt. Das »Jugendfest« auf dem Zürichsee.
Johann Sebastian Bach gestorben.

1751
»Kleinigkeiten«: Lessings erste Buchveröffentlichung. Ferner eine Übersetzung der »Kleineren Historischen Schriften« Voltaires.

1751
Der erste Band der »Encyclopédie« erscheint: ein Lexikon als umfassende Gesellschaftskritik. Diderot, d'Alembert, Voltaire, Holbach und Rousseau arbeiten mit.

467

1752

Lessing geht nach Wittenberg; promoviert dort als »Kandidat der Medizin« zum Magister.

1752

Voltaires »Zeitalter Ludwigs XIV.« nach jahrzehntelanger Arbeit beendet.
Benjamin Franklin erfindet den Blitzableiter.

1753–55

Lessing versammelt seine Werke in den »Schrifften«, die sechs Teile umfassen (eine erste ›Gesamtausgabe‹).

1753

Voltaire flieht aus Berlin; der Umgang mit Friedrich hat seine Lust auf Fürsten und Potentaten weitgehend erschöpft.

1754

»Vade mecum für den Herrn Samuel Gotthold Lange«, Lessings erste schneidende Polemik. Tod von Christlob Mylius; Lessing erregt abermals Aufsehen durch eine sehr distanzierte Nachrede auf seinen Freund.
Beginn der Freundschaften und Zusammenarbeit mit Moses Mendelssohn und Friedrich Nicolai.

1755

»Miß Sara Sampson. Ein bürgerliches Trauerspiel«. In wenigen Wochen in einem Potsdamer Gartenhaus geschrieben.

1755

Gründung der Universität Moskau. Das Erdbeben von Lissabon ist der große Schock für den Aufklärungsoptimismus.
Montesquieu und Saint-Simon gestorben.

Vorschreiben (1756–60)

1756

Lessing macht sich mit dem jungen Leipziger Kaufmann Winkler auf eine für drei Jahre geplante Reise (10. Mai). Hauptziel London. Aber schon in Amsterdam (Anfang September) wird die Expedition wegen der Kriegsnachrichten abgebrochen. Widerwillig kehrt Lessing mit Winkler, der die Reise finanziert, nach Leipzig zurück.

1756

(29. August) Friedrichs Truppen überschreiten die Grenze nach Sachsen; es beginnt ein Krieg von sieben Jahren, der »Siebenjährige Krieg«. Wolfgang Amadeus Mozart geboren.

1757

Lessing in Geldnöten. Übersetzungsarbeiten. Erste Entwürfe der »Emilia Galotti«. Bekanntschaft mit Ewald von Kleist. Vergebliche Versuche seiner Freunde, ihm in Berlin eine Anstellung, sei es als Kriegsrat, sei es als Bibliothekar zu verschaffen. Prozeß mit Winkler um das Ausfallhonorar für die Reise.

1758

Rückkehr nach Berlin (Abreise aus Leipzig am 8. Mai). Weiterarbeit am »Faust« (Fragment). Vorarbeiten für ein Deutsches Wörterbuch.

1759

Beginn der »Briefe, die neueste
Litteratur betreffend« (der be-
rühmte 17. mit dem Datum
vom 16. Februar).
»Philotas«.
»Fabeln. Drey Bücher«.

1759

Friedrich Schiller geboren.
Ewald von Kleist gestorben.
Der »Candide« von Voltaire er-
scheint.
Lawrence Sterne »Tristram
Shandy«.

1760

»Das Theater des Herrn Diderot« (Übersetzungen des »Natürlichen Sohns«, des »Haus-
vaters« und der Abhandlung
»Von der dramatischen Dichtkunst«).
November: Lessing verläßt
Berlin und geht nach Breslau
auf und davon.

1760

Die Russen besetzen (vom 8. bis
zum 12. Oktober) Berlin.
Johann Peter Hebel geboren.
Caroline Neuber (die »Neuberin«) gestorben.

Sich neu gewinnen/Hamburgischer Traum (1761–69)

1760

(Ende des Jahres) Lessing meldet sich aus Breslau – als Sekretär des Generalleutnants von
Tauentzien, der kurz vorher Fe-
stungskommandant der Stadt
geworden ist.

1762

(Sommer) Lessing begleitet
Tauentzien in den Krieg: Er
nimmt an der Belagerung von
Schweidnitz teil.

1762

Johann Gottlieb Fichte geboren.
Rousseau »Gesellschaftsvertrag«
sowie der Roman »Emile«.
Drei-Kaiser-Jahr in Rußland:
Am 5. Januar stirbt Elisabeth

470

und gibt Peter III. den Weg auf den Zarenthron frei. Am 9. Juli reißt Katharina II. die Macht an sich. Ihr Regierungsantritt gibt dem langen Krieg Friedrichs die entscheidende, entspannende Wende (»Das Wunder des Hauses Brandenburg«).

1763
(Sommer) Lessing begleitet Tauentzien in Dienstgeschäften nach Potsdam; er macht einen privaten Abstecher nach Berlin (21. Juli).
Beginn der Arbeit am »Laokoon« und an der »Minna«.

1763
(15. Februar) Der Frieden von Hubertusburg beendet den Siebenjährigen Krieg.

1764
(Sommer) Schwere Krankheit Lessings, die ihn in der Arbeit an der »Minna« unterbricht. »Die ernstliche Epoche meines Lebens nahet heran« (am 5. August an Ramler).

1764
Voltaire wird 70 Jahre alt. Setzt sich ein für die Freilassung von Hugenotten, die zur Galeerenstrafe verurteilt sind. Veröffentlicht das »Philosophische Wörterbuch«.

1765
Abschied von Tauentzien und Breslau; Besuch (nach neun Jahren) im Kamenzer Elternhaus; Rückkehr nach Berlin.

1765
Joseph II., Sohn Maria Theresias, wird deutscher Kaiser.

1766
»Laokoon oder über die Grenzen der Malerei und Poesie«.

1766
Gottsched gestorben.
Madame de Stael (Germaine Necker) geboren.

471

1767

Übersiedlung nach Hamburg. Dramaturg des neugegründeten Nationaltheaters. Uraufführung der »Minna von Barnhelm«. Beteiligung an einer Druckerei. Beginn der »Hamburgischen Dramaturgie«.

1767

Wilhelm von Humboldt geboren.
August Wilhelm Schlegel geboren.

1768

Hermann Samuel Reimarus (»der Ungenannte«) gestorben. Winckelmann in Triest ermordet.

1769

»Briefe, antiquarischen Inhalts« und die Schrift »Wie die Alten den Tod gebildet«. Der letzte Teil der »Hamburgischen Dramaturgie« erscheint.
Lessing entschließt sich, Bibliothekar in Wolfenbüttel zu werden.
Bekanntschaft mit der Kaufmannsfamilie König; Frau König wird Ende des Jahres Witwe; sieben Jahre später wird sie Frau Lessing.

1769

Napoleon Bonaparte und Alexander von Humboldt geboren. Clemens XIII. und Christian Fürchtegott Gellert gestorben. »Göttinger Musenalmanach« gegründet.
Erfindung der Dampfmaschine durch James Watt.

Stellungnehmen (1770–77)

1770

(7. Mai) Lessing wird in sein Amt als Bibliothekar der berühmten herzoglichen Büchersammlung in Wolfenbüttel eingeführt.
Erste Publikation auf Grund des ersten Fundes dort: »Berengarius Turonensis«.

1770

Ludwig van Beethoven, Georg Wilhelm Friedrich Hegel, Friedrich Hölderlin geboren.
Immanuel Kant wird Professor in Königsberg.

1771
Verlobung mit Eva König, die
nach dem Tode ihres Mannes
mit vier Kindern alleinsteht.
Lessing wird Freimaurer.

1772
Uraufführung der »Emilia Galotti« zum Geburtstag der Herzogin Philippine Charlotte,
einer Schwester Friedrichs des
Großen (13. März). Lessing
selbst ist nicht anwesend; er hat
sich mit Zahnschmerzen ent-
schuldigt.

1772
Friedrich Schlegel und Friedrich
von Hardenberg (Novalis) geboren.
Herder »Über den Ursprung
der Sprache«. .
Prozeß und Hinrichtung Stru-
ensees.
Erste Teilung Polens.

1773–74
Jahre der unsäglichsten Hinhaltungen durch das Herzoghaus in
Braunschweig, Jahre der äußersten Melancholie und geringer
Produktivität. Kaum auch Briefe. Oktober 74: das erste der
Fragmente eines »Ungenannten« (Reimarus) erscheint in der
von Lessing gegründeten Zeitschrift »Zur Geschichte und Litteratur«.

1773
Goethe »Götz von Berlichin-
gen«, »Urfaust«.
Klopstocks »Messias« zu Ende
geschrieben.
Ludwig Tieck geboren.

1774
Ludwig XV. gestorben.
Goethe »Die Leiden des jungen
Werthers«.
Wieland »Die Geschichte der
Abderiten«.

1775
Lessing auf Reisen. Zunächst
freiwillig (Leipzig, Berlin,
Dresden, Wien); Wiedersehen
nach dreijähriger Trennung mit
Eva König; dann unfreiwillig,
als Reisebegleiter des Prinzen

1775
Beginn des amerikanischen Un-
abhängigkeitskrieges.
Friedrich Wilhelm Joseph von
Schelling und William Turner
geboren.

Leopold auf einer bizarren Hin-
und Widerfahrt durch Italien
(bis Ende des Jahres).

1776
(8. Oktober) Lessing heiratet
Eva König.
Mitglied der Mannheimer Akademie der Wissenschaften.

1776
(4. Juli) Amerikanische Unab-
hängigkeitserklärung.
Gründung des Mannheimer
Nationaltheaters.
Leisewitz »Julius von Tarent«.
Goethe »Stella«.
Klinger »Sturm und Drang«.

1777
(Ende) Einzug in das heute so
genannte Lessing-Haus.
25. Dezember: Geburt und Tod
des Sohnes Traugott.

1777
Heinrich von Kleist geboren.
Albrecht von Haller gestorben.

1778
(10. Januar) Tod Eva Lessings.

Weiterdenken (1778–81)

1778
(Frühjahr) Die Fragmenten-
Publikationen führen zum
Konflikt mit dem Hamburger
Hauptpastor Goeze. Die Pole-
mik wiederum hat für Lessing
den Entzug der Zensurfreiheit
zur Folge (3. August). Fünf
Tage später veröffentlicht Les-
sing die »Ankündigung« des
»Nathan«.
»Ernst und Falk. Gespräche für
Freymäurer«.

1778
Voltaire und Jean Jacques Rousseau gestorben.
Clemens von Brentano geboren.

1779	1779
(Ende April) »Nathan der Weise. Ein dramatisches Gedicht«.	Goethe »Iphigenie« (Prosafassung).
1780	1780
»Die Erziehung des Menschengeschlechts«. Friedrich Heinrich Jacobi besucht Lessing in Wolfenbüttel (Spinoza-Gespräche).	Maria Theresia und Herzog Karl I. von Braunschweig-Lüneburg gestorben. Friedrich II. veröffentlicht seine Sottise »De la littérature allemande«, in der es heißt: »Die schönen Tage unserer Literatur sind noch nicht gekommen; aber sie nähern sich... ich werde sie nicht mehr sehen, mein Alter nimmt mir diese Hoffnung.«
1781	1781
(15. Februar) Tod Lessings in Braunschweig, wo er im Hause des Weinhändlers Angott eine kleine Zweitwohnung hatte.	Kant »Kritik der reinen Vernunft». Friedrich Schiller »Die Räuber«.

Nachweis der Zitate

Die Werke Lessings sind nach der Ausgabe des Hanser-Verlages, *Gotthold Ephraim Lessing: Werke. Hrsg. v. Herbert G. Göpfert. 8 Bde.* München *1971–1979,* zitiert und im folgenden als W (mit römischer Ziffer für die Bandzahl) abgekürzt.

Die Briefe Lessings sind nach *Gotthold Ephraim Lessing: Sämtliche Schriften. Hrsg. v. Karl Lachmann. Dritte, aufs neue durchgesehene und vermehrte Auflage, besorgt durch Franz Muncker. Bd. 17–21.* Leipzig *1904–1907* zitiert und im folgenden als B (mit römischer Ziffer für die Bandzahl) abgekürzt. Angegeben sind die Nummern, nicht die Seitenzahlen der Briefe.

Äußerungen von Zeitgenossen sind vornehmlich der Arbeit von *Richard Daunicht: Lessing im Gespräch. Berichte und Urteile von Freunden und Zeitgenossen. München 1971* zu danken. Sie werden als »D« mit der Nummer des Dokuments – nicht mit der Seitenzahl – zitiert.

Biographien, auf die häufig zurückgegriffen wird: *Theodor W. Danzel und G. E. Guhrauer: Gotthold Ephraim Lessing. Sein Leben und seine Werke. Zweite Auflage. Hrsg. v. W. von Maltzahn und R. Boxberger. Berlin 1881* (im folgenden – meist den ersten Band betreffend – *Danzel I* genannt); *Erich Schmidt: Lessing. Geschichte seines Lebens und seiner Schriften. 4. Auflage. Berlin 1923* (im folgenden *Schmidt I* und *II* genannt); *Waldemar Oehlke: Lessing und seine Zeit. 2 Bde. München 1919* (im folgenden *Oehlke I* und *II* genannt).

Stückzitate sind, um diesen Annotationsanhang nicht zu umfangreich werden zu lassen, nur da nachgewiesen, wo sie außerhalb der Darstellung eines Dramas angeführt oder bei späterer Gelegenheit erinnert werden.

8 Mit einem großen (D 2); ein guter Knabe (D 7); ein neuer Criticus (D 48); dieser berühmte Schriftsteller (siehe Anm. zu S. 158)
ein Genie kann nur (W V, S. 72).

9 Hauptwerk der deutschen (Hans Blumenberg: Die Legitimität
der Neuzeit. Frankfurt 1966, S. 413); der Entdecker der strukturalistischen (Klaus Briegleb: Lessings Anfänge 1742–46.
Wiesbaden 1971, S. 295); als erster die Forderung (Danzel 1,
S 438).

14 Was hätte aus dem (D 27); es jammert mich recht (D 178).

15 Haben Sie die Güte (Brief vom 17. 5. 1749; Voltaire: Oeuvres
complètes. Hrsg. v. Pierre de Beaumarchais. Bd. 65. Kehl 1788,
S. 218).

16 Ich komme in Potsdam an (The Complete Works of Voltaire.
Hrsg. v. Theodore Besterman. Bd. 95. Genf 1970, Briefe Nr.
D 4174, D 4178; auch D 4175 und 4181); Das christliche Europa
(G. E. Lessings Übersetzungen Friedrichs II. und Voltaires. Ber-
lin 1892; daraus: »Anmerkungen über die Geschichte über-
haupt«, S. 31–39); Alles geht uns an (ebd.).

17 Der critische Streit (zit. nach Karl S. Guthke: Literarisches
Leben im 18. Jahrhundert. Bern/München 1975, S. 25).

18 Zwei Talente (zit. nach Georg Holmsten: Jean Jacques Rousseau.
Reinbek 1972, S. 56).

19 Da fiel mir die Frage (Holmsten, a.a.O., S. 64).

20 Immer befiehlt die Höflichkeit (W III, S. 86); Der schöne Kopf
(W III, S. 90).

21 Der gesegnete Tag erschien (Dieses und die folgenden Zitate
über die Bootsfahrt – das »Jugendfest« – stammen aus dem
Brief, den Johann Kaspar Hirzel am 4. August 1750 an E. von
Kleist geschrieben hat. Zit. nach: Deutsche Literatur in Ent-
wicklungsreihen. Reihe Aufklärung, Hrsg. v. Fritz Brügge-
mann. Bd. 7. Leipzig 1935, S. 134–144).

23 Göttin Freude! (Friedrich Gottlob Klopstock: Der Messias.
Oden und Elegien. Epigramme. Abhandlungen. Hrsg. v.
Uwe-K. Ketelsen. Reinbek 1968, S. 74).

24 Sage uns, berühmter Arouet (W III, S. 89).

25 Wir haben (W III, S. 90); Stammbuchgedicht »Ich« (W I, S. 127).

27 Schön ist, Mutter Natur (Klopstock, a.a.O., S. 73 – »Der Zür-
cher See«); Törichte Sterbliche (Aus: »Gedanken über die
Herrnhuter«, W III, S. 684).

28 Die Ewigkeit müßte man (zit. nach: Das Lächeln Voltaires. Hrsg. v. Iwan Goll. Basel 1921, S. 82).

32 Erlauben Sie mir (B XVII, 6; Brief vom 20. Januar 1749).

33 Seitdem es für Hutten (Franz Mehring: Die Lessing-Legende. In: Gesammelte Schriften. Bd. 9. Berlin 1963, S. 211).

34 Es währte nicht lange (D 31); Die gebildetste Stadt (Baedeker Sachsen. 2. Auflage. Leipzig 1928, S. 165).

35 die nach zwei Straßen (Johann Wolfgang Goethe: Dichtung und Wahrheit. Frankfurt 1970, S. 222); an ein Exempel (D 27).

36 Mit diesem hatte er sich (D 32).

37 Allein umsonst, Corvin… (Die Episode vom Theaterkrawall ist dargestellt nach Arno Paul: Aggressive Tendenzen des Theaterpublikums. München 1969, S. 228 ff.; das Rost-Zitat auf S. 231 ff.).

40 Nun geh in Gottes Namen (D 8); Ein guter Knabe (D 7).

41 Der Ermahnung (diese und alle weiteren Zeugnis-Notizen der Seite D 9, D 11, D 12, D 14, D 19).

42 Es ist ein Pferd (D 23).

43 Entweder sind die Sterne (Voltaire: Oeuvres complètes, a.a.O. Bd. 38, S. 108).

44 Einer seiner letzten Schüler (Danzel I, S. 29 ff.); Geliebte Schwester (B XVII, 1).

45 Auch wenn die neuere Philologie (Siehe vor allem: Klaus Briegleb: Lessings Anfänge. Diese Arbeit widmet dem Brief eine ausführliche Analyse, die ihn zugleich entschlüsselt und wieder thesauriert. Briegleb spricht übrigens die Skepsis gegen einen biographischen Versuch, wie ihn unser Buch darstellt, besonders drastisch und häufig aus, z. B.: »Die Geschichtlichkeit der Autor-Texte erfahren wir nicht, wenn wir in die fiktive Anschaulichkeit einer allgemeinen Charakterbiographie ausweichen.« a.a.O. S. 33); Aber lasse Dir vom Vater (zit. nach Briegleb, a.a.O., S. 62, Anm. 21).

46 Sie betauern mit Recht (B XVII, 2).

47 Mein allerunterthänigstes (D 24); welches mir die Kosten (D 25); Er ist von keineswegs rauher (D 22).

48 Meine liebe Irascibilität (W VIII, S. 350: »Unterbrechung im theologischen Kampf«).

49 Von diesen ersten Versuchen (Vorrede zum 3. u. 4. Teil der »Schriften« 1754; W II, S. 637 ff.).

50 Was heißt jetzt (Abraham Gotthelf Kästner: Werke. Th. 1–4. Berlin 184); Über den Fleiß (D 30).

51 Auch wurde ich nie (Kästner, a.a.O. Die biographischen Details finden sich im Anhang dieses Werkes). Philosophie und Mathematik (a.a.O.); Mit so vielen Verbesserungen (W II, S. 638).

53 Wie stellte er sich dabei an (»Der junge Gelehrte«, W I, S. 279ff.).

54 Hinter dessen ausgetüftelten (Peter Horst Neumann: Der Preis der Mündigkeit. Stuttgart 1977, S. 18).

56 Der Misogyn (im folgenden zit. nach W I, S. 423).

57 Gotthold! Ich bitte dich (W VIII, S. 350).

58 Setze Dich, nach Empfang (D 39).

59 An Herrn Lessingen (B XIX, 4).

60 … und einst dein Baron wär (Gemeint ist hier der französische Schauspieler Michel Boyron, berühmter Protagonist in den Stücken Molières); ich blieb noch ein ganzes (B XVII, 6).

61 Wenn ich, Augenlust zu finden (»Der Wunsch«, W I S. 80).

62 Die Schöne von hinten (W I, S. 73); Die Küsse (W I, S. 68).

64 Faulheit, jetzo (W I, S. 77); An die J. L.*** (W I, S. 119).

65 Wo ihre Tochter singet (B XIX, 4).

66 Daß Sie die Bekanntschaft (B XVIII, 365).

67 Aber so viel muß ich (»Die glückliche Erbin«, W II, S. 454ff.).

68 Mit den wunderlichen Leuten (W I, S. 309); Die Wechsel des Adrast (W I, S. 506); O! fange nicht an (W I, S. 512).

69 Ich vergleiche ihn (»Vorrede zu Johann Huarts Prüfung der Köpfe zu den Wissenschaften«, W VIII, S. 420); Er war willens (D 32).

71 Der Verdruß, den ich hatte (B XVII, 6).

72 Mit anderer Tinte (B XVII, S. 9, Anm. 1); Sie schreiben mir (B XVII, 9).

73 Ich hätte längst (B XVII, 6); Glauben Sie denn nicht (B XVII, 9); Hier bin ich (ebd.).

74 Sie verlangen durchaus (B XVII, 9); Wirst du ein Molier (siehe Anm. zu S. 60); Wenn man mir mit Recht (B XVII, 10).

75 Ich würde in meinem Dank (B XVII, 12).

76 Was hat die Frau Mutter (B XVII, 9).

79 Ihresgleichen ganze Stunden (»Der Freigeist«, W I, S. 477); Mein Jesus kann (zit. nach Danzel I, S. 9); Auffallende Affekte

(Arend Buchholtz: Die Geschichte der Familie Lessing. Bd. 1.
Berlin 1909, S. 119f.); Du warst ein so guter (W VIII, S. 350).

80 Ich weiß wohl (Buchholtz, a.a.O., S. 122ff.).

81 Und kamen in ein Haus (Danzel I, S. 18).

82 Ich werde so gut Komödie spielen (Pierre Gaxotte: Friedrich der
Große. Berlin 1977, S. 128); Ein Komödienschreiber (B XVII,
10).

83 Erfindungskraft, des Gedächtnisses (Hans Scheller: Kamenz
und Lessing. Kamenz 1975, S. 12).

84 Nicht eine äußerliche Belustigung (Buchholtz I, a.a.O., S. 93).

85 Er schloß (zit. nach den Originalen in der Burger-Bibliothek zu
Bern).

86 Das Predigen (Rudolf Bohrer: Predigtlehre. München 1971,
S. 17ff.).

87 Wenn ich kaltblütig (D 284).

88 Die Leutchen haben (Scheller, a.a.O., S. 8); in seyn ampt fleißig
(Schmidt I, S. 6).

92 Genug, daß die heilige Schrift (Schmidt I, S. 10). Welche Lobsprüche (Brief an Johann David Michaelis, B XVII, 34); der
übermäßigen Lust (Schmidt I, S. 11).

93 Gehts gleich anjetzo (Schmidt I, S. 9); Ernste und nöthige
(Oehlke I, S. 8).

95 Mit allerdemüthigster Bitte (D 3).

96 Wichtiger noch (Albrecht Schöne: Säkularisation als sprachbildende Kraft. Göttingen 1968, S. 18); Ich wollte mich doch
(W VIII, S. 350).

97 Den Beweis, warum (B XVII, 10).

101 Ich gehe ganz gewiß (B XVII, 6).

102 Ich befinde mich (B XVII, 34); Pritschmeister auf dem Parnass
(Johann Christian Cuno über L.; zit. nach Danzel I, S. 189); Ihr
bleibet vor Verwundrung (W I, S. 33).

103 Der Schwätzer hat (W I, S. 167ff.).

104 Vorstellen, wollen und schaffen (W VII, S. 278ff.).

107 Seit es Lessingausgaben gibt (W III, S. 696); Als er seine kritisch
journalistische (a.a.O., S. 698); Die einzelnen Elemente (Ernst
Consentius: Lessing und die Vossische Zeitung. Berlin 1902,
S. 14ff.).

108 Als ob Lessing (W III, S. 697); Aber was hilft das Wischen (W III,
S. 12); Der Beruf des Journalisten (Schmidt I, S. 181ff.).

110 Daß Gazetten (zit. nach Peter de Mendelssohn: Zeitungsstadt Berlin. Berlin 1959, S. 29 f.).

111 Als ein neuer Ankömmling (W III, S. 536); Freiheit zu denken (Peter de Mendelssohn, a.a.O., S. 32).

112 Ich würde Ihnen (B XVII, 15); gar oft mit seiner Zunge (W III, S. 14).

113 Meine Lust zum Theater (W II, S. 645).

114 Wegen des angedrohten (W II, S. 764 ff. Dort sind auch die folgenden Berichte über den Aufruhr in Bern abgedruckt.).

115 Ich will Ihnen sagen (W II, S. 764); Wahrscheinlich unter dem unmittelbaren Eindruck (W II, S. 764).

117 Samuel Henzi. Ein Trauerspiel (W II, S. 371 ff.).

120 Ein Volk, das auf den Gewinst so erpicht ist (»Die Juden. Ein Lustspiel in einem Aufzuge«, W I, S. 375).

122 Deutschland kann sich nunmehro (W III, S. 355); Das Heldengedicht (ebd.).

124 Hier übersende ich Ihnen (D 47). Es ist hier ein neuer Criticus (D 48).

125 Ein Reich, welches (W III, S. 83); Wollen wir dem Leser (W III, S. 84 ff.).

127 Kurz, Herr Rousseau (W III, S. 292).

128 Er ist noch überall (W III, S. 252).

129 Es ist wahr (B XVII, 15); Sein Unglück ist (D 63).

130 bey unterschiedenen (B XVII, 15); Auf ein Karussel (W I, S. 49).

132 Voltaire lud ihn (D 45; dort auch Nicolais Zusatz); dies Schauspiel bietet (Schmidt I, S. 190 ff.).

133 Darnach ist es wohl an der Zeit (Mehring, a.a.O., S. 240); Es handelt sich um Diamanten (Voltaires Rechtsstreit mit dem Königlichen Schutzjuden Abraham Hirschel. Hrsg. v. Wilhelm Mangold. Berlin 1905).

135 Was soll denn nun eigentlich (Mehring, a.a.O., S. 241); Lessing-forscher mögen beurteilen (Voltaires Rechtsstreit, a.a.O.).

136 Was ist also daran gelegen (Voltaires Rechtsstreit, a.a.O.).

137 Eines der mit der Feder verbesserten (W III, S. 514); der Herr von Voltaire (W III, S. 513).

138 Seit der Narr (Brief vom 29. 11. 1753).

139 Sie waren so ziemlich (D 45).

141 Von einer gewissen Versöhnlichkeit (Lessing – ein unpoetischer Dichter. Hrsg. v. Horst Steinmetz. Frankfurt 1969, S. 567. Erich

Schmidt spricht sogar von einem »sehr höflichen Blatt«: Schmidt I, S. 213. Der Brief selbst in B XIX, 13; aus dem Französischen für dieses Buch übersetzt).

142 Voltaires Briefe an Walther (D 51, 55); wahrlich nicht aus Furcht (D 53); Voltaire würde Sie (D 58).

143 Es ist wahr (B XXII, 24 a).

144 Ihre Sache mit Voltaire (B XIX, 15); Noch stärker in der Muttersprache (D 63).

145 Er hat den Papst gelobt (B XVII, 19); Kaum von Lessings eigener Hand (B XVII, S. 29, Anm. 1); Des Herrn Jöchers (D 65); Herr M. Leßing (D 66).

146 Wieder nach Berlin (D 67); Schon ganz känntlich (Johann Gottfried Herder: Sämtliche Werke. Hrsg. v. Bernhard Suphan. Bd. 15. Berlin 1905, S. 488).

147 Man sollte doch einmal (Friedrich Schlegel, zit. nach Steinmetz, a.a.O., S. 176); einer aus der Gesellschaft (Martin Franzbach: Lessings Huarte-Übersetzung. Die Rezeption und Wirkungsgeschichte des ›Examen de Ingenios para las Ciencias‹ (1575) in Deutschland. Hamburg 1965, S. 120).

150 O wahrhaftig (24. Brief, W III, S. 331); Ich habe ihn allezeit (a.a.O., S. 330); Ich, der ich mich mit wenigem (»An die Leier«, in: Lyrik des 18. Jahrhunderts. Hrsg. v. Karl Otto Conrady. Reinbek 1968, S. 99).

151 Ich höre oft in den (ebd.); da man im Horaz (Danzel I, S. 246).

152 Jetzt merke ich (Oehlke I, S. 210); Nun hat gewiß jedermann (Danzel I, S. 245).

157 Würdiger, Lieber, Getreuer (Oehlke I, S. 211).

158 Öffentlich wollte ich es niemandem (W III, S. 586. Im »Vade mecum« selbst sind die Worte: »Hoffnung haben könnte, im Preußischen sein Glück zu finden« ausgelassen; erst die Vorrede zum 4. Teil der »Vermischten Schriften«, 1785, ergänzt den Brief; siehe W III, S. 780); Diese nachdrückliche, aber nicht ungesittete (Danzel I, S. 250); dieser berühmte Schriftsteller (Julius W. Braun: Lessing – Urteile seiner Zeitgenossen. Bd. 1. Berlin 1884, S. 9).

160 Anstatt aus London (Danzel I, S. 262).

161 Demjenigen im Tode (»Vermischte Schriften des Hrn. Christlob Mylius, gesammelt von Gotthold Ephraim Lessing«, Vorrede, W III, S. 526 ff.).

164 Mein Herr! (B XIX, 27); alsdann aber mußte er Herr (Danzel I, S. 57); Ich bin in den meisten Stücken (B XIX, 27).

166 Jetzt ist Herr Lessing (D 116).

167 Lessing war mit Mendelssohn (D 113); Herr Lessing ist (D 115); Ja, die Feder habe ich (W II, S. 55); Miss Sara Sampson. Ein Trauerspiel in fünf Aufzügen (W II, S. 9 ff.).

170 So wie ich unendlich lieber (W IV, S. 144).

173 Lessings Aktualität (Peter Horst Neumann, a.a.O., S. 6).

174 drey und eine halbe Stunde (D 127); ein ungeheurer Weinerfolg (Schmidt I, S. 278).

175 ein bürgerliches Trauerspiel! (W II, S. 693); Lessing würde es doch nicht (Danzel I, S. 197); wie man in den Wald ruft (ebd.).

178 Sollte das Publikum (B XVII, 39); daß ich auf Ostern (B XVII, 40); verdrießliche und verwirrende (B XXII, 45).

180 Er die ersten an sie (Das bedarf in bezug auf Mendelssohn insofern einer Korrektur, als L. und Mendelssohn schon zur Zeit der Sara-Klausur einmal Briefe gewechselt haben.).

181 Er ist täglich (D 588); Alle sprechen ihm (D 581); Wenn es also wahr ist (B XVII, 32).

182 Ein Mensch von etlichen (B XVII, 34).

184 War das Resultat (W II, S. 645); Allein es kam uns stets vor (Die Rezension ist von Johann David Michaelis, zit. nach Steinmetz, a.a.O., S. 49).

185 Mit gerührtem Herzen (D 929).

186 Die ganze Schweiz zu Freunden (Danzel I, S. 265); Sollte denn eine (Danzel I, S. 266).

187 Die Aushängebogen (Danzel I, S. 268); Und wenn soll denn (B XVII, 43); an welchen beiden Orten (B XVII, 44).

188 Unsre Abreise von hier (B XVII, 44); wenn Sie bald sagen können (B XVII, 45); Glauben Sie mir (B XVII, 46).

189 Klopstock – Tagebuchnotizen (D 159 u. 161); Dieser kleine Brief (B XVII, 48); Schon wieder ein Gleichniß (B XVII, 41).

190 Sind den 29. Julius (B XVII, 50); Da sehen Sie (B XVII, 68).

191 Der Krieg, der noch (B XXII, S. XIV; Ergänzung von B XVII, 24).

196 An dem Tisch (D 175).

197 Die Kaufleute glauben (D 175); er habe weder (D 167); Der Proceß (D 175).

199 Denn der Weg (B XVII, 53).

200 Ich habe nur die Lehre (B XIX, 45).

201 Vorläufiges Compliment (B XVII, 53); Kurz, ich finde (ebd.); die Bewunderung (ebd.).

202 Der mitleidigste Mensch (B XVII, 53).

203 Ich unterscheide (B XVII, 56).

205 Lessing besaß kein (Conrad Wiedemann: Ein schönes Ungeheuer. In: Germanisch-Romanische Monatsschrift 17, 1967); Bei Lessing wie (Peter Szondi: Die Theorie des bürgerlichen Trauerspiels im 18. Jahrhundert. Frankfurt 1973, S. 163); Wirkungsästhetisches (ebd., S. 164).

206 Eine Umkehr bei den (Szondi, a.a.O., S. 176).

207 Sie haben einen (B XVII, 55); Karl der XII. (B XVII, 39).

208 Krieg ist mein Lied (zit. nach: Lyrik des 18. Jahrhunderts, a.a.O., S. 67).

209 Du weißt, wie Du ihn (W I, S. 146); Du, o Mäcen (W I, S. 144).

211 Es jammert mich (D 178); Man hat es mir (B XVII, 37); nicht den braven (D 181).

213 Ich schreibe dieses (B XVII, 63); Der nur falle (W I, S. 147).

215 Für den echten Poeten (zit. nach: Nationalbibliothek der Deutschen Classiker. 1. Bd.: Leben Kleists nach de la Motte Fouqué. Gotha 1827, S. 6); eine gleich schöne (ebd.); Tod, kannst du dich auch (a.a.O., S. 8).

216 Der Dichtkunst und Ihnen (a.a.O., S. 8); Die Leute fingen auch an (a.a.O., S. 9).

217 So wird mich Ramler (a.a.O., S. 9); Doch ich bin für diese Welt (ebd.); Um mit Ihnen natürlich (a.a.O., S. 11); Das Rössel reiten wir (a.a.O., S. 12).

218 Der Himmel steht (zit. nach Dieter Hildebrandt: Minna von Barnhelm. In: Dichtung und Wirklichkeit. Bd. 30. Berlin 1969, S. 130; dort nach: Ewald von Kleists Sämmtliche Werke. Hrsg. v. Wilhelm Körte. Berlin 1803); Mir ist, als ob (a.a.O., S. 134); Wie will ich Kohl pflanzen (ebd.); faule Campagne (a.a.O., S. 135).

219 Freudig führte... (Lebens Kleists, a.a.O., S. 15); Ach, liebster Freund (B XVII, 122).

221 Fiel mir Philotas (B XIX, 112).

222 In Friedrich (Wiedemann, a.a.O., S. 396); Vielleicht zwar (B XVII, 108).

223 Was ich aber (B XVII, 110); Ich habe überhaupt (ebd.).

224 Durch mich Elenden (»Philotas. Ein Trauerspiel«, W II, S. 101 ff.).

226 An solchen Stellen (Wiedemann, a.a.O., S. 391).

230 Hat der Krieg (W V, S. 31); Lessings Kritik (Schmidt I, S. 393 f.).

231 Unsere Übersetzer (W V, S. 32).

232 Pritschmeister (siehe Anm. zu S. 102); Die Rute her (W III, S. 553); Er hat seine Geißel (siehe Anm. zu S. 257); Er sah sich plötzlich (Hans Werner Seiffert: Neues über Lessings Literaturbriefe. In: Gleim-Lichtwer-Festschrift. Halberstadt 1969, S. 75 f.).

234 Und nun sagen Sie (W V, S. 39); Freuen Sie sich (W V, S. 205 f.).

236 Niemand, sagen die Verfasser (W V, S. 70 ff.).

239 Herr Ramler und ich (B XVII, 99); Mir hat unser großer (D 624).

240 Ich werde nicht nachlassen (zit. nach Szondi, a.a.O., S. 130; übersetzt vom Verfasser).

241 Um den Bann (Szondi, a.a.O., S. 131); Daher sieht er auch (»Das Theater des Herrn Diderot«, Vorrede, W IV, S. 148 f.); Nenne mir ein (W I, S. 234).

245 Deshalb fiel es schon (D 948).

246 Ob ich Herrn Lessings Porträt (D 252).

247 Aber vor allem dominierte (D 948); Lessing hatte ein paar (D 687); Lessing hat einen Blick (D 683); Erst disputierten (D 855).

248 Ich kann mich hier (D 256); Ich fange beym (D 253); Diese Natur (D 269).

249 Sie werden dann selbst (D 88); Lessing ist ein Mischmasch (D 119); Aber wer Lessing (D 262).

250 Die am meisten (aus Mendelssohns Entwurf zu einer Charakteristik Lessings in D 933); Sehe ich denn (laut August Hennings vom Maler selbst überliefert; D 525).

253 Herr Lessing ist noch nicht (D 305); Aber was ist es (D 276).

254 Liebster Freund (B XVII, 130).

255 Ich reiste mit allem Bedacht (B XVII, 131); Lessing, der im Gegensatz (Goethe: Dichtung und Wahrheit, a.a.O., S. 254).

256 Alle Veränderung (B XVII, 261); Ihnen brauche ich es nicht (B XVII, 131); Ach, bester Freund (B XVII, 132).

257 Die Spötter sagen (Danzel I, S. 463, Anm. 2).

258 Gerade das Gegenteil (D 284).

259 Wenige Stunden (D 918); Ich habe eine Menge (B XVII, 146);

gewiß die wichtigste (B XIX, 153); wenn es zwar wahr wäre (B XVII, 296).

262 Ich halte Spielen (W I, S. 20); So äusserst war (W I, S. 33); Fast täglich (D 277); Tout les gens d'esprit (»Minna von Barnhelm«, W I, S. 668).

263 Franziska, der Mann (dies und die folgenden Zitate aus »Minna von Barnhelm«, IV/2; W I, S. 665 ff.).

264 Bilden Sie sich ein (W I, S. 678); Die zweyte Sünde (D 295); Es wurde daher (D 296); Madame Nicolai (B XVII, 141).

267 Er widmete (D 227); Schon damals (ebd.).

268 Ich habe mit dem Mann (D 288); Ihnen, liebster Freund (D 293).

270 Von Lessings Hand (B XVIII, S. 369); Allerdurchlauchtigster (B XVIII, 712); Was Ew. Wohlgeboren (B XVIII, 713).

271 In dem ganzen Stück (zit. nach Lotte Labus: Minna von Barnhelm auf der deutschen Bühne. Berlin 1936).

272 Bin ich von Sr. Königlichen (B XVIII, 873); Die übrigen lassen Sie (B XVII, 143).

273 Ich bin immer noch (B XVII, 147); Herr Lessing ist ietzt (D 290); Unser Lessing (D 292).

275 Man denke sich einen Menschen (W V, S. 705).

277 Wenn unstreitig die Zeichen (W VI, S. 102 ff.; siehe auch Lessings Brief an Nicolai vom 26. Mai 1769, B XVII, 231); Dort ragt das Haupt (in »Laokoon«, W VI, S. 111 ff.).

278 Sie mögen sich (W VI, S. 112); der optische Gesamteindruck (Guthke, a.a.O., S. 138); Die blendende These (W VI, S. 10); Viele der neuesten (ebd.).

279 Ich gehe mit Ihnen (B XIX, 51).

280 Ich bekenne (W VI, S. 13); er erhebt kein (W VI, S. 12).

281 Wenn Virgils Laokoon (W VI, S. 29); Einen andern Eindruck (W VI, S. 30).

283 Ein unerhörter Beifall (Labus, a.a.O., S. 42).

284 Ich brenne vor Begierde (B XIX, 160).

285 Es ist Zeit (B XVII, 152); Warum sollen Traurige (B XVII, 154); daß ich meinen alten Plan (B XVII, 157); Krank will ich (B XVII, 159).

286 In einem train (B XVII, 160); Ich wüßte so gar nicht (Schmidt I, S. 266).

287 Der Vorhang ward (zit. nach Insel-Almanach auf das Jahr 1979. Hrsg. v. Horst Günther. Frankfurt 1979, S. 42 ff.).

289 Um wieviel verliert (zit. nach Labus, a.a.O., S. 65); Welche Stellen der preußischen (Rudolf Augstein: Preußens Friedrich und die Deutschen. Frankfurt 1968, S. 91).

290 Liegt das Gefährliche im Stoff (Labus, a.a.O., S. 14); man mit dessen Betragen (zit. nach Hildebrandt, a.a.O., S. 127).

291 Sich aber in alten (a.a.O., S. 9); D'ou viennent donc (a.a.O., S. 10); Bey Gelegenheit des Aufführens (B XVII, 181).

293 I am afraid (W IV, S. 734); Eine Witzlingin (ebd.); Was haben Sie denn (W I, S. 605 ff.).

294 Ein einfaches Samenkorn (zit. nach Hildebrandt, a.a.O., S. 24).

296 Durch den politischen (Goethe: Dichtung und Wahrheit, a.a.O., S. 255).

301 Ich weis nicht (B XVII, 177).

302 So glücklich sei Hamburg in allem (»Ankündigung der Hamburgischen Dramaturgie«, W IV, S. 231); jeden Schritt begleiten (W IV, S. 233 und S. 697); Ich bin weder Schauspieler (W IV, S. 234).

303 Nichts war natürlicher (D 386); Ich stand eben (W IV, S. 694); Heute geschieht (W IV, S. 234).

304 Wie steht es (B XVII, 178); Die fünf namentlich (Franklin Kopitzsch: Lessing und Hamburg. In: Wolfenbütteler Studien 2, 1975, S. 59); Meldet sich ein (a.a.O., S. 60).

305 Daß bey der zu vermuthenden (Kopitzsch, a.a.O., S. 61); Freilich (W IV, S. 231); Es komme nur (W IV, S. 232).

306 Eigentlich gründet sich (W IV, S. 235); sie sind in meiner (B XVII, 179).

307 Ja vielleicht hatte er (W IV, S. 255); Die Kunst des Schauspielers (W IV, S. 256); Aber welches (W IV, S. 257).

308 Man muß (W IV, S. 241); Weg also (W IV, S. 250); Von meinen Umständen (B XVII, 179).

309 Meiner Absicht nach (B XVII, 182); Sie haben noch (zit. nach Kopitzsch, a.a.O., S. 65; der Anfang des Briefes auch in D 402. Warum Dannicht gerade an der Stelle abbricht, wo Boie kritisch wird, sei hier immerhin gefragt.).

310 Wie Watt den Anfang (Samuel Beckett: Watt. Frankfurt 1970, S. 261).

311 Stichwort »Sentimental« (B XVII, 201).

312 Die Dramaturgie wird das Beste sein (D 401); Ich werde ja sehen (B XVII, 179).

313 Ein Hauptendzweck (D 406); Ich habe nehmlich (B XVII, 189); Es geht mir (B XVII, 196).

314 Eine kleine Provision (B XVII, 189); Der Pastor primarius (W V, S. 793); Brauchst Du keinen (B XIX, 218); auf nicht weniger (D 406).

315 Je mehr man (B XVII, 239, Anm. 2 und 241, Anm. 2); Ihre Spöttereyen (B XVII, 193); Allein zum Unglück (D 406); Ich habe keinen (B XIX, 224).

317 Herr Klotz soll mich (»Briefe, antiquarischen Inhalts«, Erster Brief, W VI, S. 192).

318 Klotz hatte sich bald (W VI, S. 917ff.).

319 Den unerträglichsten Despotismus (W VI, S. 390); Aber möchte ein (ebd.).

320 Gott sey Dank (B XVII, 197); Ich gehe künftigen Februar (B XVII, 207).

321 Aber wissen Sie (B XVII, 210).

322 Meine Abreise (B XVII, 233); Klopstock ist hiergewesen (B XVII, 181); auch zugleich Freyheit (B XIX, 270); Sagen Sie mir (B XVII, 237).

323 Das Rad ist (B XVII, 253); um dem Erbprinzen (B XVII, 243).

324 Ich bin leider hier (B XVII, 247); Zerstreuter ist hier (D 444); Mit Lessing habe ich (D 487); Bereiten Sie (B XVII, 259).

325 Wenn das Publikum fragt (W IV, S. 698).

330 Ich bin Ihnen (B XVII, 260).

331 Ich wohne (B XVII, 261); Ich bin den ganzen Tag (B XVII, 263); Können Sie glauben (ebd.).

332 Eine Lessingstadt (Paul Raabe: Wolfenbüttel. Bilder aus der Lessingstadt. Hamburg 1978, S. 125); Ich wünschte (B XVII, 266).

335 Daß die Stelle (B XVII, 266); an mehr denn einem (B XIX, 308); Daß Carl (B XVII, 266).

336 Ich sehe voraus (W VII, S. 70); Ein so guter und weiser (ebd.).

337 Ich weiß nicht (W VII, S. 79); weil Berengarius (W VII, S. 80).

338 als ein niederdonnerndes (W VII, S. 81); Kurz, ich fand (W VII, S. 85); Ein Mann, wie Berengarius (W VII, S. 89).

339 Die Begriffe (W VII, S. 89).

341 Aber der Verfasser (D 507); einer entsagungsvollen (Heinrich Schneider: Lessing. Zwölf biographische Studien. Salzburg 1950, S. 75).

342 Frey und erlöset (Schneider, a.a.O., S. 91 f.).

343 Prächtig, kunstliebend (Oehlke II, S. 149).

344 Estimé, aimé (Oehlke II, S. 151); höflich bis zur (Oehlke II, S. 150); Il sait flatter (Oehlke II, S. 151); Das Sperlingsleben (B XVII, 256).

345 Schade, daß der Erbprinz (B XVII, 260); Lessings Klassenbewußtsein (Paul Rilla: Lessing und sein Zeitalter. 2. Aufl. München 1977, S. 261 ff.); Ein tüchtiger Gelehrter (D 497).

346 Daß mich gegen Weihnachten (B XXII, S. XVI, Nr. 322); Mit meinen neuen (B XVII, 331. Lessing schreibt irrtümlich den 10. März als Geburtsdatum); Ich bin aber nicht (B XVIII, 351).

347 Das zweite Exemplar (B XVIII, 352).

348 Unterdeß würde (B XVII, 88).

350 Es niemand wagen würde (Sibylle Wirsing in »Theater heute«. Heft 2, 1979, S. 64); Mir, mein Vater (»Emilia Galotti. Ein Trauerspiel«, W II, S. 127).

352 In Lessings Trauerspielen (Neumann, a.a.O., S. 37); Was hier geschieht (a.a.O., S. 41); Über Tod und Leben (a.a.O., S. 42).

354 Emilia Galotti (Zitat nicht verifiziert).

356 Das Haus, die Nachbarschaft (Johann Wolfgang Goethe: Die Leiden des jungen Werther. Dortmund 1978, S. 223).

357 Mein lieber Herr Eschenburg (B XVIII, 415).

358 Um Michaelis (zit. nach Schneider, a.a.O., S. 95); Der junge Mann (W VIII, S. 421).

359 Wilhelm befindet sich (Schneider, a.a.O., S. 97); Im Frühjahr kam (Goethe: Werther, a.a.O., S. 11).

360 Jerusalem habe sich (a.a.O., S. 9); Dürfte ich (a.a.O., S. 5); Nach diesen Vorbereitungen (a.a.O., S. 7).

361 Das Gerücht (a.a.O., S. 8).

362 Den Verlust eines solchen (W VIII, S. 421); Höchst aufgebracht (D 588).

363 Die Neigung zu deutlicher (W VIII, S. 421); das Vergnügen des Trunkenen (W VIII, S. 437); das Vergnügen des Wollüstlings (ebd.).

364 Ein junger Mensch (zit. nach Goethe: Werther, a.a.O., S. 21).

366 Mir aber ist (B XVIII, 365).

367 Ich bin schlimmer (B XVIII, 371).

368 Aber wie sehr schmertzt (B XX, 463); Mein lieber Sohn (B XX, 508).

370 Möchte ich nun nicht (B XVIII, 386); Noch immer (B XVIII, 399).

371 Was kann ich aber (B XVIII, 407).

372 Nicht, als ob ich (Voltaire: Oeuvres complètes, a.a.O., Bd. 54, S. 518 ff.); Wie das nun alles (D 723).

373 Denn nur einem Kinde (B XVIII, 557).

374 Sehr gern, mein Lieber (B XVIII, 563).

375 Sie sind sehr gütig (Brief an Ernestine Christine Reiske, B XVIII, 552).

376 Ich wollte es auch einmal (B XVIII, 584); daß er sie mit unglücklichen (D 855).

379 Ich habe Lessings (Schmidt II, S. 112); Interesse mit Vergnügen (zit. nach Steinmetz, a.a.O., S. 258).

380 Leben Sie recht wohl (B XVII, 263); Wenn Sie noch keinen (B XVII, 268); Wenn ich noch einmal (B XIX, 353).

381 Das häßliche Wien (B XVII, 274); Wenn wir alle fünf (B XVII, 284); wie man den Kitt (B XX, 386); Der Kitt (B XVII, 300); Mein lieber Freund (B XX, 407); Aber nun im Ernste (ebd.).

382 Die Schwermut (B XX, 386); Herr Lessing war so gütig (D 503); eigentumsbewußte Unternehmerfrau (Inge von Wangenheim: Hamburgische Elegie, Halle 1977, S. 246); ohne ihn (B XIX, 353).

383 Doch ich bin nicht (B XVII, 314); und alsdenn willkommen (B XVII, 315); Nicht wahr? (B XX, 415).

384 Wie glücklich (B XX, 416); oder wenn ich (ebd.).

385 Wenn ich noch der alte (B XVIII, 378); Gott sei Dank (B XVIII, 425).

386 Entziehen Sie mir nur (B XVIII, 425); Wie sehr ich mich freue (B XVIII, 430).

387 Ich muß zu Anfang (B XVII, 301); Die Aufgabe (B XVII, 288).

388 Meine Frau (B XX, 402); Meine Frau denkt oft (B XX, 507); Ihnen ins Ohr (B XX, 520).

389 Ich mag mich nicht (zit. nach Schneider, a.a.O., S. 127); Recht unerwartet (Schneider, a.a.O., S. 133); Lessing ist seit (D 581).

390 Heute sah ich (D 581); Und wenn ich doch (B XVIII, 433); die einzigen vergnügten (B XXI, 607).

391 Als Lessing nach Braunschweig (D 622).

392 Ich kann gar nicht (B XXI, 611); Was konnte ich (B XVIII, 445); Sie böser Mann (B XXI, 614).

393 Mein letzter Brief (B XVIII, 445).

394 Aus diesem Bändchen (Goethe: Werke. Bd. 6. Frankfurt 1970, S. 525); Es ist allerdings (W VI, S. 821).

395 In Parma (W VI, S. 829 f.); Zu den Sitten (W VI, S. 832 f.).

396 Gnocco (W VI, S. 833); In zwei Jahren (W VI, S. 834); Parco ma (ebd.); Der Papst unterhielt sich (D 636).

397 Wer da weiß (D 636); Der Papst (D 637); Solche Männer (D 626).

398 Lessing ist schon (D 638; Anm.); Ich brenne vor (B XVIII, 445); Das eigentlich Wichtige (B XVIII, 447).

399 Es geht meines Erachtens (zit. nach Schneider, a.a.O., S. 123).

400 Was für ein Rätsel (W II, S. 65); Ich verlasse mich (B XVIII, 504); Es ist wohl nicht (B XXI, 668).

401 Daß ich unserer Abrede (B XVIII, 505); Eine neue Weste (B XXI, 671); Nun beginnt (Oehlke II, S. 254); Mein angewiesenes Haus (B XVIII, 497).

402 Ich kann mir nicht (B XXI, 671); den 8ten Oct. (D 705).

403 Daß Lessing sich (D 690); Unser Lessing (D 722); In Wolfenbüttel (D 749).

404 Sie scheinen mir (B XXI, 727).

405 Mein lieber Eschenburg (B XVIII, 584).

406 Lieber Eschenburg (B XVIII, 588).

409 Galle ist doch (D 786).

410 Ein kritischer Schriftsteller (W IV, S. 559); Wahrlich, Herr Lessing (W VIII, S. 261); Itzt ist mein Bogen (W VIII, S. 198).

411 Habe ich den Senior Götze (W V, S. 732; die verschiedenen Schreibweisen des Namens bei Lessing); ich darf nicht besorgen (B XVII, 274).

412 Es sind, sage ich (W VII, S. 313).

413 Sehet denn ein Meer (H. Samuel Reimarus, a.a.O., Das II. Kapittel: Über den Durchgang der Israeliten durchs Rohte Meer. S. 299 ff. Lessing verwendet im 3. Fragment eine andere, frühere, weniger pointierte Fassung: W VII, S. 388 ff.).

414 Des Hauptwerkes (Siehe Anm. zu S. 9); wenn kein vernünftiges (W VII, S. 314).

415 Es scheint mir (B XIX, 344); Der Buchstabe (W VII, S. 458).

416 Etwas Vorläufiges (W VIII, S. 21); Ich finde (W VIII, S. 23); Ich würde ehrwürdiger (W VIII, S. 117); Ein anderes ist (W VIII, S. 120).

417 Wer so wie Goeze (Helmut Thielicke: Lessing und Goeze. In: Text und Kritik. Heft 26/27. München 1970, S. 39).

418 Die Nabelschnur (zit. nach Willi Oelmüller: Die unbefriedigte Aufklärung. Frankfurt 1970, S. 48); aus sich heraus (a.a.O., S. 47); die innere Wahrheit (zit. nach a.a.O., S. 47); Die Fragmente eines (W VIII, S. 102).

419 Wird nicht mit (W VIII, S. 116); Ich habe die Hoffnung (ebd.); Und der angreifende (ebd.); Also wer gegen (W VIII, S. 225).

420 Kann überhaupt (W VIII, S. 225); Aber von wem (W VIII, S. 228); Oder meynen Sie auch (W VIII, S. 227).

421 Die ich unmöglich (B XVIII, 599); Ich bin von einem Manne (ebd.).

422 Nun wohlan (»Unterbrechung im theologischen Kampfe«, W VIII, S. 350).

423 Der ganze Palast (W VIII, S. 118ff.; dort auch die folgenden Zitate).

424 (Goeze und die »Parabel«. Goeze hat in »Lessings Schwächen I« ausführlich und orthodox auf das Bild reagiert: »Was soll der unermeßliche Palast in der Hauptstadt des Königs vorstellen? Entweder die natürliche oder die christliche Religion. Etwas anders kann ich dabei unmöglich gedenken.« Zit. nach W VIII, S. 201).

425 Keiner von Euch (zit. nach Dieter Hildebrandt: Carl von Ossietzky. Zeitgenosse nach vierzig Jahren. In: Neue Rundschau 84, 1973, S. 248).

426 Du willst sagen (»Gespräche über die Mönche und die Soldaten«, W VIII, S. 560).

427 Die Assoziationen (Dolf Sternberger, zit. nach G. E. L.: Ernst und Falk. Hrsg. v. Ion Contiades. Frankfurt 1968, S. 96); Falk: Glaubst du (W VIII, S. 459).

428 Setze die beste (W VIII, S. 460).

429 Die ihrer verschiednen (W VIII, S. 462); Nun, so ist es (W VIII, S. 462f.).

430 Ich möchte das nicht (W VIII, S. 459); Ernst und Falk (W VIII, S. 451ff.).

431 Wie Dolf Sternberger (in seinem Buch »Kriterien«; hier zit. nach G. E. L.: Ernst Falk, a.a.O., S.94); Sr. Durchlaucht W VIII, S. 451); Hohepriester (Ernst und Falk, a. a. O., S. 94) Legen Sie es mir (zit. nach Schneider, a. a. O., S. 27).

432 Sie können leicht schließen (Schneider, a.a.O., S. 178); Suchen Sie diesem nach (a.a.O., S. 23).

433 Lessings Ernst und Falk (Ernst und Falk, a.a.O., S. 134); Die Schweigsamkeit (zit. nach W VIII, S. 694); Die Freiheit (ebd.); Die verdeckte Wendung von Innen (Ernst und Falk, a.a.O., S. 146).

434 Ihrem Wesen nach (W VIII, S. 481); Die Freimäurerei (W VIII, S. 453); Wie konnten Sie mir (W VIII, S. 455); mit der Warze (W VII, S. 480); daß der Kongress (ebd.); Was Blut kostet (ebd.); Diese Ablehnung (Eberhard Bahr: Lessing: Ein konservativer Revolutionär. In: Lessing in heutiger Sicht. Bremen und Wolfenbüttel 1977, S. 303).

435 In einer Unterredung (D 855); in diesem Sinne (Bahr, a.a.O., S. 304); Der Schwärmer (»Die Erziehung des Menschengeschlechts«, W VIII, S. 489ff.).

436 Meine Lieblingsstellen (B XXI, 846).

437 Der Seel. (Schneider, a.a.O., S. 92); Ich lernte ihn (D 911).

438 (Die Tagebuchnotizen von Leisewitz im folgenden nach Otto von Heinemann: Zeitgenössisches über Lessing. Braunschweig 1856, S. 131ff.).

440 Lessing bemerkte (D 920).

441 Ich bin ein Philosoph (D 815; dort auch die übrigen Zitate der Seite).

442 Er will von Ihnen (B XVIII, 703); Fritze befindet sich (B XVIII, 687); Sehen Sie, lieber Lessing (B XXI, 825); daß ein solches Gerede (B XVIII, 679); Und womit (ebd.).

445 Er klagte mir (D 855).

446 Beym gute Nacht geben (D 854); Einmal sagte Lessing (W VIII, S. 571); Jacobi, Sie wissen (W VIII, S. 572).

447 Wie eine neuere Studie (siehe W VIII, S. 750); Alle Welt (dieses und die folgenden Zitate D 883, D 885, D 888); Ich selbst lebte (D 892).

448 Ich glaube nicht (B XVIII, 703); Sein Tod (D 913).

449 Sey ruhig, Malchen (D 913 und D 916); entschlossen, ruhig (D 914); In der äußersten Bestürzung (D 919).

452 Zergliederung des Leichnams (D 921).

454 Ich muß versuchen (B XVIII, 613).

455 Verknüpfung von Geld (Helmut Göbel: Lessings ›Nathan‹. Berlin 1973, S. 8); Es kann wohl sein (B XVIII, 642).

456 Vor grauen Jahren (W II, S. 276); Ihr wißt wohl aber (W II, S. 316).

458 Tritt näher (W II, S. 272); Du willst ihm (W II, S. 247).

459 Der Jude will (zit. nach Göbel, a.a.O., S. 252).

460 Nach zehn Minuten (zit. nach Kurt R. Großmann: Carl von Ossietzky, ein deutscher Patriot. Frankfurt 1973, S. 285); Schwarze Milch der Frühe (zit. nach: Das große deutsche Gedichtbuch. Kronberg 1977, S. 942).

461 als zeitgemäß (Göbel, a.a.O., S. 7); Es war von einem andern (zit. nach Steinmetz, a.a.O., S. 454); Ich wollte den Wucherer (Walter Jens: Der Teufel lebt nicht mehr, mein Herr! – Totengespräch zwischen Lessing und Heine. In: Die deutsche Bühne 1979, Heft 5, S. 62); Nicht die Wahrheit (»Eine Duplik«, W VIII, S. 32).

Abbildungen

Lessing, Gemälde von J. A. Tischbein d. Ä.: Bilderdienst Süddeutsche Zeitung.

Geburtshaus in Kamenz, Zeichnung von H. Fröhlich: Ullstein-Bilderdienst.

Schloß Sanssouci: Foto J. A. Cropp.

Friedrich der Große, Gemälde von G. W. von Knobelsdorff: Interfoto.

Voltaire, Büste von J.-A. Houdon: Bildarchiv Foto Marburg.

Lessing und sein Bruder Theophilus, Gemälde von G. Haberkorn: Archiv für Kunst und Geschichte.

Georg Christoph Lichtenberg: Ullstein-Bilderdienst.

Friedrich Schlegel, Zeichnung von C. Rehberg: Ullstein-Bilderdienst.

Jean Paul, Kupferstich von F. W. Nettling: Schiller-Nationalmuseum, Marbach a. N.

Matthias Claudius, Gemälde von F. Leisching: Ullstein-Bilderdienst.

Gottfried August Bürger, Stich von Fleischmann: Ullstein-Bilderdienst.

Christoph Martin Wieland, Zeichnung von J. F. Lortzing: Interfoto.

Jean-Jacques Rousseau: Ullstein-Bilderdienst.

Denis Diderot, nach einem Gemälde von L. M. Vanloo: Ullstein-Bilderdienst.

Friedrich Nicolai, Gemälde von A. Graff: Bildarchiv Foto Marburg.

Moses Mendelssohn, nach einem Gemälde von J. C. Frisch: Ullstein-Bilderdienst.

Johann Christoph Gottsched, Gemälde von L. Schorer: Archiv für Kunst und Geschichte.

Johann Melchior Goeze, Kupferstich von J. D. Philipp: Herzog August-Bibliothek, Wolfenbüttel.

Lessing, Gemälde von O. May: Archiv für Kunst und Geschichte.

Register der erwähnten Werke Lessings

Zahlen in Klammern bezeichnen Seiten, auf denen das betreffende Werk nicht mit seinem Titel genannt ist.

Personenregister

Zahlen in Klammern bezeichnen Seiten, auf denen die betreffende Person nicht namentlich genannt ist.

INHALT